指引办案思路的新型工具书

5

民商事典型疑难问题适用指导与参考

劳动争议与人事争议卷

主编／郑文睿 傅珊

◎ 疑难问题汇总
◎ 典型案例参考
◎ 办案依据集成

中国检察出版社

图书在版编目（CIP）数据

民商事典型疑难问题适用指导与参考．劳动争议与人事争议卷/郑文睿，
傅珊主编．—北京：中国检察出版社，2013.2
ISBN 978 - 7 - 5102 - 0779 - 2

Ⅰ.①民…　Ⅱ.①郑…　②傅…　Ⅲ.①劳动争议 - 民事诉讼 - 审判 - 中国
②人事管理 - 争议 - 民事诉讼 - 审判 - 中国　Ⅳ.①D925.118.2

中国版本图书馆 CIP 数据核字（2012）第 277547 号

民商事典型疑难问题适用指导与参考
劳动争议与人事争议卷

主编/郑文睿　傅珊

出版发行：中国检察出版社

社　　址：北京市石景山区鲁谷东街 5 号（100040）

网　　址：中国检察出版社（www.zgjccbs.com）

电　　话：(010)68630385(编辑)　68650015(发行)　68636518(门市)

经　　销：新华书店

印　　刷：三河市西华印务有限公司

开　　本：720 mm × 960 mm　16 开

印　　张：21.25 印张

字　　数：387 千字

版　　次：2013 年 2 月第一版　2013 年 2 月第一次印刷

书　　号：ISBN 978 - 7 - 5102 - 0779 - 2

定　　价：50.00 元

出版说明

近十余年来，在合同、侵权、婚姻家庭、金融等民商事领域的司法实践中，出现了很多新情况、新问题，其中不乏具有典型性、疑难性的法律适用问题，针对这些问题，急需进行归纳总结，并得出具有参考和借鉴价值的处理和认定思路。基于上述现实需求，我们倾力组织法学专家、资深法官、检察官及律师等编撰并推出《民商事典型疑难问题适用指导与参考丛书》。

本丛书分为婚姻家庭继承纠纷卷、物权纠纷卷、合同纠纷卷、知识产权与竞争纠纷卷、劳动争议与人事争议卷、公司企业纠纷卷、金融纠纷卷、侵权纠纷卷、土地房地产与建设工程纠纷卷共九卷。各卷紧密结合各地司法实践，归纳提炼出百余个司法典型疑难问题并作出精准解析，同时附以具有权威性的指导、参考案例对同类案件的案情、诉辩情况、裁判结果、裁判理由等核心要素加以介绍，以帮助读者寻求破解疑难问题的办案思路、标准和尺度。各卷还提供了各类型纠纷全面、准确的办案依据。《民商事典型疑难问题适用指导与参考丛书》所提炼的问题凸显典型性、疑难性，解答思路具有很强的指导、参考和专业性，参考案例具有真实性、权威性，办案依据提供了便捷查询的通道，特别适合公检法人员、律师等法律专业人士使用。

受时间和能力所限，丛书在编撰过程中难免出现不足或错漏，敬请读者批评指正，以便我们在再版时予以修订。

编　者
2013 年 1 月

目　录

第二节　劳务派遣合同纠纷

第三节　非全日制用工纠纷

第二章　社会保险纠纷

第一节　养老保险待遇纠纷

第二节 工伤保险待遇纠纷

第三节 医疗保险待遇纠纷

第四节 生育保险待遇纠纷

第三章　福利待遇纠纷

第二部分　人事争议

第四章　人事争议

第一节　辞职争议

第二节　辞退争议

第三节　聘用合同争议

第一部分　劳动争议

第一章　劳动合同纠纷

第一节　确认劳动关系纠纷

1. 在校学生可否作为普通劳动者与用人单位签订劳动合同建立劳动关系？

学生的主业是学习，而劳动者的主业是劳动，此外学生与用人单位之间不存在人格从属性与经济从属性。因此，作为学校的学生，不具有劳动者的身份，不能和用人单位建立劳动关系，不属于劳动法调整范围。

典型疑难案件参考

郭懿诉江苏益丰大药房连锁有限公司确认劳动关系案（江苏省南京市白下区人民法院〔2008〕白民一初字第 1115 号民事判决书和江苏省南京市中级人民法院〔2009〕宁民五终字第 115 号民事判决书）

基本案情

原告系江苏广播电视大学（南京市莫愁中等专业学校办学点）药学专业 2008 届毕业生，于 2008 年 7 月毕业。2007 年 10 月 26 日，原告郭懿向被告益丰公司进行求职登记，并在被告益丰公司的求职人员登记表中登记为南京市莫愁职业高级中学 2008 届毕业生，2007 年是其实习年。2007 年 10 月 30 日原告郭懿与被告益丰公司签订劳动合同书一份，期限 3 年，从 2007 年 10 月 30 日起至 2010 年 12 月 30 日止；其中试用期 60 天，从 2007 年 10 月 30 日起至 2007 年 12 月 30 日止。合同还约定，录用条件之一为具备中专或中专以上学历；原告郭懿从事营业员工作；试用期满后月工资收入不少于900元，试用期工资标准不低于同工种、同岗位职工工资的80%等。2008年7月21日，被告益丰公司向南京市白下区劳动争议仲裁委员会提出仲裁申请，请求确认其与原告郭懿之间的劳动关系不成立。南京市白下区劳动争议仲裁委员会经审查，依据原劳动部《关于贯彻执行〈中华人民共和国劳动法〉若干问题的意见》，于2008年8月19日作出仲裁决定，以原告郭懿系在校学生，不符合就业条件，不具有建立劳动关系的主体资格，在校学生勤工助学或学习与用人单位之间的关系不属于《中华人民共和国劳动法》的调整范围，故被告益丰公司与原告郭懿之间的争议不属于劳动争议处理范围为由，决定终结被告益丰公司诉原告郭懿的仲裁活动，并于2008年8月27日送达了仲裁决定书。原告郭懿对此不服，于2008年9月3日诉至法院，请求确认双方之间的劳动合同有效。

◗ 一审诉辩情况

原告郭懿诉称：原告系南京市莫愁职业高级中学2008届毕业生。2007年10月原告郭懿至被告益丰公司处进行求职登记，经被告益丰公司人力资源部和总经理审核，同意试用。2007年10月30日签订劳动合同，为期3年，自2007年10月30日起至2010年12月30日止。2008年7月，被告益丰公司以对原、被告之间是否存在劳动关系持有异议为由，向南京市白下区劳动争议仲裁委员会提起仲裁申请，请求确认原、被告之间的劳动关系不成立。南京市白下区劳动争议仲裁委员会于2008年8月19日作出仲裁决定，以原告系在校学生，不符合就业条件，不具有建立劳动关系的主体资格，原、被告之间的争议不属于劳动争议处理范围为由，决定终结仲裁活动。原告郭懿对此不服，认为原、被告之间存在劳动关系，双方签订的劳动合同真实、合法、有效，为此诉至法院，请求判决确认原、被告之间的劳动合同有效。

被告益丰公司辩称：原告郭懿与被告益丰公司签订劳动合同时的身份为在校学生，根据原劳动部《关于贯彻执行〈中华人民共和国劳动法〉若干问题的意见》的规定，在校学生不具备劳动者主体资格。《工伤保险条例》也没有将在校学生纳入参保范围，亦充分说明在校学生不属于劳动者的范畴。同时，原告郭懿也不具备劳动合同约定的录用条件。被告益丰公司在招聘简章及与原告签订的劳动合同中约定的录用条件是具备中专以上学历。而原告郭懿2008年7月方毕业，其签约时并不具备被告益丰公司要求的录用条件。因此，原、被告之间的合同名为劳动合同，实为实习合同，原、被告之间所建立的不是劳动关系，不属于《劳动法》调整的劳动法律关系。请求依法驳回原告郭懿的起诉。

江苏省南京市白下区人民法院依照《中华人民共和国劳动法》第 17 条、第 18 条之规定，作出如下判决：

一、原告郭懿与被告益丰公司于 2007 年 10 月 30 日签订的劳动合同书有效；

二、案件受理费 5 元，由被告益丰公司负担（原告郭懿同意其预交的案件受理费 5 元由被告益丰公司向其直接支付，本院不再退还，被告益丰公司在本判决生效后 10 日内向原告郭懿支付）。

一审裁判理由

江苏省南京市白下区人民法院经审理认为：原告郭懿与被告益丰公司签订劳动合同时已年满 19 周岁，符合《中华人民共和国劳动法》规定的就业年龄，具备与用工单位建立劳动关系的行为能力和责任能力。原劳动部《关于贯彻执行〈中华人民共和国劳动法〉若干问题的意见》仅规定了公务员和比照实行公务员制度的事业组织和社会团体的工作人员，以及农村劳动者、现役军人和家庭保姆不适用劳动法，并未将在校学生排除在外，学生身份并不当然限制原告郭懿作为普通劳动者加入劳动力群体。该意见第 12 条规定："在校生利用业余时间勤工助学，不视为就业，未建立劳动关系，可以不签订劳动合同。"该规定应指在校学生不以就业为目的，利用学习之余的空闲时间打工补贴学费、生活费的情形。本案中原告郭懿明确向被告益丰公司表达了求职就业愿望，双方签订了劳动合同书，此情形不属于利用业余时间勤工助学。对于被告益丰公司辩称的原、被告双方系实习关系，本院认为，实习是以学习为目的，到机关、企业、事业单位等参加社会实践，巩固、补充课堂知识，没有工资，不存在由实习生与单位签订劳动合同，明确岗位、报酬、福利待遇等的情形。原告郭懿的情形显然不属于实习。被告益丰公司的辩称理由不能成立。对于被告益丰公司辩称的原告郭懿不符合录用条件，本院认为，原告郭懿在填写求职人员登记表时，明确告知了被告益丰公司其系 2008 届毕业生，2007 年是学校规定的实习年，自己可以正常上班，但尚未毕业。被告益丰公司对此情形完全知晓，双方在此基础上就应聘、录用达成一致意见，签订劳动合同，应是双方真实意思的表示，不存在欺诈、隐瞒事实或胁迫等情形，且原告郭懿已于 2008 年 7 月取得毕业证书。被告益丰公司辩称原告郭懿不符合录用条件的理由亦不能成立。综上所述，原、被告双方签订的劳动合同书是双方真实意思表

3

第一章　劳动合同纠纷

示，不违反法律、行政法规的禁止性规定，该劳动合同书合法、有效，对双方均具有法律约束力。

二审裁判结果 ▶

江苏省南京市中级人民法院依照《中华人民共和国民事诉讼法》第 153 条第 1 款第 1 项之规定，作出如下判决：

驳回上诉，维持原判；

二审案件受理费 10 元，由上诉人益丰公司负担。

本判决为终审判决。

二审裁判理由 ▶

江苏省南京市中级人民法院经审理认为：被上诉人郭懿虽于 2008 年 7 月毕业，但其在 2007 年 10 月 26 日明确向上诉人益丰公司表达了求职就业愿望，并进行了求职登记，求职人员登记表中登记其为 2008 届毕业生，2007 年是其实习年。2007 年 10 月 30 日被上诉人郭懿与上诉人益丰公司自愿签订了劳动合同。上诉人益丰公司对被上诉人郭懿的情况完全知情，双方在此基础上就应聘、录用达成一致意见，签订了劳动合同，并没有违反法律规定。关于上诉人益丰公司上诉称，根据劳动部《关于贯彻执行〈中华人民共和国劳动法〉若干问题的意见》第 12 条规定的在校生不符合就业条件，系实习的上诉主张，本院认为，实习是以学习为目的，到相关单位参加社会实践，没有工资，不存在由实习生与单位签订劳动合同，明确岗位、报酬、福利待遇等情形。上诉人益丰公司不仅与被上诉人郭懿签订了劳动合同，而且明确了岗位、报酬，该情形不应视为实习。关于上诉人益丰公司上诉称，原判确认双方劳动关系有效显失公平，本院认为，上诉人益丰公司与被上诉人郭懿签订劳动合同，应是双方真实意思的表示，双方利益也不存在重大失衡，不应视为显失公平。综上所述，被上诉人郭懿与上诉人益丰公司双方签订的劳动合同是双方真实意思表示，且不违反法律、行政法规的禁止性规定，该劳动合同合法、有效，对双方均具有法律约束力，故本院对上诉人益丰公司的上诉请求，均不予支持。原审判决认定事实清楚，适用法律正确，程序合法，本院应予维持。

2. 个体工商户与其学徒之间建立的是什么关系？

如果学徒所从事的劳动内容与企业其他雇员没有本质的差异，就应该属于狭义的劳动关系，受劳动法调整；如果学徒仅仅是学习技能、接受培训，就不属于狭义的劳动关系，而由民法进行调整与保护。

典型疑难案件参考

北京金谷兴业汽车修理部业主刘德俊诉王卫国劳动争议案（北京市昌平区人民法院〔2006〕昌民初字第 3132 号民事判决书和北京市第一中级人民法院〔2006〕一中民终字第 10373 号民事判决书）

基本案情

金谷修理部的业主系刘德俊。王卫国于 2005 年 3 月 23 日经人介绍到金谷修理部做学徒。金谷修理部承诺对王卫国管吃管住，一直未给王卫国发放工资。2005 年 7 月 26 日上午 11 点，王卫国在观看他人修理轮胎时，被飞出的异物击伤了右眼。王卫国受伤后，金谷修理部为其支付了 8000 元左右的医疗费用。后王卫国回家休养至今。双方发生争议后，王卫国申请仲裁，北京市昌平区劳动争议仲裁委员会以京昌劳仲字〔2006〕第 152 号裁决书确认金谷修理部与王卫国之间存在劳动关系，金谷修理部不服，诉至法院。

一审诉辩情况

原告北京金谷兴业汽车修理部业主刘德俊诉称：王卫国到北京金谷兴业汽车修理部（以下简称金谷修理部）学习，双方没有签订劳动合同。金谷修理部没有为王卫国安排工作，只负责王卫国的食宿，也没有给王卫国发放劳动报酬，故王卫国不属于金谷修理部的工作人员，请求法院依法确认金谷修理部与王卫国之间不存在劳动关系。

被告王卫国辩称：其到金谷修理部上班，金谷修理部答应管吃管住，每月给 100 元的工资。王卫国在金谷修理部受伤后，金谷修理部采取了抢救措施，也支付了相关费用，双方已经形成了事实劳动关系。

一审裁判结果

北京市昌平区人民法院依照《中华人民共和国民事诉讼法》第 64 条的规

定，作出如下判决：

驳回刘德俊的诉讼请求。

案件受理费 50 元，由刘德俊负担（已交纳）。

北京市昌平区人民法院经审理认为：金谷修理部接收王卫国，在师傅的带领下从事汽车修理工作。由于金谷修理部不是培训机构，因此，对金谷修理部认为王卫国只是学习，未给其安排工作，不属本单位员工的说法，其未提供相关证据，不予采信。根据王卫国在金谷修理部工作的事实，应认定王卫国与金谷修理部之间存在劳动关系。

北京市第一中级人民法院依据《中华人民共和国民事诉讼法》第 153 条第 1 款第 2 项之规定，作出如下判决：

一、变更北京市昌平区人民法院〔2006〕昌民初字第 3132 号民事判决有关驳回刘德俊的诉讼请求的表述为：驳回北京金谷兴业汽车修理部的诉讼请求；

二、王卫国与北京金谷兴业汽车修理部之间存在劳动关系。

案件受理费 50 元，由北京金谷兴业汽车修理部负担。

北京市第一中级人民法院经审理认为：王卫国到金谷修理部做学徒，一方面王卫国为金谷修理部提供了劳动，另一方面金谷修理部为王卫国提供了管吃管住等待遇，双方虽未签订劳动合同，但形成了实际上的劳动关系。原审判决认定王卫国与金谷修理部存在劳动关系正确，本院予以确认。原审判决仅驳回金谷修理部的诉讼请求，没有将王卫国与金谷修理部存在劳动关系写入判决主文不当，本院予以纠正。金谷修理部有关王卫国没有工作岗位和劳动报酬的上诉理由不能支持其上诉请求，对金谷修理部的上诉请求，本院不予支持。根据最高人民法院《关于审理劳动争议案件适用法律若干问题的解释（二）》第 9 条的规定，本案应以北京金谷兴业汽车修理部为当事人，本院依据该解释对原审判决所列当事人"刘德俊"予以变更。

3. 建筑公司将工程发包给包工头，由包工头招募的工人是否与建筑公司存在劳动关系？

建筑公司将工程发包给包工头，由包工头招募的工人对外以建筑公司的名义从事劳动，其与建筑公司建立了比较直接稳定的劳动关系，可以认定双方间存在劳动合同关系或事实劳动关系。

典型疑难案件参考

中扶建设有限责任公司安徽分公司诉柴文朝确认劳动关系纠纷案（合肥市蜀山区人民法院〔2009〕蜀民一初字第702号民事判决书和合肥市中级人民法院〔2009〕合民一终字第1540号民事判决书）

基本案情

2007年3月8日，中扶安徽公司与曾长富签订项目工程经济承包书，工程名称为解放军炮兵学院71号经济适用房，工程内容为施工图设计范围的建筑装饰安装工程。项目负责人曾长富、财务负责人张玲。

柴文朝于2007年5月至2008年2月在中扶安徽公司解放军炮兵学院71号经济适用房项目部任施工员。

2008年3月24日，中扶安徽公司与全椒县龙山湖自然美大观园签订建设工程施工合同。

双方未签订书面劳动合同，中扶安徽公司也没有为柴文朝办理各项社会保险。2008年11月4日，柴文朝向中扶安徽公司提出解除劳动关系。2008年11月9日，张玲出具欠条一张，内容为：柴文朝2月22日至11月5日工资及垫付款共计29050元，借工资10200元，生活开支2000元。根据该欠条，2008年2月至11月柴文朝的工资每月为3000元。欠条中的欠款已由张玲支付给柴文朝。此后，柴文朝向安徽省劳动争议仲裁委员会申请仲裁，要求裁决：（1）中扶安徽公司支付解除劳动关系经济补偿金4500元；（2）中扶安徽公司支付双倍工资3万元；（3）中扶安徽公司为柴文朝办理2007年5月至2008年11月的社会保险。该委于2009年3月4日作出〔2009〕皖劳仲裁49号仲裁裁决：（1）中扶安徽公司于裁决生效之日起15日内到社会保险经办机构为柴文朝办理社会保险手续，补缴2007年5月至2008年11月的社会保险费，所需费用由双方按规定比例共同承担；（2）中扶安徽公司于裁决生效之日起10日内一次性支付柴文朝解除劳动关系经济补偿金4500元、二倍工资24552元，合计 29052 元；（3）驳回柴文朝其他的仲裁请求。

一审诉辩情况

原告中扶安徽公司诉称：中扶安徽公司将自己所包工程交由实际施工人曾长富承包施工，柴文朝与曾长富之间有劳动关系，与中扶安徽公司并无劳动关系。请求人民法院判令：（1）中扶安徽公司无须为柴文朝办理社会保险手续；（2）无须向柴文朝支付解除劳动关系的经济补偿金 4500 元、二倍工资 24552 元；（3）本案全部诉讼费用由柴文朝负担。

被告柴文朝辩称：解除劳动合同，要求中扶安徽公司支付经济补偿金。

一审裁判结果

蜀山区人民法院经审理判决：

一、中扶安徽公司于本判决生效之日起 15 日内到社会保险经办机构为柴文朝办理社会保险手续，补交 2007 年 5 月至 2008 年 11 月的社会保险，所需费用由双方按比例承担；

二、中扶安徽公司于本判决生效之日起 10 日内一次性支付给柴文朝解除劳动关系经济补偿金 4500 元、二倍工资 24552 元，合计 29052 元；

三、驳回中扶安徽公司的诉讼请求。

一审裁判理由

蜀山区人民法院经审理认为：柴文朝提供的持证上岗记录、会议纪要等表明其 2007 年 5 月至 2008 年 11 月在中扶安徽公司施工的工程中任施工员。中扶安徽公司提出，上岗记录中的中扶安徽公司炮兵学院工程施工技术专用章及中扶建设有限公司公章系柴文朝通过不正当手段获得，但未提供证据证明，不应予以采信。柴文朝为中扶安徽公司提供劳动，中扶安徽公司项目部财务负责人支付了工资，双方虽未签订书面劳动合同，但形成了事实劳动关系。中扶安徽公司未依法为被告交纳社会保险费，应按规定予以补交。柴文朝据此解除劳动合同，要求中扶安徽公司支付经济补偿金，符合法律规定，应予以支持。中扶安徽公司应支付柴文朝经济补偿金 4500 元（月工资 3000 元，支付一个半月）。依据法律规定，中扶安徽公司最迟应当在 2008 年 1 月 31 日前与柴文朝订立书面劳动合同，否则应按月向柴文朝支付二倍工资，因中扶安徽公司未在 2008 年 1 月 31 日与柴文朝签订书面劳动合同，中扶安徽公司应支付柴文朝 2008 年 2 月至 11 月 4 日的二倍工资 24552 元。

二审裁判结果

合肥市中级人民法院经审理认为：原审判决认定事实清楚，适用法律正确。中扶安徽公司的上诉理由，不能成立。依照《中华人民共和国民事诉讼法》第153条第1款第1项之规定，判决：驳回上诉，维持原判。

二审裁判理由

1. 关于柴文朝与中扶安徽公司有无形成劳动关系的问题。原劳动和社会保障部劳社部发〔2005〕12号《关于确立劳动关系有关事项的通知》第2条规定：用人单位未与劳动者签订劳动合同，认定双方存在劳动关系时可参照下列凭证：（1）工资支付凭证或记录（职工工资发放花名册）、缴纳各项社会保险费的记录；（2）用人单位向劳动者发放的工作证、服务证等能够证明身份的证件；（3）劳动者填写的用人单位招工招聘登记表、报名表等招用记录；（4）考勤记录；（5）其他劳动者的证言等。其中，（1）、（3）、（4）项的有关凭证由用人单位负举证责任。同时，该通知第4条指出："建筑施工、矿山企业等用人单位将工程（业务）或经营权发包给不具备用工主体资格的组织或自然人，对该组织或自然人招用的劳动者，由具备用工主体资格的发包方承担用工主体责任。"本案中，中扶安徽公司将涉案工程发包给不具备用工主体资格的曾长富，而曾长富招用了柴文朝，且中扶安徽公司及总公司在柴文朝的持证上岗记录中加盖了公章，参照上述通知规定，应认定柴文朝与中扶安徽公司形成了劳动关系。中扶安徽公司上诉主张柴文朝以非正常渠道加盖的公章，因未提供证据证明，不予采信。

2. 关于柴文朝主张的补办社保、二倍工资及解除劳动关系经济补偿金有无事实和法律依据的问题。中扶安徽公司在与柴文朝劳动关系存续期间应为柴文朝社会保险而未办理，柴文朝要求补办，依法应予支持，柴文朝据此解除劳动合同，要求中扶安徽公司支付经济补偿金，依法亦应予以支持。因中扶安徽公司未在与柴文朝存在劳动关系的一个月内即2008年1月31日前，与柴文朝签订劳动合同，中扶安徽公司依法应自2008年2月支付柴文朝二倍工资。

4. 劳动者被借调后，借调单位在劳动者不能胜任劳动岗位时，是否能够将劳动者作分流下岗处理？

劳动者被借调后，借调单位在劳动者不能胜任劳动岗位时，不能够将劳动者作分流下岗处理。因为双方之间不存在劳动关系，劳动者并不是借调单位的职工。

5. 劳动者被长期借调的，劳动关系是否存在于劳动者与借调单位之间？

劳动者长期被借调后，不发生劳动关系的转化，劳动关系依旧存在于劳动者与原单位之间，劳动者与借调单位之间建立的不是劳动关系。

典型疑难案件参考

王爱民诉安徽省敬亭山茶场、宣城市宣州区敬亭山风景名胜区管理处劳动关系案（安徽省宣城市宣州区人民法院〔2004〕宣民一初字第 937 号民事判决书）

基本案情

原告于 1973 年 9 月到被告茶场工作，成为被告茶场的正式职工，从事驾驶员职业。1988 年 7 月 9 日，被告管理处与被告茶场协商，将原告借调至自己单位开车。被告管理处按照被告茶场的工资及福利待遇支付原告工作期间的报酬。1988 年 7 月，原告到被告管理处上班，从事驾驶员和服务工作。1999 年 12 月 24 日，被告召开全体职工大会，对职工工作表现进行测评，原告被分流下岗，被告管理处给付原告下岗 3 年生活费 2400 元。2002 年 9 月 11 日，原告向宣州区劳动争议仲裁委员会申请仲裁，要求被告管理处办理养老保险和补发工资及福利待遇。仲裁委员会作出宣劳发仲字〔2002〕第 20 号不予受理通知书下发给原告，原告向宣州区人民法院起诉。宣州区人民法院经审理，制作〔2002〕宣民一初字第 1026 号民事判决书，2003 年 1 月 6 日，原告与被告管理处就判决书生效确定的义务达成和解协议，被告管理处给付原告 6000 元。

在被告管理处与原告纠纷解决后，原告找被告茶场，要求恢复公职，被告茶场以与原告不存在劳动关系拒绝原告的要求。原告于 2004 年 8 月 10 日向宣城市宣州区劳动争议仲裁委员会申请仲裁，仲裁委员会以原告申请内容不属于劳动争议为由，于 2004 年 8 月 12 日作出〔2004〕第 19 号不予受理通知书下发原告。

诉辩情况

原告诉称：我于 1973 年 9 月到被告茶场工作，任汽车驾驶员，为正式职工。1988 年 7 月 9 日，被告管理处因工作需要，与被告茶场协商借调我到其单位工作。我服从安排被借调到被告管理处工作。2000 年 1 月 1 日，被告管理处以下岗分流、减员增效为借口，强迫我下岗。我下岗后被告管理处既不将我退回至被告茶场，也不给予下岗待遇，仅支付生活费 2400 元。为此，我找被告茶场要求回场上班，被告茶场以被告管理处未按约定给付管理费为由拒绝我回单位工作。二被告的行为违反了劳动法的规定，为此，请求被告茶场恢复与我的劳动关系，并办理养老、医疗保险，被告管理处给付茶场管理费，并赔偿我 5 年经济补偿。

被告茶场辩称：原告与我单位已经不存在劳动关系，原告脱离我单位已经 16 年，原告要求我单位恢复劳动关系，不符合法律规定，也无法律事实，不能得到法院的支持，请求驳回原告的诉讼请求。

被告管理处辩称：原告诉我单位系主体错误，我单位与原告是借用关系，原告在我单位借用期间的劳动争议已经法院判决处理。原告以侵权之诉要我单位赔偿 5 年损失不符合法律规定，另原告申请仲裁已超过时效，为此，请求法院驳回原告的诉讼请求。

裁判结果

安徽省宣城市宣州区人民法院依据《中华人民共和国劳动法》第 25 条，《中华人民共和国劳动争议处理条例》第 2 条，《社会保险征缴暂行条例》第 3 条、第 7 条、第 12 条的规定，作出如下判决：

一、原告王爱民与被告茶场存在劳动关系；判决被告管理处到宣城市社会保障事业管理所为原告补交 1992 年 1 月至 2002 年 10 月的养老保险费；

二、驳回原告王爱民其他诉讼请求。

裁判理由

劳动者的合法权益受法律保护，用人单位非依法定事由和约定事由，经法定程序，均不得单方解除与劳动者的劳动关系。就是终止、解除、辞退劳动者，亦应当出具终止、解除、辞退劳动者的决定书、通知书和证明书，作为劳动者按规定享受失业保险待遇、失业登记、求职登记的凭证。原告是被告茶场职工，是由被告茶场借调给被告管理处的，原告在借调期间与被告茶场的劳动关系没有改变，仍是被告茶场的职工。原告在被告管理处下岗，与被告管理处就养老保险、补偿发生争议，这是原告维护自己在借调期间按照二被告约定的权利采取的救济行为。被告管理处在原告不胜任其工作时，未将原告退回至被告茶场，而对原告作出下岗处理，系被告管理处对原告处理的不当。被告茶场作为用人单位，至今未向原告下发过书面的解除、辞退原告的通知、决定，证明原告与被告茶场之间仍然存在劳动关系。原告要求被告茶场恢复劳动关系，办理社会保险的请求符合法律规定，本院予以准许。被告茶场辩解原告与自己不存在劳动关系，仲裁已过时效的意见，但被告茶场没有证据证明原告与自己不存在劳动关系，也无法律规定借调可以发生劳动关系变更。双方虽然没有签订劳动合同，但不能消除双方之间的劳动关系，且原告没有签订劳动合同的责任不在原告。仲裁时效是指当事人在知道和应当知道自己的权利被侵害后60日内申请仲裁。原告知道权利被侵害是2002年9月，仅针对的是被告管理处没有为其办理借调期间的社会保险，并非是知道被告茶场侵害其权利，原告在知道被告茶场侵害其权利后，即向其主张权利，并向有关部门寻求解决，向仲裁机构申请仲裁，没有超过法定期间，且仲裁机构仅以不属于劳动争议而不予受理。该辩解意见，本院不予采纳。被告茶场辩解本院在〔2002〕宣民一初字第1026号民事判决书中已经确认原告与被告管理处是劳动关系的意见，不能成立。本院〔2002〕宣民一初字第1026号民事判决书解决的是原告在被借调被告管理处期间的劳动福利待遇问题，不涉及原告与被告茶场之间的劳动关系，不涉及劳动关系变更的问题。仅涉及原告是由被告茶场借调至被告管理处这一事实。被告茶场该项辩解意见，予以采信。

权利应当有适格的主体，通过正当途径行使。被告管理处拖欠被告茶场借调原告期间的管理费，被告茶场是权利主体，依法享有对被告管理处的债权，被告茶场可以行使其权利，而原告既不是管理费的权利主体，也不是义务承受主体，原告不能主张二被告的权利和义务，且该项请求是一般债权，不属于劳动争议的范畴，原告该项请求，本院不予支持。被告管理处辩解原告不是管理费的权利主体，不能向其主张的意见成立，本院予以采信。

诉的合并应当是相同性质或相同种类的合并，而原告在主张劳动权利时，又提出侵权之诉，要求被告管理处赔偿5年的经济补偿，属于两种法律调整的诉，侵权不属于劳动争议范畴，也不属于劳动法调整，原告该项之诉不能与恢复劳动关系之诉合并，可以另行主张。原告该项请求本院不予支持。被告管理处辩解诉之不能合并的意见成立，予以采信。

6. 保险公司与保险代理人之间建立的是劳动关系吗？

保险代理人是依据保险公司的委托，在保险公司授权范围内代为从事保险业务，并向保险公司收取一定数量佣金的个人或单位。双方的关系属于平等主体之间的民事代理关系，不属于劳动关系，不受劳动法调整。尤其在保险代理人为单位的时候，更是如此，单位与单位之间无法建立劳动关系。

典型疑难案件参考

霍某某诉中国人寿保险股份有限公司重庆分公司南川支公司确认劳动关系纠纷案（重庆市南川区人民法院〔2012〕南川法民初字第00020号民事判决书）

基本案情

原告于2011年11月经人介绍受聘于被告公司任寿险代理人，从事保险代理工作。2011年11月19日原告向被告中国人寿保险股份有限公司重庆分公司南川支公司签订了《个人代理人保证人保证书》，2002年1月31日原告填写了《中国人寿保险公司个人代理人登记表》。2004~2008年原、被告之间签订了《个人代理人保险代理合同》。原、被告之间于2008年签订的《保险营销员保险代理合同》约定，合同有效期3年。合同约定："在任何时候均不构成甲、乙双方之间的劳动关系或劳务关系。""甲方（被告）每月根据乙方（原告）上一个月代理销售保险合同的业务情况向其支付代理费（佣金）。"原告自2002年到2010年期间在从事保险代理业务的同时，还负责被告大观营销部的一些日常事务工作。被告按合同的约定向原告支付了保险代理费。原告于2011年11月24日向重庆市南川区劳动人事争议仲裁委员会申请，请求确认原告与被告之间于2001年至2010年12月存在劳动关系。重庆市南川区劳动人事争议仲裁委员会以"你提供的与被申请人签订的个人代理人保险合同，不属于劳动合同，故不符合《中华人民共和国劳动争议调解仲裁法》第2条的受案范围"为由，于2011年12月1日作出《不予受理案件通知书》。

诉辩情况

原告诉称：原告于2001年11月经人介绍进入被告公司大观营销部从事内勤工作。从2001年到2010年每月领取200~700元的固定工资，被告以欺骗、威胁的方式与原告签订了代理合同，原告知道真相后，多次找公司签订劳动合同，但公司一拖再拖，不与原告签订劳动合同。原告与被告已形成事实劳动关系，请求人民法院支持原告的诉讼请求，还原告一个公道。

被告辩称：（1）原、被告之间不存在劳动关系。原、被告之间从来没有签订过劳动合同，原告也没有相应事实证明双方发生过事实劳动关系。（2）原、被告之间只存在保险代理关系。①双方签订了书面的保险代理合同；②双方也是按保险代理合同的约定履行各自的义务。

裁判结果 ▶

重庆市南川区人民法院依照《中华人民共和国劳动法》第2条之规定判决如下：

驳回原告霍某某的诉讼请求。

本案受理费10元，减半收取5元，由原告霍某某负担。

裁判理由 ▶

重庆市南川区人民法院认为：原告自2001年11月受聘进入被告公司，从事保险代理业务。2004年到2008年原、被告之间签订的《保险代理合同》明确约定了原、被告之间是代理关系，不构成劳动关系或劳务关系。被告亦按《保险代理合同》的约定向原告支付代理费用。故应当认定原、被告之间是代理合同关系而不是劳动关系。原告举示的《活存历史明细查询结果》和个人简历、奖状等证据不能证明原告所主张的自2001年开始到2010年止被告向其发放固定工资这一事实，只能证明原告从事了与保险有关的业务。故原告主张确认与被告之间是劳动关系的请求，本院依法不予以支持。

7. 报社与送报人员之间是否属于劳动关系？

如果报社并不禁止送报人员代替自己送报，则说明报社与送报人员之间的人身依附性较弱，不符合劳动关系中要求劳动者亲自为用人单位提供劳动的特征。此外，报社关注的是送报人员将报纸送到客户或订报人员处的结果，这也与劳动关系注重劳动过程而非劳动结果的特征相背离。

典型疑难案件参考

谢桂珠与广西日报社劳动争议纠纷上诉案（南宁市中级人民法院〔2011〕南市民一终字第 1513 号民事判决书）

基本案情

广西日报社自 1995 年创办《南国早报》以来即开始自办报刊发行。由广西日报社下属的报刊发行中心向各发行站和发行分站分配发行任务，再由各发行分站在社会上组织发行员具体进行报纸的征订和发送工作。2005 年 5 月，广西日报社在报刊发行中心的基础上，组建南国物流有限责任公司，继续承担原发行中心的业务。谢桂珠于 2000 年 1 月起在广西日报社所属的西乡塘发行站做发行员，谢桂珠在担任发行员期间广西日报社没有为其办理过招工手续，双方也没有签订劳动合同。谢桂珠每天的工作是凌晨 4 点到发行站领取报纸，分送到各订户家中。在报刊收订期间，送完报纸还要在居民区摆台或挨家挨户上门收订报纸。个人收订的报纸由个人分送，属于自订自送。所有发行员组成若干个小组，各小组轮流每 10 天由一个小组提前 1 小时即凌晨 3 点到发行站卸报，由站长将报纸分发到各小组，再由各小组分发到各发行员。谢桂珠的收入按所收订和分送的报纸数量计算，收订和分送报纸越多收入越高。若谢桂珠收订的报刊数量太少，其平均月收入达不到南宁市最低工资标准，发行站将取消其发行员资格，其收订的报纸将分配给其他发行员分发。谢桂珠担任发行员期间广西日报社没有为其办理社会保险手续和缴纳社会保险费。

2008 年 1 月，广西日报社要求报刊发行中心的全体发行员与"广西南国物流有限责任公司"签订《非全日制用工合同书》，谢桂珠认为广西日报社单方解除劳动关系，双方为此发生争议，广西日报社不再安排谢桂珠工作，谢桂珠遂向广西壮族自治区劳动争议仲裁委员会申请仲裁，要求：（1）确认谢桂珠、广西日报社之间从 2000 年 1 月起形成劳动关系，广西日报社与谢桂珠签订符合劳动法规定的劳动合同；（2）广西日报社依法为谢桂珠办理从 2000 年 1 月起至本案裁决生效并执行完毕之日的养老、失业、医疗等社会保险；（3）广西日报社补发拖欠谢桂珠 2000 年 1 月起至 2007 年 12 月双休日加班费 59404.8 元、2000 年 1 月至 2007 年 12 月国家法定休假日加班费 1713.6 元，加发经济补偿金 10329.2 元（按拖欠加班费 25% 计），支付赔偿金 103292 元（按拖欠加班费和经济补偿金二倍计）；（4）广西日报社支付拖欠、停发谢桂珠 2007 年 12 月至 2008 年 2 月 3 个月工资 7350 元、经济补偿金 1837.5 元及赔偿金18375元；（5）谢桂珠按广西日报社要求自2008年1月21日开始移交工作后待岗，待岗期间不需要每天回单位西乡塘发行一站签到报到；（6）广西日报社自用工之日起满一年不与谢桂珠订立书面劳动合同，视为广西日报社与谢桂珠已订立无固定期限劳动合同；（7）广西日报社自用工之日起超过一个月不满一年未与谢桂珠订立书面劳动合同，依法应当从2008年1月向谢桂珠每月支付二倍工资2940元（按2007年基本工资标准1470元二倍计），经济补偿金735元（按拖欠工资25%计），赔偿金7350元（按拖欠工资和经济补偿金二倍计），逐月计至裁决书生效执行完毕时止；（8）责令广西日报社支付拖欠谢桂珠2007年12月10日至2008年1月10日月度订报提成工资360元（《当代生活报》30份，12元/份）；经济补偿金90元（按拖欠提成工资25%计），赔偿金900元（按拖欠谢桂珠提成工资和经济补偿金二倍计）；（9）广西日报社支付拖欠谢桂珠发行2007年度征订《南国早报》、《当代生活报》的提成工资1906.55元（《南国早报》184.75份，8.6元/份；《当代生活报》88.25份，3.6元/份）；经济补偿金476.64元（按拖欠提成工资25%计），赔偿金4766.40元（按拖欠谢桂珠提成工资和经济补偿金2倍计）。在仲裁审理过程中，谢桂珠2007年度的征订报刊劳务费提成、2007年12月和2008年1月的报刊投递费等，谢桂珠已签字领取。广西壮族自治区劳动争议仲裁委员会于2008年6月26日作出桂劳仲案字〔2008〕第6号仲裁裁决书，认定谢桂珠、广西日报社之间不存在劳动关系，驳回了谢桂珠的申诉请求。谢桂珠不服该裁决，遂诉至法院，请求法院判令：（1）确认谢桂珠与广西日报社之间从2000年1月起形成劳动合同法调整的劳动关系。（2）确认广西日报社自用工之日起满一年不与谢桂珠订立书面劳动合同，视为广西日报社与谢桂珠已订立无固定期限劳动合同。（3）确认广西日报社自用工之日起超过一个月不满一年未与谢桂珠订立书面劳动合同，依法应当从2008年1月向谢桂珠每月支付二倍工资2940元（按2007年基本工资标准1470元二倍计），逐月计至签订书面劳动合同为止。（4）判决广西日报社依法为谢桂珠办理2000年1月至本案裁决生效并执行完毕之日止养老、失业、医疗的社会保险。（5）责令广西日报社支付拖欠谢桂珠2000年1月至2007年12月双休日加班费59976元(按每年52周计8年，平均月工资500元21天工作日计)；2000年1月至2007年12月元旦、"五一"和"十一"法定休假日加班费3998.4元（每年7天，按工资三倍计）；加发经济补偿金15993.6元（按拖欠加班费25%计），赔偿金15993.6元（按拖欠加班费和经济补偿金二倍）。（6）责令广西日报社支付拖欠谢桂珠2007年12月10日至2008年1月10日月度订报提成工资360元（《当代生活报》30份，12元/份）；经济补偿金90元（按拖欠提成工资25%计），赔偿金900元（按拖欠谢桂珠提成工资和经济补偿金二倍计）。拖欠谢桂珠 2008 年 1 月份工资 2940 元（按 2007 年基本工资标准 1470 元二倍计），经济补偿金 735 元（按拖欠工资 25% 计），赔偿金 7350 元（按拖欠工资和经济补偿金二倍计）。(7) 责令广西日报社支付拖欠谢桂珠发行 2008 年年度征订《南国早报》、《当代生活报》的提成工资 1906.55 元（《南国早报》184.75 份，8.6 元/份；《当代生活报》88.25 份，3.6 元/份）；经济补偿金 476.64 元（按拖欠提成工资 25% 计），赔偿金 4766.40 元（按拖欠谢桂珠提成工资和经济补偿金 2 倍计）。(8) 责令广西日报社支付拖欠谢桂珠 2007 年 12 月份的工资 930 元（南国早报、当代生活报及广西日报），经济补偿金 232.50 元（按拖欠工资 25% 计），赔偿金 2325 元（按拖欠工资和经济补偿金二倍计）；2007 年 12 月份提成工资 540 元，经济补偿金 135 元（按拖欠工资 25% 计），赔偿金 1350 元（按拖欠工资和经济补偿金二倍计）。(9) 责令广西日报社支付拖欠谢桂珠 2008 年 1~6 月份工资 17640 元（按 2007 年基本工资标准 1470 元二倍计），经济补偿金 4410 元（按拖欠工资 25% 计），赔偿金 44100 元（按拖欠工资和经济补偿金二倍计）。(10) 责令广西日报社支付拖欠谢桂珠 2000 年 1 月至 2007 年 12 月加班工资 19200 元（每天 2 小时每月加班费按 200 元/月计，共 8 年），加发经济补偿金 4800 元（按拖欠加班费 25% 计），赔偿金 48000 元（按拖欠工资和经济补偿金二倍计）。

此外，广西日报社与谢桂珠之间没有签订任何书面协议。谢桂珠在送报、订报过程中自行提供交通工具。广西日报社并不禁止谢桂珠在送报过程中找人代工。谢桂珠除投送广西日报社发行的报刊外，还投送其他报社发行的报刊。广西日报社下属的发行站会对谢桂珠每天领取报刊的时间进行考核，如果迟到会扣除其少量报酬。谢桂珠回收旧报纸，发行站按照 0.6 元/斤支付报酬，并对其回收的报纸收取 0.01 元/斤的管理费。根据广西日报社在报纸上刊登的启事，其招用发行员的待遇为：实行报纸费率提成制，上不封顶，下不保底。

▶ 一审裁判结果

经一审法院审判委员会讨论，南宁市青秀区人民法院依照《中华人民共和国劳动法》第 36 条、第 44 条，《中华人民共和国劳动合同法》第 14 条、第 82 条、第 85 条、第 98 条，劳动和社会保障部《关于确立劳动关系有关事项的通知》（劳社部〔2005〕12 号）第 2 条之规定，判决：

一、谢桂珠与广西日报社之间从 2000 年 1 月起存在事实上的劳动关系；

二、广西日报社支付谢桂珠从 2000 年 1 月至 2007 年 12 月元旦、"五一" 和 "十一" 法定休假日加班费 3998.4 元及经济补偿金 999.6 元；

三、驳回谢桂珠要求确认谢桂珠、广西日报社双方已订立无固定期限劳动合同的诉讼请求；

四、驳回谢桂珠要求广西日报社支付未签订书面劳动合同的双倍工资及经济补偿金的诉讼请求；

五、驳回谢桂珠要求广西日报社支付工作日及双休日的加班工资及经济补偿金的诉讼请求；

六、驳回谢桂珠要求广西日报社支付提成工资及经济补偿金的诉讼请求。
本案案件受理费10元，由广西日报社负担。

▶ 一审裁判理由

南宁市青秀区人民法院认为：关于谢桂珠的第1项、第2项、第3项诉请，双方主要争议的问题是谢桂珠与广西日报社之间是否存在劳动关系，根据《关于确立劳动关系有关事项的通知》（劳社部发〔2005〕12号）第2条规定，用人单位与劳动者没有签订劳动合同，认定双方存在劳动关系参照下列凭证：（1）工资支付凭证或记录、缴纳社会保险费记录；（2）工作证或服务证；（3）招工招聘登记表、报名表；（4）考勤记录；（5）其他劳动者的证言。谢桂珠接受广西日报社单位的管理，从事广西日报社单位组织、指挥和监督管理的工作，从广西日报社单位领取劳动报酬，应受劳动法所产生的法律关系约束。谢桂珠、广西日报社之间具有身份上的从属性，首先，谢桂珠作为发行员需持证上岗，广西日报社发放给谢桂珠的工作牌上注明了谢桂珠是其单位的发行员，有职工编号，并且在注意事项里说明："本证只限于本人使用"、"持证人离任或被解职时，必须将本证交回"等，表现出人身依附关系；其次，谢桂珠接受每天考勤，分工明确、职责明细，谢桂珠代表广西日报社接受客户的投诉处罚、为客户"天天订报、时时服务"；再次，谢桂珠接受广西日报社单位的考评、考核，广西日报社以单位的名义表彰谢桂珠为"先进发行员"、向谢桂珠发放生活困难补助费等。谢桂珠、广西日报社之间固定的、持续性的用工关系已经长达7年，符合劳动关系的特征。根据劳动部制定的《关于确立劳动关系有关事项的通知》第2条的规定，从谢桂珠、广西日报社之间的人身依附关系及监督管理关系综合考量，并结合谢桂珠工作的性质及报酬的构成，确认谢桂珠、广西日报社之间从2000年1月起形成事实上的劳动关系。至于广西日报社认为发行员收订和分送报纸可由其亲友或其他人员代劳，谢桂珠、广西日报社之间属于劳务关系的问题，实质上可以"代劳"并非认定劳务关系的充分条件，谢桂珠虽然可以请人代劳完成收订和分送报纸的工作，但仍需要向报社请假，双方之间符合劳动关系的特征。至于谢桂珠要求广西日报社支付自用工之日起超过一个月未与谢桂珠订立书面劳动合同的双倍工资的请求，根据《中华人民共和国劳动合同法》第82条的规定："用人单位自用工之日起超过一个月不满一年未与劳动者订立书面劳动合同的，应当向劳动者每月支付二倍的工资。"《中华人民共和国劳动合同法》第98条规定："本法自2008年1月1日起施行。"从2008年1月1日起计算，最早至2008年2月1日才符合第82条规定的"超过一个月"，即谢桂珠最早应从2008年2月1日起要求二倍工资。现谢桂珠要求广西日报社从2008年1月起支付二倍工资，不符合法律规定，不予支持。谢桂珠自2008年1月21日起移交工作后，没有再为广西日报社提供劳动，谢桂珠不应取得劳动报酬，故谢桂珠要求此期间的二倍工资不予支持。关于是否应签订无固定期限劳动合同的问题，根据《中华人民共和国劳动合同法》第14条第3款"用人单位自用工之日起满一年不与劳动者订立书面劳动合同的，视为用人单位与劳动者已订立无固定期限劳动合同"及第97条第2款"本法施行前已建立劳动关系，尚未订立书面劳动合同的，应当自本法施行之日起一个月内订立"的规定，虽然广西日报社没有与谢桂珠签订书面劳动合同，但是《中华人民共和国劳动合同法》自2008年1月1日起实施，距谢桂珠申诉时未满一年，故谢桂珠要求确认广西日报社与谢桂珠已订立无固定期限劳动合同的请求没有事实依据，不予支持。

关于谢桂珠的第4项诉请：关于谢桂珠要求广西日报社为其办理养老、失业、医疗等社会保险的问题，社会保险费的缴交属于社会保险行政部门处理的范畴，故不予处理。谢桂珠可在本判决生效后，向社会保险机构申请补办，是否予以补办由社会保险机构决定。

关于谢桂珠的第5项、第10项诉请：根据《中华人民共和国劳动法》第44条规定："有下列情形之一的，用人单位应当按照下列标准支付高于劳动者正常工作时间工资的工资报酬：（1）安排劳动者延长工作时间的，支付不低于工资的百分之一百五十的工资报酬；（2）休息日安排劳动者工作又不能安排补休的，支付不低于工资的百分之二百的工资报酬；（3）法定休假日安排劳动者工作的，支付不低于工资的百分之三百的工资报酬。"谢桂珠要求双休日的加班费，由于谢桂珠未能提供证据证明其每日工作时间超过8小时、平均每周工作时间超过44小时，谢桂珠对此应承担举证不能的责任。故谢桂珠要求广西日报社支付双休日的加班费，证据不足，不予支持。对于谢桂珠要求广西日报社支付法定休假日的加班费的问题，因广西日报社作为报刊发行中心，法定休假日不停刊，谢桂珠作为发行员必须承担发送报纸的工作，故谢桂珠主张2000年1月至2007年12月元旦、"五一"和"十一"法定休假日加班费3998.4元（每年7天，按工资的300%计），以及该拖欠该加班费的经济补偿金999.6元（按加班费3998.4元的25%计），予以支持。至于谢桂珠主张该加班费的赔偿金问题，《中华人民共和国劳动合同法》第85条规定，用人单位有下列情形之一的，由劳动行政部门责令限期支付劳动报酬、加班费或者经济补偿；劳动报酬低于当地最低工资标准的，应当支付其差额部分；逾期不支付的，责令用人单位按应付金额50%以上100%以下的标准向劳动者加付赔偿金。谢桂珠要求广西日报社加付赔偿金应先由相关劳动行政部门处理，故不在本案中处理。

关于谢桂珠的第6项、第7项、第8项诉请：在仲裁审理中，谢桂珠签字确认已领取了2007年度的征订报刊劳务费提成、2007年12月和2008年1月的报刊投递费等，故谢桂珠上述各项诉请属于重复主张，不予支持。

关于谢桂珠的第9项诉请：谢桂珠自2008年1月21日起移交工作后没有为广西日报社提供劳动，则不应取得劳动报酬，故谢桂珠要求广西日报社支付2008年1~6月份期间的工资、经济补偿金、赔偿金的请求，不予支持。

关于谢桂珠的诉请是否已经过两年的诉讼时效的问题：本案系劳动争议，根据最高人民法院《关于审理劳动争议案件适用法律若干问题的解释（二）》第1条的规定，劳动者主张权利之日为劳动争议发生之日，故谢桂珠申请仲裁之日系劳动争议发生之日，广西日报社主张谢桂珠的诉请超过两年的诉讼时效没有法律依据，不予采信。

二审诉辩情况 ▶

上诉人谢桂珠不服一审判决，上诉称：劳动法在1995年1月1日施行后，劳动部制定了《关于贯彻执行〈中华人民共和国劳动法〉若干问题的意见》，《关于实行劳动合同制度若干问题的通知》，国务院办公厅在国办发〔2002〕35号文转发国家人事部《关于在事业单位试行人员聘用制度的意见》。至此，广西日报社作为事业单位从劳动法施行后就实行了"全员劳动合同制"，且推行了"人员聘用"制度，原判确认我从2000年1月起存在"事实上的劳动关系"，支持了我作为广西日报社单位的"报刊发行员"的事实和诉请主张，这完全符合国家新闻出版署发布的原《报纸管理暂行规定》和现行的《报纸出版管理规定》及《出版管理条例》的规定。我们发行员每天送完报纸后，还要在上午10~12点，下午2~6点到各片区征订报纸，挨家挨户去发动客户订报。在上门为订户征订报刊过程中，因有些订户上班不在家，要经过反复多次上门才把报纸订回，为了争取时间订好报纸，往往是订户一个电话，不论是中午还是晚上都要马上上门到订户家服务。每天订到报纸后，回家还要写每份发票的缴款单，把报款存入银行，然后将发票和银行缴款回执单交给站长核对清楚，发行员每月还要写明自己投递片区的"线路单"交站长报广西日报社。

每天投递工作完成后，还要去各地段宣传订"还珠"牌桶装水工作及给订户送订报礼品，广西日报社还要求我们发行站的 60 个发行员按每天 2 人轮流回站值班，每人 3 个小时。广西日报社发行中心为增加经济效益在 2006 年又在各发行站开展上门为订户回收旧报纸的活动，按发行员每天送报重量的 15% 回收旧报纸，为此，广西日报社还发给我们发行员每人一把秤用于工作。由于我们发行员的勤恳工作，报社报刊发行中心的发行量一年比一年大，发行报刊的种类除了《广西日报》、《南国早报》、《当代生活报》外还增加了《健报》、《广西电视报》、《女性天地》、《医药星期三》、《文萃》、《劳动保障报》、《广西电视报》、《亲子教育报》、《南国晨报》等 10 份报刊。对此，广西日报社一审当庭认可上述工作流程和工作量，仅每天上下午订报时间就要占去 6 小时，加上每天送报时间约 4 小时及晚上订报的 2 小时，另还要推销桶装水、缴存报款和回收旧报，原判称不能证明每天加班 2 小时，这违背了最高人民法院《关于民事诉讼证据的若干规定》第 8 条 "诉讼过程中，一方当事人对另一方当事人陈述的案件事实明确表示承认的，另一方当事人无须举证" 的规定。自 2000 年 1 月我进入报社 8 年的工作中（未含诉讼 3 年多期间的待岗），我工作勤恳，认真负责，遵守报社的规章制度和劳动纪律，服从单位领导安排，赢得了报社各级领导和客户的认可。在广西日报社单位工作期间除了春节停刊 3 天休息外，其余所有法定节假日、双休日我们全体报刊发行中心职工都照常工作，从也没领取过一分钱的加班费，依法我的双休日加班费诉请也应得到法律的支持。原判认为我与广西日报社之间形成了劳动和社会保障部《关于确立劳动关系有关事项的通知》第 1 条、第 2 条规定的事实劳动关系，我依法有权要求广西日报社补办社会保险、补发工资和加班费、支付经济补偿金等。广西日报社在仲裁 2008 年 2 月 2 日上下午开庭时，多次强调双方的 "关系" 还没有 "断"，显然是指用人单位与劳动者之间形成的民事法律关系。故我依法申请劳动仲裁，广西日报社非劳动任务不足的原因 2008 年 1 月 21 日安排我 7 日内移交工作完毕后待岗，法定待岗期间应按正常劳动收入 80% 计付待岗工资，不签书面劳动合同双倍给付到 2009 年 1 月止，并要支付拖欠待岗工资的经济补偿金。请求二审法院判令：（1）撤销一审判决第三、四、五、六项；（2）改判广西日报社自 2008 年 1 月至 2009 年 1 月 1 日满一年不与谢桂珠订立书面劳动合同，视为广西日报社与谢桂珠已订立了无固定期限劳动合同；（3）广西日报社自 2008 年 1 月 1 日起超过一个月未与谢桂珠订立书面劳动合同，依法应当从 2008 年 2 月向谢桂珠每月支付二倍的工资 2940 元（按 2007 年基本工资标准 1470 元的二倍计），逐月计至 2009 年 1 月视为已订立无固定期限劳动合同止；（4）广西日报社依法为谢桂珠办理从 2000 年 1 月至本案判决生效并执行完毕之日止养老、失业、医疗三项的社会保险；（5）广西日报社补发拖欠谢桂珠2000年1月至2007年12月双休日加班费59976元（按每年52周计8年，平均月工资500元21天工作日计），经济补偿金14994元（按拖欠加班费25%计）；（6）广西日报社支付拖欠谢桂珠2007年12月10日至2008年1月10日月度订报提成工资（计360元：《当代生活报》30份，12元/份）到2008年3月才发放的经济补偿金90元（按拖欠提成工资25%计）；（7）广西日报社支付拖欠谢桂珠2008年年度征订《南国早报》、《当代生活报》的提成工资（计1906.55元：《南国早报》184.75份，8.6元/份；《当代生活报》88.25份，3.6元/份）到2008年3月才发放的经济补偿金476.64元（按拖欠提成工资25%计）；（8）广西日报社支付拖欠谢桂珠2007年12月份工资（投递《南国早报》、《当代生活报》及《广西日报》）到2008年3月才发放的经济补偿金232.50元（按拖欠930元工资25%计）；2007年12月份提成工资（计540元）的经济补偿金135元（按拖欠提成工资25%计）；（9）广西日报社支付拖欠谢桂珠2008年1月份工资到2008年3月才发放的经济补偿金367.50元（按1470元拖欠工资25%计）；从2008年2月起广西日报社按每月1176元（按1470元80%计）标准逐月支付谢桂珠待岗工资到解除劳动关系或上岗时止，同时按月加发294元经济补偿金；（10）判决广西日报社支付拖欠谢桂珠2000年1月至2007年12月的加班工资19200元（每天加班2小时每月按200元计，共8年），经济补偿金4800元（按拖欠加班工资25%计）。

上诉人广西日报社辩称：广西日报社没有实行全员劳动合同制，只是在部分员工中实行了，广西日报社是厅级单位，编制审批需要上级批准，对方认为发行员全部需要签订劳动合同是不正确的。广西日报社在招聘发行员的时候已经说明上不封顶，下不保底。送报纸有很强的时效性，广西日报社不存在已经认可双休日或法定节假日加班的说法。上诉人广西日报社不服一审判决上诉称：

1. 一审判决认定广西日报社与谢桂珠存在事实劳动关系是错误的。（1）一审判决认定双方之间从2000年1月起形成事实上的劳动关系是错误的。第一，广西日报社给谢桂珠发放工作牌，是为了解决客户对其的信任问题，以方便其工作。第二，广西日报社与谢桂珠虽然是劳务关系，但也需要有基本的合作制度约束双方。第三，广西日报社表彰谢桂珠为"先进发行员"是为了激励其更好地开展业务。第四，谢桂珠收订和分送报纸可由他人代劳。因此，一审法院仅凭工作牌和"先进发行员"的表面记载和广西日报社与谢桂珠之间的合作制度"考勤"、"考核"、"考评"就简单地认定广西日报社与谢桂珠之间从2000年1月起形成事实劳动关系是错误的。（2）广西日报社与谢桂珠不存在事实劳动关系。谢桂珠作为广西日报社单位的报刊发行员，其收入按所收订和分送报刊数量提取一定数额的现金，多劳多得，属两个平等主体之间建立的经济合作关系。谢桂珠作为劳务人员承担广西日报社单位的报刊征订、分送工作，并不限定由其本人独立完成，可由其亲友或其他人员替代完成，在用工性质上与内部职工有本质的区别，谢桂珠按收订和分送的报刊数量计算所得的提成不属于广西日报社单位支付的工资报酬，不具备构成事实劳动关系的要件。同时谢桂珠在提供劳务期间，并不遵守广西日报社制定的各项规章制度，只按双方的约定完成劳务工作，广西日报社也没有依据其规章制度对其进行管理，因此，不存在隶属关系。根据劳动和社会保障部《关于确立劳动关系有关事项的通知》第 1 条的规定，广西日报社与谢桂珠不存在劳动关系，不属于《劳动法》的调整范围。(3) 应把发行员这一职业放在文化体制改革的大背景之下来认清其本质，简单地认为发行员与报社形成的是事实劳动关系，会影响到社会的和谐稳定。

2. 一审判决广西日报社支付谢桂珠法定休假日加班费和经济补偿是错误的。根据前面所述，广西日报社与谢桂珠之间形成的是劳务关系，并非事实劳动关系，一审法院判决广西日报社支付休假日加班费和经济补偿没有事实依据，是错误的。

3. 一审判决错误地将以委托代理方式实现的劳务关系，当成是劳动关系，并存在诸多具体事实认定的错误。(1)《南国早报》是 2000 年才开始自办发行，而不是一审判决书中所说的 1995 年。在开展自办发行之前《南国早报》是邮发的，同时报社也根据市场需求，开展一些零售业务。为了开展自办发行业务，1999 年 9 月 6 日，广西日报社分别在当天的《广西日报》和《南国早报》刊登广告，发布了在各地市建立发行站并招收发行员的信息。(2) 广西日报社的广告发布后，实际上向谢桂珠发出了《中华人民共和国合同法》中规定的"要约邀请"，谢桂珠通过各种渠道了解到广西日报社的相关要约才前来报名。在报名时及相关的大会上，广西日报社发行中心的负责人都将待遇问题作了特别说明，并在相关的文件规定中进一步明确了发行员与报社的关系为委托代理的劳务关系，劳务内容主要为征订报纸和投送报纸，劳务的收入为征订费＋投递费，不享受报社正式职工和正式聘用员工的福利待遇。(3) 广西日报社关于发行员报酬的要约经过双方的对话平等协商，获得了双方的认可，双方以口头形式订立了合同。按照《合同法》第 396 条、第 397 条、第 404 条、第 405 条以及《民法通则》第 64 条的规定，广西日报社的发行工作采取委托代理的劳务方式。由于这种委托代理的劳务是与订户打交道，为了让订户相信谢桂珠是经广西日报社委托，行使代理权，以广西日报社的名义征订和投送报纸，广西日报社发行中心特地制作了发行员证和工作牌给谢桂珠，以取信订户，方便谢桂珠更好地履行广西日报社所委托的征订和投送报纸的劳务。（4）在委托代理征订、发送报纸等劳务形式上，广西日报社与谢桂珠及其他发行员经过协商，采取了灵活的三种模式：家庭承包式、小组承包式、个人承包式，上述三种模式受到广大发行员的欢迎。（5）不论采取何种委托代理劳务形式，广西日报社和发行员包括谢桂珠双方商定，由发行员包括谢桂珠自备交通和运输工具，用于征订和投递报纸等发行劳务。（6）广西日报社按照要约，履行承诺，从发行员征订的报纸费率中提成给谢桂珠及其他发行人员作为报酬，谢桂珠及其他发行人员均已签收认领。（7）在实行委托代理的劳务过程中，由于合作的双方同意实行"上不封顶，下不保底"，多劳多得。因此，谢桂珠及其他发行员为了多获取劳务收入，就投入更多的时间，包括节假日等，用于征订和投递报纸。不少"吃不消"的发行员就自动放弃了委托代理的劳务工作，到别的单位另谋工作。（8）广西日报社从来没有委托谢桂珠代表广西日报社"接受客户的投诉处罚"，谢桂珠也不可能"接受客户的投诉处罚"。（9）广西日报社从来没有向谢桂珠"发放生活困难补助费"。

4. 由于对事实认定不清，导致产生错误结论，适用法律错误，对不存在的所谓劳动关系，错误地适用劳动法。

5. 如果按照一审判决，报社大量的征订、发送劳务工将同样可以认定为劳动关系，将导致出现两个方面违背常理的情况：（1）在广西日报社聘请的劳务工中，他们还投递多个出版社出版的多种报刊，他们也可以向其他几个报社同时请求确认劳动关系。（2）广西日报社自从 2000 年自办发行以来，聘请过的征订、发送劳务工达 5000 多人，人员流动性很大，全部认定为劳动关系与事实不符。综上所述，一审判决广西日报社与谢桂珠之间从 2000 年 1 月起形成事实劳动关系和广西日报社支付谢桂珠法定休假日加班费和经济补偿金是错误的。

请求法院判令：（1）撤销一审判决第一、二项，并确认广西日报社与谢桂珠不存在事实上的劳动关系；（2）驳回谢桂珠的所有诉讼请求；（3）一、二审诉讼费由谢桂珠承担。

二审裁判结果

南宁市中级人民法院依照《中华人民共和国民事诉讼法》第 153 条第 1 款第 3 项的规定，判决如下：

一、撤销南宁市青秀区人民法院〔2008〕青民一初字第 1714 号民事判决；

二、驳回谢桂珠的诉讼请求。

一审案件受理费 10 元，二审案件受理费 10 元（谢桂珠、广西日报社各已预缴 10 元），均由谢桂珠负担。

本判决为终审判决。

二审裁判理由

南宁市中级人民法院认为：关于谢桂珠与广西日报社之间是否存在劳动关系问题。劳动关系是指用人单位与劳动者个人之间，依法签订劳动合同，劳动者接受用人单位的管理，从事用人单位安排的工作，成为用人单位的成员，从用人单位领取报酬和受劳动保护所产生的法律关系。本案中，虽然广西日报社向谢桂珠发放了工作牌、发行员证，对谢桂珠领取报纸的时间进行考核，并可根据订户的投诉减少其工作报酬，谢桂珠也为广西日报社送报、订报，但由于广西日报社与谢桂珠之间没有签订任何书面协议，故判断双方是否存在劳动关系，应根据本案查明的事实，主要结合劳动关系的本质属性和重要特征，进行综合认定。

第一，劳动关系的本质属性在于劳动者与用人单位之间存在从属（隶属）关系。劳动者的劳动给付行为具有高度的人身属性，不能替代履行；劳动者在劳动过程中，受用人单位的指挥或管理，自主性低。判断这种从属关系主要结合是否存在第三者代替工作（即代工）的可能，劳动者是否有自主决定工作方式、方法的自由，工作时间和工作地点或场所是否受拘束，工作用具是否自备，工作过程是否受监管等因素综合进行。本案中，广西日报社并不禁止送报人员在送报过程中找人代工，客观上存在第三者代工的可能性；广西日报社对送报人员的送报、订报过程并无监管，对送报人员采用何种方式，选用何种工具送报、订报并无限制性要求，送报人员可以自行决定；虽然广西日报社对送报人员每天领取报刊的时间进行考核，工作时间表面似有拘束性，但这种时间要求是报刊业务内在的特殊时效性所决定的，并非基于劳动管理的需要，即使不建立劳动关系，送报人员要开展送报业务，也需要遵守报刊业务内在的特殊时效性的要求，因此，广西日报社对谢桂珠每天领取报刊的时间进行考核，不是一种严格的劳动管理，同时，广西日报社对送报人员的订报时间也没有限制；每个送报人员根据自己自愿承担的业务量（多送多得报酬）决定其负责区域内的具体送报地点，送报人员的具体工作场所并不由广西日报社事先决定，工作场所没有明显的预定性；此外，送报人员在投送广西日报社发行的报刊的同时，还投送其他报社发行的报刊。综合以上因素可以认定，谢桂珠在送报、订报工作中，受广西日报社指挥或管理的影响度低，自主性高，人身依附性不强，与广西日报社之间不存在劳动关系中的从属关系。

第二，用人单位不仅重视劳动结果，也重视劳动过程，是劳动关系的重要特征，表现为用人单位加强对劳动过程的监管。本案的事实表明，广西日报社关心的是送报的结果，即报纸是否按照其内在的时效要求送达订户，对送报的过程并无严格监管。无论是对送报人员领报时间的考核，还是根据订户的投诉减少送报人员的工作报酬，都是为了实现送报结果而采取的保障措施，并非劳动管理。这些措施并非保障劳动合同履行的特有措施。为了保障实现工作结果，根据业务性质，其他合同（如承揽合同）同样可以使用。因此，谢桂珠与广西日报社之间的关系，不符合劳动关系重过程的重要特征。

第三，劳动关系中，劳动者正常提供劳动的，享有最低工资保障，劳动者的工作报酬主要取决于其提供的劳动，而不是仅由工作结果决定。本案中，按照广西日报社在报纸上刊登的启示，谢桂珠的报酬多少决定于其送报、订报的数额，其与广西日报社之间的报酬约定为上不封顶、下不保底，广西日报社对其不提供最低工资保障。谢桂珠的报酬仅由其送报、订报的数额决定，与其送报、订报的过程没有关系，不符合劳动关系的特征。广西日报社对送报人员收订的报刊数量有最低限制，也只是为了提高其报纸发行的数额，并不属于对送报人员的最低工资保障。

此外，谢桂珠回收旧报纸，广西日报社对其按回收的报纸收取 0.01 元/斤的管理费，这也不符合劳动关系的特征。

综上，谢桂珠与广西日报社之间的关系，不符合劳动关系的本质属性和重要特征，不属于劳动关系。

本案中，广西日报社向谢桂珠发放了工作牌、发行员证，但该证件是为了便于谢桂珠在送报、订报过程中让订户对其有一个身份上的识别，属于对外部第三人开展工作的需要，不能当然地证明持证人与发证人之间的内部法律关系就是劳动关系。广西日报社虽然也对送报人员的领报时间进行考核，还可以根据订户的投诉减少送报人员的工作报酬，但只是为了实现送报、订报结果而采取的措施，并非劳动管理。因此，仅从形式上根据广西日报社向谢桂珠发放了工作牌、发行员证，对谢桂珠领取报纸的时间进行考核，并可依订户的投诉减少其工作报酬而认定二者存在劳动关系，不符合劳动关系的本质要求。

综上所述，一审判决认定广西日报社与谢桂珠之间存在劳动关系不当，本院予以纠正。因双方不存在劳动关系，故谢桂珠的全部诉讼请求没有事实与法律依据，对其诉请本院依法不予支持。

8. 没有签订书面劳动合同也能认定劳动关系吗?

我国劳动关系与书面劳动合同相互交错起码存在三种形态。即(1)建立劳动关系的同时订立书面劳动合同;(2)先建立劳动关系,后订立书面劳动合同;(3)先订立书面劳动合同,后建立劳动关系。也就是说,按照《劳动合同法》的规定,我国的劳动关系不能根据书面劳动合同来认定,尤其是在第三种书面劳动合同的签订先于劳动关系的建立的形态下更是如此。认定劳动关系的基本依据是"用工",而不是"书面的劳动合同"。虽然没有签订书面劳动合同但是用工了,就可以认定劳动者与用人单位建立了事实劳动关系。

典型疑难案件参考

上海某某建筑装饰工程有限公司诉高某某确认劳动关系纠纷案〔上海市徐汇区人民法院〔2011〕徐民一(民)初字第6112号民事判决书〕

基本案情

被告高某某与陈某某系夫妻关系,陈某某系外省市来沪从业人员,经人介绍认识老乡王某,即原告法定代表人。自2010年3月8日起,王某安排陈某某在原告承接工程的工地从事泥工工作,并担任班组长,按日核算工资,年底结算。原告与陈某某未签订书面劳动合同。2011年5月21日陈某某因病住院,并于2011年5月23日抢救无效死亡。

2011年7月5日,被告向上海市徐汇区劳动人事争议仲裁委员会申请仲裁,要求:(1)确认原告与陈某某2010年3月8日至2011年5月21日存在劳动关系;(2)原告为陈某某补缴2010年3月至2011年5月的外来从业人员综合保险费。该仲裁委员会于2011年8月9日作出徐劳人仲〔2011〕办字第1162号裁决:(1)确认原告与陈某某2010年3月8日至2011年5月21日期间存在劳动关系;(2)原告为陈某某缴纳2010年3月至2011年5月的外来从业人员综合保险费。原告不服该裁决,遂向徐汇区人民法院提起诉讼。

诉辩情况

原告某某公司诉称:被告高某某的丈夫陈某某生前只是在原告处打短工、做零活,工作一天计一天工资,年终结算。双方从不签订劳动合同,陈某某不

27

第一章 劳动合同纠纷

受原告规章制度约束，没有请假销假制度，可以随时离开，因此，陈某某与原告没有隶属关系，且未实行固定工资制，双方不存在劳动关系，原告无须为陈某某缴纳外来从业人员综合保险费。现请求法院：（1）确认原告与陈某某2010年3月8日至2011年5月21日期间不存在劳动关系；（2）判令无须为陈某某缴纳2010年3月至2011年5月的外来从业人员综合保险费。

被告高某某辩称：原告安排陈某某在其工地从事泥工工作并担任班组长，依约向陈某某支付工资；陈某某工作时须穿原告统一制服，接受原告实际的管理和支配；原告系适格的用工主体。因此，双方虽无书面劳动合同，但存在明确的劳动关系。原告关于陈某某只是打短工，双方只是劳务关系的主张，没有事实和法律依据。依照相关规定，为外省市来沪从业的劳动者缴纳综合保险费，是用人单位的法定义务。综上，不同意原告的诉讼请求。

裁判结果

上海市徐汇区人民法院依照《中华人民共和国劳动法》第78条之规定，判决如下：

确认原告上海某某建筑装饰工程有限公司与被告高某某的丈夫陈某某于2010年3月8日至2011年5月21日期间存在劳动关系。

案件受理费10元，减半计5元，免予收取。

裁判理由

上海市徐汇区人民法院认为：原告某某公司虽未与被告丈夫陈某某签订书面劳动合同，但是已满足劳动关系的实质要件：原告是适格的用工主体，陈某某生前亦属适格的劳动者；陈某某接受原告的管理，在原告的工地上担任班组长，从事原告安排的工作；原告依约支付陈某某劳动报酬；陈某某从事的建筑装饰施工工作亦属原告的业务组成部分。未实行固定工资制，并不影响劳动关系的确立；原告称双方并无书面劳动合同，陈某某可以随时离开单位，这只能说明原告公司管理上的松散和不规范，尚不足以否认其与陈某某之间存在隶属关系。鉴于原告未能提供充分的证据证明陈某某不受公司规章制度约束，其关于双方不存在劳动关系的主张，缺乏事实依据，本院不予采纳。故原告请求确认原告与陈某某2010年3月8日至2011年5月21日期间不存在劳动关系的诉讼请求，本院不予支持。外来从业人员综合保险费的缴纳，系用人单位、劳动者和社会保障部门之间关于征收和缴纳的关系，属于行政管理范畴，应由社会保障部门处理，不属于人民法院受案范围，故对于原告请求判令无须为陈某某缴纳2010年3月至2011年5月的外来从业人员综合保险费的诉讼请求，本院不作处理。

9. 自然人为另一自然人提供劳动，能否认定双方之间属于劳动关系进而受到劳动法的调整？

根据我国的《劳动法》规定，劳动关系只能产生于用人单位与自然人之间，不能两方都是自然人。因此，自然人为另一自然人提供劳动的情形可能会被认定为民事雇佣关系，而一定不是劳动关系，也不受劳动法的调整。

典型疑难案件参考

陈树勋与黎灶华劳务费纠纷上诉案（广东省广州市中级人民法院〔2005〕穗中法民一终字第 4287 号民事判决书）

基本案情

2003 年，从化市街口镇人民政府与原审第三人广州市从化磊城市政工程有限公司（原从化市市政工程公司）签订《广州市建设工程施工合同》，约定由原审第三人以包工、包料的方式承包从化市河东龙井新村及河东排水渠箱市政工程。其中，原审第三人的签约人是黄细九（又名黄细玖）。2003 年 11 月 17 日，上诉人陈树勋与陈志坚向原审第三人出具《协议承诺书》，称从化市街口镇河东龙井市政排水工程由黄细九中标施工，该项目原由黄细九与上诉人陈树勋、陈志坚合作，因黄细九资金不足，决定自当日起退出，由上诉人与陈志坚共同承包施工，此后所产生的一切责任与原审第三人和黄细九无关。次日，原审第三人在该承诺书上注明"情况属实"。

上述合同签订后，上诉人陈树勋聘请钟民达为注册施工员，同时还聘请了郭树楼、冯军强、张日高、涂灼彬等 4 人，由他们分别组织工人组成道路班、渠箱班、施工员班、杂工班进场施工。其中，道路班的工人包括被上诉人黎灶华在内共有 44 人。2004 年 2 月 26 日，郭树楼代表道路班工人通过面谈、电话等方式与上诉人陈树勋约定了工程的单价，但双方没有签订书面合同。2004 年 8 月 19 日，钟民达作为代表将工程的单价及数量报上诉人审核，上诉人陈树勋签收了报价单。

2004 年 9 月 28 日，黄细九与上诉人陈树勋签订《委托书》，委托上诉人陈树勋代理从化市河东龙井新村市政工程的相关业务。当日，上诉人代表黄细九施工队与原审第三人签订《终止龙井市政工程施工协议》，双方同意黄细九施工队于2004年9月30日终止对工程的施工。2004年10月9日，施工员钟民达、涂灼彬对道路班施工的工程量进行了复核，确认道路班的工程款共计261550元，扣除施工期间预支的109190元，上诉人陈树勋实欠道路班工人工资152360元。其中，被上诉人黎灶华被拖欠工资2100元。

2004年12月，被上诉人黎灶华等72名工人向从化市劳动争议仲裁委员会提出书面申请，要求解决工资等问题。2005年1月24日，从化市劳动争议仲裁委员会作出从劳仲案字〔2003〕第74号裁决，认定上诉人陈树勋应支付230713.20元给72名工人，原审第三人应对上述款项承担连带清偿责任。裁决还认定被上诉人的工资为2100元。上诉人陈树勋对裁决不服，向广东省从化市人民法院提起诉讼。

▶ 一审诉辩情况

陈树勋承认因承建从化市龙井新村市政工程，雇请了钟民达、涂灼彬、张日高、冯军强、郭树楼等5人。陈树勋、黎灶华及第三人广州市从化磊城市政工程有限公司均认为上诉人是挂靠原审第三人承建工程，并表示不要求陈志坚参加诉讼及向其主张权利。

▶ 一审裁判结果

广东省从化市人民法院依照《中华人民共和国民事诉讼法》第64条第1款、最高人民法院《关于民事诉讼证据的若干规定》第6条和《中华人民共和国劳动法》第50条的规定，于2005年8月15日作出判决：

一、上诉人欠被上诉人工资2100元，限上诉人于判决发生法律效力之日起5日内支付给被上诉人；

二、原审第三人对上诉人上述款项承担连带清偿责任；

三、驳回被上诉人其他的诉讼请求。

本案受理费50元，由上诉人负担。

▶ 一审裁判理由

广东省从化市人民法院认为：劳动者的工资福利待遇依法受法律保护。上诉人挂靠原审第三人承建工程后，聘请以钟民达等5人为首的施工员进行施工，双方虽未签订书面劳动合同，但形成事实上的劳动关系，上诉人依法应承担支付工资义务，故被上诉人诉请上诉人支付拖欠工资有理，该院予以支持。但由于双方为工资数额问题一直存在争议，故被上诉人请求计付利息没有事实依据，该院不予支持。原审第三人为被挂靠单位，理应对挂靠人的承建行为承担民事责任。上诉人与原审第三人对民事责任作出由上诉人承担的约定，对外不具有约束力，原审第三人据此提出抗辩无理，该院不予采纳。故上诉人请求原审第三人承担连带清偿责任有理，该院予以支持。原审第三人提出借款问题，与本案纠纷分属两种不同的法律关系，本案中不予调整。当事人明确表示放弃对挂靠人陈志坚的诉讼，其本人也明确表示放弃本案诉讼，是他们对自己诉讼权利的自由处分，法院予以准许。

二审诉辩情况

陈树勋不服原审判决，向广东省广州市中级人民法院提起上诉称：(1) 原审法院遗漏当事人。本案涉及的工程实际上是由上诉人与陈志坚以包工包料方式承包施工的。上诉人与陈志坚取得承包资格后，又将工程分为道路工程、渠箱工程、杂工进行分包。被上诉人的委托代理人冯军强及郭树楼承包了其中的道路工程。虽然上诉人与冯军强、郭树楼没有签订书面承包合同，但事实上冯军强、郭树楼也是独立的工程承包人，两人已向上诉人领取了工程款。被上诉人是由冯军强、郭树楼雇请的，被上诉人的欠薪应向冯军强、郭树楼追偿。(2) 根据劳动法的规定，原审第三人才具有用人资格。原审法院认定作为自然人的上诉人与被上诉人形成事实劳动关系，显然是适用法律错误。(3) 本案争议的工程量既没有经双方确认，也没有得到有关机关的最后确认，原审法院以被上诉人擅自确定的工程量作为结算依据，不具有公正性及权威性。综上，请求撤销原判，并由被上诉人负担本案诉讼费。

被上诉人黎灶华答辩称：同意原审判决。

原审第三人广州市从化磊城市政工程有限公司（原从化市市政工程公司）答辩称：上诉人承包工程后，由其自行雇请人员并发放工资。上诉人应当清楚是否存在拖欠工资问题，所以同意上诉人的上诉请求。

二审裁判结果

广东省广州市中级人民法院依照《中华人民共和国民事诉讼法》第 153 条第 1 款第 1 项的规定，判决如下：

驳回上诉，维持原判。

二审案件受理费 50 元，由上诉人负担。

本判决为终审判决。

二审裁判理由

广东省广州市中级人民法院认为：上诉人承包本案工程后，委托郭树楼组织被上诉人等 44 人组成道路班进场施工。由于郭树楼雇请工人为上诉人承包的工程工作，属履行职务行为，行为的后果应由上诉人承担。上诉人上诉主张被上诉人不是其雇请的工人理据不足，本院不予采纳。根据《中华人民共和国劳动法》第2条的规定，用人单位是指中华人民共和国境内的企业、个体经济组织，而上诉人是自然人，不属于法律规定的用人单位主体，故原审判决认定上诉人与被上诉人形成事实劳动关系欠妥，本院予以纠正。上诉人与被上诉人为雇佣关系，上诉人应当及时向被上诉人支付劳务费。对于上诉人拖欠劳务费的情况，被上诉人已提供相应的证据证实。上诉人否认该事实，但不能提出足以反驳的相反证据，其主张依法不能成立。综上所述，原审判决认定事实清楚，处理结果正确，应予维持。上诉人的上诉无理，应予驳回。

确认劳动关系纠纷办案依据集成

《中华人民共和国劳动合同法》（2007年6月29日主席令第65号公布）（节录）

第二章 劳动合同的订立

第七条 用人单位自用工之日起即与劳动者建立劳动关系。用人单位应当建立职工名册备查。

第八条 用人单位招用劳动者时，应当如实告知劳动者工作内容、工作条件、工作地点、职业危害、安全生产状况、劳动报酬，以及劳动者要求了解的其他情况；用人单位有权了解劳动者与劳动合同直接相关的基本情况，劳动者应当如实说明。

第九条 用人单位招用劳动者，不得扣押劳动者的居民身份证和其他证件，不得要求劳动者提供担保或者以其他名义向劳动者收取财物。

第十条 建立劳动关系，应当订立书面劳动合同。

已建立劳动关系，未同时订立书面劳动合同的，应当自用工之日起一个月内订立书面劳动合同。

用人单位与劳动者在用工前订立劳动合同的，劳动关系自用工之日起建立。

第十一条 用人单位未在用工的同时订立书面劳动合同，与劳动者约定的劳动报酬不明确的，新招用的劳动者的劳动报酬按照集体合同规定的标准执行；没有集体合同或者集体合同未规定的，实行同工同酬。

第十二条 劳动合同分为固定期限劳动合同、无固定期限劳动合同和以完成一定工作任务为期限的劳动合同。

第十三条 固定期限劳动合同，是指用人单位与劳动者约定合同终止时间的劳动合同用人单位与劳动者协商一致，可以订立固定期限劳动合同。

第十四条 无固定期限劳动合同，是指用人单位与劳动者约定无确定终止时间的劳动合同。

用人单位与劳动者协商一致，可以订立无固定期限劳动合同。有下列情形之一，劳动者提出或者同意续订、订立劳动合同的，除劳动者提出订立固定期限劳动合同外，应当订立无固定期限劳动合同：

（一）劳动者在该用人单位连续工作满十年的；

（二）用人单位初次实行劳动合同制度或者国有企业改制重新订立劳动合同时，劳动者在该用人单位连续工作满十年且距法定退休年龄不足十年的；

（三）连续订立二次固定期限劳动合同，且劳动者没有本法第三十九条和第四十条第一项、第二项规定的情形，续订劳动合同的。

用人单位自用工之日起满一年不与劳动者订立书面劳动合同的，视为用人单位与劳动者已订立无固定期限劳动合同。

第十五条　以完成一定工作任务为期限的劳动合同，是指用人单位与劳动者约定以某项工作的完成为合同期限的劳动合同。

用人单位与劳动者协商一致，可以订立以完成一定工作任务为期限的劳动合同。

第十六条　劳动合同由用人单位与劳动者协商一致，并经用人单位与劳动者在劳动合同文本上签字或者盖章生效。

劳动合同文本由用人单位和劳动者各执一份。

第十七条　劳动合同应当具备以下条款：

（一）用人单位的名称、住所和法定代表人或者主要负责人；

（二）劳动者的姓名、住址和居民身份证或者其他有效身份证件号码；

（三）劳动合同期限；

（四）工作内容和工作地点；

（五）工作时间和休息休假；

（六）劳动报酬；

（七）社会保险；

（八）劳动保护、劳动条件和职业危害防护；

（九）法律、法规规定应当纳入劳动合同的其他事项。

劳动合同除前款规定的必备条款外，用人单位与劳动者可以约定试用期、培训、保守秘密、补充保险和福利待遇等其他事项。

第十八条　劳动合同对劳动报酬和劳动条件等标准约定不明确，引发争议的，用人单位与劳动者可以重新协商；协商不成的，适用集体合同规定；没有集体合同或者集体合同未规定劳动报酬的，实行同工同酬；没有集体合同或者集体合同未规定劳动条件等标准的，适用国家有关规定。

第十九条　劳动合同期限三个月以上不满一年的，试用期不得超过一个月；劳动合同期限一年以上不满三年的，试用期不得超过二个月；三年以上固定期限和无固定期限的劳动合同，试用期不得超过六个月。

同一用人单位与同一劳动者只能约定一次试用期。

以完成一定工作任务为期限的劳动合同或者劳动合同期限不满三个月的，不得约定试用期。

试用期包含在劳动合同期限内。劳动合同仅约定试用期的，试用期不成立，该期限为劳动合同期限。

第二十条　劳动者在试用期的工资不得低于本单位相同岗位最低档工资或者劳动合同约定工资的百分之八十，并不得低于用人单位所在地的最低工资标准。

第二十一条　在试用期中，除劳动者有本法第三十九条和第四十条第一项、第二项规定的情形外，用人单位不得解除劳动合同。用人单位在试用期解除劳动合同的，应当向劳动者说明理由。

第二十二条　用人单位为劳动者提供专项培训费用，对其进行专业技术培训的，可以与该劳动者订立协议，约定服务期。

劳动者违反服务期约定的，应当按照约定向用人单位支付违约金。违约金的数额不得超过用人单位提供的培训费用。用人单位要求劳动者支付的违约金不得超过服务期尚未履行部分所应分摊的培训费用。

用人单位与劳动者约定服务期的，不影响按照正常的工资调整机制提高劳动者在服务期期间的劳动报酬。

第二十三条 用人单位与劳动者可以在劳动合同中约定保守用人单位的商业秘密和与知识产权相关的保密事项。

对负有保密义务的劳动者，用人单位可以在劳动合同或者保密协议中与劳动者约定竞业限制条款，并约定在解除或者终止劳动合同后，在竞业限制期限内按月给予劳动者经济补偿。劳动者违反竞业限制约定的，应当按照约定向用人单位支付违约金。

第二十四条 竞业限制的人员限于用人单位的高级管理人员、高级技术人员和其他负有保密义务的人员。竞业限制的范围、地域、期限由用人单位与劳动者约定，竞业限制的约定不得违反法律、法规的规定。

在解除或者终止劳动合同后，前款规定的人员到与本单位生产或者经营同类产品、从事同类业务的有竞争关系的其他用人单位，或者自己开业生产或者经营同类产品、从事同类业务的竞业限制期限，不得超过二年。

第二十五条 除本法第二十二条和第二十三条规定的情形外，用人单位不得与劳动者约定由劳动者承担违约金。

第二十六条 下列劳动合同无效或者部分无效：

（一）以欺诈、胁迫的手段或者乘人之危，使对方在违背真实意思的情况下订立或者变更劳动合同的；

（二）用人单位免除自己的法定责任、排除劳动者权利的；

（三）违反法律、行政法规强制性规定的。

对劳动合同的无效或者部分无效有争议的，由劳动争议仲裁机构或者人民法院确认。

第二十七条 劳动合同部分无效，不影响其他部分效力的，其他部分仍然有效。

第二十八条 劳动合同被确认无效，劳动者已付出劳动的，用人单位应当向劳动者支付劳动报酬。劳动报酬的数额，参照本单位相同或者相近岗位劳动者的劳动报酬确定。

第三章 劳动合同的履行和变更

第二十九条 用人单位与劳动者应当按照劳动合同的约定，全面履行各自的义务。

第三十条 用人单位应当按照劳动合同约定和国家规定，向劳动者及时足额支付劳动报酬。

用人单位拖欠或者未足额支付劳动报酬的，劳动者可以依法向当地人民法院申请支付令，人民法院应当依法发出支付令。

第三十一条 用人单位应当严格执行劳动定额标准，不得强迫或者变相强迫劳动者加班。用人单位安排加班的，应当按照国家有关规定向劳动者支付加班费。

第三十二条 劳动者拒绝用人单位管理人员违章指挥、强令冒险作业的，不视为违反劳动合同。

劳动者对危害生命安全和身体健康的劳动条件，有权对用人单位提出批评、检举和控告。

第三十三条 用人单位变更名称、法定代表人、主要负责人或者投资人等事项，不影响劳动合同的履行。

第三十四条 用人单位发生合并或者分立等情况，原劳动合同继续有效，劳动合同由承继其权利和义务的用人单位继续履行。

第三十五条 用人单位与劳动者协商一致，可以变更劳动合同约定的内容。变更劳动合同，应当采用书面形式。

变更后的劳动合同文本由用人单位和劳动者各执一份。

第四章 劳动合同的解除和终止

第三十六条 用人单位与劳动者协商一致，可以解除劳动合同。

第三十七条 劳动者提前三十日以书面形式通知用人单位，可以解除劳动合同。劳动者在试用期内提前三日通知用人单位，可以解除劳动合同。

第三十八条 用人单位有下列情形之一的，劳动者可以解除劳动合同：

（一）未按照劳动合同约定提供劳动保护或者劳动条件的；

（二）未及时足额支付劳动报酬的；

（三）未依法为劳动者缴纳社会保险费的；

（四）用人单位的规章制度违反法律、法规的规定，损害劳动者权益的；

（五）因本法第二十六条第一款规定的情形致使劳动合同无效的；

（六）法律、行政法规规定劳动者可以解除劳动合同的其他情形。

用人单位以暴力、威胁或者非法限制人身自由的手段强迫劳动者劳动的，或者用人单位违章指挥、强令冒险作业危及劳动者人身安全的，劳动者可以立即解除劳动合同，不需事先告知用人单位。

第三十九条 劳动者有下列情形之一的，用人单位可以解除劳动合同：

（一）在试用期间被证明不符合录用条件的；

（二）严重违反用人单位的规章制度的；

（三）严重失职，营私舞弊，给用人单位造成重大损害的；

（四）劳动者同时与其他用人单位建立劳动关系，对完成本单位的工作任务造成严重影响，或者经用人单位提出，拒不改正的；

（五）因本法第二十六条第一款第一项规定的情形致使劳动合同无效的；

（六）被依法追究刑事责任的。

第四十条 有下列情形之一的，用人单位提前三十日以书面形式通知劳动者本人或者额外支付劳动者一个月工资后，可以解除劳动合同：

（一）劳动者患病或者非因工负伤，在规定的医疗期满后不能从事原工作，也不能从事由用人单位另行安排的工作的；

（二）劳动者不能胜任工作，经过培训或者调整工作岗位，仍不能胜任工作的；

（三）劳动合同订立时所依据的客观情况发生重大变化，致使劳动合同无法履行，经用人单位与劳动者协商，未能就变更劳动合同内容达成协议的。

第四十一条　有下列情形之一，需要裁减人员二十人以上或者裁减不足二十人但占企业职工总数百分之十以上的，用人单位提前三十日向工会或者全体职工说明情况，听取工会或者职工的意见后，裁减人员方案经向劳动行政部门报告，可以裁减人员：

（一）依照企业破产法规定进行重整的；

（二）生产经营发生严重困难的；

（三）企业转产、重大技术革新或者经营方式调整，经变更劳动合同后，仍需裁减人员的；

（四）其他因劳动合同订立时所依据的客观经济情况发生重大变化，致使劳动合同无法履行的。

裁减人员时，应当优先留用下列人员：

（一）与本单位订立较长期限的固定期限劳动合同的；

（二）与本单位订立无固定期限劳动合同的；

（三）家庭无其他就业人员，有需要扶养的老人或者未成年人的。

用人单位依照本条第一款规定裁减人员，在六个月内重新招用人员的，应当通知被裁减的人员，并在同等条件下优先招用被裁减的人员。

第四十二条　劳动者有下列情形之一的，用人单位不得依照本法第四十条、第四十一条的规定解除劳动合同：

（一）从事接触职业病危害作业的劳动者未进行离岗前职业健康检查，或者疑似职业病病人在诊断或者医学观察期间的；

（二）在本单位患职业病或者因工负伤并被确认丧失或者部分丧失劳动能力的；

（三）患病或者非因工负伤，在规定的医疗期内的；

（四）女职工在孕期、产期、哺乳期的；

（五）在本单位连续工作满十五年，且距法定退休年龄不足五年的；

（六）法律、行政法规规定的其他情形。

第四十三条　用人单位单方解除劳动合同，应当事先将理由通知工会。用人单位违反法律、行政法规规定或者劳动合同约定的，工会有权要求用人单位纠正。用人单位应当研究工会的意见，并将处理结果书面通知工会。

第四十四条　有下列情形之一的，劳动合同终止：

（一）劳动合同期满的；

（二）劳动者开始依法享受基本养老保险待遇的；

（三）劳动者死亡，或者被人民法院宣告死亡或者宣告失踪的；

（四）用人单位被依法宣告破产的；

（五）用人单位被吊销营业执照、责令关闭、撤销或者用人单位决定提前解散的；

（六）法律、行政法规规定的其他情形。

第四十五条　劳动合同期满，有本法第四十二条规定情形之一的，劳动合同应当续延至相应的情形消失时终止。但是，本法第四十二条第二项规定丧失或者部分丧失劳动能力劳动者的劳动合同的终止，按照国家有关工伤保险的规定执行。

第四十六条　有下列情形之一的，用人单位应当向劳动者支付经济补偿：

（一）劳动者依照本法第三十八条规定解除劳动合同的；

（二）用人单位依照本法第三十六条规定向劳动者提出解除劳动合同并与劳动者协商一致解除劳动合同的；

（三）用人单位依照本法第四十条规定解除劳动合同的；

（四）用人单位依照本法第四十一条第一款规定解除劳动合同的；

（五）除用人单位维持或者提高劳动合同约定条件续订劳动合同，劳动者不同意续订的情形外，依照本法第四十四条第一项规定终止固定期限劳动合同的；

（六）依照本法第四十四条第四项、第五项规定终止劳动合同的；

（七）法律、行政法规规定的其他情形。

第四十七条　经济补偿按劳动者在本单位工作的年限，每满一年支付一个月工资的标准向劳动者支付。六个月以上不满一年的，按一年计算；不满六个月的，向劳动者支付半个月工资的经济补偿。

劳动者月工资高于用人单位所在直辖市、设区的市级人民政府公布的本地区上年度职工月平均工资三倍的，向其支付经济补偿的标准按职工月平均工资三倍的数额支付，向其支付经济补偿的年限最高不超过十二年。

本条所称月工资是指劳动者在劳动合同解除或者终止前十二个月的平均工资。

第四十八条　用人单位违反本法规定解除或者终止劳动合同，劳动者要求继续履行劳动合同的，用人单位应当继续履行；劳动者不要求继续履行劳动合同或者劳动合同已经不能继续履行的，用人单位应当依照本法第八十七条规定支付赔偿金。

第四十九条　国家采取措施，建立健全劳动者社会保险关系跨地区转移接续制度。

第五十条　用人单位应当在解除或者终止劳动合同时出具解除或者终止劳动合同的证明，并在十五日内为劳动者办理档案和社会保险关系转移手续。

劳动者应当按照双方约定，办理工作交接。用人单位依照本法有关规定应当向劳动者支付经济补偿的，在办结工作交接时支付。

用人单位对已经解除或者终止的劳动合同的文本，至少保存二年备查。

第五章　特别规定
第一节　集体合同

第五十一条　企业职工一方与用人单位通过平等协商，可以就劳动报酬、工作时间、休息休假、劳动安全卫生、保险福利等事项订立集体合同。集体合同草案应当提交职工代表大会或者全体职工讨论通过。

集体合同由工会代表企业职工一方与用人单位订立；尚未建立工会的用人单位，由上级工会指导劳动者推举的代表与用人单位订立。

第五十二条　企业职工一方与用人单位可以订立劳动安全卫生、女职工权益保护、工资调整机制等专项集体合同。

第五十三条　在县级以下区域内，建筑业、采矿业、餐饮服务业等行业可以由工会与企业方面代表订立行业性集体合同，或者订立区域性集体合同。

    第五十四条 集体合同订立后，应当报送劳动行政部门；劳动行政部门自收到集体合同文本之日起十五日内未提出异议的，集体合同即行生效。

    依法订立的集体合同对用人单位和劳动者具有约束力。行业性、区域性集体合同对当地本行业、本区域的用人单位和劳动者具有约束力。

    第五十五条 集体合同中劳动报酬和劳动条件等标准不得低于当地人民政府规定的最低标准；用人单位与劳动者订立的劳动合同中劳动报酬和劳动条件等标准不得低于集体合同规定的标准。

    第五十六条 用人单位违反集体合同，侵犯职工劳动权益的，工会可以依法要求用人单位承担责任；因履行集体合同发生争议，经协商解决不成的，工会可以依法申请仲裁、提起诉讼。

第二节　劳务派遣合同纠纷

10. 劳务派遣中的用人单位责任应由实际用工单位还是派遣单位承担？

在劳务派遣合同纠纷中，依照《中华人民共和国劳动合同法》第 58 条的规定，劳务派遣单位是用人单位，应当履行用人单位对劳动者的义务。因此，相应的用人单位责任也应向与其有劳动关系的用人单位主张。

典型疑难案件参考

中国铁通集团有限公司邵阳分公司与黄智妮劳务派遣合同纠纷上诉案（湖南省邵阳市中级人民法院〔2011〕邵中民一终字第 307 号民事判决书）

基本案情

2006 年 3 月，被告黄智妮在原告铁通公司邵阳分公司担任营业员。2008 年 1 月 13 日，长沙通达富兴业劳务派遣有限公司与铁通集团公司湖南分公司签订了劳务派遣服务合同。2008 年 11 月 17 日，长沙通达富兴业劳务派遣有限公司与黄智妮签订了劳务派遣劳动合同书，派遣黄智妮到铁通公司邵阳分公司从事营业员工作，派遣期限为自 2008 年 1 月 1 日起至 2009 年 12 月 31 日止，2009 年 1 月至 12 月黄智妮的月均收入为 1382.40 元。期满后，铁通公司邵阳分公司要求黄智妮调岗从事业务员工作，黄智妮不同意，双方协商未果，2010 年 1 月 1 日，黄智妮离职，2010 年 5 月 14 日至 20 日，黄智妮在邵阳市中心医院住院生育，共用去生育费 5737.39 元。

一审裁判结果

湖南省邵阳市大祥区人民法院于 2011 年 5 月 18 日作出〔2010〕大民初字第 518 号民事判决，判决如下：

一、原、被告的劳动合同顺延至 2011 年 5 月 13 日被告哺乳期满；

二、原告支付被告 120 天的生育津贴，计 5529.60 元；

三、原告按被告月平均工资标准的 75% 支付被告一年哺乳期工资，计人民币 12441.60 元；

四、原告支付被告生育费用 5737.39 元。

一审裁判理由

根据《中华人民共和国劳动法》第 29 条、《中华人民共和国劳动合同法》第 42 条的规定，铁通公司邵阳分公司对黄智妮在孕期、产假、哺乳期内不能解除劳动合同，其劳动合同应顺延至哺乳期满。根据《湖南省城镇职工生育保险办法》第 10 条之规定，应享有 120 天的产假及产假期间的生育津贴。铁通公司邵阳分公司自 2010 年 1 月 1 日后因与黄智妮未达成一致意见，黄智妮未再到岗上班，2010 年 1 月至 4 月视为黄智妮休产假期限，铁通公司邵阳分公司应按黄智妮月平均工资标准 1382.40 元支付其 120 天的生育津贴，计 5529.60 元。根据《湖南省城镇职工生育保险办法》第 9 条之规定，在铁通公司邵阳分公司未安排黄智妮工作前，铁通公司邵阳分公司应按黄智妮月平均工资标准 1382.40 元的 75% 自 2010 年 5 月起发放黄智妮一年哺乳期工资。根据《湖南省城镇职工生育保险办法》第 11 条之规定，铁通公司邵阳分公司应支付黄智妮生育费用 5737.39 元。根据《中华人民共和国劳动法》第 72 条之规定，铁通公司邵阳分公司应为黄智妮补缴各项社会保险单位缴纳的部分。

二审诉辩情况

铁通公司邵阳分公司上诉称：黄智妮与长沙通达富兴业劳务派遣有限公司签订了劳务派遣劳动合同书，黄智妮受长沙通达富兴业劳务派遣有限公司的派遣到铁通公司邵阳分公司从事营业员工作，铁通公司邵阳分公司与黄智妮之间是用工关系而非劳动合同关系，原判确定由铁通公司邵阳分公司按劳动合同关系承担责任没有事实依据。长沙通达富兴业劳务派遣有限公司在合同期内为黄智妮办理了生育保险，按照相关规定，黄智妮因生育产生的生育津贴和生育费用应由生育保险基金支付，原判确定由铁通公司邵阳分公司承担生育津贴和生育费用的支付义务没有法律依据。请求二审法院撤销原判，改判铁通公司邵阳分公司不承担任何责任。

黄智妮答辩称：原判认定事实清楚，适用法律正确，实体处理恰当。请求二审法院驳回上诉，维持原判。

二审裁判结果

湖南省邵阳市中级人民法院作出二审判决，判决如下：

一、撤销湖南省邵阳市大祥区人民法院〔2010〕大民初字第 518 号民事判决；

二、中国铁通集团有限公司邵阳分公司与黄智妮不存在劳动合同关系；

三、中国铁通集团有限公司邵阳分公司不承担支付黄智妮生育津贴、哺乳期工资、生育费用的责任。

本案一、二审诉讼费各 10 元，共计 20 元，由被上诉人黄智妮负担。

本判决为终审判决。

二审裁判理由 ▶

湖南省邵阳市中级人民法院认为：本案系劳务派遣合同纠纷。依照《中华人民共和国劳动合同法》第 58 条的规定，劳务派遣单位是用人单位，应当履行用人单位对劳动者的义务。本案被上诉人黄智妮与长沙通达富兴业劳务派遣有限公司签订了劳务派遣合同，约定由长沙通达富兴业劳务派遣有限公司派遣黄智妮至铁通公司邵阳分公司从事营业员工作，黄智妮与长沙通达富兴业劳务派遣有限公司构成劳动合同关系，该劳务派遣有限公司并为黄智妮办理了各项社会保险手续。黄智妮与上诉人铁通公司邵阳分公司并不存在劳动合同关系，黄智妮就相关社会保险及待遇的要求只能向与其有劳动关系的用人单位主张，其要求铁通公司邵阳分公司承担该义务没有事实和法律依据。原判认定黄智妮与铁通公司邵阳分公司构成劳动关系，并确定由铁通公司邵阳分公司承担用人单位的责任不当，应予纠正。

---

11. 劳务派遣中，劳动者被派遣到境外劳动遭遇不法侵害导致伤亡而引发纠纷的，应当由谁来承担雇主责任？

雇主应为雇员提供足以保障人身安全的工作环境。而雇员在工作场所、工作时间遭受杀害，雇主如未能证实其已尽到保护义务，应被认定为管理不当，纵使该危险因第三人所引起，被告管理不当行为也构成对雇员保护义务的违反。因此，在劳务派遣中，劳动者被派遣到境外劳动遭遇不法侵害导致伤亡而引发纠纷的，应当由劳务派遣单位来承担雇主责任。

典型疑难案件参考

中国河南国际合作集团有限公司与张雪芹等劳务派遣合同纠纷上诉案（河南省南阳市中级人民法院〔2010〕南民一终字第 846 号民事判决书）

基本案情 ▶

2007 年 3 月 18 日，杨文锋与被告河南国际合作公司签订劳务合同，被告派遣杨文锋到境外从事对外劳务合作事宜。双方经协商达成如下协议："第一条，雇佣条件及雇佣期限。（1）根据甲方（河南国际合作公司）要求，乙方（杨文锋）应经过培训，能够适应在外工作，身体健康，经体检合格，无不良记录，年龄符合雇主要求。（2）乙方受雇期限原则为36个月，自乙方离开中国之日起至离开工作船只返回之日止。当雇佣期满仍在海上作业时，则雇佣期自动延长至靠港后乙方离船返回中国之日止。雇主遇有特殊情况可缩短雇佣期。雇佣期满后雇主要求续约时，乙方须提供本人书面同意函，并在雇主征得甲方同意后方可续雇。第二条，工资标准及支付办法。（1）乙方受雇期间月基本工资标准为250美元。续雇期间的工资标准由乙方与雇主自行商定。如续雇期间工资标准高于原工资标准，差额部分由乙方与雇主在外直接结算。（2）乙方月工资中50美元（不足月的按实际天数计算）作为国外零用金由乙方在外直接领取。乙方离船回国前需与雇主结清全部应发零用金。如因特殊情况雇主不能与乙方结清零用金，乙方须向雇主索要欠发零用金数额的书面凭证，以使甲方协助乙方与雇主交涉解决。（3）乙方基本工资扣除在外应发零用金后的余额为国内结算工资，由甲方负责与雇主进行结算。乙方受雇工资结算起止时间以雇主通知为准。乙方在外工作不满一个月时，工资按当时实际工作天数计算，日工资为月工资的1/30。（4）甲方保留乙方国内12月工资作为乙方的履约保证金，待乙方完成合同期返国后结算。自工作时间满12个月后起，甲方每6个月与乙方结算，由甲方直接汇至乙方指定账户或由甲方结算给乙方指定委托领款人。（5）雇主自愿发放的其他额外补贴归乙方所有，并由乙方在船上向雇主直接领取。第三条，医疗、劳保、福利及人身保险。（1）乙方随船跟班工作、工作负荷、工作时间、福利待遇、职务津贴等与同船岗位的劳务人员相同。乙方不得额外提要求……（4）乙方受雇期间享有人身意外保险及医疗保险。甲方受雇主委托，为乙方办理人身意外保险及医疗保险，保险条款及相关责任由甲方投保之保险公司的保单确定。保险期限从乙方离开中国口岸之日至期满返抵中国入境口岸之日止。若发生意外事故，乙方全权委托甲方为其办理保险赔偿事宜……（6）乙方在境外服务期间发生伤、残、亡等情况时，甲方将按照保险公司的保险条款并在甲方收到保险公司赔偿后一次性向乙方支付赔偿金，但最高赔偿额不超过10万元。除此之外，甲方不再承担任何责任和费用。家属抚恤、子女及亲属就业均由乙方或乙方家属自行处理。（7）乙方如因意外伤害导致死亡的，遗体按当地习俗妥善处理，雇主负责将船上的个人财产、遗物转交其亲属并承担相应费用。属于甲方投保之保险公司理赔范围内的死亡赔偿，甲方在收到保险公司赔付款10万元后一次性付给乙方家属，乙方家属不得再提额外要求。第四条，双方责任。（1）甲方责任……⑥如乙方发生人身意外事故致残或死亡，负责依据投保之保险条款与保险公司及时交涉处理赔偿事宜。甲方在完成相关事务后不再承担任何经济责任和社会义务，甲、乙双方的合同关系自然终止。⑦按时支付乙方工资，乙方受雇期满返回国内后，做好乙方工资结算以及协助处理相关事宜。（2）乙方的责任：①认真学习掌握国家相关政策，外派劳务法规，涉外纪律规定等；接受甲方领导，并严格执行有关规定制度……④受雇期间应严格履行合同，认真履行岗位职责，服从雇主和干部的合理工作指令，努力工作。甲、乙双方在履行合同过程中产生的争议应由双方协商解决。如协商未果，可提交乙方所在地的人民法院依法裁决。"甲、乙双方在合同上签字。该合同签订后，杨文锋被被告派遣到台湾国宁轮渔船上从事厨师工作。每月250美元。2009年12月30日上午，国宁轮在投钩作业时，梁振波与覃能正计划杀害重要干部及资深船员劫持渔轮，后二人持大刀进入房间刺杀大副，大副随即逃生至甲板上求救，而此时厨师杨文锋醒来遭杀害。

一审裁判结果

一审法院判决：

一、被告中国河南国际合作集团有限公司自判决生效之日起5日内向原告张雪芹、杨某某赔偿因杨文锋死亡的赔偿金为287440元，丧葬费12408元，原告杨某某抚养费11858元，精神抚慰金10万元，共计411706元；

二、驳回原告请求被告赔偿因杨文锋死亡所产生的收入损失、安抚费等其他诉讼请求。

如果未按判决指定的期间履行给付金钱义务，应当按照《中华人民共和国民事诉讼法》第229条之规定，加倍支付迟延履行期间的债务利息。

案件受理费11800元，保全费4520元，总计16320元，由原告负担3800元，被告负担12520元。

一审裁判理由

一审法院认为：公民的生命权依法受法律保护。雇佣是当事人约定一方于一定或不定期间内，为他方提供劳务，他方给付报酬的契约。结合本案，杨文锋生前被被告直接派遣到境外从事对外劳务36个月，雇佣期满后，雇主要求续约时，杨文锋须提供本人书面同意书，并在雇主征得被告同意后方可续雇，双方约定受雇期间月基本工资标准为250美元，杨文锋基本工资扣除在外应发零用金的余额为国内结算工资，而被告保留杨文锋国内12月工资作为杨文锋的履约保证金，待杨文锋完成合同期返国后结算，自工作时间满12个月后起，被告每6个月与杨文锋结算由被告直接汇至杨文锋指定账户或由被告结算给杨文锋指定委托领款人。上述约定表明，杨文锋到境外从事劳务是受被告指示，不仅受境外雇主监督、指挥，而杨文锋的国内工资直接由被告支付和控制。此说明原、被告之间存在雇佣关系。雇主支付雇员工资是雇主默示义务。至于被告是否向杨文锋支付工资、以何种形式向杨文锋支付工资，不影响杨文锋与被告之间雇佣关系成立。而被告作为雇主，应为雇员杨文锋提供足以保障人身安全的工作环境。而雇员杨文锋在工作场所、工作时间遭受杀害，被告未能证实其已尽到保护义务，实属管理不当，纵使该危险因第三人所引起的，被告管理不当行为也构成对雇员保护义务的违反。因此，原告要求被告赔偿的诉讼请求本院予以支持。根据《中华人民共和国合同法》第53条的规定，杨文锋与被告签订合同中关于造成对方人身伤害的合同免责条款，为无效条款。本案确定的赔偿范围与标准参照有关法律规定，原告因本次事故造成各项经济损失项目和数额为：关于丧葬费问题，2009年度河南省职工年平均工资24816元，故丧葬费为2068元/月×6个月=12408元。原告杨某某的抚养费3388元/年×7年×1/2=11858元。关于死亡赔偿金问题，本案受害人杨文锋户籍登记为农村居民，但根据现有证据，受害人杨文锋被派遣到台湾国宁轮渔船上从事厨师工作，2年有余，有较稳定的收入。杨文锋的死亡必然会影响其家庭消费水平，其家庭可预期的未来收入势必随之减少。如果按农村居民的标准计算受害人杨文锋的死亡赔偿，显然不足以弥补原告方的损失，对其有失公平。法律有关规定对城镇和农村居民的死亡赔偿金计算标准加以区别，其本意并非人为地以户籍因素划分生命价值的高低，故在确认杨文锋的死亡赔偿金计算标准时，应依客观事实综合考虑杨文锋生前的经常居住地、工作地、获取报酬地等因素，以城镇居民的标准计算死亡赔偿金为宜。因此，确认杨文锋的死亡赔偿金可依河南省统计部门公布的2009年度城镇居民人均可支配收入14372元计算20年，共计287440元。关于精神抚慰金问题，本院认为杨文锋死亡给二原告除内心痛苦外，无可置疑地造成了伴随终身的遗憾和伤痛，被告赔偿二原告精神抚慰金以10万元为宜。原告其他诉讼请求本院不予支持。因被告系杨文锋的雇主，对杨文锋死亡应承担赔偿任，故关于被告抗辩不是杨文锋雇主，不应承担赔偿责任的主张，本院不予支持。关于本院是否有管辖权的问题，因本案杨文锋与被告之间存在雇佣关系，且杨文锋与被告约定双方争议可以向杨文锋所在地的人民法院起诉，故被告辩称本案系涉外海上人身伤亡案件损害赔偿，由海事法院专属管辖而内乡县人民法院无管辖权的抗辩理由不成立，本院不予采纳。

河南国际合作公司上诉称：一审认定事实不清，上诉人从事的对外劳务合作业务是中介性质的经营活动，与杨文锋之间的关系系居间合同关系，不存在雇佣关系，一审法院适用法律错误，裁判结果错误。

被上诉人张雪芹等辩称：（1）双方构成雇佣关系，从双方合同约定的雇佣期限，工资标准，履行保证金的控制，经过外派公司的培训，劳动者到船上劳动受合作公司的指派，要求受雇人履行岗位职责，服从雇主和干部的工作指令等，这些情况不符合居间合同要件；（2）双方约定发生伤残之时，上诉人只负责有关保险金的赔偿，而不承担其他任何责任，对劳动者严重不公平。

二审裁判结果 ▶

河南省南阳市中级人民法院判决如下：驳回上诉，维持原判。上诉费7500元由上诉人负担。本判决为终审判决。

二审裁判理由 ▶

河南省南阳市中级人民法院认为：自现代企业产生以来，企业接受劳动者提供的劳务，并为劳动者提供合理有效的劳动保护，已为各国立法所采纳。我国尤为重视对劳动者各项权益的保护。本案中，双方签订的《劳务合同》实为劳务派遣性质，上诉人在与劳动者签订该合同后，未协助劳动者与境外雇主签订《雇佣合同》，双方的行为受本案中双方签订的《劳动合同》及以上诉人与境外公司签订的合同的约束。而该合同中仅仅约定了劳动者在伤残亡的情况下外派单位即上诉人只按投保的保险公司的保险条款为劳动者索取一定的保险金，此外不再承担任何责任，显然是维护了自己的利益，排斥了劳动者的权利。此约定违反了我国劳动立法的宗旨和精神，使劳动者的利益无法得到及时有效的保护。同时，又未指导劳动者与境外雇主签订相关保护劳动者权益的合同，致使劳动者在境外伤残亡时利益得不到有效保护。一审法院从保护劳动者权益考虑，认为对外合作公司履约不当，侵害了劳动者的利益，判决其承担雇主赔偿责任并无不当。

12. 劳务派遣中的派遣劳动者与实际用工单位的其他劳动者之间是否因为身份差异而不能获得同工同酬的待遇？

　　劳动法关注的是劳动行为，而不是身份，因此，不管什么身份，只要在同一单位中提供了同样的劳动行为，就应获得基本相同的劳动报酬。被派遣劳动者享有与用工单位的劳动者同工同酬的权利。用工单位无同类岗位劳动者的，参照用工单位所在地相同或者相近岗位劳动者的劳动报酬确定。

典型疑难案件参考

汪京宇与广深铁路股份有限公司等劳动争议纠纷上诉案（广东省广州市中级人民法院〔2010〕穗中法民一终字第 3968 号民事判决书）

基本案情

　　汪京宇于 2001 年 8 月 1 日入职广州铁路（集团）公司（以下简称广铁公司）广深车辆段为临时劳动合同工。2002 年 7 月 1 日，汪京宇与广东省劳动协调指导中心（以下简称省劳协）签订劳动合同，省劳协将汪京宇派遣到广深铁路股份有限公司（以下简称广深公司）广深车辆段工作，做劳务派遣工。省劳协至 2007 年 12 月 31 日期间先后与汪京宇签订 6 份劳动合同。2008 年 1 月，汪京宇（乙方）与第三人广东华南人力资源事务所（以下简称华南所）、省劳协（甲方）签订了期限自 2008 年 1 月 1 日起至 2009 年 12 月 31 日止的劳动合同。合同中约定，根据甲方与广深公司签订的劳务派遣协议，甲方派遣乙方至用工单位的列车员、客运相关岗位（工种）工作。乙方执行用工单位依法制定的工资分配制度，其正常工作时间的工资，试用期满 860 元/月。汪京宇被派遣到用工单位提供劳务的部门为广深公司广州车辆段动车运用所。2007 年 12 月 29 日，广深公司与第三人华南所签订有效期自 2008 年 1 月 1 日起至 2009 年 12 月 31 日止的《劳务派遣协议》，由第三人华南所按广深公司提出的生产岗位用工条件和人数，组织和输出符合广深公司岗位要求的劳务人员给该公司使用。广深公司负责履行用工单位对劳务人员的义务，并承担劳务人员的劳动报酬，按月结算给第三人华南所。第三人华南所负责履行用人单位对劳务人员的义务，并按时足额发放劳务人员劳动报酬。第三人华南所委托用工单位从 2008 年 1 月 1 日起至 2008 年 6 月 30 日止，按月以货币形式足额代发劳务工的工资。2008 年 7 月 1 日起工资发放由第三人华南所按协议执行。因广铁公司为整合集团公司动车运用检修资源，切实加强动车运用检修管理，从 2009 年 7 月 14 日 18：00 起，将广州动车运用所的业务、人员从广深公司广州车辆段成建制划入广州动车基地管理，划转人员包括批准使用的劳务工。广深公司广州车辆段动车运用所划入广州动车基地管理后，名称为广州东动车运用所。另查，广州动车基地是广铁公司的直属单位，与广州东动车运用所均非企业法人，也未领取分支机构营业执照。第三人华南所的经营范围为：主营劳动保障咨询顾问服务、劳动保障事务代理、职业培训、劳务派遣。

汪京宇（申请人）因与省劳协（被申请人）、广深公司（第三人）之间的劳动争议于 2009 年 5 月 12 日向广东省劳动争议仲裁委员会申请仲裁，请求仲裁：确认与被申请人 2008 年签订的劳动合同无效；被申请人支付同工不同酬的经济损失 10 万元。该委于 2009 年 8 月 18 日作出粤劳仲案非终字〔2009〕542 号裁决书，裁决驳回申请人的仲裁请求。汪京宇不服该裁决，诉至法院。

一审诉辩情况

汪京宇诉称：广铁公司从 2009 年 7 月 14 日对汪京宇用工，与本案有事实和法律上的利害关系。还有汪京宇的《铁路临时工工作证》是盖广铁公司证件专用章，本案的真正被告应当是广铁公司。将被告广深公司变更为被告广铁公司。汪京宇并以广铁公司从 2009 年 7 月 14 日起接管了汪京宇所在单位，对汪京宇用工 5 个多月，建立了劳动关系。依据最高人民法院《关于审理劳动争议案件适用法律若干问题的解释》第 10 条，"……其分立前发生的劳动争议，由分立后的实际用人单位为当事人"之规定，广铁公司也应承担本案中的责任；以及汪京宇受聘广深公司连续工作 8 年多，没有下岗和失业的情况，不存在向省劳协寻求工作。广深公司对汪京宇没有终止和解除劳动关系，省劳协不具备汪京宇用人单位的资格为由，将其在本案的诉讼请求变更为，判令：（1）广铁公司依法与汪京宇订立无固定期限劳动合同，从 2008 年 1 月 1 日起至本案判决之日止支付二倍工资。（2）广铁公司为汪京宇补发从 2001 年 8 月 1 日起至本案判决之日止的岗位工资每月 1505 元、福利待遇住房公积金每月 550 元、补充养老保险和医疗保险每月共 229 元和办理广州户口。（3）广铁公司从 2010 年 1 月 1 日起赔偿对汪京宇停工受迫害期间造成的全部经济损失，按铁路标准工资的双倍，具体依据由铁路提供，精神损失 100000 元。（4）撤销汪京宇与省劳协签订的 7 份违法劳动合同书。

广铁公司辩称：（1）我公司与汪京宇之间劳动争议没有经过仲裁，不能直接进入诉讼程序。汪京宇针对我公司提出的诉讼请求与原仲裁请求完全不一致，是新的诉讼请求，其借变更被告为名，实际是对新的被告提出新的请求。根据劳动争议调解仲裁法的有关规定，劳动争议仲裁是提起诉讼的必经程序。汪京宇对我公司的诉讼请求没有经过仲裁裁决，不应直接进入诉讼程序，请求法院依法驳回汪京宇的诉讼请求。（2）广深公司是依法成立的股份制上市公司，具有独立法人主体资格，我公司是1992年成立的全民所有制企业，两者是完全独立的民事主体，具有完全的承担民事责任的能力。汪京宇进入广铁集团下面的广州动车基地工作是依照广劳卫发〔2009〕178号文。其后广铁公司已经与第三人华南所重新签订劳务派遣协议。汪京宇仅以我公司与广深公司是上下级关系为由，要求我公司承担广深公司的责任，与汪京宇签订无固定期限劳动合同、支付二倍工资等诉讼请求，既没有事实依据，也没有法律依据。（3）我公司与汪京宇不存在劳动合同关系，因此，也不存在签订无固定期限劳动合同、支付二倍工资等情形。

省劳协对汪京宇变更的诉讼请求辩称：汪京宇前3项诉讼请求没有法律依据及事实依据：（1）这3项诉讼请求都没有在仲裁提出，法律规定劳动争议的解决程序未经仲裁不应直接进入诉讼阶段，法院无权受理，应予以驳回。（2）这3项诉讼请求是独立的，与原来的仲裁请求和诉讼请求是独立的，没有不可分性，不同意法院合并审理。（3）汪京宇这3项诉讼请求不存在事实依据。至于汪京宇的第4项诉讼请求：①汪京宇针对与省劳协在2007年底前签订的6份劳动合同书提出撤销请求，超出原有仲裁请求范围，法院不应直接审理。②汪京宇针对与省劳协在2007年底前签订的6份劳动合同书提出撤销请求，本身已经超出仲裁时效。按照仲裁法的有关规定，劳动争议除非是因为劳动报酬原因有特殊时效要求之外，其余劳动争议必须遵照一年仲裁时效。③汪京宇与第三人华南所签订的2008年的劳动合同，该合同是平等自愿协商一致原则下签订。汪京宇作为具有完全民事行为能力人，其亲笔签名已经代表其真实意思。同时合同所有条款也不具有可撤销性。汪京宇要求撤销该份合同没有法律依据及事实依据。第三人华南所同意省劳协的答辩意见。

一审裁判结果

广州市越秀区人民法院依照《中华人民共和国劳动合同法》第63条的规定，作出如下判决：

一、广州铁路（集团）公司在本判决发生法律效力之日起5日内，向汪京宇支付2009年7月15日至2009年12月31日期间的同工同酬的工资差额4079.76元；

二、驳回汪京宇的其他诉讼请求。

如果未按本判决指定的期间履行给付金钱义务，应当依照《中华人民共和国民事诉讼法》第 229 条之规定，加倍支付迟延履行期间的债务利息。

本案受理费 10 元由广州铁路（集团）公司负担。

一审裁判理由

广州市越秀区人民法院认为：汪京宇在履行劳动合同过程中与用人单位和用工单位发生的纠纷，属于劳动争议，应以劳动法律和司法解释作为处理双方之间劳动争议的根据。

1. 关于广铁公司应否作为本案被告。汪京宇变更诉讼请求后对广铁公司的诉请，应否在本案中审理的问题。最高人民法院《关于审理劳动争议案件适用法律若干问题的解释（二）》第 10 条规定，劳动者因履行劳动力派遣合同产生劳动争议而起诉，以派遣单位为被告；争议内容涉及接受单位的，以派遣单位和接受单位为共同被告。汪京宇在本案中提出的同工不同酬的诉讼请求，涉及对其用工的接受单位，根据上述规定用工单位应作为本案的共同诉讼当事人。汪京宇被派遣到用工单位提供劳务的工作部门广深公司广州车辆段动车运用所，在 2009 年 8 月 17 日已被划入广铁公司广州动车基地管理。广深公司与第三人华南所签订的《劳务派遣协议》中有关劳务工的劳动报酬等亦从 2009 年 9 月起由广州动车基地与第三人华南所结算。因此，在动车运用所划入广州动车基地管理后，实际汪京宇的用工单位已发生了变化。而广州动车基地既不具有法人资格，亦不属于领有营业执照的分支机构，不具有诉讼主体资格。故对汪京宇诉请的涉及与用工单位劳动者同工不同酬的争议，应由广州动车基地的企业法人广铁公司作为本案共同诉讼当事人参与诉讼。基于此汪京宇将广铁公司作为本案被告符合上述规定。对广铁公司辩称与汪京宇之间的该劳动争议没有经过仲裁裁决，不应直接进入诉讼程序的辩称意见，一审法院不予采纳。

根据我国劳动法律的规定，用人单位与劳动者发生劳动争议，当事人可以依法申请仲裁。仲裁是提起诉讼必经的前置程序。当事人对劳动争议案件的仲裁裁决不服的才可以向法院提起诉讼。因此，汪京宇不服仲裁提起的劳动争议诉讼，应是已申请仲裁且经过劳动争议仲裁程序裁决的劳动争议。汪京宇在本案中变更诉讼请求，虽然是对其享有的诉讼权利的处分。但汪京宇变更后对广铁公司提出的诉讼请求中，除第二项中涉及同工同酬的请求外，其他的诉讼请求均没有申请劳动争议仲裁经过仲裁裁决。而住房公积金和医疗保险属于福利待遇，不属于劳动报酬。《住房公积金管理条例》第 38 条规定，单位逾期不缴或者少缴住房公积金的，由住房公积金管理中心责令限期缴存；逾期仍不缴存的，可以申请人民法院强制执行。根据《社会保险费征缴暂行条例》、《社会保险稽核办法》等行政法规、规章的规定，社会保险等险种的保险费的征缴由社会保险征收机构按审核的缴费比例和基数征缴，缴费单位未按规定缴纳和代扣代缴社会保险费的，亦由劳动保障行政部门或者税务机关责令限期缴纳。故汪京宇主张的住房公积金和属于社会保险中的医疗保险亦应向相应的行政主管部门申请处理。从本案查明的事实亦可见，自2002年7月1日起至汪京宇在2008年1月与省劳协和第三人华南所签订劳动合同之前，汪京宇均是与省劳协签订劳动合同被派遣至广深公司工作。在该期间与汪京宇建立劳动关系的用人单位是省劳协。即使广深公司在2002年7月1日之前没有为汪京宇办理终止或解除双方之间原有劳动关系的手续，这也不能改变此后汪京宇是与省劳协签订劳动合同建立劳动关系，被派遣至广深公司工作的事实。广铁公司与广深公司是各自具有独立法人资格的民事主体，广深公司的广州车辆段动车组，由广铁公司的动车基地管理亦不属于分立。现汪京宇直接在本案中对广铁公司提出的部分诉请，不符合劳动法律有关处理劳动争议的程序规定。广铁公司辩称汪京宇对该公司提出的诉讼请求与原仲裁请求完全不一致，是新的诉讼请求，没有经过仲裁裁决，不应直接进入诉讼程序的理由部分成立，合理部分，一审法院予以接纳，故对汪京宇针对广铁公司提出的除涉及同工同酬请求之外的其他诉讼请求，一审法院依法不处理。

2. 关于撤销汪京宇与省劳协签订的7份劳动合同书的问题。最高人民法院《关于审理劳动争议案件适用法律若干问题的解释》第6条规定，人民法院受理劳动争议案件后，当事人增加诉讼请求的，如该诉讼请求与讼争的劳动争议具有不可分性，应当合并审理；如属独立的劳动争议，应当告知当事人向劳动争议仲裁委员会申请仲裁。汪京宇经仲裁并提起诉讼与省劳协争议的2008年1月签订的劳动合同，是汪京宇与省劳协、第三人华南所签订，确立汪京宇与省劳协、第三人华南所之间建立劳动关系，明确双方权利和义务的协议，属于与不同的用人单位建立劳动关系达成的合意。该合同在履行合同权利义务的主体及期限与此前汪京宇与省劳协签订的6份劳动合同均不同，是独立的劳动合同。汪京宇在诉讼中增加对该6份劳动合同提出的诉讼请求，与省劳协为此产生的讼争属独立的劳动争议，与双方对2008年1月签订劳动合同产生的劳动争议，不具有不可分性，按上述规定不应合并审理，汪京宇应另行申请劳动争议仲裁。

省劳协不具有劳务派遣的经营资格，因而亦不具有与汪京宇签订和履行以劳务派遣为内容的劳动合同的主体资格。省劳协在2008年1月仍作为用人单位之一与汪京宇签订劳动合同，不符合《劳动合同法》的相关规定。但该劳动合同用人单位甲方中的第三人华南所具有劳务派遣的经营资格，且亦是由该所与接受劳务派遣的用工单位广深公司签订《劳务派遣协议》，故实际履行劳动合同的用人单位是第三人华南所。《劳动合同法》第27条规定，劳动合同部分无效，不影响其他部分效力的，其他部分仍然有效。据此省劳协不具有签订和履行劳动合同的主体资格，以及劳动合同中没有写明用人单位住所等内容不全，依法并不导致作为适格的用人单位第三人华南所在不违反劳动法律强制性规定，与汪京宇签订劳动合同约定双方权利义务条款的全部无效。《劳动合同法》第10条规定，建立劳动关系，应当订立书面劳动合同。该法第29条规定，用人单位与劳动者应当按照劳动合同的约定，全面履行各自的义务。由上述法条可知，订立书面劳动合同是该法的强制性规定，是用人单位和劳动者建立劳动关系应履行的法定义务。用人单位与劳动者签订的劳动合同，除非具有《劳动合同法》第26条规定的情形，并经劳动争议仲裁机构或者人民法院确认无效和部分无效外，用人单位与劳动者均应按照劳动合同的约定，全面履行各自的义务，因而不存在着订立的劳动合同可撤销不履行。汪京宇作为具有完全民事行为能力人，在2008年1月签订劳动合同时应知悉合同中拟约定的权利义务内容及合同订立后即生效应履行的法律后果。第三人华南所不可能就双方将享有和履行的劳动合同权利义务条款对汪京宇欺诈。而且在汪京宇与省劳协签订的第六份劳动合同期满终止后，省劳协和第三人华南所并不是依法必须要与汪京宇继续和建立劳动关系，无理由要胁迫汪京宇签订劳动合同。若省劳协采取有损汪京宇合法权益的行为迫使其与第三人华南所签订劳动合同，汪京宇仍可向劳动行政部门投诉，亦可通过法律途径寻求救济。故省劳协和第三人华南所并不能迫使和欺诈汪京宇违心在2008年1月签订新的劳动合同。而汪京宇所称的其在2008年1月签订劳动合同时在合同书上特意设置了5个方面的差异，这也不足以证明第三人华南所与汪京宇签订劳动合同时，对汪京宇存在胁迫和欺诈的行为，致使汪京宇违心签订劳动合同。《劳动合同法》第16条规定，劳动合同由用人单位与劳动者协商一致，并经用人单位与劳动者在劳动合同文本上签字或者盖章生效。该法条并无强制规定，劳动合同应经鉴证生效。且汪京宇与第三人华南所签订的劳动合同中亦无约定，该合同自鉴证机构鉴证之日起生效。综上，汪京宇与第三人华南所签订的劳动合同，不具有按照《劳动合同法》第26条规定，应无效的情形，汪京宇提出撤销2008年1月签订的劳动合同，依法无据，一审法院不予支持。汪京宇单方改变2008年1月签订的劳动合同的期限，对第三人华南所没有约束力。该劳动合同的履行期限仍应是双方协商一致在合同中约定的2009年12月31日。

3. 关于同工同酬问题。汪京宇作为被派遣劳动者，根据《劳动合同法》第63条的规定，享有与用工单位劳动者同工同酬的权利。"同工同酬"，是指对于从事相同工作，付出等量劳动且取得相同劳动业绩的劳动者，应享有同等的劳动报酬。对汪京宇与广铁公司和第三人争议的汪京宇是否与用工单位劳动者刘佳乐同工同酬。应根据汪京宇是否与刘佳乐从事相同工作，付出等量劳动，享有同等的劳动报酬确定。广深公司未提供与刘佳乐签订的劳动合同等证据证明其主张的刘佳乐与汪京宇不是同工作岗位的劳动者，广铁公司对此亦无证据证明。结合汪京宇在仲裁时根据其与刘佳乐的工资条主张同工不同酬，广深公司并未主张汪京宇与刘佳乐并不是从事相同工作，亦未提供证据予以反驳，只是主张技能工资即为汪京宇劳动合同中约定的正常工作时间工资，刘佳乐作为铁路编制内人员，执行铁路薪酬分配制度。该公司在诉讼中也曾认同刘某与汪京宇是同工作岗位，故一审法院采信汪京宇主张的其与刘佳乐是从事相同工作岗位的工作。而广深公司亦未提供按规定应编制的包括有支付日期，支付周期，支付对象姓名，工作时间，应发工资项目及数额，代扣、代缴、扣除项目和数额，实发工资数额，银行代发工资凭证或者劳动者签名等内容的工资支付台账，仅提供刘佳乐部分月工资收入的统计表，不能证明该统计表记载刘佳乐各项收入数额的真实性。故对本案讼争汪京宇为用工单位提供劳动已享有的劳动报酬是否符合同工同酬，应对照汪京宇提供的其与刘佳乐的工资条确定。汪京宇依法享有同工同酬的劳动报酬，并不因与用工单位同工劳动者的结构工资的构成和用人单位不同而存在差别。汪京宇在正常时间提供劳动应得的劳动报酬，应与用工单位同工的劳动者在同一支付周期以货币支付的报酬数额同等。按照汪京宇提供的工资条，汪京宇工资条中的计件工资2673元、技能工资860元、工资补差200元；刘佳乐工资条中的计件工资2673元、岗位工资1505元、技能工资96元、工资补差200元，属于两者提供正常劳动应得的劳动报酬，故应将两者的各项工资收入合并计算。根据上述的工资条计汪京宇月劳动报酬收入为3733元，刘佳乐月劳动报酬收入为4474元，相比汪京宇的月劳动报酬收入比刘佳乐少741元。广深公司、广铁公司并无证据证明汪京宇与刘佳乐在工作经验、技能、身体条件上等有何不同，且付出的工作量不相等，从而使双方在劳动报酬上存在合理的差异。按照《劳动合同法》关于被派遣劳动者享有与用工单位劳动者同工同酬的规定，汪京宇应享有与刘佳乐同等的劳动报酬，对汪京宇与刘某同工不同酬的差额部分应补发给汪京宇。广铁公司的广州动车基地是在2009年7月14日18：00接收管理广深公司广州车辆段动车运用所对汪京宇用工。而该动车基地既不是企业法人，亦不是具有经营资产的分支机构，因此，该基地对汪京宇用工应支付的劳动报酬差额，应由其企业法人广铁公司承担。汪京宇变更诉讼请求，只请求由广铁公司补发同工同酬的差额，故该差额应从 2009 年 7 月 15 日起计至劳动合同期满之日 2009 年 12 月 31 日。鉴于用人单位第三人华南所向被派遣劳动者发放的劳动报酬，是由用工单位承担，故汪京宇请求由广铁公司向其支付劳动报酬差额亦合理。对汪京宇第二项诉讼请求中合理的部分，一审法院予以支持。广铁公司可将汪京宇的劳动报酬差额径付给汪京宇，无须再由第三人华南所转发。广铁公司应向汪京宇支付的劳动报酬差额共计 4079.76 元［741 元/月×5 个月＋741 元/月÷21.75 天/月×11 天］。

二审诉辩情况

汪京宇上诉称：（1）汪京宇虽然在申请仲裁时的仲裁请求是申请劳动争议仲裁委员会确认其与省劳协 2008 年签订的劳动合同无效，省劳协支付其同工不同酬的经济损失 10 万元，但仲裁的事实从 2001 年开始查明了汪京宇入职的整体案件情况，因此，汪京宇在 2009 年 8 月 31 日向原审起诉后，又于 2009 年 9 月 16 日向一审法院提交《变更被告和诉讼请求》的书面材料，一审法院以汪京宇变更诉请没有经过仲裁裁决为由，不同意汪京宇变更诉讼请求错误，造成汪京宇遭受广铁公司不准其上班，不给其钱吃饭的迫害。（2）汪京宇在原审中的诉讼，充分阐明了本案中 7 份劳动合同书的形成，完全是广深公司对汪京宇从 2001 年 8 月 1 日起用工，没有依法与汪京宇订立书面劳动合同。在 2002 年 7 月 3 日，又在汪京宇签名的劳动合同书上加盖省劳协的印章。使本案形成了事实劳动关系没有书面劳动合同证明，而劳动合同书签订的双方当事人又不具备劳动关系的条件。省劳协是事业单位，行使着政府劳动合同鉴证的职能，其无权在汪京宇签名的劳动合同上加盖印章，一审法院认定汪京宇属于劳务派遣工是错误的。本案的案由确定错误，涉嫌故意枉法审判。①本案的案由应确定为确认劳动关系纠纷。汪京宇是广深公司亲自招聘入职，从 2001 年 8 月 1 日开始直接连续用工 8 年多，广深公司有与汪京宇订立书面合同的责任和义务。汪京宇从 2002 年 7 月 1 日起在 7 份劳动合同书上签名，足以证明汪京宇在订立书面劳动合同方面具有主观愿望。且汪京宇向广深公司提供了劳动，作出了应有的贡献，为广深公司创造了效益，就履行了责任和义务，其在合同上签名就没有过错。广深公司既招聘了汪京宇，又直接对汪京宇用了工，对汪京宇就具有订立书面劳动合同的责任和义务。但是，广深公司既不从 2001 年 8 月 1 日起与汪京宇订立书面劳动合同，又不在汪京宇签名的劳动合同书上加盖公章。而是要省劳协从 2002 年 7 月 3 日加盖印章。这一事实充分证明了广深公司拒不与汪京宇订立书面劳动合同，而且欺诈了汪京宇。省劳协虽在汪京宇签名的劳动合同书上加盖了印章，但既不合理，又不合法，不能形成与汪京宇有劳动关系的因果关系；第三人华南所只是省劳协以自身条件另外虚构的身份，依法不能成立。虽在 2008 年劳动合同书上加盖了印章，但其行为只是"劳协"的欺诈。导致了汪京宇在案中的劳动报酬和人格权受到损害，被诬陷为劳务工而涉及人事争议和人格权争议。因此，汪京宇变更和增加的诉讼请求与诉争的劳动争议具有不可分性，原判应当依法合并审理。②追索劳动报酬纠纷：汪京宇从 2001 年 8 月 1 日起入职广深公司工作，在原地丝毫未动，其劳动关系不可能转换为劳务派遣性质的劳务工。不能因为广深公司没有依法与其订立书面劳动合同，就否认其与该单位的劳动关系。因此，汪京宇依法享有广深公司员工待遇的权利。一审不判决广深公司和广铁公司承担之前的劳动报酬差额是错误的。③社会保险纠纷和福利待遇纠纷：汪京宇所诉求的补充保险 229 元和住房公积金 550 元，都属于劳动争议类，应当在本案中一并解决。

(3) 本案中，广深公司于 2001 年 7 月亲自从株洲铁路机械学校招聘汪京宇，又直接连续对汪京宇用工 8 年多，不能因为没有订立书面劳动合同，就否认与汪京宇建立了事实上的劳动关系。第一，省劳协于 2002 年 7 月 3 日在汪京宇签名的劳动合同书上加盖了印章，就有责任和义务依照该合同第三条招聘汪京宇为员工，为汪京宇办理有关员工的人事档案手续和给予汪京宇有关工资待遇和福利待遇。但是，省劳协只在汪京宇签名的合同书上加盖了印章，却没有将汪京宇聘用为员工，还声称对汪京宇劳务派遣，将汪京宇诬陷成劳务工，使汪京宇既不能享受铁路企业员工工资和有关福利待遇，又不能享受省劳协事业单位员工工资和有关福利待遇，就是对汪京宇人格权（名誉权和荣誉权）的侵害。广深公司和广铁公司在本案中的所作所为，使汪京宇付出的辛勤劳动和作出的贡献不仅没有得到认可和相应的回报，而且还诬陷成了被歧视的劳务工，不仅没有岗位工资和有关福利待遇，而且在诉讼中，遭受了不准上班，不给钱吃饭的打击报复之迫害。汪京宇在精神上遭受了悲伤和痛苦，应当依法得到精神损失赔偿。第二，一审法官渎职，与广深公司和广铁公司同流合污。①压制汪京宇依法诉讼：汪京宇变更的诉讼请求经过了仲裁，应当依法合并审理。②违法将广东华南人力资源事务所列为第三人进行诉讼，以承担省劳协没有劳务派遣资质的责任。③没有以事实为依据，广深公司和广铁公司的主张没有证据证明：a. 没有查明案件的事实。本案广深公司没有经过汪京宇的同意，无权将汪京宇签名的劳动合同书盖上省劳协的印章。b. 诬陷了汪京宇的劳动身份。汪京宇受广深公司亲自招聘入职，并直接用工 8 年多，广深公司既没有终止、解除与汪京宇的劳动合同关系开具证明书，又没有收回汪京宇的《铁路临时工作证》。不能因为广深公司没有与汪京宇订立书面劳动合同，就认定汪京宇的劳动身份与省劳协建立了劳动关系，否认汪京宇与广深公司的事实劳动关系。如果要以合同书决定劳动身份，汪京宇也应当是省劳协的事业单位员工。④一审判决没有以法律为准绳，追究广深公司和广铁公司的违法责任：a. 没有依法确认合同书的性质。b. 没有依法追究第三人华南所的违法身份。c. 没有依法追究广深公司的伪造印章的责任。第三，剥夺了汪京宇的合法权利。汪京宇虽是劳动者，依法享有订立合同平等、诉讼权利平等和劳动的权利。本案中广深公司从2001年8月1日起对汪京宇用工至今，没有依法订立书面劳动合同，以此理由否认与汪京宇建立的事实劳动关系。省劳协从2002年7月3日起在汪京宇签名的劳动合同书上加盖事业单位法人的印章，不仅不依约为汪京宇办理有关员工的人事档案手续，反而将汪京宇诬陷为劳务派遣工，原判对此不予认定错误。据此，汪京宇上诉要求：（1）撤销一审判决。（2）追究广铁公司、广深公司伪造印章和违法用工的责任。（3）追究省劳协伪造身份参加诉讼的责任。（4）确认汪京宇的劳动关系：①判令广铁公司与汪京宇签订无固定期限劳动合同；②判令广铁公司和广深公司共同承担同工没有同酬和支付双倍工资的责任（从2001年8月1日起至判决之日止）；③判令广铁公司和省劳协共同赔偿汪京宇遭受停工迫害的经济损失（按铁路标准工资的双倍计算）和精神损失10万元。（5）确认汪京宇与省劳协签订的7份劳动合同书为聘用合同。（6）追究省劳协的违约责任或者伪造证据的责任，并赔偿对汪京宇造成的经济损失（岗位工资每月1505元、住房公积金每月550元、补充保险每月229元）和精神损失10万元。

针对汪京宇的上诉，广铁公司答辩称：（1）对于汪京宇的第2、3、5、6项上诉请求均未在本案仲裁及一审阶段提出，属于新的诉讼请求，二审法院应该予以驳回这4项诉求。（2）汪京宇对广铁公司的所有上诉请求均未经劳动争议仲裁程序处理，应全部依法驳回。（3）汪京宇在劳务派遣用工期间，不存在同工不同酬的情况。

针对汪京宇的上诉，广深公司及省劳协和华南所共同答辩称：虽然其都没有提起上诉，但均认为原判第一项欠妥，应予撤销。

广铁公司上诉称：原审判决判令广铁公司应向汪京宇支付同工同酬的工资差额没有事实和法律依据。（1）原审判决关于"同工同酬是指对于从事相同工作，付出等量劳动且取得相同劳动业绩的劳动者，应享有同等的劳动报酬"的认定，不合理，并无任何法律依据。①即便是从事相同工作，付出等量劳动且取得相同劳动业绩的劳动者，也可能因用人单位的不同而不能享有完全一样的劳动报酬。本案中，汪京宇作为劳务工，其正常工作时间的工资金额（以下简称基本工资）和项目构成由其用人单位华南所与之协商确定，广铁公司无权改变汪京宇与其用人单位签订的劳动合同中约定的基本工资和项目，也不参与对汪京宇基本工资的确定和考核；而本案中的刘佳乐的用人单位是广铁公司，其基本工资的金额和项目都是由其和广铁公司协商确定。因此，汪京宇与刘佳乐两人基本工资的构成和金额所存在的差异是由于不同用人单位的原因所致，不能以此认为广铁公司对正式工和劳务工适用"同工不同酬"的制度。相反，广铁公司对于所有自己聘请的职工和劳务工在绩效考核上都是适用同样的标准的，并不存在任何差异，汪京宇对此亦无异议。因此，劳务工被派遣到广铁公司工作，是享有与广铁公司劳动者同工同酬的权利的，符合《劳动合同法》第63条的规定。②原审判决不理会不同的劳动者本身的素质不同，简单地从是否从事相同工作，付出劳动是否等量和是否取得相同业绩来判断"同工同酬"也是不合理的。劳动者的劳动报酬还因不同劳动者自身的工作经验、工作技能、工作积极性、身体条件、发展潜力等因素所存在的差异而存在差异。本案中，汪京宇未能通过考试成为正式职工，已客观、充分地反映了其与直接招聘的职工所要求的学习能力、知识掌握能力、发展潜力等自身素质方面存在差异。一审中，广深公司已提交书面说明，说明汪京宇自身素质方面未能达到铁路企业招聘正式职工的标准，广深公司作为用人单位，有充分的权利确定招收正式职工的标准，至于是否违反法律法规的规定，都应是有效的。因此，在广深公司已说明刘佳乐与汪京宇之间在工作经验、工作技能、身体条件等各方面均存在差异的情况下，一审判决对此不予理会，反而认定广铁公司未予举证，与事实不符。因此，派遣到铁路企业工作的汪京宇与铁路企业直接招聘的刘佳乐由于存在自身素质以及其他各方面的差异，而表现在劳动报酬方面存在合理的差异，并不能以此认为是违反"同工同酬"的原则。（2）原审判决认为汪京宇和本案中刘佳乐的工资的差额是汪京宇同工同酬的工资差额，没有事实依据。虽然汪京宇和刘佳乐原来都是在其公司下属广州动车基地从事车辆维修工作，但是刘佳乐是检修工岗位，而汪京宇是门禁操作工岗位，双方所从事的岗位不同，从事的劳动内容也完全不一样，他们取得的劳动报酬根本不能作为认定"同工同酬"的对比标准。一审判决简单对比汪京宇与刘佳乐一个月工资后，即认定他们没有享有同等的劳动报酬，继而判令广铁公司须给汪京宇支付其与刘佳乐的工资差额，显然是没有事实依据，也是非常不合理的。广深公司在原审审理过程中，已提交了《关于汪京宇和刘佳乐工资构成差异的说明》，其中已明确说明了两人的岗位不同，且在庭审过程中，汪京宇本人已表示其与刘佳乐从事的岗位确实不一样。但是，原审判决却仍认为广深公司、广铁公司并未主张汪京宇与刘佳乐并不是从事相同工作，而认为汪京宇与刘佳乐是从事相同岗位的工作，与事实不符。（3）原审判决以汪京宇和刘佳乐在广深公司工作期间单一个月的工资收入差额，认定汪京宇在广铁公司工作期间的同工同酬工资差额，存在逻辑错误。原审查明，广铁公司下属的广州动车基地是在 2009 年 7 月 14 日 18：00 接收管理广深公司广州车辆段动车组，并从该日起对汪京宇用工。此前，与汪京宇之间形成用工关系的是广深公司。汪京宇提供的 2009 年 6 月份的工资单只能证明在广深公司用工期间的某一个月，其与刘佳乐之间存在工资差异，而不能直接证明在广铁公司工作期间两人每月均存在同样的工资差异。因此，原审以汪京宇在前一用工单位与刘佳乐在某一月存在工资差异为由，直接推定汪京宇在后一用人单位（广铁公司）工作期间每一月均存在同工不同酬的情况，其逻辑的荒谬，不言自明。据此，广铁公司上诉请求：（1）撤销原审判决第一项，判令驳回汪京宇要求支付 2009 年 7 月 15 日至 2009 年 12 月 31 日期间的同工同酬的工资差额的诉讼请求。（2）依法判令由汪京宇承担本案诉讼费用。

针对广铁公司的上诉，汪京宇答辩称：（1）广铁公司的上诉意见和答辩意见违背事实，其没有证据证明汪京宇为劳务派遣工。（2）在同工同酬的问题上，工资表反映基本工资相同就是岗位相同，广铁公司主张汪京宇与刘佳乐是不同岗位没有依据。工资条中刘佳乐岗位工资 1505 元，汪京宇没有这项工资，足以证明同工没同酬。即使汪京宇是劳务工，根据劳动法有关劳动派遣的规定，劳务工也享有与被派遣单位员工同工同酬的权利以及工资增长的权利。广铁公司的上诉违背了事实，应该依法予以驳回。

针对广铁公司的上诉，广深公司及省劳协和华南所共同答辩称：其均同意广铁公司的上诉意见。

二审裁判结果

广东省广州市中级人民法院依照《中华人民共和国民事诉讼法》第 153 条第 1 款第 1 项、第 3 项的规定，判决如下：

一、撤销广州市越秀区人民法院〔2009〕越法民一初字第 3240 号民事判决；

二、驳回汪京宇的全部诉讼请求。

本案二审案件受理费 10 元，由上诉人汪京宇负担。

本判决为终审判决。

二审裁判理由

广东省广州市中级人民法院认为：关于广铁公司二审提交的证据是否属于二审期间的新证据问题，经审查，该证据在一审期间已经存在，且双方在一审期间争议的焦点就是同工同酬问题，广铁公司应按照证据规则的规定，向一审法院及时提供所有能证明此问题的证据。据此，其在二审期间才提交的证据不属于二审期间的新的证据的范畴，本院对该证据不予采纳。

根据汪京宇、广铁公司的上诉请求及各方当事人的答辩意见，本院对本案争议焦点分述如下：

1. 关于汪京宇要求确认其与广深公司、广铁公司之间存在劳动关系，并要求与广铁公司签订无固定期限劳动合同问题。虽然汪京宇最早是由广深公司以招聘临时工名义招聘入职的，但在合同期满后广深公司没有与汪京宇续签劳动合同。汪京宇在其与广深公司签订的劳动合同期满后，于 2002 年 7 月 1 日开始与省劳协先后签订了 7 份劳动合同，根据该合同的约定，省劳协将汪京宇派遣到广深公司工作，做劳务派遣工，与汪京宇建立劳动关系的用人单位是省劳协和华南所，广深公司和广铁公司只是其劳务派遣的用工单位。因此，虽然汪京宇工作地点和工作内容都没有变动过，但其工作性质已经改变，即由原来的临时工身份变更为劳务派遣工，一审法院对汪京宇与省劳协、华南所及广铁公司之间的关系所做认定是正确的，本院予以维持；汪京宇上诉要求确认其与广深公司、广铁公司存在劳动关系依据不足，本院对其该项主张不予采纳，其要求广铁公司与其签订无固定期限劳动合同依据不足，本院不予支持。

2. 关于汪京宇的其他上诉请求，即要求：（1）追究广铁公司、广深公司伪造印章和违法用工的责任；（2）追究省劳协伪造身份参加诉讼的责任；（3）判决广铁公司和省劳协共同赔偿汪京宇遭受停工迫害的经济损失和精神损失 10 万元；（4）确认汪京宇与省劳协签订的 7 份劳动合同书为聘用合同；（5）追究省劳协的违约责任或者伪造证据的责任，并赔偿对汪京宇造成的经济损失和精神损失 10 万元。经审查，汪京宇所提出的该部分上诉请求均是没有经过仲裁前置程序而是在一审审理或是在上诉期间新增加的诉讼请求，一审法院对汪京宇在一审期间新增加的诉讼请求即上述第 3 项上诉要求不予合并审理并无不当，本院予以维持；对于汪京宇在上诉期间新增加的其他几项上诉请求，由于该部分请求的增加不符合法律规定的劳动争议必须经过仲裁前置程序以及变更诉讼请求要在一审法庭辩论终结前变更的规定，据此，根据最高人民法院《关于适用民事诉讼法若干问题的意见》184 条的规定，本院对汪京宇在上诉期间新增加的诉讼请求亦不予处理。综上，汪京宇上述 5 项上诉请求均不属于本案调处范畴，汪京宇对此可以另寻法律途径解决。

3. 关于同工同酬问题。如一审所述，汪京宇作为被派遣劳动者，根据《劳动合同法》第 63 条的规定，其依法享有与用工单位劳动者同工同酬的权利，此规定是我国劳动立法对"同工同酬"一种原则性的规定，但在适用该规定时，还应允许用人单位根据劳动者的劳动贡献确定劳动报酬，鼓励劳动者学习技术、提高素质、在工作中多创成绩、多做贡献；也就是说，"同工同酬"只是一种原则性的规定，在适用时仍要考虑劳动者自身的工作经验、工作技能、工作积极性、身体条件、发展潜力等各种差异，允许用人单位根据每个劳动者的实际情况确定劳动报酬的分配比例。《中华人民共和国劳动合同法》第 3 条亦规定：订立劳动合同，应当遵循合法、公平、平等自愿、协商一致、诚实信用的原则；依法订立的劳动合同具有约束力，用人单位和劳动者应当履行劳动合同约定的义务。本案中，最后一次与汪京宇签订劳动合同的用人单位是华南所，双方签订的劳动合同明确约定汪京宇执行用工单位的工资分配制度，其正常工作时间的工资，试用期满后为 860 元/月。根据汪京宇提交的工资条显示，其月劳动报酬收入为 3733 元，该收入已经远远超出合同约定的数额，且该劳动报酬与广深公司、广铁公司其他从事相同工作的劳动者所获得的劳动报酬差额不大，并不存在明显分配不公。根据我国劳动合同法的规定，应该允许用人单位根据每个劳动者的个体差异确定其相应的劳动报酬，而不是从事同一岗位工作的劳动者的劳动报酬没有区别的完全相同。一审法院没有考虑汪京宇与用人单位约定的劳动报酬数额及汪京宇与刘佳乐本身存在个体差异的情况，机械地理解适用同工同酬原则，并据此判令广铁公司支付同工同酬的工资差额显属不当，本院对此予以纠正。

综上所述，审查汪京宇的上诉请求及理由不成立，本院不予支持；审查广铁公司的上诉请求及理由成立，本院予以相应支持，并对原审判决作相应改判。

13. 用人单位违法设立劳务派遣单位向本单位或者所属单位派遣劳动者的行为，将导致什么后果？

劳动合同法严格禁止用人单位设立劳务派遣单位向本单位或者所属单位派遣劳动者。此外，用人单位或者其所属单位出资或者合伙设立的劳务派遣单位，向本单位或者所属单位派遣劳动者的，也属于劳动合同法所禁止的做法。一旦存在用人单位设立劳务派遣单位向本单位或者所属单位派遣劳动者，将导致劳务派遣单位与派遣劳动者之间的劳动合同无效，实际用工单位与派遣劳动者之间成立事实劳动关系。

陈海洋与远成集团有限公司劳动合同纠纷上诉案（广东省广州市中级人民法院〔2009〕穗中法民一终字第 1487、1488 号民事判决书）

基本案情

远成集团有限公司成立于 1996 年 8 月 16 日，为私营有限责任公司，原名为广东远成储运贸易有限公司，2001 年度更名为广东远成集团有限公司，2003 年下半年更名为远成集团有限公司。2000 年 8 月，原广东远成储运贸易有限公司将 20% 的股权转让给汪菊华，自此该公司股东为黄远成与汪菊华。2001 年 3 月 13 日，远成集团有限公司出资 1800 万元与汪菊华共同组建四川远成投资发展有限公司。四川远成企业管理咨询有限公司营业开始日期为 2006 年 4 月 11 日，为有限责任公司，经营范围包括劳务输出、派遣服务等，由远成集团有限公司通过四川远成投资发展有限公司控股。2007 年 12 月 2 日，远成集团有限公司将所持有的四川远成企业管理咨询有限公司的股权转让给汪菊华，至此，汪菊华占有四川远成企业管理咨询有限公司的全部股权。

陈海洋于 2002 年 8 月 5 日入职远成集团有限公司，逐年签订劳动合同，最后一期劳动合同期限至 2007 年 9 月止。2003 年 7 月 16 日，陈海洋在远成集团有限公司提供的《参加社会保险确认书》上签名，同意远成集团有限公司为陈海洋在四川成都统一按照社保局缴费标准办理社会基本保险，并确认在此之前在远成集团有限公司工作期间单位应承担的社保费用已按 180 元/月的标准实际支付。四川远成企业管理咨询有限公司自 2003 年 8 月起为陈海洋在成都市青羊区参加社会保险。

2007 年 3 月 1 日，四川远成企业管理咨询有限公司与远成集团有限公司签订了为期一年的劳务派遣合同。同日，陈海洋与四川远成企业管理咨询有限公司签订了期限至 2008 年 3 月 1 日的劳动合同，约定四川远成企业管理咨询有限公司将陈海洋派遣至远成集团有限公司从事货车司机工作，约定工资为 700 元/月，执行每周工作 6 天、每周休息一天工时制。2007 年 4 月起，四川远成企业管理咨询有限公司通过银行转账的形式向陈海洋支付工资。陈海洋自始一直在广州工作。陈海洋离职前 12 个月的平均工资为 3101 元/月。

因劳动合同期满，陈海洋于 2008 年 2 月 28 日停止工作并办理终止劳动合同的相关手续。远成集团有限公司于 2008 年 3 月 3 日支付了陈海洋 2008 年 1 月、2 月工资及风险金 8000 元，另支付半个月的级别工资 700 元。陈海洋和远成集团有限公司均确认该 700 元系因劳动合同终止而支付半个月工资作补偿。

2008 年 6 月 3 日，陈海洋向广东省劳动争议仲裁委员会申请仲裁，请求：（1）确认陈海洋与远成集团有限公司从 2002 年 8 月 5 日至 2008 年 2 月 28 日期间存在劳动关系；（2）远成集团有限公司支付解除劳动关系的经济补偿金 20156 元、额外经济补偿金 10078 元；（3）远成集团有限公司支付 2007 年度双薪 3101 元；（4）远成集团有限公司支付违法收取的 8000 元风险金及利息；（5）远成集团有限公司双倍赔偿失业保险待遇损失 9632 元；（6）远成集团有限公司为陈海洋补缴 2002 年 8 月 5 日起的社会保险费。2008 年 7 月 23 日，广东省劳动争议仲裁委员会作出粤劳仲案字〔2008〕456 号裁决书，裁决：（1）确认远成集团有限公司与陈海洋在 2002 年 8 月 5 日至 2007 年 2 月 28 日和 2008 年 1 月 1 日至 2 月 7 日期间存在劳动关系；（2）远成集团有限公司与陈海洋的劳动合同于 2008 年 3 月 1 日终止；（3）远成集团有限公司支付陈海洋终止劳动合同的经济补偿金 16355.50 元；（4）驳回陈海洋的其他仲裁请求。远成集团有限公司和陈海洋均不服该裁决，提起诉讼。

一审诉辩情况

远成集团有限公司诉称：（1）《劳动合同法》第 67 条规定"用人单位不得设立劳务派遣单位向单位或者所属单位派遣劳动者"，包括出资、参股等形式。但本案中四川远成企业管理咨询有限公司股东系独立自然人，并非我公司或者我集团公司或者其他相关联公司，不违反《劳动合同法》第 67 条规定。故我公司与陈海洋自 2007 年 2 月 28 日后只是劳务使用关系，不是劳动合同关系。（2）我公司于 2007 年度根据实际用工需要进行用工制度改革，按照集团安排劳务关系统一委托四川远成企业管理咨询有限公司管理。员工与四川远成企业管理咨询有限公司是劳动合同关系，与我公司是劳务使用关系。这一点陈海洋非常清楚，并且与四川远成企业管理咨询有限公司签订了劳动合同，与陈海洋签订了上岗协议。在上述劳动关系变更过程中，陈海洋的正常劳动和经济收入未受任何影响，不属于劳动合同法第 26 条、第 28 条规定的用人单位解除劳动合同致使劳动者收入减少的情形，依法不应予以补偿。同时，陈海洋在与四川远成企业管理咨询有限公司签署劳动合同，与我公司签署上岗协议时已经明确知道原劳动合同已经双方协商终止，并非 2008 年离职时才知悉。所以，即使陈海洋存在经济损失，应该按照劳动合同法第 82 条规定的仲裁时效内行使申诉权利。陈海洋在 2008 年辞职后才提出上述补偿要求，已经超过 60 日的申诉时效。综上所述，双方之间于 2007 年 2 月 28 日已不存在劳动合同关系，而在委托四川远成企业管理咨询有限公司进行劳动关系管理时没有违法行为，依法不应对被告给予补偿。我公司不服粤劳仲案字〔2008〕456号劳动争议仲裁书，请求法院依法判决：（1）陈海洋与远成集团有限公司自2007年2月28日后不存在劳动合同关系。（2）远成集团有限公司对陈海洋不予支付经济补偿金16355.50元。（3）诉讼费用由陈海洋承担。

对于远成集团有限公司的诉称，陈海洋辩称：（1）对劳动关系期限同意仲裁委的裁决，不同意远成集团有限公司的诉讼请求，远成集团有限公司和劳动者自2007年2月28日之后就不存在劳动关系，远成集团有限公司和劳动者原来签有一份劳动合同，是在原劳动合同的履行期间的2007年3月1日远成集团有限公司以其设立的关联公司四川远成企业管理咨询有限公司的名义以劳务派遣的形式与劳动者另行签订了一份劳动合同。我方认为根据四川远成企业管理咨询有限公司的股权结构来看，其与劳动者签订劳动合同时，其控股股东是四川远成投资发展有限公司，而该公司的控股股东就是远成集团有限公司，因此，四川远成企业管理咨询有限公司是远成集团有限公司的关联公司，设立关联公司向本单位派遣劳动者的行为违反了劳动合同法的相关规定，因此，我方认为在2008年1月1日劳动合同法实施生效之前的法律、法规这种关联公司劳务派遣既然没有相关规定，那在2008年1月1日以后仍然采取这种形式向本单位派遣劳动者是违反法律、法规，远成集团有限公司对这种行为没有予以纠正，我方认为劳动关系仍然存在于远成集团有限公司和劳动者之间。（2）是否应当支付解除劳动合同经济补偿金方面，我方认为远成集团有限公司在与劳动者的劳动合同存续期间安排其关联公司以劳务派遣的形式与劳动者另行签订劳动合同，而这份新签订的劳动合同最实际、最直接、最真实的效果就是导致了前一份劳动合同的解除、劳动者的工作年限被打断了，就像远成集团有限公司诉讼请求中称的在2007年2月28日后远成集团有限公司就与劳动者没有关系了，那么对于劳动者之前在远成集团有限公司六七年的工作时间如何计算？是否随着前一份劳动合同的工作年限已经中断？四川远成企业管理咨询有限公司是2006年由远成集团有限公司设立的，设立之后就致力于向远成集团有限公司派遣劳动者，2007年3月1日与劳动者签订劳动合同，而从劳动者的社保记录可以显示，四川远成企业管理咨询有限公司从2003年或2004年开始就在成都给劳动者购买社保了，这揭示了远成集团有限公司的真实意图，他们并不是所谓的劳务派遣用人制度改革，而是为了规避应由远成集团有限公司承担的法律义务，就是在广州用工所在地为劳动者购买社保。四川远成企业管理咨询有限公司成立之前远成集团有限公司一直没有在广州为员工购买社保，由此看出与四川远成企业管理咨询有限公司另行签订的劳动合同导致了原来的远成集团有限公司与劳动者劳动合同的解除及劳动关系的中断，对劳动者权益的损害是明显的，理应支付经济补偿。而在 2007 年 3 月 1 日远成集团有限公司安排四川远成企业管理咨询有限公司与劳动者签订劳动合同时并没有经过与劳动者协商，也没有就劳动者之前的年限进行协商处理，就直接导致了劳动关系的中断，根据法律、法规的相关规定，这种情形应视为由远成集团有限公司解除劳动合同，理应支付经济补偿。而劳动合同的解除不支付经济补偿的情形只有是在由劳动者提出解除劳动合同的情形或者是劳动者存在重大过错的情形下，而本案劳动者并没有提出解除劳动合同也没有存在重大过错，而由远成集团有限公司解除劳动合同理应支付经济补偿金。

同时，陈海洋诉称：（1）仲裁裁决既已认定陈海洋于 2002 年 8 月 5 日与远成集团有限公司建立劳动关系，远成集团有限公司违法收取了陈海洋风险金共计 8000 元，那么远成集团有限公司理应返还 8000 元并支付利息。仲裁裁决以没有法律依据为由驳回陈海洋要求支付利息的请求是不正确的。（2）远成集团有限公司没有按照法律规定为陈海洋购买社保，根据《广州市失业保险条例》第 41 条"单位拒不参加失业保险或者擅自停止缴纳失业保险费，导致失业人员不能按规定享受失业保险待遇的，由单位按失业人员应当享受的失业保险金的二倍给予一次性赔偿"的规定，远成集团有限公司应当双倍赔偿陈海洋失业保险待遇损失。（3）根据《中华人民共和国企业劳动争议处理条例》第 2 条第 2 项"因执行国家有关工资、保险、福利、培训、劳动保护的规定发生的争议是劳动争议"以及《中华人民共和国劳动争议调解仲裁法》第 2 条"中华人民共和国境内的用人单位与劳动者发生的下列劳动争议，适用本法：……（四）因工作时间、休息休假、社会保险、福利、培训以及劳动保护发生的争议……"因此，因社会保险发生的争议属于劳动争议，属于劳动争议仲裁委的受理范围，劳动争议仲裁委员会应当予以处理。仲裁裁决以"向社会保险经办机构申请解决"而不予处理关于社会保险的劳动争议是不正确的。故不服粤劳仲案字〔2008〕456 号仲裁裁决，诉至法院，请求判令：（1）远成集团有限公司支付违法收取的 8000 元风险金的利息（从 2002 年 8 月 5 日起至 2008 年 2 月 28 日止，按银行同期贷款利率计算）；（2）远成集团有限公司双倍赔偿失业保险待遇损失 9632 元；（3）远成集团有限公司补缴自 2002 年 8 月 5 日起的社会保险费，具体金额按照广州市缴纳社会保险费标准由社会保险经办机构核定；（4）远成集团有限公司承担本案的诉讼费用。同时要求确认陈海洋和四川远成企业管理咨询有限公司的劳动关系，四川远成企业管理咨询有限公司应承担相应的法律责任。

对于陈海洋的诉称，远成集团有限公司称其辩称与其诉状一致。

民商事典型疑难问题适用指导与参考·劳动争议与人事争议卷

四川远成企业管理咨询有限公司辩称：劳动者一直都在远成集团有限公司工作，其权益没有受到侵犯，工龄也一直连续计算。请求法院依法判决。

一审裁判结果

广州市天河区人民法院依照《中华人民共和国民事诉讼法》第64条第1款、《中华人民共和国劳动合同法》第46条、第47条、第67条的规定，判决：

一、远成集团有限公司与陈海洋在2002年8月5日至2007年2月28日及2008年1月1日至2008年2月28日期间存在劳动关系，四川远成企业管理咨询有限公司与陈海洋在2007年3月1日至2007年12月31日期间存在劳动关系；

二、远成集团有限公司与陈海洋的劳动关系于2008年2月28日解除；

三、远成集团有限公司自本判决发生法律效力之日起5日内，支付陈海洋终止劳动合同的经济补偿金850.50元；

四、远成集团有限公司自本判决发生法律效力之日起5日内，支付陈海洋风险金8000元的利息（自2002年8月5日起至2008年2月28日止按中国人民银行同期贷款利率计算）；

五、驳回远成集团有限公司的其他诉讼请求；

六、驳回陈海洋的其他诉讼请求。

如未按本判决指定的期间履行给付金钱义务，应当依照《中华人民共和国民事诉讼法》第229条之规定，加倍支付迟延履行期间的债务利息。

两案件受理费20元，由远成集团有限公司负担。

一审裁判理由

广州市天河区人民法院认为：陈海洋于2002年8月5日入职远成集团有限公司，双方自即日起建立劳动关系。对于2007年3月1日四川远成企业管理咨询有限公司与远成集团有限公司签订的《劳务派遣合同》及陈海洋与四川远成企业管理咨询有限公司签订的《劳动合同》的效力问题，由于四川远成企业管理咨询有限公司在2006年4月起具有劳务派遣的经营资质，而在《劳动合同法》实施前，相关法律、法规并未就此作出禁止性规定，故前述劳动合同及劳务派遣行为有效，陈海洋与四川远成企业管理咨询有限公司于2007年3月1日起建立劳动关系。

2008年1月1日《劳动合同法》颁布实施，该法第67条明确规定："用人单位不得设立劳务派遣单位向本单位或者所属单位派遣劳动者。"针对本案而言，虽然 2007 年 12 月 2 日后汪菊华持有四川远成企业管理咨询有限公司 100% 的股权，但汪菊华同时持有远成集团有限公司 20% 的股权，可以认定四川远成企业管理咨询有限公司与远成集团有限公司存在资产牵连关系，属关联企业。因此，自 2008 年 1 月 1 日后，远成集团有限公司仍通过四川远成企业管理咨询有限公司以劳务派遣形式对陈海洋进行用工，其行为已违反了《劳动合同法》的上述规定，故陈海洋与四川远成企业管理咨询有限公司的劳动合同自该日起无效。2008 年 1 月 1 日后，远成集团有限公司作为陈海洋的实际用人单位，双方存在事实劳动关系，远成集团有限公司应承担相应的用工责任。

远成集团有限公司因劳动合同期满于 2008 年 2 月 28 日与陈海洋办理了终止劳动合同的手续。依据劳动合同法的规定，远成集团有限公司应支付陈海洋相当于半个月工资的经济补偿金 1550.50 元（3101 元 × 0.5），扣除已支付的 700 元，远成集团有限公司还应支付陈海洋 850.50 元。

关于陈海洋向远成集团有限公司主张的 2007 年 2 月 28 日解除劳动合同的经济补偿金。首先，陈海洋应当自 2007 年 2 月 28 日起 60 日内向有关部门主张权利，但陈海洋迟至 2008 年 6 月 3 日才在申请仲裁时提出，显然已超过仲裁时效。其次，自 2007 年 3 月 1 日起至 2008 年 2 月 28 日止，陈海洋工作地点、工作内容、工资待遇与之前无变更，陈海洋与四川远成企业管理咨询有限公司的劳动关系实为与远成集团有限公司劳动关系的延续，陈海洋的工作年限可连续计算。综上，陈海洋主张的经济补偿金，无事实及法律依据，一审法院不予支持。

关于陈海洋主张的失业保险待遇，陈海洋未提供证据证实其属于失业人员，故其不属于可以享受失业保险待遇的人员，远成集团有限公司和四川远成企业管理咨询有限公司均无须向陈海洋支付失业保险待遇损失。

关于陈海洋主张的风险金 8000 元的利息，远成集团有限公司向陈海洋收取 8000 元风险金属于违法行为，远成集团有限公司在向陈海洋返还 8000 元的同时，应当支付相应的利息，利息应自 2002 年 8 月 5 日起至 2008 年 2 月 28 日止按中国人民银行同期贷款利率计算。至于陈海洋主张的补缴社保费，不属于法院受理范围，陈海洋可向社保机构投诉解决。

二审诉辩情况

一审宣判后，陈海洋不服，提起上诉称：（1）一审判决认定远成集团有限公司不应向劳动者支付解除劳动合同的经济补偿金错误。在陈海洋与远成集团有限公司的最后一期劳动合同履行期间的 2007 年 3 月 1 日，远成集团有限公司安排自己的关联公司即四川远成企业管理咨询有限公司以劳务派遣的形式与劳动者另行签订劳动合同，把陈海洋派遣到远成集团有限公司。这份劳务派遣合同导致了陈海洋与远成集团有限公司最后一期劳动合同的解除。可见，双方的劳动合同是由远成集团有限公司提出的。而一审判决以劳动关系的延续为由认定远成集团有限公司不应向劳动者支付解除劳动合同的经济补偿金是错误的。显然，远成集团有限公司安排四川远成企业管理咨询有限公司与陈海洋签订劳动派遣合同的做法其一是为了规避其应承担的用人单位法定义务，即为劳动者在用工单位所在地购买社保；其二是为了打断工作年限，致使陈海洋之前在远成集团有限公司处工作将近 7 年的时间无法处置，对陈海洋作为劳动者的权益造成了很大损害。根据劳动法律、法规，解除劳动合同不支付经济补偿金的情形仅限于劳动者主动提出解除合同，或劳动者存在重大过错，本案不存在上述情形，远成集团有限公司理应向陈海洋支付经济补偿金。（2）因社会保险发生的争议属于劳动争议，应属于法院受案范围。根据《中华人民共和国企业劳动争议处理条例》第 2 条（二）"因执行国家有关工资、保险福利、培训、劳动保护的规定发生的争议是劳动争议"以及《中华人民共和国劳动争议调解仲裁法》第 2 条"中华人民共和国境内的用人单位与劳动者发生的下列劳动争议，适用本法：……（四）因工作时间、休息休假、社会保险、福利、培训以及劳动保护发生的争议；……"因此，因社会保险发生的争议属于劳动争议，应属于人民法院的受理范围。故请求二审法院：（1）撤销〔2008〕天法民一初字第 2443、2463 号民事判决第三项，依法改判远成集团有限公司支付解除及终止劳动合同的经济补偿金合计 16355.50 元；（2）撤销〔2008〕天法民一初字第 2443、2463 号民事判决第 6 项；（3）远成集团有限公司为陈海洋补缴自 2002 年 8 月 5 日起的社会保险费，具体金额按照广州市缴纳社会保险费标准由社会保险经办机构核定；（4）远成集团有限公司承担本案一、二审诉讼费用。

被上诉人远成集团有限公司答辩称：同意原审判决。

原审第三人四川远成企业管理咨询有限公司答辩称：同意原审判决。

二审裁判结果 ▶

广东省广州市中级人民法院依照《中华人民共和国民事诉讼法》第 153 条第 1 款第 1 项之规定，判决如下：

驳回上诉，维持原判。

两案二审受理费 20 元由上诉人陈海洋负担。

本判决为终审判决。

二审裁判理由 ▶

广东省广州市中级人民法院认为：根据陈海洋的上诉请求，本案争议焦点有二：

1. 远成集团有限公司应否支付陈海洋提前解除劳动关系的经济补偿金问题。诚如原审所论述，在《劳动合同法》实施前，法律对劳务派遣没有禁止性规定，故陈海洋与四川远成企业管理咨询有限公司于2007年3月1日起建立劳动关系有效。该劳动关系的建立虽导致陈海洋与远成集团有限公司原劳动合同提前解除，但陈海洋的工作岗位、劳动报酬没有变化，因此，不同于《违反和解除劳动合同的经济补偿办法》第8条的规定。此外，即便当时陈海洋与远成集团有限公司劳动合同的解除损害了陈海洋的合法权益，其也应在法定的时限内提起仲裁申请。故陈海洋以2007年3月1日的劳务派遣合同导致陈海洋与远成集团有限公司最后一期劳动合同提前解除而要求支付经济补偿金，本院不予支持。

2. 关于缴纳社会保险金和失业保险待遇问题。远成集团有限公司已为陈海洋在成都市参加社会保险，因此，陈海洋要求远成集团有限公司按广州市标准缴纳社会保险和支付双倍失业保险金没有依据。综上所述，陈海洋的上诉请求均理由不充分，本院不予支持。

14. 实际用工单位在被派遣员工与派遣单位还存在劳动关系的情况下招用了被派遣员工，是否以及如何承担相应的法律责任？

实际用工单位在被派遣员工与派遣单位还存在劳动关系的情况下招用了被派遣员工，是否属于《劳动合同法》第91条的规定，关键是需要了解用工单位是否知晓劳动者与派遣单位的劳动关系尚未结束。如果知晓劳动者与派遣单位的劳动关系尚未结束，那么被派遣劳动者与用工单位直接签订劳动合同的情况下，用工单位的行为符合《劳动合同法》第91条的规定。即用人单位招用与其他用人单位尚未解除或者终止劳动合同的劳动者，给其他用人单位造成损失的，应当承担连带赔偿责任。

典型疑难案件参考

广州市益晟劳务服务有限公司与瑞仪（广州）光电子器件有限公司等劳务派遣合同纠纷上诉案（广东省广州市中级人民法院〔2010〕穗中法民一终

字第 2998 号民事判决书）

基本案情

2007 年 12 月 17 日，益晟公司与瑞仪公司签订《劳务派遣协议》约定，瑞仪公司因工作需要，接受益晟公司输送本单位职工到瑞仪公司从事劳务工作，合同期限为 2007 年 12 月 6 日至 2008 年 12 月 5 日止，协议期满，如果双方有意合作，应新签署劳务派遣协议。瑞仪公司根据公司规定和劳务人员实际岗位确定劳务人员的劳务报酬。瑞仪公司每月 5 日将上一个月劳务人员的劳务报酬发放清册交益晟公司，并将劳务人员的劳务报酬以转账方式支付益晟公司，劳务人员的工资报酬由益晟公司在每月 5 日通过银行卡负责发放。瑞仪公司每月 5 日将依法承担的上月社会保险费和劳务报酬同步支付给益晟公司。管理费用及劳务工的社保基金支付方式：瑞仪公司每月向益晟公司按 60 元/人的标准支付劳务人员管理费，付款时间为每 4 个月即 120 天通过银行转账方式支付；瑞仪公司凭益晟公司为劳务人员每月购买的当地社保基金凭证或社保专用发票凭证将款项转账于益晟公司指定银行账户内（月结 30 天）。协议签订以后，益晟公司向瑞仪公司输送劳务人员并派专人驻瑞仪公司管理派遣员工。2008 年 12 月 1 日瑞仪公司在其厂区内张贴关于瑞仪公司与益晟公司终止合作事宜的《公告》称，瑞仪公司将于 2008 年 12 月 5 日与益晟公司终止合作关系，请益晟公司所属派遣员工于 2008 年 12 月 5 日 17：00 前到瑞仪公司行政处办理财务结算及工作移交手续。益晟公司与瑞仪公司签订《劳务派遣协议》合同期限届满后，双方终止了合作关系。2008 年 12 月 5 日，益晟公司派遣至瑞仪公司工作的部分劳务人员因与益晟公司合同期满，另行与智远清远分公司签署劳动合同。2008 年 12 月 14 日益晟公司派遣至瑞仪公司工作的部分劳务人员与益晟公司解除劳动关系。

一审裁判结果

一审法院作判决如下：

一、瑞仪（广州）光电子器件有限公司自本判决生效之日起 10 日内向广州市益晟劳务服务有限公司支付保险费 8305.64 元、管理费 7488 元，合计 15793.64 元；

二、驳回广州市益晟劳务服务有限公司的其他诉讼请求。

被告瑞仪（广州）光电子器件有限公司未按本判决指定的期间履行给付金钱义务的，应按《中华人民共和国民事诉讼法》第 229 条的规定，从本判决确定的履行期限届满次日起，加倍支付延迟履行期间的债务利息。

一审案件受理费人民币 1815 元，由益晟公司负担 1089 元，瑞仪公司 726 元。

一审裁判理由

一审法院认为：益晟公司与瑞仪公司签订《劳务派遣协议》是双方当事人真实的意思表示，内容不违反我国现行法律、行政法规的规定，应认定有效，双方应诚意履行。益晟公司作为派遣单位依约派遣劳动者到瑞仪公司处工作，被派遣劳动者提供了劳动，表明益晟公司已经履行《劳务派遣协议》约定义务，瑞仪公司没有按照约定的期限支付保险费、管理费，违反了协议约定的义务，已经构成违约，应承担支付拖欠保险费、管理费的责任。关于保险费的数额认定。瑞仪公司认为 2008 年 12 月参保人员中有一位已经离职，该保险费用不应当由其承担，但瑞仪公司没有提供 2008 年 2 月、12 月参保人员中离职人员的情况，应承担举证不能的法律后果，原审确认瑞仪公司应支付益晟公司 2008 年 2 月保险费 4609.2 元、2008 年 12 月保险费 3776 元，合计 8385.80 元，扣除 2008 年 4 月 21 日瑞仪公司通过花旗银行（中国）有限公司广州分行多付保险费金额 80.16 元，瑞仪公司尚欠益晟公司保险费 8305.64 元。关于管理费的数额认定。瑞仪公司认为 2008 年 1 月、2 月益晟公司计算的人数分别相差 18 人、7 人，管理费计算有误，但其没有提供相应的证据证实，应承担举证不能的法律后果，原审采纳益晟公司主张，确认瑞仪公司应支付益晟公司 2008 年 1 月管理费 2640 元、2008 年 2 月管理费 4320 元。2008 年 12 月的管理费，因 2008 年 12 月 5 日双方签订的《劳务派遣协议》已经期满，双方的权利义务已经终止，益晟公司派遣的劳动者已经离开瑞仪公司，瑞仪公司确认 2008 年 12 月管理服务期 21 天，该事实予以确认。益晟公司主张 12 月全额的管理费不当，应按照益晟公司实际提供管理服务的时间计算管理费，瑞仪公司确认应付 3528 元管理费合理，予以支持。据此，瑞仪公司应支付益晟公司管理费 10488 元（2640 元 + 4320 元 + 3528 元），扣除 2008 年 11 月 5 日瑞仪公司通过花旗银行（中国）有限公司广州分行多付 2008 年 5 月、6 月管理费 3000 元，瑞仪公司尚欠益晟公司管理费 7488 元。关于益晟公司要求瑞仪公司赔偿经济损失 90720 元的问题。益晟公司与其派遣劳动者之间建立劳动关系，应受法律保护。《劳动合同法》第 65 条规定，被派遣劳动者可以依照本法第 36 条、第 38 条的规定与劳务派遣单位解除劳动合同。益晟公司派遣劳动者向其提出辞职解除劳动关系，是劳动者行使就业自主权的体现，任何单位无权干预。而派遣劳动者的辞职行为，与益晟公司的经济损失没有关联。益晟公司称其派遣的 63 名劳动者迫于瑞仪公司压力辞职造成其重大经济损失，但没有提供证据证实。益晟公司该主张，原审不予采纳。劳动者有就业自主选择权利。益晟公司所派遣劳动者在辞职以后，可以重新选择用人单位就业，而智远公司及智远清远分公司在益晟公司与其派遣劳动者劳动关系解除以后，按正常途径招聘原派遣劳动者，符合劳动合同法的规定，其行为没有不当之处。益晟公司要求智远公司及智远清远分公司连带赔偿益晟公司经济损失 90720 元的诉讼请求缺乏事实和法律依据，原审予以驳回。综上所述，瑞仪公司未按约定支付益晟公司代垫保险费和管理费，违反了协议约定的义务，应承担相应的民事责任，应将拖欠保险费、管理费合计 15793.64 元支付给益晟公司。双方并无约定以收到发票作为付款条件，瑞仪公司以益晟公司未提供合法的发票等凭证为由拒绝付款的理由不成立，不予支持。

二审诉辩情况

益晟公司上诉称：（1）一审判决认定涉案被派遣劳动者与智远清远分公司签订劳动合同系劳动者自主择业，属于认定事实不清，适用法律错误。①被派遣劳动者是在瑞仪公司的授意和压力下才迫不得已与智远清远分公司签订劳动合同的，这有我公司提交的《员工自述（共 18 名员工）》可证实。②被派遣劳动者是在与我公司仍旧存在劳动关系的情况下与智远清远分公司签订劳动合同的。因为根据我公司提交的《广州市益晟劳务服务有限公司劳务合同》可证明涉案派遣劳动者与我公司之间的劳动合同期限均延续到 2008 年 12 月 5 日以后，而我公司提交的《广州市智远人力资源服务有限公司清远分公司劳动合同》则证明涉案派遣劳动者与智远清远分公司于 2008 年 12 月 5 日签订劳动合同且劳动合同的起始时间也是 2008 年 12 月 5 日。③涉案被派遣劳动者是在与智远清远分公司签订劳动合同之后才向我公司提出辞职的，此辞职实际上是瑞仪公司、智远清远分公司的意志的后续表现，不符合《劳动合同法》第 36 条关于劳动者和用人单位协商一致解除劳动合同情形。④我公司不存在《劳动合同法》第 38 条的情形，涉案被派遣劳动者无单方解除权。一审判决援引《劳动合同法》第 65 条认定涉案派遣劳动者向我公司提出辞职是行使就业自主权的体现这一认定是认定事实错误、适用法律不当。（2）一审判决认定涉案派遣劳动者向我公司辞职在前同智远公司及其清远分公司在后系认定基本事实错误。事实上，2008 年 12 月 4 日至 5 日涉案派遣劳动者与智远清远分公司签订劳动合同，2008 年 12 月 14 日，涉案派遣劳动者向我公司提出辞职。（3）一审判决认定被派遣劳动者的辞职行为与益晟公司的经济损失没有关联以及智远公司及智远分公司与涉案派遣劳动者签订劳动合同并无不当之处是错误的。本案中瑞仪公司迫使派遣员工与智远清远分公司签订劳动合同，智远清远分公司积极配合这一意图，在涉案派遣员工与我公司存在劳动关系的情况下仍与涉案派遣员工签订劳动合同，这些行为导致被派遣劳动者不得不纷纷向我公司提出辞职，导致员工大量流失，给我方造成损失。《劳动合同法》第91条规定，"用人单位招用与其他用人单位尚未解除或者终止劳动合同的劳动者，给其他用人单位造成损失的，应当承担连带赔偿责任"。因此，瑞仪公司与智远清远分公司应对益晟公司的损失予以赔偿。（4）益晟公司损失的计算依据。对于从事人力资源服务的益晟公司来说，向用工单位派遣员工并收取管理费是其基本赢利模式，由于瑞仪公司与智远清远分公司的行为，导致63名被派遣劳动者辞职，因这些员工被要求与智远公司签订了两年的劳动合同，因此益晟公司大约损失两年的管理费共合计63人×60元/月×12月×2年＝90720元。综上所述，益晟公司据此请求二审判决：撤销原审判决第二项，判令瑞仪公司向益晟公司赔偿90720元、智远公司及智远清远分公司对此承担连带赔偿责任。

瑞仪公司答辩称：（1）瑞仪公司没有，也不可能强迫任何派遣员工与他人签订或解除劳动合同。（2）益晟公司强迫员工出具书面证词。益晟公司认为瑞仪公司强迫派遣员工与他人签订劳动合同的主要证据甚至是唯一证据就是18位员工的自述，对该证据我方不予认可。综上所述，我方在履行与益晟公司的劳务派遣协议的过程中，没有任何违约或不当行为，益晟公司要求我方赔偿损失没有任何事实和法律依据，请求法院查明事实，驳回益晟公司的上诉请求。

智远公司及智远清远分公司共同答辩称：（1）益晟公司的上诉请求和事实理由没有事实和法律依据，请求法院依法驳回其全部上诉请求。（2）智远公司及智远清远分公司与益晟公司之间的劳务派遣合同没有任何关联关系。在益晟公司的上诉请求要求赔偿损失中，智远公司及智远清远分公司无须承担任何法律责任。综上所述，请求二审法院依法查明事实，驳回其全部上诉请求。

二审裁判结果

广州市中级人民法院依照《中华人民共和国民事诉讼法》第153条第1款第1项的规定，判决如下：

驳回上诉，维持原判。

二审案件受理费2068元，由广州市益晟劳务服务有限公司负担。

本判决为终审判决。

二审裁判理由

广州市中级人民法院二审认为：二审争议焦点在于瑞仪公司是否应赔偿益

晟公司的损失。本案中，本案益晟公司提交的《员工自述》及辞职申请不符合《中华人民共和国民事诉讼法》第70条、最高人民法院《关于民事诉讼证据的若干规定》第55条关于"证人应当出庭作证，接受当事人质询"的规定，不能作为本案认定事实的依据，故益晟公司主张瑞仪公司迫使被派遣员工与智远清远公司签订劳动合同，没有事实依据。而瑞仪公司在其与益晟公司的合作关系终止前，以公告形式将终止合作事宜告知给相关的利害关系人（被派遣员工），是其履行合同法上告知义务的行为，并无不当。被派遣员工向益晟公司申请辞职，是其行使就业自主权的行为，与瑞仪公司无关。益晟公司据此主张瑞仪公司赔偿其损失没有事实和法律依据，本院不予支持。

15. 用人单位通过自己的名义发布招聘广告，组织面试与签订相关书面材料，后来称自己与劳动者之间是劳务派遣关系的理由能否得到支持？

用人单位通过自己的名义发布招聘广告，组织面试与签订相关书面材料，等等行为都足以使劳动者对自己与用人单位直接建立劳动关系产生了信赖利益。况且劳务派遣单位应依照公司法有关规定设立，注册资本不得少于50万元，劳务派遣单位应当与劳动者签订劳动合同，履行用人单位对劳动者的义务。如果不存在劳务派遣单位这一方，用人单位不能将本来是两方之间的劳动用工关系转变成三方之间的劳务派遣用工方式。

典型疑难案件参考

甲公司与潘某劳动争议纠纷上诉案〔上海市第一中级人民法院〔2010〕沪一中民三（民）终字第2740号民事判决书〕

基本案情

2009年6月，甲公司通过上海公共招聘网招聘维修电工，潘某在网上求职，甲公司经面试后通知潘某2009年6月3日报到。2009年6月3日，潘某至公司报到，公司提供协议书，协议书载明甲方、用工单位、乙方，其中甲方为空白，用工单位为甲公司，乙方为潘某。协议约定：乙方接受派遣至甲公司（即用工单位）工作，聘用期限为2009年6月3日至2011年6月30日，试用期2个月，试用期工资每月人民币1600元（以下币种皆为人民币），期满每月工资

2000元；甲方按规定为乙方缴纳社会保险费，费用由用工单位支付，2008年度的月社保缴费基数为960元；等等。潘某在乙方落款处签名后交还协议书。同日，潘某在公司交付的"非正规就业劳动组织从业人员登记表"上填写个人信息。潘某对协议书而非劳动合同提出异议。2009年8月12日，甲公司向潘某交付协议书，甲方落款处为乐帮井龙物业维修服务社（以下简称"乐帮井龙服务社"），潘某再次提出异议。2009年6月至2010年1月间，潘某月平均实得工资为2065.98元，乐帮井龙服务社为潘某缴纳社会保险费。

2010年2月2日，潘某申请仲裁，要求确认双方劳动关系、缴纳社会保险费、支付未休年休假折算工资等。2月11日，甲公司向潘某交付落款为乐帮井龙服务社的通知一份，主要内容为：我社与你签订的赴甲公司服务的协议书，因我社经营不佳，于2010年2月12日终止劳动关系。上海市徐汇区劳动争议仲裁委员会于同年4月14日作出徐劳仲〔2010〕办字第376号裁决：甲公司支付潘某超时加班工资772.41元，对其他申诉请求不予支持。潘某不服裁决，提起诉讼。

一审裁判结果

上海市徐汇区人民法院依照《中华人民共和国劳动合同法》第47条、第57条、第58条、第87条，《中华人民共和国劳动法》第44条、第72条、第78条的规定，作出如下判决：

一、确认潘某与甲公司在2009年6月3日至2010年2月12日期间的劳动关系；

二、甲公司于判决生效之日起10日内支付潘某未休年休假折算工资1839.08元；

三、甲公司于判决生效之日起10日内支付潘某超时加班工资1310.34元；

四、甲公司于判决生效之日起10日内支付潘某违法解除劳动合同赔偿金4131.96元；

五、甲公司于判决生效之日起10日内为潘某缴纳2009年6月至2010年1月期间社会保险费7680元，其中个人承担部分1760元由潘某个人承担；

六、驳回潘某要求甲公司支付工资差额900元的诉讼请求；

七、驳回潘某要求甲公司支付年终奖1500元的诉讼请求。

原审案件受理费10元，减半计5元，免予收取。

一审裁判理由

上海市徐汇区人民法院认为：《劳动合同法》规定，劳务派遣单位应依照公司法有关规定设立，注册资本不得少于 50 万元。劳务派遣单位应当与劳动者签订劳动合同，履行用人单位对劳动者的义务。本案双方通过网络招聘、面试后达成用工意向，潘某到甲公司报到后，接受甲公司管理和岗位安排，取得劳动报酬，从未与乐帮井龙服务社发生联系，也未签订书面劳动合同。甲公司交付协议书时未告知潘某乐帮井龙服务社为用人单位，潘某在"甲方"一栏空白的协议书上签名，不代表其与乐帮井龙服务社达成建立劳动关系的意向。甲公司主张潘某的用人单位为乐帮井龙服务社，其是接受劳务派遣的用工单位，因缺乏法律规定的劳务派遣的实质要件，原审法院不予采信。潘某要求确认与甲公司在 2009 年 6 月 3 日至 2010 年 2 月 12 日期间的劳动关系，原审法院予以支持。

2010 年 1 月 25 日起，甲公司安排潘某调休，潘某在请假条上签字确认，此后公司未再安排工作，潘某的签到行为不代表公司安排工作，也不能证明其为公司付出了劳动。根据请假条内容，原审法院确认 2010 年 1 月 25 日至 2 月 12 日期间潘某每周调休 3.5 天，3 周共调休 10.5 天，计 84 小时。双方对潘某在职期间周六加班 160 小时的事实确认一致，扣除调休时间 84 小时，剩余加班时间为 76 小时，甲公司应支付加班工资。

因用人单位解除劳动合同而发生的争议，由用人单位负举证责任。乐帮井龙服务社与潘某并无劳动关系，甲公司以乐帮井龙服务社终止劳动关系为名解除双方劳动关系，违反法律规定。潘某主张违法解除赔偿金，原审法院予以支持，具体金额根据其工资数额及工作年限计。

对于年休假折算工资，按国家有关规定，职工享有带薪年休假。现因甲公司的不当解除，致使潘某不能享受带薪年休假，潘某主张未休年休假 10 天的折算工资，原审法院予以支持。

对于工资差额，用人单位有权根据劳动者的个人技能、岗位要求等确定具体数额，双方也可以自行协商，本案中双方在协议书中确定工资标准为每月 2000 元，于法无悖。同工同酬原则也并不等于工资数额一律相同，潘某主张工资差额 900 元，原审法院不予支持。

对于年终奖金，非法律规定及双方合同约定之内容，潘某的该项诉请无合同依据或法律依据，原审法院不予支持。

对于社会保险费，甲公司作为用人单位，应当履行缴纳社会保险费的义务。鉴于甲公司通过乐帮井龙服务社为潘某缴纳了部分社会保险费，此处理有违法律规定，应在办理退保手续后，按 2000 元标准为潘某缴纳在职期间的社会保险费，其中个人承担部分由潘某承担。

二审诉辩情况

一审判决后，甲公司不服，提起上诉称：原审认定事实错误，潘某进入甲公司时，明确知道其劳动关系是与乐帮井龙服务社建立；原审适用法律错误，乐帮井龙服务社超越经营资质的劳务派遣行为并非无效行为，应适用民法通则来调整各方间的法律关系。故请求本院撤销原审判决第 1 项、第 2 项、第 4 项、第 5 项，改判驳回潘某在原审中的相应诉讼请求。

潘某辩称：双方存在劳动关系，原审判决正确，不同意甲公司的上诉请求。

二审裁判结果

上海市第一中级人民法院依照《中华人民共和国民事诉讼法》第 153 条第 1 款第 1 项的规定，判决如下：

驳回上诉，维持原判。

二审案件受理费人民币 10 元，由上诉人甲公司负担。

本判决为终审判决。

二审裁判理由

上海市第一中级人民法院认为：甲公司通过自己的名义发布招聘广告，组织面试与签订相关书面材料，其间并无证据表明甲公司已明示潘某将通过乐帮井龙服务社以劳务派遣的方式安排至其处用工。基于甲公司的上述行为，潘某已对自己将与其直接建立劳动关系产生了信赖利益，甲公司应对其怠于提示行为承担法律上的不利后果。

另外，从事劳务派遣经营活动的组织除受一般民商事法律调整外，还受劳动法上有关劳务派遣强行性规范的制约。基于乐帮井龙服务社并无从事劳务派遣活动的经营资质，如其确实从事了劳务派遣经营活动，其相关行为并不同于一般的越权经营行为。故本院判定本案中乐帮井龙服务社、甲公司、潘某三方间并不形成劳动法上的劳务派遣关系。鉴于甲公司的上述招录用行为以及日后对潘某进行管理与支付劳动报酬的行为，故本院判定双方间形成劳动关系，潘某的相关劳动者待遇可参照之前签订的协议书的相关条款予以确认。

关于本案的其他问题，原审法院已充分阐明了理由，本院对此予以认同，不再赘述。

综上，原审各项判决均无不妥，应予维持。

16. 劳务派遣中，派遣劳动者与实际用工单位之间，以及派遣劳动者与劳务派遣单位之间，到底哪方之间的关系属于劳动关系？

劳务派遣将原本一对一的用人单位与劳动者之间的劳动关系切断，转换成了派遣劳动者、实际用工单位与劳务派遣单位三者之间的复杂关系。其中，根据劳动合同法的内容，应当认定派遣劳动者与劳务派遣单位之间成立劳动法所调整的劳动关系。

典型疑难案件参考

刘敏等与广州市外商企业投资服务有限公司等劳动争议纠纷上诉案（广东省广州市中级人民法院〔2010〕穗中法民一终字第 3922、3923 号民事判决书）

基本案情

香港艾信投资有限公司广州代表处（以下简称香港艾信广州代表处）为香港艾信投资有限公司（注册地为中国香港）设在广州的办事处。其《外国（地区）常驻代表机构登记证》载明，其业务范围为公司业务的联络和信息采集（不得从事经营活动）。刘敏于 2006 年 2 月 12 日开始在香港艾信广州代表处工作。广州市外商企业投资服务有限公司（以下简称外商服务公司）的《企业法人营业执照》载明，其经营范围包括向外国及港、澳、台地区企业的驻穗机构提供雇员、劳务派遣等。外商服务公司与香港艾信广州代表处签订的《劳务派遣协议》内容包括，经乙方（即香港艾信广州代表处）确认符合其用工要求的劳务人员，应当与甲方（即外商服务公司）签订《劳动合同》，由甲方派遣至乙方处工作；甲方应乙方的工作需要向乙方派遣人员（具体见雇员名单）；合同期限为 2008 年 3 月 1 日至 2010 年 2 月 28 日，该合同落款处载明签订日期为 2008 年 3 月 1 日，其附件雇员名单包括刘敏工资为 5300 元/月。对上述合同，外商服务公司主张双方签订日期为 2009 年 5 月，2008 年 3 月属于倒签日期。香港艾信广州代表处主张双方签订日期为 2008 年 3 月，为当时所签。

广州市艾信电子设备有限公司（以下简称艾信电子公司）的《企业法人营业执照》载明，其于 2009 年 4 月 14 日成立，2009 年 11 月 13 日公司名称由"广州市艾信贸易有限公司"变更为"广州市艾信电子设备有限公司"。

刘敏于 2009 年 6 月 19 日被解除劳动关系。对解除劳动关系的原因，刘敏主张艾信电子公司以法国公司终止合作为由发邮件解雇；外商服务公司主张因其要求与刘敏签订劳动合同遭拒，香港艾信广州代表处、艾信电子公司要求停止与刘敏的代理关系；香港艾信广州代表处主张收到客户公司的投诉信称刘敏工作不合格，根据规定将刘敏退回给外商服务公司；艾信电子公司主张我方不知情。

2008年3月份至离职期间，刘敏的工资由外商服务公司以银行转账的形式发放。刘敏2009年6月份（未满一个月）工资亦由外商服务公司2009年7月份以银行转账支付。刘敏工作期间，未与本案其余当事人订立书面劳动合同。2008年12月3日，刘敏在重庆市南川区妇幼医院分娩生产，生育期间正常领取工资。

2009年6月25日，刘敏等4人共同向广州市劳动争议仲裁委员会申请劳动仲裁（刘敏提出的申诉请求与本案的诉讼请求基本一致）。2010年3月1日广州市劳动争议仲裁委员会作出穗劳仲案字〔2009〕第365—368号《裁决书》裁决：(1)外商服务公司支付刘敏2008年6月26日至2009年2月28日期间因未订立书面劳动合同的二倍工资差额部分43131.03元；(2)外商服务公司支付刘敏解除劳动关系的赔偿金15900元，香港艾信广州代表处承担连带责任；(3)驳回刘敏的其他仲裁请求。刘敏、外商服务公司因对上述裁决不服而提起本案诉讼。香港艾信广州代表处、艾信电子公司没有因不服裁决而提起民事诉讼。

此外，从2008年3月开始外商服务公司为刘敏购买了生育保险。刘敏在上诉状中陈述："2008年3月，尽管原告的工作岗位、性质、待遇等诸多方面未有丝毫改变，香港艾信投资有限公司广州代表处开始以劳务派遣的形式用工，广州市外商企业投资服务有限公司成为原告的用人单位，并正式为原告购买社会保险和住房公积金，而香港艾信投资有限公司广州代表处成为用工单位，2009年年初拟成立的广州市艾信贸易有限公司逐步成为用工承受主体……"

一审裁判结果

广州市越秀区人民法院根据《中华人民共和国劳动合同法》第10条、第58条、第82条、第87条，《中华人民共和国劳动争议调解仲裁法》第2条、第22条、第27条，《中华人民共和国劳动合同法实施条例》第7条，《广东省职工生育保险规定》第15条，《广州市企业职工生育保险实施细则(试行)》第4条规定，于2010年4月26日作出判决：

一、外商服务公司应于判决发生法律效力之日起5日内支付刘敏2008年6月26日至2009年2月28日期间因未订立书面劳动合同的二倍工资差额部分42887.36元；

二、外商服务公司应于判决发生法律效力之日起5日内支付刘敏解除劳动关系的赔偿金15900元，香港艾信广州代表处承担连带责任；

三、如果未按上述指定的期间履行给付金钱义务，应当依照《中华人民共和国民事诉讼法》第229条之规定，加倍支付迟延履行期间的债务利息；

四、驳回刘敏、外商服务公司的其他诉讼请求。

两案受理费各10元（外商服务公司已预付第1167号案的受理费10元）由刘敏、外商服务公司各负担10元，刘敏应于判决书送达之日起5日内将第1099号案的受理费10元交来原审法院。

一审裁判理由

广州市越秀区人民法院认为：根据《广东省外国企业常驻代表机构聘用中国雇员管理规定》，外国企业常驻代表机构聘用中国雇员，必须委托涉外就业服务单位办理，不得私自或者委托其他单位、个人招聘中国雇员，中国雇员必须通过涉外就业服务单位向外国企业常驻代表机构求职应聘，港澳台地区企业在粤设立的常驻代表机构聘用中国雇员依照本规定。据此，关于本案中当事人的劳动关系问题，2008年2月以前，因香港艾信广州代表处为港澳台地区企业驻穗代表机构，不具备直接招用员工的资格，其间其未通过涉外服务就业机构直接招用刘敏，应认定双方为民事雇佣关系，而并非劳动关系。2008年3月以后，虽然，外商服务公司称与香港艾信广州代表处并非劳务派遣关系，其与刘敏并不存在劳动关系，仅为人事代理关系，且与香港艾信广州代表处签订的劳务派遣协议实际为倒签日期，但是，2008年3月以后，刘敏的工资一直由外商服务公司发放，离职结算工资也由其发放，且外商服务公司与香港艾信广州代表处签订有劳务派遣协议，香港艾信广州代表处按上述协议支付相关费用，同时，外商服务公司作为专业的对外服务公司，经营范围包括向境外驻穗机构提供雇员、劳务派遣等事项，上述情形符合《劳动合同法》关于劳务派遣的规定，且按外商服务公司所述，劳务派遣协议时间即使为倒签，也表明其与香港艾信广州代表处之间已经对2008年3月以后的劳务派遣合作关系予以了确认。本案中未有证据证明艾信电子公司与刘敏存在劳动关系，故原审法院认定外商服务公司与香港艾信广州代表处存在劳务派遣关系，与刘敏存在劳动关系。

关于未订立劳动合同二倍工资问题。根据《劳动合同法》第58条规定，外商服务公司作为劳务派遣单位，应当对劳动者履行包括签订书面劳动合同在内的用人单位的义务。本案中，刘敏2008年3月1日至2009年6月19日期间与外商服务公司存在劳动关系，但双方未订立书面劳动合同，上述情形不符合《劳动合同法》第10条关于用工之日起一个月应订立书面劳动合同的规定。外商服务公司应按照《劳动合同法》第82条、《劳动合同法实施条例》

第 7 条的规定，支付刘敏 2008 年 4 月 1 日至 2009 年 2 月 28 日期间因未订立书面劳动合同的二倍工资差额，但是根据《劳动争议调解仲裁法》第 27 条的规定，劳动争议申请仲裁的时效期间为一年，刘敏 2009 年 6 月 25 日申请仲裁要求支付 2008 年 6 月 25 日前未订立书面劳动合同的二倍工资，已超过一年的仲裁时效，依法不予支持。对 2008 年 6 月 26 日至 2009 年 2 月 28 日期间的二倍工资，本院予以支持。根据劳务派遣协议附件所列刘敏的工资标准 5300 元/月，外商服务公司应支付刘敏 2008 年 6 月 26 日至 2009 年 2 月 28 日期间因未订立书面劳动合同的二倍工资差额 42887.36 元（2008 年 6 月 26 日至 2009 年 2 月 25 日，8 个月×5300 元/月 = 42400 元，再加上 2009 年 2 月 26 日、27 日 2 个工作日即 5300 元/月÷21.75 天/月×2 天 = 487.36 元）。

关于违法解除劳动关系赔偿金问题。鉴于香港艾信广州代表处主张刘敏不合乎要求，故退回派遣单位，但香港艾信广州代表处没有提交相应证据予以证明其主张，且裁决书认定刘敏被违法解除劳动关系，香港艾信广州代表处并没有对此不服而提起民事诉讼，而外商服务公司也没有提交证据证明刘敏被解除劳动关系是符合法律规定的，因此，原审法院对刘敏关于被违法解除劳动关系的主张予以确认。刘敏主张支付解除劳动关系赔偿金的诉讼请求，符合《劳动合同法》第 87 条关于支付赔偿金的规定，予以支持。按照刘敏在外商服务公司的工作年限 2008 年 3 月 1 日至 2009 年 6 月 19 日核算，外商服务公司应支付 3 个月工资标准的赔偿金 15900 元（5300 元/月×3 个月）给刘敏，香港艾信广州代表处作为劳务派遣关系中的用工单位，按照《劳动争议调解仲裁法》第 22 条规定，对上述支付义务应负连带责任。

由于刘敏因被违法解除劳动关系已依法获得赔偿金，其再要求获得额外经济补偿金及代通知金欠缺法律依据，故不予支持。

关于社会保险和住房公积金问题。根据《社会保险费征缴暂行条例》第 13 条的规定，用人单位未为劳动者缴纳社会保险费的，劳动者应向相关行政部门投诉，补缴社会保险问题不属于本案审理范围，原审法院对此不作审理。刘敏要求补缴住房公积金，该事项不属于《劳动争议调解仲裁法》第 2 条所规定的审理范围，原审法院对此不作审理。

关于刘敏的生育津贴问题。按照《广东省职工生育保险规定》第 15 条、《广州市企业职工生育保险实施细则（试行）》第 4 条规定，生育津贴即为产假期间的工资，刘敏生育期间已按正常领取工资，其主张支付生育津贴实际为要求重复享受生育待遇，故该请求缺乏法律依据，不予支持。

至于外商服务公司要求撤销其与香港艾信广州代表处签订的《劳动派遣协议》，因该诉请与本案不属于同一法律关系，故原审法院在本案中不作处理。

二审诉辩情况

刘敏、外商服务公司均不服一审判决，向广东省广州市中级人民法院提起上诉。刘敏上诉称：（1）我在一审开庭前书面追加香港艾信投资有限公司为本案的共同被告，但被予以驳回。香港艾信广州代表处于2009年12月6日经营期限届满后不复存在，取而代之的是艾信电子公司，从一审各方提交的证据材料可以清晰显示二者的权利义务承受关系，即先后为我的用工主体。作为二家单位的同一投资者香港艾信投资有限公司对此应承担连带责任。一审判决仅认定香港艾信广州代表处承担连带责任是错误的。（2）我在双方劳动关系的确立和解除过程中完全处于被动弱势地位，全部损失应获得合法救济和足额补偿。《广东省外国企业常驻代表机构聘用中国雇员管理规定》1999年12月7日施行，香港艾信广州代表处在2003年才获得营业执照。因此，香港艾信广州代表处自主招用包括我在内的员工，属于知法犯法，存在重大过错。因此，我自入职至2008年3月这段期间的"工龄"损失完全归责于香港艾信广州代表处。在广州代表处主体资格消灭后，承继人艾信电子公司及其股东香港艾信投资有限公司理应承担违法解除劳动关系的损害赔偿责任。广东省高级人民法院、广东省劳动争议仲裁委员会《关于适用〈劳动争议调解仲裁法〉、〈劳动合同法〉若干问题的指导意见》对外国企业驻华代表机构与员工间认定为雇佣关系，它只是对日后此类纠纷进行界定。在本案中，双方之间"劳动关系"一直持续并在2008年6月19日终止。该规定出台在后，时间为2008年6月23日，不应溯及既往之前的法律关系。"涉外企业"直接聘用劳动者是无效民事行为，其与劳动者签订的"劳动合同"或事实劳动关系无效。劳动者的权益应按照《劳动合同法》及其相关法律、法规保障。劳动者为合法用工主体提供同等的劳动，或者出现同等情况之下，劳动者获取的劳动报酬、保险福利以及经济补偿金、赔偿金等减去"涉外企业"已经支付给劳动者的报酬，就是劳动者的损失。（3）一审法院将生育津贴混同为产假期间的工资是违反法律规定的。根据《广州市女职工劳动保护实施办法》第12条、《广东省工资支付条例》第19条的规定，产假期间企业应按照规定发放女职工工资。同时，根据《广州市企业职工生育保险实施细则（试行）》第4条的规定，参加生育保险的职工，符合计划生育规定的，生育时可享受生育津贴、生育医疗费、一次性分娩营养补助费。生育津贴是参保女职工生育期间的法定待遇。本案由于公司在我入职初未及时购买生育保险，导致我不符合生育津贴领取条件，无法享受法律规定的生育津贴，该损失理应获得赔偿。综上所述，刘敏上诉请求判令外商服务公司、香港艾信投资有限公司、香港艾信广州代表处、艾信电子公司支付：（1）未签订书面劳动合同的 11 个月工资共计 58300 元；（2）违法解除劳动关系的二倍赔偿金 37100 元；（3）迟延给付补偿金的 50% 额外经济补偿金 9275 元；（4）一个月工资的代通知金 5300 元；（5）未及时购买生育保险的产假期间的生育津贴 15900 元；（6）补缴入职至 2008 年 2 月期间的社会保险和住房公积金。

外商服务公司上诉称：（1）一审法院认定我公司与刘敏存在劳动关系的证据不足。①我公司与刘敏从未签订过《劳动合同法》意义上的劳动合同。②我公司与刘敏也不存在事实上的劳动关系。本案中刘敏既不是我公司招工聘请的，也不是归属我公司实际使用的劳动者。在 2008 年 3 月之前，刘敏就已入职到香港艾信广州代表处工作。③刘敏实际是香港艾信广州代表处自行招聘的员工，双方存在事实上的劳动关系。香港艾信投资有限公司的总裁于 2009 年 6 月 19 日作出的电邮函文明确表示"兹以本电子邮件予以确认：我公司代表处希望与四位员工（陆淑端、陈宏勇、刘敏、陈燕）订立协议以便终止劳动关系……"该函文可证明香港艾信广州代表处与刘敏发生劳动关系且明确表示要求解除双方的劳动关系。（2）原审法院适用法律有误，确认《劳务派遣协议》有效不当。我公司与香港艾信广州代表处所签订的《劳务派遣协议》是一份虚假派遣的合同，其以劳务派遣为形式，掩盖了艾信广州代表处规避法律有关保护劳动者权益规定的非法目的。①从事实上看，香港艾信广州代表处既是刘敏的招工聘用单位，也是实际用工单位。②从形式上看，本案的《劳务派遣协议》文本上打印好的日期为"2008 年 3 月 1 日"，但该日期并非是我公司与艾信代表处正式签订合同的实际日期。双方实际上是在 2009 年 5 月 13 日正式签订《劳务派遣协议》，该事实已在劳动者于 2009 年 5 月 21 日所出具的《申明》中得以证实。而香港艾信广州代表处将《劳务派遣协议》倒签为"2008 年 3 月 1 日"是有非法目的的，其自行招聘的员工，包括刘敏等人均不确认此日期。③从本质上看，香港艾信广州代表处先是违规自行招聘员工，而后又借用虚假派遣，来掩盖真实存在的与刘敏之间的劳动关系，其实质就是为了规避《劳动合同法》有关未签劳动合同的法律责任的规定，将损害劳动者的合法权益而应承担的法律责任推卸给了我公司。（3）一审法院认定我公司与香港艾信广州代表处存在劳务派遣关系有误，我公司与香港艾信广州代表处之间存在的是人事代理关系。①人事代理是指人事代理机构接受用人单位的委托代为管理人事，具体业务包括代缴社会保险、代发工资等事务性工作。人事代理制度的重要特征在于，人事代理机构与用人单位之间是委托代理关系，而员工则隶属于用人单位，其与人事代理机构之间没有任何隶属关系。②2009 年 8 月 11 日，香港艾信投资有限公司出具给我公司的《授权委托书》明确表示："本公司于 2009 年 6 月 24 日向贵公司账户上汇入人民币 104886.89 元，用途为支付本公司广州代表处陈宏勇、陆淑端、刘敏、陈燕 4 位员工的 2009 年 6 月 1 日至 2009 年 6 月 19 日工资及离职经济补偿金。"2009 年 8 月 17 日，香港艾信广州代表处发给我公司的《通知》明确表示："我公司自 2008 年 3 月 1 日以来跟贵公司合作，委托贵公司代为办理我司广州代表处员工的工资发放、社保及住房公积金缴纳等事宜。现我公司因业务发展的原因，拟中止对贵公司的委托，从 2009 年 8 月开始，请停止为我公司广州代表处的全部员工代发工资、并停止办理社保及公积金代缴事宜。"而我公司提交的代收款项发票及代付工资凭证，充分印证了我公司确是从 2008 年 3 月开始接受香港艾信广州代表处的委托，双方之间存在的是一种人事代理关系。③我公司并非用工单位，也没有取得劳动力创造的经济效益，而每月仅收取 300 元/人的中介服务费用，且每年还向香港艾信广州代表处提供 500 元/人的福利标准，但一审法院却裁决我公司须承担将近 30 万元的赔偿责任，有悖于民法的公平、诚信原则。④香港艾信广州代表处之所以支付给我公司相关费用完全是根据双方的人事代理服务关系，而非由于 2009 年 5 月 13 日才倒签且不具有法律效力的劳务派遣协议。综上所述，外商服务公司上诉请求：撤销原审判决，驳回刘敏对我公司的全部诉讼请求。

针对刘敏的上诉，外商服务公司答辩称：我公司与刘敏并不存在劳动关系，故无须承担赔偿责任。

香港艾信广州代表处答辩称：(1) 刘敏与我代表处对于 2008 年 3 月之前的雇佣问题已达成了一致意见，其一直也没有提出异议，故刘敏现提出补缴社保、住房公积金没有依据。(2) 我代表处与刘敏之间只是雇佣关系，其要求我代表处承担劳动法上的义务没有依据。2008 年 3 月 1 日后，我代表处已与外商服务公司建立了劳务派遣关系，相应的用人单位责任应由外商服务公司承担。

艾信电子公司答辩称：我是新设立的独立的民事主体，本案与我公司无关。

针对外商服务公司的上诉，刘敏答辩称：只要本案中涉及的用人单位与用工单位之间存在连带责任，我愿意放弃追加香港艾信投资有限公司作为本案当事人。从我向法院提交的证据材料来看，我与外商服务公司存在清晰的劳动关系，外商服务公司与香港艾信广州代表处之间存在劳务派遣关系。

香港艾信广州代表处答辩称：(1) 我代表处与外商服务公司之间的《劳务派遣协议》系双方自愿签署，合法有效，不存在所谓"虚假派遣"问题。首先，涉案员工最早虽然是由我代表处招聘雇佣，但因我代表处只是外国企业驻中国的代表机构，不属于中国劳动合同法规定的独立的用工主体，因此，在《劳动合同法》施行后，依据中国有关法律规定与外商服务公司确立了劳务派遣关系,有关员工也自愿与外商服务公司办理了入职手续。其次,外商服务公司是专业的涉外员工派遣服务机构,对于订立《劳务派遣协议》的后果有清楚的认识,不可能在双方不存在劳务派遣关系的情况下与我代表处签订《劳务派遣协议》。(2)我代表处自2008年3月1日起通过由外商服务公司劳务派遣的方式与涉案员工建立用工关系,有关与涉案员工签署书面劳动合同及处理劳动关系事宜均应由外商服务公司负责,与我代表处无关。(3)我代表处有权将不合乎要求的员工退回派遣单位,涉案员工申请赔偿金及额外经济补偿金的请求与我代表处无关。(4)我代表处与外商服务公司之间并不存在人事代理关系。事实上,涉案员工在2008年3、4月间曾分别向外商服务公司签署了入职表,从2008年3月开始,涉案员工的工资一直由外商服务公司发放,涉案员工也确认外商服务公司向其提供了劳动合同的待签文本,且外商服务公司作为派遣单位成为《劳动合同》的甲方,而涉案员工则作为"被派遣员工"成为合同乙方,明确约定外商服务公司将涉案员工派遣至我代表处工作。

艾信电子公司答辩称:没有证据显示本案与我公司有任何关联,故不同意外商服务公司的上诉意见。

二审裁判结果

广东省广州市中级人民法院依照《中华人民共和国民事诉讼法》第153条第1款第1项的规定,判决如下:

驳回上诉,维持原判。

二审案件受理费20元,由广州市外商企业投资服务有限公司、刘敏各负担10元。

本判决为终审判决。

二审裁判理由

广东省广州市中级人民法院认为:根据国务院《关于管理外国企业常驻代表机构的暂行规定》第16条第1款的规定,常驻代表机构驻在期限届满或者提前终止业务活动,应当在终止业务活动的30天前以书面通知原批准机关,并于债务、税务和其他有关事宜清理完毕后,向原发登记机关办理注销登记,缴销登记证。故外国企业常驻代表机构在被注销之前,其作为诉讼主体的资格仍然存续。刘敏、外商服务公司以香港艾信广州代表处的登记证超期为由,主张香港艾信广州代表处丧失诉讼主体资格,该上诉理由本院不予采纳。

根据《中华人民共和国劳动法》第2条及《中华人民共和国劳动合同法》第2条的规定,我国劳动法的适用范围是中国境内的企业、个体经济组织、民办非企业单位、国家机关、事业单位、社会团体等和与之形成劳动关系的劳动者。根据国务院《关于管理外国企业常驻代表机构的暂行规定》第 11 条、《广东省外国企业常驻代表机构聘用中国雇员管理规定》第 11 条、12 条的规定，外国企业常驻代表机构聘用中国雇员，必须委托涉外就业服务单位办理，不得私自或者委托其他单位个人招聘中国雇员；中国雇员必须通过涉外就业服务单位向外国企业常驻代表机构求职应聘。同时，《广东省外国企业常驻代表机构聘用中国雇员管理规定》第 22 条规定，外国非企业经济机构和港、澳、台地区的企业或非企业经济机构在粤设立的常驻代表机构聘用中国雇员以及驻粤的外国人聘用雇员，依照本规定执行。故 2008 年 3 月前，香港艾信广州代表处违反我国关于用工的强制性规定，自行聘用中国雇员，并不属于我国劳动法的调整范围。2008 年 3 月 1 日，香港艾信广州代表处与外商服务公司签订了《劳务派遣协议》，约定 2008 年 3 月 1 日至 2010 年 2 月 28 日期间，外商服务公司将刘敏等人派遣至香港艾信广州代表处工作，并向香港艾信广州代表处收取管理费。2008 年 3 月以后，外商服务公司向刘敏支付工资、住房公积金、为刘敏参加了工伤、养老等社会保险，并为此向香港艾信广州代表处收取了管理费。同时，刘敏亦清楚知道其从此时起被外商服务公司派遣至香港艾信广州代表处工作。故本院认为，2008 年 3 月后，刘敏作为涉外就业服务单位即外商服务公司的劳动者被派遣到香港艾信广州代表处工作，此时香港艾信广州代表处只是刘敏被派遣的实际用工单位，与刘敏并不存在法律上的劳动关系。

外商服务公司上诉称 2008 年 3 月 1 日的《劳务派遣协议》是在 2009 年 5 月倒签的，但没有提交充分的证据予以证实，本院不予采信。且即使存在倒签协议签订时间的事实，该协议也可证实外商服务公司与香港艾信广州代表处在事发后已对相关权利义务关系进行了追认，而不能证明双方协议约定的内容完全是虚假的。外商服务公司称其受香港艾信广州代表处委托向刘敏发放工资、住房公积金，为刘敏购买社会保险，其与香港艾信广州代表处之间为人事代理关系，这与双方签订《劳务派遣协议》的约定不相符，外商服务公司亦未举证证实双方重新签订了人事代理协议，故外商服务公司的该上诉理由不成立，本院不予支持。另，刘敏称在 2009 年 4 月后其实际用工单位为艾信电子公司，这与《劳务派遣协议》中的约定不符，刘敏也未提供充分的证据证实，本院对此不予采信。

根据《中华人民共和国劳动合同法》第 82 条、《中华人民共和国劳动合同法实施条例》第 5 条的规定，用人单位自用工之日起超过一个月不满一年未与劳动者订立书面劳动合同的，应当向劳动者每月支付二倍工资；自用工之日起一个月内，经用人单位书面通知后，劳动者不与用人单位订立书面劳动合同的，用人单位应当书面通知劳动者终止劳动关系，无须向劳动者支付经济补偿。即外商服务公司依法应在 2008 年 4 月 1 日前与刘敏签订书面的劳动合同，如其已书面通知刘敏签订劳动合同而刘敏拒绝的，外商服务公司才可免除支付双倍工资的义务。本案外商服务公司未依法与刘敏签订书面劳动合同，应向刘敏支付未签订书面劳动合同的另一倍工资。鉴于刘敏于 2009 年 6 月 25 日申请劳动仲裁要求支付 2008 年 6 月 25 日前未签订书面劳动合同的另一倍工资，已超过一年的仲裁申请期限，原审法院判令外商服务公司向刘敏支付 2008 年 6 月 26 日至 2009 年 2 月 28 日期间未签订书面劳动合同的二倍工资差额 42887.36 元，有事实和法律依据，应予维持。香港艾信广州代表处、艾信电子公司与刘敏之间并无劳动关系，刘敏要求该两单位对上述赔偿款项承担连带责任，于法无据，本院不予支持。

外商服务公司作为用人单位，没有提交相应的证据证明刘敏被解除劳动关系是符合法律规定的，故本院认为，原审判决认定外商服务公司违法解除了与刘敏的劳动关系正确。外商服务公司依法应向刘敏支付违法解除劳动关系的赔偿金 15900 元（5300 元/月×3 个月）。香港艾信广州代表处作为劳务派遣关系中的实际用工单位，没有法定或约定的情形将刘敏退回给派遣单位，造成刘敏被解除劳动关系，根据《中华人民共和国劳动合同法》第 92 条的规定，应对外商服务公司的上述支付义务负连带赔偿责任，故本院对原审法院的该判项予以维持。

由于刘敏因被违法解除劳动关系已依法获得赔偿金，其上诉要求获得额外经济补偿金及代通知金，于法无据，本院不予支持。

关于社会保险和住房公积金问题。用人单位未为劳动者缴纳社会保险费，劳动者应向相关行政部门投诉，由相应的社会保险部门限令用人单位缴纳。故补缴社会保险问题不属于法院受理劳动争议案件范围，原审法院对此不作审查处理正确，可予维持。刘敏要求补缴住房公积金，该事项亦不属于《劳动争议调解仲裁法》第 2 条所规定的劳动争议案件审理范围，原审法院对此不作审理正确，亦可维持。

关于刘敏的生育津贴问题。根据 2008 年 7 月 1 日施行的《广东省职工生育保险规定》第 15 条第 2 项的规定，女职工产假期间享受生育津贴，生育津贴以所属统筹地区上年度在岗职工月平均工资为基数，按规定的产假期计发。生育津贴低于本人工资标准的，由用人单位补足。故生育津贴具有产假工资的性质，刘敏在生育期间已领取了正常工资，其要求赔偿生育津贴，没有事实和法律依据，本院不予支持。刘敏认为一审法院将生育津贴混同为产假期间工资违反法律规定的上诉理由不成立，本院不予采纳。

综上所述，审查原审法院认定事实清楚，适用法律正确，审判程序合法，应予维持。

> **17. 劳务派遣单位没有及时为派遣劳动者交纳社会保险费给派遣劳动者造成损害的，实际用工单位应当承担什么责任？**
>
> 劳务派遣单位没有及时为派遣劳动者交纳社会保险费给派遣劳动者造成损害的，实际用工单位应当与劳务派遣单位共同承担连带赔偿责任。

典型疑难案件参考

赵西臣与恒天重工股份有限公司等劳动争议纠纷上诉案（河南省郑州市中级人民法院〔2011〕郑民一终字第 267 号民事判决书）

基本案情

2007 年 12 月 26 日之前，原告曾在郑州纺织机械股份有限公司处工作，双方未签订书面劳动合同。2007 年 12 月 26 日原告与升环公司签订 2 年期限的书面劳动合同，以劳务派遣方式继续在郑州纺织机械股份有限公司处工作。2009 年 9 月升环公司为原告办理了社会保险登记缴纳社会保险，在此之前郑州纺织机械股份有限公司与被告升环公司均未给原告缴纳过社会保险。原告2009 年月平均工资为 1200 元。另查明，郑州纺织机械股份有限公司名称已变更为恒天重工股份有限公司。2009 年 12 月 8 日，原告向郑州高新技术产业开发区劳动争议仲裁委员会提交劳动争议申请书，（1）请求裁决恒天公司为原告补缴 2004 年 1 月至 2007 年 12 月的社会保险，（2）请求裁决升环公司为原告补缴 2008 年 1 月至今的社会保险，（3）请求裁决恒天公司承担经济补偿金7200 元，（4）请求裁决解除原告与升环公司的劳动关系，升环公司承担经济补偿金 2400 元。2010 年 5 月 10 日，郑州高新技术产业开发区劳动争议仲裁委员会作出郑开劳仲裁字〔2009〕第 86 号仲裁裁决书，裁决结果为原告与升环公司于 2009 年 12 月 8 日解除劳动合同，升环公司支付原告解除劳动合同经济补偿金 2400 元，驳回原告其他仲裁请求。

87

第一章　劳动合同纠纷

一审裁判结果 ▶

郑州高新技术产业开发区人民法院依照《中华人民共和国劳动合同法》第 38 条第 3 项、第 46 条第 1 项、第 47 条、第 58 条,《中华人民共国民事诉讼法》第 64 条第 1 款的规定,判决如下:

一、确认原告赵西臣与被告郑州市升环人才咨询有限公司之间的劳动合同关系于 2009 年 12 月 8 日解除;

二、被告郑州市升环人才咨询有限公司于本判决生效 10 日内支付原告赵西臣经济补偿金 2400 元;

三、驳回原告赵西臣其他诉讼请求。

如果未按本判决指定的期间履行给付金钱义务,应当依照《中华人民共和国民事诉讼法》第 229 条之规定,加倍支付迟延履行期间的债务利息。案件受理费 10 元,本院予以免收。

一审裁判理由 ▶

郑州高新技术产业开发区人民法院认为:2007 年 12 月 26 日之前,原告曾在恒天公司处工作,与恒天公司形成事实劳动关系。2007 年 12 月 26 日原告与升环公司签订 2 年期限的书面劳动合同,以劳务派遣方式继续在被告恒天公司处工作,本院认为,原告与被告恒天公司的劳动合同关系应自原告与升环公司签订劳动合同之日,即 2007 年 12 月 26 日终止。原告称其与升环公司签订的劳动合同不是真实意思表示,因原告未就其该项主张向本院提交有效证据,故本院不予采信。自 2007 年 12 月 26 日,作为劳务派遣单位的升环公司是原告的实际用人单位,应当履行用人单位对劳动者的义务,因被告升环公司未给原告缴纳 2008 年 1 月至 2009 年 8 月期间的社会保险,故原告以被告升环公司未缴纳保险为由请求解除与升环公司的劳动关系,理由正当,本院予以支持。原告与升环公司劳动关系解除的时间应为原告向劳动争议仲裁委员会提出解除劳动合同申请之日,即 2009 年 12 月 8 日。原告请求被告升环公司支付经济补偿金 2400 元,原告自 2007 年 12 月至 2009 年 12 月与被告升环公司存在劳动合同关系,原告 2009 年月平均工资为 1200 元,故原告该项请求符合法律规定,本院予以支持。原告请求被告恒天公司支付经济补偿金,原告应自 2007 年 12 月 26 日与升环公司签订劳动合同时知道其与恒天公司劳动关系解除,依照《中华人民共和国劳动法》第 82 条规定,提出仲裁的一方应当自劳动争议发生之日起 60 日内向劳动争议仲裁委员会提出书面申请,故原告该项请求超过仲裁时效,本院不予支持。原告请求二被告承担连带责任,因原告未就其该项主张提交有效证据，故本院不予支持。

二审诉辩情况

赵西臣不服一审判决，向郑州市中级人民法院提起上诉称：（1）被上诉人恒天公司从 2002 年到现在，从未向上诉人发出解除或者终止合同关系书面通知，虽然上诉人在被上诉人安排下与升环公司签订了劳动合同，但始终上诉人都在被上诉人恒天重工的单位工作，上诉人主张恒天公司应支付其经济补偿金等费用诉讼请求应当得到支持。（2）因升环公司给上诉人造成损害，根据有关规定恒天公司应当与升环公司承担连带责任。原审法院认定事实错误，适用法律不当，请求二审法院查明事实，支持上诉人的上诉请求。

被上诉人恒天公司答辩称：一审查明事实清楚，适用法律正确，应予维持。请求二审法院驳回上诉人的上诉请求，维持原判。

原审被告郑州市升环人才咨询有限公司答辩称：上诉人要求我公司支付其经济补偿金不符合法律规定，请求法院依法驳回上诉人的诉讼请求。

二审裁判结果

河南省郑州市中级人民法院依据《中华人民共和国民事诉讼法》第 153 条第 1 款第 3 项之规定，判决如下：

一、维持郑州高新技术产业开发区人民法院〔2010〕开民初字第 1986 号民事判决；

二、被上诉人恒天重工股份有限公司对郑州高新技术产业开发区人民法院〔2010〕开民初字第 1986 号民事判决第二项债务承担连带责任。

如果未按本判决指定的期间履行给付金钱义务，应当依照《中华人民共和国民事诉讼法》第 229 条之规定，加倍支付迟延履行期间的债务利息。

二审案件受理费 10 元，由被上诉人恒天重工股份有限公司负担。

本判决为终审判决。

二审裁判理由

河南省郑州市中级人民法院认为：《中华人民共和国劳动争议调解仲裁法》第 27 条规定，劳动争议申请仲裁的时效期间为一年。仲裁时效期间从当事人知道或者应当知道其权利被侵害之日起计算。前款规定的仲裁时效，因当事人一方向对方当事人主张权利，或者向有关部门请求权利救济，或者对方当事人同意履行义务而中断。上诉人自 2007 年 12 月 26 日与被上诉人升环公司签订劳动合同时已知道或应当知道其与被上诉人恒天公司劳动关系解除，其权利从 2007 年 12 月 26 日即开始被侵害。上诉人 2009 年 10 月才向仲裁机构提出仲裁请求，而且没有提供仲裁时效中断的证据，故其请求超过仲裁时效，原审法院不予支持并无不当，上诉人此项上诉理由不能成立，本院不予采纳，其上诉请求，本院不予支持。劳务派遣单位违反《中华人民共和国劳动合同法》规定给被派遣劳动者造成损害的，劳务派遣单位与用工单位承担连带赔偿责任。因升环公司作为劳务派遣单位没有及时为上诉人交纳社会保险，给上诉人造成损害，恒天公司作为用工单位应当与升环公司承担连带赔偿责任，因此，上诉人要求恒天公司对升环公司支付经济补偿金承担连带责任的上诉请求，本院予以支持。综上，上诉人部分上诉理由成立，本院予以支持，原判实体处理部分不当，本院依法改判。

劳务派遣合同纠纷
办案依据集成

《中华人民共和国劳动合同法》（2007 年 6 月 29 日主席令第 65 号公布）（节录）

第二节　劳务派遣

第五十七条　劳务派遣单位应当依照公司法的有关规定设立，注册资本不得少于五十万元。

第五十八条　劳务派遣单位是本法所称用人单位，应当履行用人单位对劳动者的义务。劳务派遣单位与被派遣劳动者订立的劳动合同，除应当载明本法第十七条规定的事项外，还应当载明被派遣劳动者的用工单位以及派遣期限、工作岗位等情况。

劳务派遣单位应当与被派遣劳动者订立二年以上的固定期限劳动合同，按月支付劳动报酬；被派遣劳动者在无工作期间，劳务派遣单位应当按照所在地人民政府规定的最低工资标准，向其按月支付报酬。

第五十九条　劳务派遣单位派遣劳动者应当与接受以劳务派遣形式用工的单位（以下称用工单位）订立劳务派遣协议。劳务派遣协议应当约定派遣岗位和人员数量、派遣期限、劳动报酬和社会保险费的数额与支付方式以及违反协议的责任。

用工单位应当根据工作岗位的实际需要与劳务派遣单位确定派遣期限，不得将连续用工期限分割订立数个短期劳务派遣协议。

第六十条　劳务派遣单位应当将劳务派遣协议的内容告知被派遣劳动者。

劳务派遣单位不得克扣用工单位按照劳务派遣协议支付给被派遣劳动者的劳动报酬。

劳务派遣单位和用工单位不得向被派遣劳动者收取费用。

第六十一条　劳务派遣单位跨地区派遣劳动者的，被派遣劳动者享有的劳动报酬和劳动条件，按照用工单位所在地的标准执行。

第六十二条　用工单位应当履行下列义务：

（一）执行国家劳动标准，提供相应的劳动条件和劳动保护；

（二）告知被派遣劳动者的工作要求和劳动报酬；

（三）支付加班费、绩效奖金，提供与工作岗位相关的福利待遇；

（四）对在岗被派遣劳动者进行工作岗位所必需的培训；

（五）连续用工的，实行正常的工资调整机制。

用工单位不得将被派遣劳动者再派遣到其他用人单位。

第六十三条　被派遣劳动者享有与用工单位的劳动者同工同酬的权利。用工单位无同类岗位劳动者的，参照用工单位所在地相同或者相近岗位劳动者的劳动报酬确定。

第六十四条　被派遣劳动者有权在劳务派遣单位或者用工单位依法参加或者组织工会，维护自身的合法权益。

第六十五条　被派遣劳动者可以依照本法第三十六条、第三十八条的规定与劳务派遣单位解除劳动合同。

被派遣劳动者有本法第三十九条和第四十条第一项、第二项规定情形的，用工单位可以将劳动者退回劳务派遣单位，劳务派遣单位依照本法有关规定，可以与劳动者解除劳动合同。

第六十六条　劳务派遣一般在临时性、辅助性或者替代性的工作岗位上实施。

第六十七条　用人单位不得设立劳务派遣单位向本单位或者所属单位派遣劳动者。

第三节　非全日制用工纠纷

18. 如何区分全日制用工与非全日制用工？

对于非全日制用工而言，其是指以小时计酬为主，劳动者在同一用人单位一般平均每日工作不超过 4 小时，每周工作时间累计不超过 24 小时的用工形式。因此，具体判断全日制用工与非全日制用工区分的方式之一就是计酬方式与劳动时间。

典型疑难案件参考

孙某与上海中邮时代电讯科技有限公司非全日制用工纠纷一案〔上海市第二中级人民法院〔2011〕沪二中民三（民）终字第 755 号民事判决书〕

基本案情

孙某于 2008 年 5 月 9 日至时代公司工作，负责室内保洁工作。孙某每日工作 2 小时，一周工作 5 天，工资按小时结算。2008 年 7 月起，孙某至上海中邮华腾通信技术有限公司（以下简称华腾公司）从事相同的工作，工作时间为每日 3 小时。孙某 2008 年 7 月 1 日至 2009 年 10 月 15 日期间的工资通过现金方式支付。孙某 2009 年 10 月 16 日之后的工资，通过银行转账的方式支付。孙某的工资自 2009 年 1 月起为每小时人民币（以下币种均为人民币）10元，自 2010 年 1 月起为每小时 12 元。2010 年 8 月 5 日，时代公司辞退孙某。2010 年 8 月 31 日，孙某向上海市静安区劳动争议仲裁委员会申请仲裁，要求时代公司支付 2008 年 8 月至 2010 年 6 月期间未签订劳动合同的双倍工资、违法解除劳动合同的赔偿金、2008 年至 2010 年的高温费、2008 年至 2009 年年终奖、全日制劳动合同员工福利（如节日礼品及过节费）、法定节假日工资、年休假折薪，并为孙某补缴 2008 年 7 月至 2009 年 9 月的社会保险费。该仲裁委员会于 2010 年 12 月 3 日作出静劳仲〔2010〕办字第 997 号裁决书，裁决对孙某的所有请求事项皆不予支持。孙某不服，诉至上海市静安区人民法院，要求时代公司：（1）支付 2008 年 8 月 1 日至 2010 年 8 月 5 日未签订劳动合同的双倍工资 30300 元；（2）支付违法解除劳动合同经济补偿金 2500 元和赔偿金5000 元；（3）支付 2008 年至 2010 年的高温费 2400 元；（4）支付 2008 年至2009 年年终奖金 2000 元及年终双薪 5000 元；（5）支付法定节假日工资 1740

元；（6）支付年休假折薪720元；（7）补缴2008年7月至2010年8月的社会保险费；（8）支付节日礼品及年夜饭折薪3000元。原审庭审中，孙某增加要求时代公司与其签订无固定期限劳动合同并继续履行的请求，撤回要求时代公司支付违法解除劳动合同经济补偿金2500元和赔偿金5000元的请求。

上海市静安区人民法院另查明，孙某工作期间，未被安排在法定节假日工作。

一审裁判结果

上海市静安区人民法院根据《中华人民共和国劳动合同法》第68条、第69条第1款、第71条之规定，作出判决：

一、孙某要求上海中邮时代电讯科技有限公司支付2008年8月1日至2010年8月5日未签订劳动合同的双倍工资30300元的请求，不予支持；

二、孙某要求上海中邮时代电讯科技有限公司与其签订无固定期限劳动合同并继续履行的请求，不予支持；

三、孙某要求上海中邮时代电讯科技有限公司支付2008年至2010年的高温费2400元的请求，不予支持；

四、孙某要求上海中邮时代电讯科技有限公司支付2008年至2009年年终奖金2000元及年终双薪5000元的请求，不予支持；

五、孙某要求上海中邮时代电讯科技有限公司支付法定节假日工资1740元的请求，不予支持；

六、孙某要求上海中邮时代电讯科技有限公司支付年休假折薪720元的请求，不予支持；

七、孙某要求上海中邮时代电讯科技有限公司支付节日礼品及年夜饭折薪3000元的请求，不予支持；

八、上海中邮时代电讯科技有限公司应于本判决生效之日起10日内补偿孙某720元。

如果未按本判决指定的期间履行给付金钱义务，应当依照《中华人民共和国民事诉讼法》第229条之规定，加倍支付迟延履行期间的债务利息。

一审裁判理由

上海市静安区人民法院经审理后认为：时代公司与华腾公司系各自独立的企业法人，孙某分别在时代公司与华腾公司的注册地址工作，孙某虽诉称其不知晓华腾公司，但时代公司提供的照片显示，孙某的工作场所均有公司名称的显著标识，孙某不知道华腾公司的诉称与客观事实不符，原审法院不予采信。

即使孙某系时代公司安排至华腾公司工作，按照每日工作5小时，一周工作5天的工作时间，也不符合全日制用工形式的相关规定，因此孙某关于其与时代公司已建立全日制劳动关系的主张，原审法院不予采信。从非全日制用工以小时计酬为主，劳动者在同一用人单位一般平均每日工作不超过4小时，每周工作时间累计不超过24小时的定义分析，孙某的上述工作时间基本符合非全日制用工的形式，故时代公司主张其与孙某系非全日制用工关系的主张，原审法院予以采信。因非全日制用工双方当事人可以订立口头协议，故孙某要求时代公司支付2008年8月1日至2010年8月5日未签订劳动合同双倍工资的请求，原审法院不予支持。孙某、时代公司系非全日制劳动关系，双方并不存在应当订立无固定期限劳动合同的情形，且非全日制用工双方当事人任何一方都可以随时通知对方终止用工，故孙某要求时代公司与其签订无固定期限劳动合同并继续履行的请求，无法律依据，原审法院不予支持。因时代公司未安排孙某从事户外工作，且孙某的工作场所能采取有效措施降低温度，故孙某要求时代公司支付高温费的请求，不符合相关规定，原审法院不予支持。孙某的工资系以小时计算，且时代公司未安排孙某在法定节假日工作，故孙某要求时代公司支付法定节假日工资的请求，原审法院不予支持。孙某要求时代公司支付2008年至2009年年终奖金2000元、年终双薪5000元及节日礼品、年夜饭折薪3000元的请求，未提供相关证据证明其主张事实的存在，原审法院亦不予支持。孙某要求时代公司支付未休年假折薪720元的请求，无法律依据，原审法院不予支持。原审审理中，时代公司表示愿意承担更多的社会责任，同意参考年休假待遇支付孙某总计720元的补偿，与法无悖，原审法院予以确认。孙某要求时代公司为其补缴2008年7月至2010年8月社会保险费的请求，不属于人民法院受理劳动争议案件的范围，本案中不作处理。原审庭审中，孙某撤回要求时代公司支付违法解除劳动合同经济补偿金2500元和赔偿金5000元的请求，与法无悖，原审法院予以准许。

二审诉辩情况

孙某上诉称：上海市静安区人民法院认定事实不清，判决不当。孙某与时代公司形成的是全日制用工的劳动关系，时代公司应当承担未与其签订劳动合同的法律责任，理由为：孙某是由时代公司录用的，其之所以每日在时代公司工作2小时后另至华腾公司工作3小时，是由于时代公司的派遣，而非华腾公司另行将其录用。时代公司派遣孙某至华腾公司工作时并未告知其是为两家不同的公司提供保洁服务，也未签订任何协议明确其服务对象是两家不同的公司；时代公司和华腾公司同属中邮普泰上海分公司下属子公司，股东以及人事、财务部门均相同，故孙某虽在两家公司工作，但本质上是时代公司一家公司的员工；孙某在时代公司每日工作5小时，每周工作25小时，从工作时间上看，应认定为全日制用工形式。非全日制员工的工资应是每15日结算一次，而孙某工资则是由时代公司每月支付一次，不符合关于非全日制用工的法律规定。综上，要求撤销原判，依法改判支持其原审时的全部诉讼请求。

时代公司答辩称：孙某至华腾公司工作一事，时代公司事先明确告知孙某，每日3小时是为华腾公司提供劳动，该期间的报酬也是由华腾公司承担，由时代公司一并支付。孙某在华腾公司工作的两年多时间里，对此从未提出异议。2009年10月16日起孙某的工资由时代公司和华腾公司共同委托一家劳务公司支付。时代公司同意原审上海市静安区人民法院判决，要求驳回孙某的上诉请求。

▶ 二审裁判结果

上海市第二中级人民法院依照《中华人民共和国民事诉讼法》第153条第1款第1项之规定，判决如下：

驳回上诉，维持原判。

二审案件受理费人民币10元，由上诉人孙某负担。

本判决为终审判决。

▶ 二审裁判理由

上海市第二中级人民法院认为：本案争议焦点在于孙某是属于全日制用工还是非全日制用工。《中华人民共和国劳动合同法》第68条规定：非全日制用工，是指以小时计酬为主，劳动者在同一用人单位一般平均每日工作不超过4小时，每周工作时间累计不超过24小时的用工形式。因此，判断是否全日制用工的主要标准就是劳动时间和计酬方式。对于本案中孙某的用工性质，本院具体意见如下：首先，从劳动时间来看，本案中确实存在孙某在时代公司每日工作2小时，在华腾公司每日工作3小时的事实，孙某亦认可。只是孙某认为，时代公司和华腾公司实际是一家公司，其在华腾公司的工作是由时代公司派遣，且时代公司未明确告知其是向两家公司提供劳动。本院认为，时代公司并无派遣资质，而两家公司的工作场所系两个不同地点，工作场所均有公司名称的明确标识，且孙某至华腾公司工作时间长达两年之久，理应知道其是在为两家不同的公司工作。孙某现提出异议，称其对于为两家不同公司提供劳动并不知情，于理不合，本院亦不能认可。其次，从工商登记来看，时代公司与华腾公司是两个独立的法人单位，孙某也确实是在两家公司各自的办公地点为两家公司分别提供保洁服务，故孙某的工作并非全部是时代公司的业务组成部分。同时，孙某在两家公司每日工作时间均未超过4小时，而即使累计计算每日工作5小时，每周累计工作25小时，亦不符合全日制用工形式。再次，从工资支付来看，劳务公司已出具证明证实孙某的工资是共同委托劳务公司通过银行账户转账支付，对此，孙某也无证据反驳。因此，本院认为，孙某主张每日工作5小时的工资全部是由时代公司一家支付，其是为时代公司一家提供劳动依据不足，本院不予采信。最后，从计酬方式来看，孙某自2008年5月起至时代公司工作，自2008年7月起分别在时代公司和华腾公司工作，其劳动报酬均是以小时工资为计算标准，符合非全日制用工形式，孙某本人也清楚这种计酬方式。综上，孙某与时代公司形成的是非全日制用工的劳动关系，时代公司无须承担用人单位基于标准劳动关系所应承担的相应责任，故孙某基于双方存在标准劳动关系而提出的各项诉请均无法支持。原审法院认定事实清楚，阐述理由充分，观点正确，本院予以认同。孙某的上诉请求，本院不予支持。

19. 非全日制用工中劳动报酬的计酬标准及支付方式是什么？

非全日制用工小时计酬标准不得低于用人单位所在地人民政府规定的最低小时工资标准。非全日制用工劳动报酬结算支付周期最长不得超过15日。

典型疑难案件参考

李碧珍与广州家华物业管理有限公司劳动合同纠纷上诉案（广东省广州市中级人民法院〔2009〕穗中法民一终字第5405号民事判决书）

基本案情

李碧珍于2006年8月22日入职广州家华物业管理有限公司处，任职保洁员，双方约定李碧珍的月工资标准为600元。2008年1月1日，双方签订《劳动合同》，约定：合同期限为2008年1月1日至同年12月31日，是非全日制计时工，每日工作时间为3小时，每周工作6天，每周正常工作时间不超过24小时，并至少休息1天，计时工资700元/月。2008年7月开始，李碧珍的月工资变更为750元。

李碧珍未领取 2008 年 10 月份的工资，其主张广州家华物业管理有限公司当月实际只同意发放 20 元的工资，故其拒绝领取。广州家华物业管理有限公司主张其扣罚李碧珍工资 685 元（其中 2008 年 10 月扣罚 175 元），是因为李碧珍使用广州家华物业管理有限公司的垃圾车将小餐馆的垃圾运到林和东小区后再运出去，污水弄脏小区，遭业主投诉，经警告无效，并且把垃圾车损坏，广州家华物业管理有限公司根据其制定的《保洁岗位工作职责》第 9 条"不准用公共垃圾车到外面拉垃圾"及第 11 条"如因未按此标准操作造成业主、住户投诉的或违反公司的各项规章制度，视违纪的具体情况从扣罚 20 元起直至除名处理"的规定进行扣罚。李碧珍确认其见过《保洁岗位工作职责》，但认为广州家华物业管理有限公司提供的《保洁岗位工作职责》与其所见过的不一致，确认其使用过广州家华物业管理有限公司的垃圾车为小餐馆运垃圾到小区再运出去的事实，但认为其经广州家华物业管理有限公司同意使用垃圾车，且并未损坏垃圾车。广州家华物业管理有限公司未提供证据证明李碧珍损坏过垃圾车，李碧珍未提供证据证明广州家华物业管理有限公司同意其使用垃圾车为小餐馆运垃圾，以及广州家华物业管理有限公司提供的《保洁岗位工作职责》与原来的规定不一致。

2008 年 11 月 6 日，李碧珍离职，离职时向林和东小区保安出具"自己不做，现搬离公司，请公司放行"的条子。李碧珍主张是因为其对广州家华物业管理有限公司扣罚工资的行为不满，从而离职。

李碧珍于同年 11 月 24 日向海珠区仲裁委申请仲裁，要求广州家华物业管理有限公司支付：（1）2008 年 10 月工资 700 元；（2）2006 年 8 月 22 日至 2008 年 11 月 5 日的最低工资标准差额 4374 元及 25% 的经济补偿金；（3）擅自解除或终止劳动关系赔偿金 4300 元；（4）2008 年 2 月 1 日至同年 11 月 5 日未签订劳动合同的双倍工资差额 7740 元；（5）在职期间休息日加班工资 16765.06 元；（6）在职期间法定节假日加班工资 3084.14 元；（7）补缴在职期间的社保待遇。2009 年 4 月 16 日，海珠区仲裁委作出穗海劳仲案字〔2008〕4342 号裁决，裁决如下：（1）广州家华物业管理有限公司在裁决生效之日起 3 日内支付李碧珍 2008 年 10 月 1 日至 10 月 31 日的工资 700 元；（2）广州家华物业管理有限公司在裁决生效之日起 3 日内支付李碧珍 2006 年 11 月 18 日至 2008 年 11 月 5 日加班工资 15231.38 元；（3）广州家华物业管理有限公司在裁决生效之日起 3 日内支付李碧珍 2006 年 11 月 18 日至 2008 年 11 月 5 日最低工资标准的工资差额 3496.33 元；（4）驳回李碧珍的其他仲裁请求。广州家华物业管理有限公司不服裁决，向广州市天河区人民法院起诉。李碧珍未起诉。

一审诉辩情况

原告李碧珍诉称：我的工作地点在广州市天河区林和东小区，工作内容为与另一保洁员程尔模（另一案件当事人）打扫公共场所、楼道等。我每天的实际工作时间为 6:00～11:00、14:00～17:00。

被告广州家华物业管理有限公司辩称：李碧珍每天的工作时间不超过 3 个小时。

广州家华物业管理有限公司提供的证人、林和东小区的业主王秀华出庭作证称：2008 年我基本在家里；早上 6:00～8:00，我可以看到李碧珍在小区打扫卫生，8:00 后李碧珍回宿舍做饭，饭后再到小区内的小麻将馆打扫卫生（麻将馆开在私人家里，在证人隔壁）；下午 2:00，李碧珍在小区的垃圾车处整理东西，但不知道其有没有再打扫卫生、打扫到什么时候，此后再到小麻将馆打扫一次卫生。

李碧珍提供的证人、广州家华物业管理有限公司的前主任林国祥出庭作证称：我不知道广州家华物业管理有限公司、李碧珍约定的每天工作时间，只知道所有员工每天工作 8 小时；李碧珍每天的工作时间是 6:00～11:00、14:00～17:00；如果保洁工作在 11:00 前完成，李碧珍即可以提前下班，但有突击检查时需要加班；我与广州家华物业管理有限公司曾有劳动争议仲裁，在仲裁庭开庭时，李碧珍曾为我作证。

一审裁判结果

广州市天河区人民法院依照《中华人民共和国民事诉讼法》第 64 条，《中华人民共和国劳动合同法》第 68 条、第 71 条的规定，作出判决如下：

一、广州家华物业管理有限公司于本判决发生法律效力之日起 10 日内支付李碧珍 2008 年 10 月 1 日至 31 日工资 525 元；

二、广州家华物业管理有限公司无须再支付李碧珍加班工资；

三、广州家华物业管理有限公司无须支付李碧珍最低工资标准差额。

如果未按判决指定的期间履行上述义务，应当依照《中华人民共和国民事诉讼法》第 229 条的规定，加倍支付迟延履行期间的债务利息。

本案受理费 10 元，由广州家华物业管理有限公司负担。

一审裁判理由

广州市天河区人民法院认为：广州家华物业管理有限公司、李碧珍建立劳动关系并签订书面的《劳动合同》，《劳动合同》未违反法律和行政法规的强制性规范，合同有效，对双方均有约束力。本案的主要争议焦点是：双方的关系是否是非全日制用工关系。首先，李碧珍于 2006 年 8 月 22 日入职广州家华物业管理有限公司，但双方至 2008 年 1 月 1 日才签订《劳动合同》，即李碧珍在签订《劳动合同》前对双方的用工制、其每天完成保洁任务所需工作时间及其所提供劳动的价值已有实际的认识，但其仍然与广州家华物业管理有限公司签订《劳动合同》，说明其主观上也认为每天实际完成保洁工作所需时间与合同的约定相当，并认同非全日制用工制。其次，李碧珍虽提供《员工工作记录表》，但该表未记录李碧珍每天的具体上班时间，不能证明其每天上班 8 小时。李碧珍的证人林国祥虽称李碧珍每天工作时间为 8 小时，但其同时称李碧珍在完成小区的保洁工作后即可下班，林国祥的证词有矛盾之处，且在林国祥与广州家华物业管理有限公司的劳动争议仲裁程序中，李碧珍为林国祥作过证，林国祥与广州家华物业管理有限公司、李碧珍均有利害关系，其单独证言不能作为本案证据。相反，广州家华物业管理有限公司的证人王秀华证明李碧珍每天上午只是保洁至 8：00 左右，此后及下午清洁后为小区内设在私人家里的小麻将馆保洁，现无证据显示王秀华与广州家华物业管理有限公司、李碧珍双方有利害关系，其证言可以采信。李碧珍未提供证据证明设在私人家里的小麻将馆属于广州家华物业管理有限公司的保洁业务范围，而广州家华物业管理有限公司主张该麻将馆不属于其业务范围符合常理，原审法院确认广州家华物业管理有限公司主张的事实。因此，可确认李碧珍每天工作时间不超过 3 小时、每周不超过 24 小时。再次，李碧珍在与广州家华物业管理有限公司签订劳动合同的同时，还另为小麻将馆及小区外的小餐馆保洁，符合非全日制用工的特征。最后，李碧珍从事的是保洁工作，广州家华物业管理有限公司主张的非全日制包干用工关系及双方约定的工资水平与广州市同行业的实际情况相符。因此，原审法院确认双方的劳动关系是非全日制用工关系。广州家华物业管理有限公司虽然没有依照《中华人民共和国劳动合同法》第 72 条第 2 款规定的结算劳动报酬的周期发放工资，但并不能改变双方非全日制的用工制的性质。

　　根据双方的约定，在李碧珍每周工作时间不超过 24 小时的情况下，其月工资为 700～750 元，即其小时计酬标准并不低于广州市规定的最低小时工资标准。因此，广州家华物业管理有限公司诉请无须再支付李碧珍最低工资标准差额有理，原审法院予以支持。

　　关于李碧珍的加班情况，李碧珍主张在正常情况下每周工作 7 天符合广州家华物业管理有限公司的业务特点和李碧珍的工作性质，也与《员工工作记录表》基本相符，原审法院予以确认。双方在《劳动合同》中虽约定李碧珍每周工作 6 天，但同时约定李碧珍每周工作时间不超过 24 小时，即在每周 24

小时内，其所得报酬为 700~750 元。如前所述，李碧珍每天工作时间不超过 3 小时，每周 7 天的工作时间并未超过 24 小时，且法律并未规定非全日制劳动者与全日制标准的劳动者一样享有节假日和休息日，故对李碧珍在该 24 小时的正常工作时间内，广州家华物业管理有限公司无须另行支付李碧珍加班工资。《员工工作记录表》上记载李碧珍除每天上班外，另存在加班的情形，而李碧珍签收工资的《工资表》也相应显示广州家华物业管理有限公司曾支付加班工资给李碧珍。广州家华物业管理有限公司主张加班工资是根据加班项目的工作量计算的，并非如工资表上所载明的按加班时间计算，该主张符合李碧珍的职业特征，且李碧珍每次签收工资时均未对该部分加班工资提出过异议，故原审法院确认广州家华物业管理有限公司已按双方约定支付了加班工资给李碧珍。因此，广州家华物业管理有限公司主张无须支付加班工资理由成立，原审法院予以支持。

李碧珍确认其知道广州家华物业管理有限公司制定了《保洁岗位工作职责》，其未提供证据证明广州家华物业管理有限公司提供的《保洁岗位工作职责》与其原来所知道的不一致，原审法院采信该证据。该规定中的奖罚制度并未违反法律的强制性规定，对李碧珍有约束力。李碧珍确认其用广州家华物业管理有限公司的垃圾车为小餐馆运垃圾，其未提供证据证明其征得广州家华物业管理有限公司的同意，应承担举证不能的后果。因此，广州家华物业管理有限公司可依据《保洁岗位工作职责》的规定对李碧珍进行扣罚，但扣罚后李碧珍的当月工资余额不得低于广州市最低小时工资标准。广州家华物业管理有限公司主张其 2008 年 10 月在扣除罚款后可以支付李碧珍 525 元，即李碧珍该月每小时实际可得工资为 525 元 ÷ 31 天 ÷ 3 小时/天 = 5.65 元/小时，并未低于广州市每小时最低工资标准，应予支持。

李碧珍未就仲裁裁决提起诉讼，视为其对该裁决无异议，原审法院对李碧珍在仲裁裁决中被驳回的部分申诉请求不作调整。

二审诉辩情况

李碧珍不服一审判决，向广东省广州市中级人民法院提起上诉称：(1) 被上诉人称按非全日制 9.7 元/小时的工资计算方式完全背离事实和证据，上诉人明显执行的是每月 30 天、每天工作 8 小时的工作制度，一审法院无视在仲裁时已经核实的内容，故意偏袒被上诉人。仲裁时被上诉人自己陈述上班时间是由李碧珍自己安排，每天 3 小时，对应工资为 9.7 元/小时。但经过仲裁委开庭反复核对，李碧珍的工资没有一项与 9.7 元/小时对得上。(2) 上诉人仅在合同没有涂改的情况下签过一个姓名，合同上非全日制的内容是后来添加的，而且把社会保险和劳动保护、经济补偿金等部分全部手写删除，最后又手写把对被上诉人有利的条款加上，整个合同被修改得一塌糊涂，不应按照涂改后的合同执行。(3) 一审法院对证人的说辞断章取义，硬是拼凑 3 小时驳回上诉人的诉讼请求。证人王秀华提到李碧珍会到一个 10 平方米的小麻将室做一下保洁，对 10 分钟之后的事一无所知，但一审法院还是以证人证言来认定李碧珍的工作是不对的。证人林国祥去年仲裁开庭时已经调解了，和上诉人没有什么利害关系，而业主王秀华作为业主是受物业公司管理的，一般不愿得罪管理处，两者之间的关系很大程度影响到司法公正。(4) 没有任何证据、事实和法律依据可以确认上诉人适用非全日制用工关系。除了涂改的合同，没有其他证据能够证明上诉人适用非全日制用工关系。而且，被上诉人工资的做法与非全日制的法律规定完全不符，工资不是按小时计算，工资支付不是以 15 天为周期，缺勤还要扣工资等。所以一审的判决不公平，特上诉请求：(1) 撤销原审判决。(2) 裁决被上诉人支付 2008 年 10 月工资 700 元。(3) 裁决被上诉人补足低于最低工资标准发放工资的差额 4374 元和 25% 的经济补偿金 1093.5 元。(4) 裁决被上诉人支付因擅自解除或终止劳动关系赔偿金 4300 元。(5) 裁决被上诉人支付未签订劳动合同 2 倍工资补偿工资 7740 元（从 2008 年 2 月 1 日至 2008 年 11 月 5 日）。(6) 裁决被上诉人支付休息日加班工资 16765.06 元（从 2006 年 8 月 22 日至 2008 年 11 月 5 日）。(7) 裁决被上诉人支付法定节假日加班工资 3084.14 元。(8) 裁决被上诉人为上诉人补缴 2006 年 8 月 22 日至 2008 年 11 月 5 日的社保待遇。以上共计为 38056.70 元。

广州家华物业管理有限公司答辩称：一审判决认定事实清楚，适用法律正确，一审判决是正确的。仲裁及一审时都开了很多次庭，仲裁和一审都确认了劳动合同是有效的，合同里也约定了是非全日制的清洁工，每天 3 个小时。我司本来是按照小时来计算工资的。上诉人在上诉状说劳动合同是空白交给其签后由我司填写，这是不合常理的。上诉人是成年人，不是叫你签名就签名，而应该看清楚后才签名的。我司在一审提供的证人也证明上诉人没有 8 个小时的工作时间，从上诉人自己陈述的其自早上 6 点到中午 11 点，下午 2 点至 5 点总共 7 个小时，即使按照上诉人的说法实际上上诉人也没有 8 个小时工作，只有 7 个小时。实际上按照合同约定上诉人只工作 3 小时，因为上诉人还会出去其他地方工作，上诉人有时会打扫一下不属于我司管理范围的小区内的麻将房，上诉人打扫完后就回去自己煮饭了。有时有些打扫卫生的项目需要加班，我们也已经支付了加班费。上诉人在我司小区搞卫生，虽然每天只有 3 个小时，但我司已经免费安排 10 多平方米的房屋给其居住，这是福利，并没有在工资里扣除。综上，同意一审判决，请求维持原判。

广东省广州市中级人民法院依照《中华人民共和国民事诉讼法》第153条第1款第1项的规定，判决如下：

驳回上诉，维持原判。

二审案件受理费10元由李碧珍负担。

本判决为终审判决。

二审裁判理由

广东省广州市中级人民法院认为：上诉人与被上诉人建立劳动关系后签订书面的《劳动合同》，该合同是在双方平等自愿基础上签订的，未违反法律强制性规定，故该合同合法有效，对双方均有约束力。上诉人提出其是在空白合同上签名，被上诉人事后在合同上添加或者删减内容，故该合同不真实，双方不是合同上所写的非全日制用工关系的主张，首先从合同本身看，上诉人主张所签合同为空白合同，除其陈述外，没有提供证据相印证，而且，上诉人作为有完全民事行为能力人，应当明白在空白合同上签名的法律后果，其未能举证证实签订该合同时存在法律所规定的足以导致合同无效的情形，例如，被胁迫、受欺诈等，故在其陈述既无证据印证亦有悖常理的情况下，本院对其该主张不予采纳。其次，从上诉人签合同前后的用工形式看均没有变化，亦反映出双方所约定的用工形式与合同约定的非全日制用工制相符。再次，上诉人一审时提供的《员工工作记录表》、证人林国祥的证言，正如原审判决认为，未能证实上诉人的工作时间为每天8小时制。上诉人二审提交的陈永芬证人证言亦未能证实其主张。结合该小区清洁工作的性质、工作量的大小及工作强度以及被上诉人一审时提交的证人证言，可以证实双方是按照《劳动合同》约定的非全日制用工形式履行的，虽然被上诉人结算劳动报酬的周期与《中华人民共和国劳动合同法》第72条第2款的规定不符，但不足以改变双方非全日制用工制的关系。故原审法院确认双方的劳动关系是非全日制用工关系正确，本院予以维持。

关于最低工资标准差额的问题，双方合同中约定的薪酬折算为小时工资时并未低于广州市规定的最低小时工资标准，因此，上诉人主张被上诉人支付最低工资标准差额缺乏事实与法律依据，本院不予支持。

关于上诉人主张的加班费问题，上诉人一审时认为在正常情况下每周工作7天符合该小区清洁卫生工作的实际需要，也与《员工工作记录表》基本相符。但双方在《劳动合同》中同时约定上诉人每周工作时间在不超过24小时的情况下所得报酬为 700 ~ 750 元。根据上诉人一审的主张每周正常工作时间累计并未超过 24 小时，故被上诉人无须支付上诉人加班工资。而且《员工工作记录表》上亦记载了上诉人存在加班且按照加班项目计算加班费及被上诉人支付相应加班工资给上诉人，该记录与上诉人工作性质亦相符，故原审法院确认被上诉人已支付了加班工资给上诉人正确。上诉人另行主张加班费缺乏事实依据。

关于上诉人主张的被扣罚工资的问题，上诉人明确表示其入职时被上诉人已经告知其有关保洁工作的职责，其一审中虽否认被上诉人提交的《保洁岗位工作职责》，其未提供证据证实该职责与其原来所知道的不一致，故原审法院采信该证据并认定被上诉人在未违反法律、法规强制性规定的情况下可以按照该规定中的奖罚制度对上诉人进行扣罚并计算出上诉人 10 月应得工资数额正确。

仲裁裁决后，上诉人未就仲裁裁决提起诉讼，视为其接受该裁决结果，故原审法院对上诉人在仲裁裁决中被驳回的部分申诉请求不作调整正确。上诉人二审再请求被上诉人支付终止劳动关系的赔偿金、未签订合同的双倍工资等，本院不予支持。

综上所述，原审判决认定事实清楚，适用法律正确，应予维持。上诉人的上诉请求缺乏事实与法律依据，本院均予驳回。

20. 签订非全日制用工合同的是否双方当事人就一定建立非全日制用工关系？

需要警惕用人单位以签订非全日制用工合同为幌子，做损害全日制用工劳动者合法权益的行为。因此，即使劳动者与用人单位之间签订了非全日制用工合同，也需要根据合同内容和实际工作内容、报酬支付方式、劳动时间等进行具体判断。因此，签订非全日制用工合同的双方当事人未必建立的就是非全日制用工关系。

典型疑难案件参考

确山县邮政局与王书敬劳动争议纠纷上诉案（河南省驻马店市中级人民法院〔2011〕驻民一终字第363号民事判决书）

基本案情

王书敬原为确山县生产公司职工，由于确山县生产公司破产，2000年王书敬失业。2003年王书敬应聘到确山县邮政局工作，2003年7月14日，确山县邮政局的内设机构联通营业部收取王书敬押金500元。王书敬应聘到确山县邮政局单位以后，一直在该单位代办电信岗位工作，曾任确山县邮政局电子商务部业务经理，确山县邮政局每月向王书敬发放固定工资800元。确山县邮政局、王书敬曾签订有落款日期分别为2007年12月1日和2010年1月1日的两份非全日制用工的劳动合同。2010年5月4日，确山县邮政局下发《关于成立非全日制用工清理领导小组的通知》，王书敬在该通知中记载为电子商务部客户经理是被清理对象。2010年7月，确山县邮政局口头通知王书敬办理交接手续，王书敬遂离开确山县邮政局，双方因支付经济赔偿金、工资、补缴社会保险等问题发生纠纷，王书敬于8月24日向确山县人事劳动争议仲裁委员会申请仲裁。确山县人事劳动争议仲裁委员会经审理于2010年11月25日作出确劳仲裁〔2010〕16号裁决书，认定确山县邮政局、王书敬签订的两份非全日制用工合同无效，裁决：（1）被申请人向申请人出具解除劳动关系的证明；（2）被申请人退还收取申请人的押金500元；（3）被申请人向申请人支付违反解除劳动合同关系的经济赔偿金11200元；（4）被申请人向申请人支付未签劳动合同的双倍工资24000元；（5）被申请人依法为申请人补缴社会保险。

一审裁判结果

确山县人民法院依照《中华人民共和国劳动法》第72条，《中华人民共和国劳动合同法》第47条、第50条、第82条、第87条，《中华人民共和国立法法》第84条，《中华人民共和国劳动合同法实施条例》第7条之规定，原审法院判决：

一、原告确山县邮政局于本判决生效后10日内向被告王书敬出具解除劳动关系证明；

二、原告确山县邮政局于本判决生效后10日内向被告王书敬支付解除劳动关系的经济赔偿金11200元、支付未签订劳动合同的双倍工资24000元（已减去原告按月发放的部分）；

三、原告确山县邮政局于本判决生效后 10 日内补交王书敬社会保险费用用人单位应缴纳部分。原告不能为被告补缴上述费用时，应由原告负担的费用原告应当直接支付给被告。

如果未按本判决指定的期间履行给付金钱义务，应当依照《中华人民共和国民事诉讼法》第 229 条之规定，加倍支付迟延履行期间的债务利息。

案件受理费 400 元，由原告确山县邮政局负担。

一审裁判理由

确山县人民法院认为：本案原被告虽然签订了非全日制用工合同，但该合同签订时未向劳动者告知合同的具体内容，双方不是在平等协商的基础上达成的协议，经庭审质证被告签字的意思表示不真实，落款日期和之后合同履行情况不一致，原告仍然是按照每月 800 元的工资标准向被告支付的劳动报酬，可以反证该合同原被告根本就没有履行或合同落款日期不真实。因此，对该合同不予采信。本案原被告存在事实劳动合同关系，原告确山县邮政局与被告王书敬解除了劳动合同，但其及解除劳动合同未按照《中华人民共和国劳动合同法》的有关规定进行，根据《中华人民共和国劳动合同法》第 47 条、第 50 条、第 87 条的规定应当办理解除劳动关系的手续并支付赔偿金。依照法律规定解除劳动关系的手续包括：解除或者终止劳动合同时出具解除或者终止劳动合同的证明，并在 15 日内为劳动者办理档案和社会保险关系转移手续。经济补偿按劳动者在本单位工作的年限，每满一年支付一个月工资的标准向劳动者支付。6 个月以上不满一年的，按一年计算；不满 6 个月的，向劳动者支付半个月工资的经济赔偿。用人单位违反本法规定解除或者终止劳动合同的，应当依照本法第 47 条规定的经济补偿标准的 2 倍向劳动者支付赔偿金。原告应向王书敬支付的赔偿金数额为 800 元/年 × 7 年 × 2 = 11200 元。王书敬工作期间为 2003 年 7 月至 2010 年 7 月，供计 84 个月，用人单位确山县邮政局在 7 年内均未与王书敬签订劳动合同，其行为严重违反了《中华人民共和国劳动合同法》的相关规定。《中华人民共和国劳动合同法》第 82 条第 1 款规定，用人单位自用工之日起超过一个月不满一年未与劳动者订立书面劳动合同，应当向劳动者每月支付 2 倍的工资。《中华人民共和国劳动合同法》于 2008 年 1 月 1 日开始实施，根据《中华人民共和国立法法》第 84 条的规定，法律、行政法规等不溯及既往，因此未签订劳动合同赔偿金的计算期间为《中华人民共和国劳动合同法》实施之日起至原被告解除劳动合同之日止，（2008 年 2 月 1 日至 2010 年 7 月 8 日）共 30 个月，赔偿金金额为 800 元 × 30 个月 = 24000 元。被告要求原告退还已收取的押金 500 元，庭审中确山县邮政局明确表示同意退还，予以确认。根据《中华人民共和国劳动法》第72条之规定，用人单位和劳动者必须依法参加社会保险，缴纳社会保险费。因此，参加社会保险及缴纳社会保险费系国家法律要求用人单位必须履行的强制性义务。原告确山县邮政局应按照法律规定为王书敬补交2003年7月至2010年7月社会保险费用人单位应缴纳部分。如果被告已经代替原告交纳或者按照其他部门的规定原告不能为被告补缴上述费用，应由原告负担的费用原告应当直接支付给被告。

二审诉辩情况

确山县邮政局不服一审判决，提起上诉称：（1）原审判决认定其与被上诉人王书敬签订的《非全日制用工合同》未向劳动者告知合同的具体内容没有任何依据。该合同是打印好的文本，被上诉人王书敬有一定的识别能力并签字认可，不存在胁迫欺诈行为，原审法院不予采信而否定合同的存在没有事实及法律依据。（2）其每月发放被上诉人王书敬800元工资问题，仅仅证明了劳动报酬的支付方式的改变，而不能证明用工性质的改变。应认定其与被上诉人王书敬签订的《非全日制用工合同》合法有效。因此，请求二审驳回被上诉人的请求。

被上诉人王书敬答辩称：原审法院判决结果正确，应予维持。

二审裁判结果

河南省驻马店市中级人民法院依照《中华人民共和国民事诉讼法》第153条第1款第1项的规定，判决如下：

驳回上诉，维持原判。

二审案件受理费400元，由上诉人确山县邮政局负担。

本判决为终审判决。

二审裁判理由

河南省驻马店市中级人民法院认为：双方当事人之间发生的劳动争议，确山县人事劳动争议仲裁委员会根据《中华人民共和国劳动合同法》及相关规定进行了审理并作出了仲裁裁决。上诉人确山县邮政局不服确劳仲裁〔2010〕第16号裁决，向原审法院起诉。原审法院针对裁决认定的事实进行了审理，案件事实清楚，判决结果正确，应予维持。因被上诉人王书敬系上诉人确山县邮政局事实上的全日制用工人员，曾任上诉人确山县邮政局的部门经理，且有固定的工资标准，故双方于2007年12月1日签订的《非全日制用工合同》与被上诉人王书敬的工作情况不相符。上诉人确山县邮政局上诉理由不能成立，不予支持。

21. 非全日制用工方式下，是否存在不签订劳动合同而苛加双倍工资的问题？

非全日制用工双方当事人可以订立口头协议，并不是必须签订书面劳动合同，用人单位更无须向非全日制劳动者支付未签订劳动合同的双倍工资。

典型疑难案件参考

张黎霖与上海友谊企业有限公司追索劳动报酬、养老金纠纷上诉案［上海市第一中级人民法院〔2010〕沪一中民三（民）终字第 514 号民事判决书］

基本案情

张黎霖于 2006 年 6 月进入上海友谊企业有限公司担任财务工作，每月工资为 2600 元，2007 年 3 月起调整为每月工资 2800 元，双方未签订劳动合同。2009 年 1 月 20 日，张黎霖向上海友谊企业有限公司提出辞职。张黎霖于 2009 年 3 月 25 日向上海市浦东新区劳动争议仲裁委员会提出申诉，要求上海友谊企业有限公司：（1）补缴 2006 年 6 月至 2009 年 1 月间的本市城镇社会保险费；（2）支付 2008 年 2 月 1 日至同年 12 月 31 日未签订劳动合同的双倍工资 30800 元；（3）支付 2008 年度年休假折薪工资 5793 元。经仲裁，裁决上海友谊企业有限公司支付张黎霖 2008 年度年休假折薪工资 3862.07 元、支付张黎霖 2008 年 2 月 1 日至同年 12 月 31 日未签订劳动合同的双倍工资 30800 元及上海友谊企业有限公司向上海市浦东新区社会保险事业管理中心补缴张黎霖 2008 年 2 月至 2009 年 1 月的本市城镇社会保险费 15778.10 元。对张黎霖其余请求不予支持。上海友谊企业有限公司不服该裁决，诉至法院，要求法院判令：（1）不支付张黎霖 2008 年 2 月 1 日至同年 12 月 31 日未签订劳动合同的双倍工资 30800 元；（2）不支付张黎霖 2008 年度年休假折薪工资 3862.07 元；（3）不向上海市浦东新区社会保险事业管理中心补缴张黎霖 2008 年 2 月至 2009 年 1 月间的本市城镇社会保险费 15778.10 元。

一审裁判结果

上海市浦东新区人民法院根据《中华人民共和国劳动合同法》第 68 条、第 69 条第 1 款、第 71 条之规定判决：

一、上海友谊企业有限公司关于不支付张黎霖 2008 年 2 月 1 日至同年 12 月 31 日未签订劳动合同的双倍工资 30800 元的诉讼请求，予以支持；

二、上海友谊企业有限公司关于不支付张黎霖 2008 年度年休假折薪工资 3862.07 元的诉讼请求，予以支持；

三、上海友谊企业有限公司关于不向上海市浦东新区社会保险事业管理中心补缴张黎霖 2008 年 2 月至 2009 年 1 月间的城镇社会保险费 15778.10 元的诉讼请求，予以支持。

一审案件受理费 10 元，由张黎霖承担，原审法院免予收取。

▶ 一审裁判理由

上海市浦东新区人民法院审理后认为：根据劳动合同法规定，非全日制用工是指以小时计酬为主，劳动者在同一用人单位一般平均每日工作时间不超过 4 小时，每周工作时间累计不超过 24 小时的用工形式。非全日制用工双方当事人可以订立口头协议。根据双方确认的张黎霖在上海友谊企业有限公司 2008 年 1 月至 2009 年 1 月期间的考勤卡显示，张黎霖在上海友谊企业有限公司平均每日工作时间不超过 4 小时，每周工作时间累计均不超过 24 小时，而在考勤卡上仅有上班时间无下班时间的考勤，系张黎霖自己未刷考勤卡所致。从张黎霖在考勤卡上注明的去向"通领"显示，以及原审法院在通领公司核实的情况看，张黎霖确实在该公司兼职财务工作，张黎霖审理中称去通领公司系汇报工作，但未提供依据，原审法院不予采信。根据张黎霖的考勤情况反映其在上海友谊企业有限公司的工作时间均符合劳动合同法对非全日制用工的规定，且张黎霖并未提供确凿的证据证明其在上海友谊企业有限公司工作系全日制用工，故原审法院确认张黎霖在上海友谊企业有限公司的工作属非全日制用工。按照劳动合同法规定，非全日制用工双方当事人可以订立口头协议，故本案双方无须订立书面劳动合同，上海友谊企业有限公司无须支付张黎霖未签订劳动合同的 2 倍工资。上海友谊企业有限公司关于不支付张黎霖 2008 年 2 月 1 日至同年 12 月 31 日未签订劳动合同的双倍工资 30800 元的诉讼请求，原审法院予以支持。因上海友谊企业有限公司、张黎霖的劳动关系属非全日制用工，不适用职工带薪年休假制度。按照有关规定，用工形式为非全日制用工的职工以个人的身份缴纳社会保险费。

▶ 二审诉辩情况

张黎霖上诉称：考勤卡上没有显示出勤具体时间的，应该根据已经发放的工资计算工作时间；考勤卡不能客观真实地反映张黎霖的出勤状况；非全日制用工劳动报酬结算支付周期最长不得超过 15 日，上海友谊企业有限公司按月发放其工资，不符合规定；原审法院向通领公司所做的调查笔录不应作为审理案件的依据，不能推断出张黎霖在通领公司兼职；根据《企业职工带薪年休假实施办法》的规定，张黎霖有权获得年休假待遇。请求撤销原判，改判驳回上海友谊企业有限公司在原审中的全部诉讼请求。

上海友谊企业有限公司不接受上诉人张黎霖的上述主张。

二审裁判结果

上海市第一中级人民法院依照《中华人民共和国民事诉讼法》第 153 条第 1 款第 1 项之规定，判决如下：

驳回上诉，维持原判。

上诉案件受理费 10 元，由上诉人张黎霖负担。

本判决系终审判决。

二审裁判理由

上海市第一中级人民法院认为：张黎霖主张以上海友谊企业有限公司以往向其发放工资的数额来推算其本人的出勤时间，在张黎霖与上海友谊企业有限公司系全日制用工还是非全日制用工关系的大前提方面双方尚存在分歧的情况下，上述逆推显然不具有科学性。工资的发放周期是否符合规定是与本案诉讼请求不具有直接关联性的其他法律问题，工资的发放周期以及张黎霖与通领公司是否建立了非全日制用工关系的事实，均不足以影响对张黎霖与上海友谊企业有限公司业已建立的劳动关系的性质的认定。本案中，张黎霖一再主张自己在上海友谊企业有限公司系全日制用工，但其举证不足，本院不予采纳。原审法院根据涉案证据，认定双方系非全日制用工关系，该结论正确，据此作出的判决亦正确。上诉人张黎霖的上诉请求，本院不予支持。原判正确，本院予以维持。

22. 非全日制用工双方当事人是否可随时终止用工且用人单位还不用支付经济补偿金？

非全日制用工双方当事人任何一方都可以随时通知对方终止用工。终止用工，用人单位不向劳动者支付经济补偿金。

典型疑难案件参考

杨某诉重庆某某文化传播有限公司劳动争议纠纷案（重庆市渝中区人民法院〔2011〕中区民初字第 03254 号民事判决书）

基本案情

2009 年 12 月 15 日，某某公司（甲方）与杨某（乙方）签订《非全日制用工协议书》。约定，本协议所属的用工形式为非全日制用工即不定时用工；用工期为 2009 年 11 月 1 日至 2010 年 10 月 31 日止；工作内容为直投，工作要求是：按甲方的规定包括但不限于按照甲方管理制度及临时工作安排要求保质保量地完成工作任务；协议还约定了其他内容。杨某为某某公司工作期间，工作时间不固定，某某公司如有工作提前一天通知杨某及其他同事，次日在指定地点集合签到，分派工作后各自完成。某某公司按完成的工作量发工资，平均每月为 1200 元左右，直接发现金。2010 年 8 月 16 日，杨某向某某公司提出请假未准，之后没再去上班。2010 年 9 月 1 日，某某公司向杨某发出《通告》，载明："杨某同志，你于 2010 年 8 月 16 日始无假旷工至今（公司 2010 年 8 月 16 日至 18 日电话通知你到公司上班，你不予理睬）。你不假连续旷工 15 天，按照公司规章制度第 4 条第 3 款你已被公司除名，希望你尽快到公司完善手续。否则一切法律后果自负！"2010 年 9 月 8 日，杨某到某某公司领取了工资、风险培训费、高温补贴等，出具了《领条》，并在领条上写明："特别申明重庆某某文化传播有限公司，今日已付清本人所有的非全日制工资及社会保险费（五险），不欠本人所有费用。"

2011 年 4 月 21 日，杨某以某某公司为被申请人，向重庆市渝中区劳动仲裁院申请仲裁。2011 年 5 月 5 日，重庆市渝中区劳仲裁院作出编号 2011—17 号《证明》证实该案无最高人民法院《关于审理劳动争议案件适用法律若干问题的解释（三）》第 12 条第 1 款所规定情形，杨某遂向渝中区人民法院起诉。

诉辩情况

原告杨某诉称：原告于 2009 年 10 月 15 日到被告处工作，从事传单投递工作。2010 年 7、8 月份，原告连续 40 多天在高温酷暑下从事传单投递，由于每天长时间的高温室外行走，原告腿部出现严重的痒、肿、溃烂症状，当时已根本无法从事投递工作，迫于身体原因以及医生要求在家休养 6 天的强烈建议，原告于 2010 年 8 月 30 日向公司片区主管请了病假，并将医生开具的两张病假条（共计 6 天假期）交于片区主管。2010 年 9 月 4 日，原告收到被告作出的解除劳动合同的书面通知，被告违法解除了劳动关系。原告在被告处工作期间，发放的工资平均为 1200 元/月，工作时间为 7：30 ~ 18：30，中午只有半小时吃饭时间，几乎每天都存在延长工作时间的情形；同时，除春节外，从未休过周末及法定节假日等。被告应当支付加班工资。因被告的原因，被告一直未与原告签订书面劳动合同，但双方已形成事实劳动关系，被告未与原告订立书面劳动合同而应向原告支付 2 倍工资差额。被告在原告生病治疗期间违法解除劳动合同，应支付违法解除劳动合同赔偿金。因被告未给原告缴纳社会保险，被告应赔偿由此而给原告造成的损失，医疗费 218.76 元。

综上，原告请求：（1）被告向原告支付尚欠 2010 年 9 月 1 日至 2010 年 9 月 4 日的工资 220.69 元；（2）由被告支付原告加班工资 16820.69 元；（3）被告支付因未与原告订立书面劳动合同而应支付原告双倍工资差额 13158.62 元；（4）被告支付原告违法解除劳动合同赔偿金 2400 元；（5）被告支付未给原告缴纳社会保险而造成的损失，医疗费 218.76 元。

被告某某公司辩称：原告与被告是非全日制用工关系，双方也签了书面协议，不存在未签合同双倍工资的问题。原告工作期间不存在加班的情况。因双方是非全日制用工，社会保险不是法定的义务，且公司将保险作为福利发给原告。原告在 2010 年 9 月 1 日至 2010 年 9 月 4 日未上班，不应支付工资。原告违反公司规定，公司对其作出除名处理，解除了非全日制用工关系，原告也无异议未再上班，不存在支付双倍赔偿金的问题。请求驳回原告的诉请。

裁判结果

重庆市渝中区人民法院依照《中华人民共和国劳动法》第 68 条、第 69 条、第 71 条之规定判决如下：

驳回原告杨某的全部诉讼请求。

本案受理费 5 元，由原告杨某负担。

如不服本判决，可在判决书送达之日起 15 日内，向本院递交上诉状，并按对方当事人的人数提出副本，上诉于重庆市第五中级人民法院。

裁判理由

重庆市渝中区人民法院认为：杨某与某某公司签订《非全日制用工协议书》。约定了用工形式为非全日制用工。某某公司除名后，杨某也领取了剩余的工资，并申明已付清本人所有的非全日制工资，未就非全日制用工提出异议。结合杨某的工作时间不固定，收到通知集合后分别完成等工作方式及特征。

本院认为，杨某与某某公司系非全日制用工关系。虽然杨某诉称超时工作，但没有证据证实，故其加班工资请求没有依据，本院不予支持。原告《领条》中已证明所有费用已结清，故其要求被告支付尚欠工资没有事实依据，本院不予支持。鉴于原被告签订了《非全日制用工协议书》，故原告请求被告支付未签书面劳动合同二倍工资差额没有依据，本院不予支持。《中华人民共和国劳动合同法》第71条规定："非全日制用工双方当事人任何一方都可以随时通知对方终止用工。终止用工，用人单位不向劳动者支付经济补偿。"故某某公司以除名方式解除劳动合同后无须支付经济补偿，原告这一诉请，本院不予支持。原告请求被告支付未缴纳社会保险而造成的医疗费损失，但费用依据不足，本院不予支持。

综上所述，重庆市渝中区人民法院认为原告杨某的诉讼请求不能成立。

非全日制用工纠纷
办案依据集成

《中华人民共和国劳动合同法》（2007年6月29日主席令第65号公布）（节录）

第三节　非全日制用工

第六十八条　非全日制用工，是指以小时计酬为主，劳动者在同一用人单位一般平均每日工作时间不超过四小时，每周工作时间累计不超过二十四小时的用工形式。

第六十九条　非全日制用工双方当事人可以订立口头协议。

从事非全日制用工的劳动者可以与一个或者一个以上用人单位订立劳动合同；但是，后订立的劳动合同不得影响先订立的劳动合同的履行。

第七十条　非全日制用工双方当事人不得约定试用期。

第七十一条　非全日制用工双方当事人任何一方都可以随时通知对方终止用工。终止用工，用人单位不向劳动者支付经济补偿。

第七十二条　非全日制用工小时计酬标准不得低于用人单位所在地人民政府规定的最低小时工资标准。

非全日制用工劳动报酬结算支付周期最长不得超过十五日。

第六章　监督检查

第七十三条　国务院劳动行政部门负责全国劳动合同制度实施的监督管理。

县级以上地方人民政府劳动行政部门负责本行政区域内劳动合同制度实施的监督管理。

县级以上各级人民政府劳动行政部门在劳动合同制度实施的监督管理工作中，应当听取工会、企业方面代表以及有关行业主管部门的意见。

第七十四条　县级以上地方人民政府劳动行政部门依法对下列实施劳动合同制度的情况进行监督检查：

（一）用人单位制定直接涉及劳动者切身利益的规章制度及其执行的情况；

（二）用人单位与劳动者订立和解除劳动合同的情况；

（三）劳务派遣单位和用工单位遵守劳务派遣有关规定的情况；

（四）用人单位遵守国家关于劳动者工作时间和休息休假规定的情况；

（五）用人单位支付劳动合同约定的劳动报酬和执行最低工资标准的情况；

（六）用人单位参加各项社会保险和缴纳社会保险费的情况；

（七）法律、法规规定的其他劳动监察事项。

第七十五条　县级以上地方人民政府劳动行政部门实施监督检查时，有权查阅与劳动合同、集体合同有关的材料，有权对劳动场所进行实地检查，用人单位和劳动者都应当如实提供有关情况和材料。

劳动行政部门的工作人员进行监督检查，应当出示证件，依法行使职权，文明执法。

第七十六条　县级以上人民政府建设、卫生、安全生产监督管理等有关主管部门在各自职责范围内，对用人单位执行劳动合同制度的情况进行监督管理。

第七十七条　劳动者合法权益受到侵害的，有权要求有关部门依法处理，或者依法申请仲裁、提起诉讼。

第七十八条　工会依法维护劳动者的合法权益，对用人单位履行劳动合同、集体合同的情况进行监督。用人单位违反劳动法律、法规和劳动合同、集体合同的，工会有权提出意见或者要求纠正；劳动者申请仲裁、提起诉讼的，工会依法给予支持和帮助。

第七十九条　任何组织或者个人对违反本法的行为都有权举报，县级以上人民政府劳动行政部门应当及时核实、处理，并对举报有功人员给予奖励。

第七章　法律责任

第八十条　用人单位直接涉及劳动者切身利益的规章制度违反法律、法规规定的，由劳动行政部门责令改正，给予警告；给劳动者造成损害的，应当承担赔偿责任。

第八十一条　用人单位提供的劳动合同文本未载明本法规定的劳动合同必备条款或者用人单位未将劳动合同文本交付劳动者的，由劳动行政部门责令改正；给劳动者造成损害的，应当承担赔偿责任。

第八十二条　用人单位自用工之日起超过一个月不满一年未与劳动者订立书面劳动合同的，应当向劳动者每月支付二倍的工资。

用人单位违反本法规定不与劳动者订立无固定期限劳动合同的，自应当订立无固定期限劳动合同之日起向劳动者每月支付二倍的工资。

第八十三条　用人单位违反本法规定与劳动者约定试用期的，由劳动行政部门责令改正；违法约定的试用期已经履行的，由用人单位以劳动者试用期满月工资为标准，按已经履行的超过法定试用期的期间向劳动者支付赔偿金。

第八十四条　用人单位违反本法规定，扣押劳动者居民身份证等证件的，由劳动行政部门责令限期退还劳动者本人，并依照有关法律规定给予处罚。

用人单位违反本法规定，以担保或者其他名义向劳动者收取财物的，由劳动行政部门责令限期退还劳动者本人，并以每人五百元以上二千元以下的标准处以罚款；给劳动者造成损害的，应当承担赔偿责任。

劳动者依法解除或者终止劳动合同，用人单位扣押劳动者档案或者其他物品的，依照前款规定处罚。

第八十五条　用人单位有下列情形之一的，由劳动行政部门责令限期支付劳动报酬、加班费或者经济补偿；劳动报酬低于当地最低工资标准的，应当支付其差额部分；逾期不支付的，责令用人单位按应付金额百分之五十以上百分之一百以下的标准向劳动者加付赔偿金：

（一）未按照劳动合同的约定或者国家规定及时足额支付劳动者劳动报酬的；

（二）低于当地最低工资标准支付劳动者工资的；

（三）安排加班不支付加班费的；

（四）解除或者终止劳动合同，未依照本法规定向劳动者支付经济补偿的。

第八十六条　劳动合同依照本法第二十六条规定被确认无效，给对方造成损害的，有过错的一方应当承担赔偿责任。

第八十七条 用人单位违反本法规定解除或者终止劳动合同的，应当依照本法第四十七条规定的经济补偿标准的二倍向劳动者支付赔偿金。

第八十八条 用人单位有下列情形之一的，依法给予行政处罚；构成犯罪的，依法追究刑事责任；给劳动者造成损害的，应当承担赔偿责任：

（一）以暴力、威胁或者非法限制人身自由的手段强迫劳动的；

（二）违章指挥或者强令冒险作业危及劳动者人身安全的；

（三）侮辱、体罚、殴打、非法搜查或者拘禁劳动者的；

（四）劳动条件恶劣、环境污染严重，给劳动者身心健康造成严重损害的。

第八十九条 用人单位违反本法规定未向劳动者出具解除或者终止劳动合同的书面证明，由劳动行政部门责令改正；给劳动者造成损害的，应当承担赔偿责任。

第九十条 劳动者违反本法规定解除劳动合同，或者违反劳动合同中约定的保密义务或者竞业限制，给用人单位造成损失的，应当承担赔偿责任。

第九十一条 用人单位招用与其他用人单位尚未解除或者终止劳动合同的劳动者，给其他用人单位造成损失的，应当承担连带赔偿责任。

第九十二条 劳务派遣单位违反本法规定的，由劳动行政部门和其他有关主管部门责令改正；情节严重的，以每人一千元以上五千元以下的标准处以罚款，并由工商行政管理部门吊销营业执照；给被派遣劳动者造成损害的，劳务派遣单位与用工单位承担连带赔偿责任。

第九十三条 对不具备合法经营资格的用人单位的违法犯罪行为，依法追究法律责任；劳动者已经付出劳动的，该单位或者其出资人应当依照本法有关规定向劳动者支付劳动报酬、经济补偿、赔偿金；给劳动者造成损害的，应当承担赔偿责任。

第九十四条 个人承包经营违反本法规定招用劳动者，给劳动者造成损害的，发包的组织与个人承包经营者承担连带赔偿责任。

第九十五条 劳动行政部门和其他有关主管部门及其工作人员玩忽职守、不履行法定职责，或者违法行使职权，给劳动者或者用人单位造成损害的，应当承担赔偿责任；对直接负责的主管人员和其他直接责任人员，依法给予行政处分；构成犯罪的，依法追究刑事责任。

第四节　追索劳动报酬纠纷

> **23. 企业销售人员可否依据除劳动合同之外的其他合同获取劳动报酬？**
>
> 　　劳动者依据除劳动合同之外的其他合同如结算合同等，只要双方之间的约定不违法，那么其他合同中所约定的获取报酬的方式或数额等内容就应得到法院的支持。

典型疑难案件参考

徐吕华诉镇江市华达电器饰件制造厂劳动报酬争议案（江苏省扬中市人民法院〔1999〕扬民初字第 66 号民事判决书）

基本案情

　　原告系被告镇江市华达电器饰件制造厂的供销员，其虽没有在被告拟制的适用于全厂的销售人员奖金结算合同上签字，但予以认可。该合同载明：销售人员的奖金分配均按账面形成的利润 4∶6 分成，即业务员得 60%，厂方得 40%，税管费按销售额提取 18%，其中可返还 2% 给销售人员做业务活动经费。公关费按销售额提取 0.3%，提取涨价因素差旅费按 0.8% 给销售员；产品发出后，货款到账期限定为 60 天，逾期到账按银行贷款利率计算利息，该利息由销售人员承担；桥架加工费 400 元/吨。1994 年 6 月 7 日，原告代表被告与包头钢铁稀土公司机动处签订了一份电缆桥架及配件的销售合同，标的额 203072 元。同年 8 月，又签订补充合同，标的额 112384 元，合计 315456 元，垫付运费 14400 元。被告于 1995 年 1 月 6 日将全部货物交给客户，该客户单位于 1995 年 4 月付给被告货款 10 万元，1996 年 10 月 8 日付给被告 80000 元，同年 12 月 17 日付给被告 159834 元，货款及垫付运费全部到账。被告为追索货款通过诉讼，支付了诉讼费 3390 元。此后，原告向被告索要业务费时，对被告结算结果有异议，便委托扬中市会计事务所审计，但被告对审计结论有异议，便于 1999 年 4 月申请劳动仲裁。扬中市劳动争议仲裁委员会便委托扬中市审计事务所进行审计，该所审计结论是：产品成本 140251.54 元，费用 46599.23 元，税管费 58578.12 元，货款逾期到账利息 42471.58 元。据此，市仲裁委作出被告支付原告销售业务劳动报酬 22520.12 元，支付物价补贴

117

第一章　劳动合同纠纷

2603.47 元的裁决。原告对此裁决不服，于 1999 年 9 月提起诉讼。审理中，原、被告均对产品的成本提出异议，要求重新结算。由于双方意见不一，调解未能达成协议。

诉辩情况

原告诉称：我是被告单位的供销员。1994 年，我将所签订的包头钢铁稀土公司电缆桥架合同交被告生产，货款早已于 1996 年全部到账，可被告却以此合同未形成利润为由，拒绝支付报酬。经会计事务所审计，结果是形成利润 91979.01 元，我可获得业务费 55187.41 元。被告委托审计事务所审计，该所作出了不合理的报告。为此，请求法院撤销仲裁裁决，判令被告支付我的劳动报酬 55187.41 元，并承担逾期支付报酬的全部银行利息。

被告辩称：原告是我厂供销员，由于原告对销售人员奖金结算合同的条款及业务结算的结果有异议，故一直未履行签字手续，并向仲裁机构申请仲裁。仲裁委在裁决期间委托审计部门进行审计，但原告对审计结果不认可。由于原告对合同货款不理不问，无奈，我厂通过法律途径追索货款，但仍有 3 万余元不能追回。仲裁委袒护原告，把货款逾期到账的利息加入了成本，使我厂遭受损失。为此，请求法院撤销这一不合理裁决，依法作出公正判决。

裁判结果

江苏省扬中市人民法院按照《中华人民共和国民事诉讼法》第 64 条、第 128 条和《中华人民共和国民法通则》第 84 条、第 108 条的规定，作出如下判决：

被告应付给原告业务费 21553.53 元，物价补贴款 2603.47 元，业务活动经费 6508.68 元，拖欠业务费利息 7759.27 元，合计 38424.95 元，限于判决生效后 10 日内付清。

案件受理费 2165 元，由原告负担 700 元，被告负担 1465 元。

裁判理由

江苏省扬中市人民法院认为：原告系被告单位供销员，原告可凭借其所订立的业务合同依法依约取得劳动报酬。双方虽未签订结算合同，但是原告认可了被告拟制的全厂供销员都适用的结算合同，故双方最终的结算应以该合同为依据。两个审计报告中关于费用一项，由于估算的诉讼费、两庭建设费与实际不符，应当据实调整；货款逾期到账的利息直接加入生产成本，与结算合同约定不一致，减少了分成利润，使被告少获利润，故应当在原告分得业务费中扣减；结算合同约定税管费按销售额提 2% 作为原告的业务活动经费，应如数给付原告；原告要求被告支付拖欠业务费的利息之请求，符合有关法律规定，应予支持。

24. 用人单位可否在劳动者索取花红时以花红本应具有其他领取条件为由拒绝支付？

劳动者只要付出了劳动，符合领取花红要求的，用人单位不得再以花红本应具有其他的领取条件为由拒绝支付。

典型疑难案件参考

上海 A 美容有限公司与钱某等追索劳动报酬纠纷上诉案〔上海市第一中级人民法院〔2011〕沪一中民三（民）终字第 1873 号民事判决书〕

基本案情

A 公司与 B 人才公司于 2009 年 10 月 27 日签署劳务派遣服务合同，约定合同期限自 2009 年 11 月 1 日至 2010 年 12 月 31 日止；合同第 17 条约定：甲（指 B 人才公司）乙（指 A 公司）双方应遵守劳动合同法中有关劳动报酬的规定，双方均不得拖欠员工的工资。

钱某于 2009 年 11 月 17 日与 B 人才公司签署劳动合同，约定由 B 人才公司派遣钱某至 A 公司的 M 店任店长，并约定：合同期限自 2009 年 11 月 5 日至 2010 年 11 月 5 日；钱某的劳动报酬由服务单位（指 A 公司）实际承担发放，钱某月基本工资 5000 元；用工单位（指 A 公司）根据钱某的岗位、表现、企业经营状况，调整钱某的工资；工资由基本工资、绩效工资或津贴构成；工资中包含法定应由服务单位为员工提供的福利，即使甲方（指 B 人才公司）或服务单位（指 A 公司）未在工资中明确罗列该费用。

钱某入职后，担任 M 店店长。2010 年 4 月 6 日，A 公司向全体员工发出通知，载明：根据工作需要，经公司管理层决议，原 M 店店长钱某任销售经理……以上人事变动自 2010 年 4 月 1 日起执行。4 月 29 日，A 公司的人事向钱某发送主题为"提成"的邮件，内载：请查收附件"提成方法"，并附"月度提成、年终花红的薪酬计算表"，同时注明"此表为销售经理薪酬计算方式"。年终花红的薪酬计算表载明：年销售业绩≤600 万，发放比例 0%；年销售≤720 万，发放比例 0.15%；年销售≤840 万，发放比例 0.20%；年销售≤960 万，发放比例 0.30%……年卡消耗≤360 万元，发放比例 0%……卡消耗>720 万元，发放比例 0.10%。钱某担任销售经理期间（2010 年 4 月至 10 月），完成销售业绩 5381778 元，卡消耗 4792711 元。

2010 年 11 月 3 日，A 公司向钱某发出"劳动关系终止通知"，载明：公司决定 2010 年 11 月 5 日终止双方聘用关系，同时终止钱某与 B 人才公司的劳动关系。钱某签收该通知。11 月 19 日，A 公司向钱某支付 15051.73 元（包括 11 月份工资 1149.42 元、年假工资 2068.96 元、加班工资 1241.38 元、补偿金 10698 元、扣年假工资所得税 106.03 元）。

钱某（申请人）于 2010 年 11 月 22 日申请劳动仲裁，要求 B 人才公司（被申请人一）、A 公司（被申请人二）支付 2009 年 11 月 5 日至 2010 年 11 月 5 日期间共计 24 小时延时加班工资 827.52 元及同期 2.5 天年假工资 2482.75 元、2010 年 4 月至 11 月 5 日期间花红 20937 元。被申请人一未到仲裁庭应诉、未递交答辩书。仲裁庭审中钱某陈述任店长期间月底薪 5000 元、领取一家店提成及季度奖；任销售经理期间，领取两家店提成及年度花红。A 公司对钱某所述任店长期间的薪资构成及待遇予以确认；并确认钱某担任销售经理后，领取两家店的提成，但无季度奖，并否认双方关于花红的约定。仲裁裁决：被申请人二支付申请人 2010 年 4 月至 2010 年 10 月花红 20937 元，对申请人的其他请求事项不予支持。A 公司对裁决不服，诉至法院。

一审裁判结果

上海市卢湾区人民法院依照《中华人民共和国劳动合同法》第 30 条第 1 款、第 92 条之规定，作出如下判决：

一、上海 A 美容有限公司于判决生效之日起 5 日内向钱某支付花红人民币 20937 元；

二、上海 B 人才服务有限公司对上述第一项确认上海 A 美容有限公司给付钱某人民币 20937 元承担连带责任。

上海 A 美容有限公司、上海 B 人才服务有限公司如果未按判决指定的期间履行给付金钱义务，应当依照《中华人民共和国民事诉讼法》第 229 条之规定，加倍支付迟延履行期间的债务利息。

一审案件受理费人民币 10 元由 A 公司、B 人才公司共同负担。

一审裁判理由

上海市卢湾区人民法院经审理后认为：当事人对自己提出的诉讼请求所依据的事实或者反驳对方诉讼请求所依据的事实有责任提供证据加以证明。没有证据或者证据不足以证明当事人的事实主张的，由负有举证责任的当事人承担不利后果。

本案的争议焦点在于 A 公司与钱某是否有关于"花红"的约定？如若有此约定，钱某是否能够获得该"花红"？

从 A 公司向钱某发送的邮件可以证实，A 公司在钱某担任销售经理之后，明确告知钱某能够获得花红，并附上了"销售经理薪酬计算方式"之表。此表载明它是销售经理的薪酬，该表并未明确该薪酬获得与否的条件，即该薪酬在何种情形下能够获得或在何种情形下不能获得。因此，A 公司向钱某发送此邮件，应当理解为只要钱某完成了相对的业绩量，就能获得该薪酬。钱某对 A 公司的该邮件是认可的，因此，双方对该薪酬的约定是明确的。

A 公司称，年终花红只有在公司赢利的情形下员工才能获得，如若 A 公司所称成立，那么 A 公司在 2009 年度已经处于亏损的情形下，何以又向钱某发送"销售经理薪酬"的邮件？何不明确支付的条件？A 公司称，年终花红是在公司赢利、年终时员工仍在职的前提下才能支付，如若 A 公司此述成立，那么对于像钱某这样并非在 1 月 1 日入职，而是在年中入职的员工将永远不能获得年终奖项。而事实上，钱某并非仅仅工作数月即离职，而是工作了整整一年才离职。尽管该款项冠名为"年终花红"，但它实质应为销售经理的薪酬，只是 A 公司将该薪酬规定在年终发放。因此，它是钱某作为销售经理的劳动所得，而不是年终奖励。无论到年终钱某是否在职，A 公司都应当向钱某支付该销售经理的薪酬。A 公司称，年终花红是在公司赢利、年终时员工仍在职的情况下才会发放，且钱某的业绩未能达到公司的目标。在此，A 公司并未提供证据证实钱某应当符合怎样的业绩目标，且根据钱某担任经理 7 个月期间所完成的业绩，已经符合邮件中所载的支付花红的标准。A 公司没有证据证实该花红须在公司赢利的前提下支付，也没有证据证实支付该花红时员工必须在职，更没有证据证实钱某未完成业绩目标。因此，按照钱某现时工作 7 个月所完成的业绩量折算其全年的业绩量，A 公司应按钱某年销售业绩 ≤960 万元、年卡消耗 >720 万元的标准计算钱某的薪酬。仲裁委裁决在合理的范围之内，钱某对此予以接受，原审法院亦予确认。A 公司不同意支付钱某该薪酬的主张，不予支持。

B 人才公司系钱某的用人单位，系 A 公司的劳务派遣单位，其应当按约履行自己的义务。B 人才公司与 A 公司的派遣合同明确约定双方均不得拖欠员工的工资；同时，B 人才公司与钱某的劳动合同也约定钱某的工资中包含 B 人才公司或 A 公司未在工资中明确罗列的费用。为此，B 人才公司同样应当为 A 公司未向钱某足额支付劳动报酬承担连带责任。

判决后 A 公司不服，上诉请求撤销原审判决，改判 A 公司无须向钱某支付花红 20937 元。A 公司上诉称：（1）上诉人 A 公司发送的邮件并非是双方关于薪酬变更的正式协议，A 公司的真实意思应当是在每年年底有赢利且员工在职的情况下，给予发放年终花红；（2）发送邮件时 A 公司并不清楚 2009 年是否发生亏损，而且花红顾名思义有赢利才能存在；（3）原审审理中，钱某亦确认花红即是年终奖金，该奖金的支付系 A 公司的经营自主权，现已发放的报酬已高于钱某与 B 人才公司的约定，故不存在尚需支付的事宜。

钱某辩称：A 公司通过邮件形式对薪酬予以确定，双方并不存在其他口头和书面约定，原审法院认定事实正确。现不同意 A 公司的上诉请求，请求驳回上诉，维持原判。

B 人才公司未到庭参加诉讼，未陈述答辩意见。

二审裁判结果 ▶

上海市第一中级人民法院依照《中华人民共和国民事诉讼法》第 130 条、第 153 条第 1 款第 1 项之规定，判决如下：

驳回上诉，维持原判。

上诉案件受理费人民币 10 元，由上诉人上海 A 美容有限公司负担。

本判决为终审判决。

二审裁判理由 ▶

上海市第一中级人民法院认为：当事人对自己提出的诉讼请求所依据的事实有责任提供证据加以证明，没有证据或者证据不足以证明当事人的事实主张的，由负有举证责任的当事人承担不利后果。A 公司通过电子邮件形式向钱某告知其作为"销售经理"并且依据实际销售情况可获取的薪酬，钱某据此向 A 公司主张薪酬已完成其举证义务。现 A 公司上诉认为需 A 公司赢利且钱某在职方符合领取条件，但并未予以举证证明，原审法院判决 A 公司支付该钱款正确，亦充分阐明了理由，本院不再赘述。B 人才公司经本院合法传唤未到庭应诉，本院依法缺席判决。原审判决 B 人才公司承担连带责任，B 人才公司并无异议，本院予以维持。

25. 劳动者向不具备合法经营资格的用人单位提供劳动的，能否获得相应的劳动报酬？

对于不具备合法经营资格的用人单位而言，劳动者已经付出劳动的，该单位或者其出资人应当依法向劳动者支付劳动报酬以及相应的经济补偿、赔偿金等。

典型疑难案件参考

段佑红与程铸追索劳动报酬纠纷上诉案（广东省广州市中级人民法院〔2009〕穗中法民一终字第 2571 号民事判决书）

基本案情

广州市安邦鞋业有限公司的经营者是程铸，程铸在经营期间未领取营业执照。

段佑红自 2008 年 2 月 25 日到程铸开办的广州市安邦鞋业有限公司工作，月工资为底薪 1200 元加计件工资，全勤奖 30 元/月，年资 30 元/年，双方没有签订劳动合同，程铸也未为段佑红购买各项社会保险。程铸未支付段佑红 2008 年 4、5 月工资 1710 元，段佑红 2008 年 5 月 12 日自动离职。从段佑红入职到离职期间，段佑红存在加班的情况。段佑红于 2008 年 6 月 25 日向广州市天河区劳动争议仲裁委员会申请仲裁，要求程铸支付拖欠的工资。广州市天河区劳动争议仲裁委员会于当日作出穗天劳仲案不字〔2008〕229 号《不予受理通知书》，认为广州市安邦鞋业有限公司没有经过工商注册登记，被诉主体不适格，不符合受理条件，决定不予受理。段佑红遂诉至广州市天河区人民法院。

在案件审理过程中，程铸于 2008 年 7 月 24 日向段佑红支付工资 1000 元；2008 年 9 月 4 日，段佑红向广州市天河区人民法院申请先予执行程铸拖欠的工资余额 710 元，广州市天河区人民法院依法作出先予执行的裁定，程铸已依裁定履行。

一审裁判结果

本案经法院审判委员会讨论决定，广州市天河区人民法院依照《中华人民共和国民事诉讼法》第 64 条第 1 款，《中华人民共和国劳动合同法》第 2 条、第 26 条、第 30 条、第 38 条、第 47 条、第 93 条、第 97 条的规定，广州市天河区人民法院于 2008 年 12 月 15 日作出判决：

一、程铸应支付段佑红工资 1710 元（程铸已支付）；

二、程铸自本判决发生法律效力之日起 5 日内，支付给段佑红经济补偿金 600 元；

三、驳回段佑红的其他诉讼请求。

本案受理费 10 元，由程铸负担。

一审裁判理由

广州市天河区人民法院认为：段佑红自 2008 年 2 月 25 日起在广州市安邦鞋业有限公司工作，因广州市安邦鞋业有限公司未在工商行政管理部门登记，没有领取营业执照，该公司实际经营者为程铸，故段佑红与程铸存在事实上的劳务雇佣关系。2008 年 1 月 1 日施行的《中华人民共和国劳动合同法》第 93 条规定"对不具备合法经营资格的用人单位的违法犯罪行为，依法追究法律责任；劳动者已经付出劳动的，该单位或者其出资人应当依照本法有关规定向劳动者支付劳动报酬、经济补偿、赔偿金；给劳动者造成损害的，应当承担赔偿责任"，因此，劳动者于 2008 年 1 月 1 日后离职的受《中华人民共和国劳动合同法》调整。

段佑红于 2008 年 5 月 12 日自动离职，但该公司在段佑红自动离职时，未与段佑红结清离职前工资。段佑红起诉请求支付拖欠的工资 1920 元，但在庭审中确认数额应为 1710 元，原审法院认定程铸拖欠段佑红工资 1710 元，程铸应当支付给段佑红。但段佑红请求支付拖欠工资的 25% 经济补偿金，因《中华人民共和国劳动合同法》没有规定用人单位拖欠工人工资应支付 25% 经济补偿金，因此，段佑红的该项诉讼请求，于法无据，原审法院不予支持。

段佑红主张程铸未按规定与段佑红签订书面劳动合同，请求用人单位支付双倍工资及经济补偿金。因广州市安邦鞋业有限公司未在工商行政管理部门登记，没有领取营业执照，该公司不属于《中华人民共和国劳动合同法》规定的合法的用人单位，系非法用工，程铸系该公司的实际经营者，段佑红与程铸之间是事实上的劳务雇佣关系。故段佑红的该项诉请于法无据，原审法院不予支持。

段佑红主张 2008 年 2 月 25 日至 2008 年 5 月 12 日期间的加班工资、周末加班工资、法定节假日的加班工资及经济补偿金，因段佑红、程铸双方所实行的工资为底薪加计件工资，计件工资属于多劳多得，已包含了加班工资，故段佑红的该项请求于法无据，原审法院不予支持。

段佑红主张的代通知金，因段佑红系自动离职，程铸依法无须向段佑红支付代通知金，故段佑红的该项请求，原审法院不予支持。

段佑红起诉请求程铸支付解除劳动合同经济补偿金，段佑红虽然系自动离职，但广州市安邦鞋业有限公司非法用工，且在段佑红自动离职时，又未与段佑红结清离职前工资。故段佑红起诉请求程铸支付解除劳动合同经济补偿金有理，原审法院予以支持。但经济补偿金支付年限应从 2008 年 2 月 25 日起开始计算，至段佑红 2008 年 5 月 14 日自动离职，工作未满半年，故程铸应向段佑红支付经济补偿金 600 元（1200 元÷2）。至于段佑红的其他诉讼请求，于法无据，原审法院不予支持。

二审诉辩情况

段佑红不服一审判决，向广东省广州市中级人民法院提起上诉称：（1）一审法院适用法律错误，定性错误，双方应为劳动关系而非劳务关系。程铸从招聘到日常生产经营均是以公司的名义进行，而且已存在多年，其公司有公章和相应的规章制度、组织管理制度等所有形式和实质上的条件，公司的违法行为产生的后果不能转嫁到员工，劳动者的合法权益应当得到保护。虽然对于本案情形，《中华人民共和国劳动法》未作明确规定，但《工伤保险条例》和最高人民法院《关于人身损害赔偿案件适用法律若干问题的解释》均将本案情形纳入劳动关系。《中华人民共和国劳动合同法》亦将非法用工单位招用劳动者产生的用工关系纳入劳动合同法调整。因此，双方之间完全符合劳动关系的所有特征，双方应为劳动关系而非雇佣关系。（2）段佑红的加班费客观存在。劳动者虽然实行的是计件工资，但程铸长期安排段佑红加班，在客观存在加班事实的情况下，理应计算加班费。在段佑红的工资构成中没有加班费项目，程铸亦未提供已经支付加班费的证据。一审判决已经认定加班事实，却没有调取相关证据予以证实。（3）段佑红的双倍工资、经济补偿金依法应当得到支持。依据《中华人民共和国劳动合同法》的规定，未经工商登记注册的用人单位的出资人应该支付劳动者劳动报酬、经济补偿、赔偿金。程铸的违法行为不能成为逃避责任、侵害劳动者合法权益的借口，段佑红的双倍工资请求，应当得到支持。（4）根据《广东省工资支付条例》的规定，用人单位应当提供劳动者的工资清单，但段佑红从不知道其工资构成，且至一审庭审结束，亦无任何证据证明已经支付段佑红任何加班费用。依据前述条例的规定，程铸长期无故拖欠劳动者工资、加班工资，段佑红直到庭审时才拿到补发的基本工资，程铸仍应加付赔偿金。并依据《违反和解除劳动合同的经济补偿办法》的规定加发相当于工资报酬 25% 的经济补偿金，并按经济补偿金的数额 50% 支付额外经济补偿金。综上，请求二审撤销原审判决，支持段佑红一审诉讼请求，判令程铸支付：（1）2008年4月整月及2008年5月12天工资共计1920元及25%经济补偿金480元；（2）未签订书面劳动合同的双倍工资1800元及25%经济补偿金450元；（3）2008年2月25日至2008年5月12日，延时加班的加班工资2949.8元及25%经济补偿金739.7元；（4）2008年2月25日至2008年5月12日期间的周六、日加班的加班工资3767.4元及25%的经济补偿金941.8元；（5）2008年2月25日至2008年5月12日期间的法定节假日的加班工资1076.4元及25%的经济补偿金269.1元；（6）因未提前1个月解除劳动合同的代通知金1200元；（7）解除劳动合同经济补偿金1200元；（8）未按规定支付经济补偿金的50%的额外经济补偿金600元；（9）没有给段佑红办理社会保险，应当补给段佑红应缴的缴费金额。

程铸答辩称：不同意段佑红上诉主张，同意原审判决。

二审裁判结果

广东省广州市中级人民法院依照《中华人民共和国民事诉讼法》第153条第1款第1项的规定，判决如下：

驳回上诉，维持原判。

本案二审受理费10元由段佑红负担。

本判决为终审判决。

二审裁判理由

广东省广州市中级人民法院认为：关于双方之间关系的定性问题。段佑红在广州市安邦鞋业有限公司工作，因广州市安邦鞋业有限公司未依法办理工商登记，不属于《中华人民共和国劳动法》规定的用人单位，不符合《中华人民共和国劳动法》规定的劳动关系的用工主体资格，双方之间并非劳动关系。程铸是该公司实际经营者，段佑红与程铸之间应为劳务雇佣关系。

关于加班工资的问题。因双方实行的是底薪加计件工资，在每月固定领取底薪后，应认定计件工资中已包含了加班工资，且段佑红工作期间对于每月领取工资报酬后公司不再发放加班工资的事实，亦未曾提出过异议。在段佑红无证据证明其每月工资仅是指标准工时下的工资报酬及折算后不低于最低工资标准的情况下，段佑红主张加班工资依据不足，原审认定段佑红关于加班费的主张无据，不予支持，符合法律的规定，本院予以确认。

关于解除劳务关系经济补偿金及50%额外经济补偿金的问题。段佑红在2008年5月12日自动离职，《中华人民共和国劳动合同法》于2008年1月1日开始施行，本案适用该法的调整。《中华人民共和国劳动合同法》第93条规定：对不具备合法经营资格的用人单位的违法犯罪行为，依法追究法律责任；劳动者已经付出劳动的，该单位或者其出资人应当依照本法有关规定向劳动者支付劳动报酬、经济补偿、赔偿金；给劳动者造成损害的，应当承担赔偿责任。第97条第3款规定，该法施行之日存续的劳动合同在该法施行后解除，依据该法第46条规定应当支付经济补偿的，经济补偿年限自该法施行之日起计算；该法施行前按照当时有关规定，用人单位应当向劳动者支付经济补偿的，按照当时有关规定执行。据此，段佑红与程铸为劳务雇佣关系，双方解除劳务关系，根据《中华人民共和国劳动合同法》的规定，程铸应当从2008年2月25日开始计至段佑红离职之日2008年5月12日，支付段佑红半个月工资的经济补偿。段佑红在一审起诉时仅主张一个月工资的经济补偿1200元，是其权利的自由行使，原审据此判决600元的经济补偿金，并无不当，本院予以维持。段佑红在二审期间主张按照离职前12个月平均工资计算经济补偿，超出其一审诉求的范围，本院不予支持。关于50%额外经济补偿金的问题。双方为劳务雇佣关系，程铸认为无须依照劳动关系的法律规定支付经济补偿，并非主观恶意拒付经济补偿，本案不属于应当支付额外经济补偿金的情形。段佑红该主张依据不足，本院不予支持。

关于双倍工资及社保的问题。双方为劳务雇佣关系，劳动合同法仅规定劳务雇佣关系依照该法规定向劳动者支付劳动报酬、经济补偿、赔偿金，其中并未有未签订书面劳动合同的双倍工资及缴交社保的规定，段佑红该主张无法律依据，本院不予采信。

关于25%经济补偿金的问题。段佑红系自动离职，其在一审期间已经领取了所欠工资，在段佑红无证据证明是程铸恶意拖欠工资的情况下，段佑红主张25%的经济补偿金依据不足，本院不予支持。

关于代通知金的问题。《中华人民共和国劳动合同法》第40条规定了3种情形下，用人单位须提前30日以书面形式通知劳动者本人或者额外支付劳动者一个月工资后，可以解除劳动合同。本案不属于前述法律规定的情形，段佑红主张未提前30日通知解除劳务关系的代通知金，无法律依据，本院不予采信。

26. 公司的股东变更，是否影响劳动者报酬的领取？

用人单位变更投资人或股东等事项，不影响劳动合同的履行，只要劳动者履行了相应的劳动义务，用人单位就需要向劳动者支付劳动报酬。

甲公司与甲某追索劳动报酬、经济补偿金纠纷上诉案［上海市第一中级人民法院〔2011〕沪一中民三（民）终字第1836号民事判决书］

基本案情

甲某于2010年2月26日进入甲公司的前身××酒店工作。2010年7月，因××酒店发生债务危机，暂停经营。后供货商报案，在上海市公安局浦东分局的干预下，甲某不得已代××酒店处理了相关债务后，离店回家等候消息。2010年8月，甲某得知，××酒店变更为本案甲公司，并变更了所有股东。但至今甲公司未支付甲某2010年2月26日至2010年7月31日期间的工资及解除劳动关系的补偿金等相关费用。为此，甲某于2011年1月25日向上海市浦东新区劳动人事争议仲裁委员会提出申诉，要求甲公司：（1）确认双方在2010年2月26日至2010年7月31日期间存在劳动关系；（2）支付2010年2月26日至2010年7月31日期间的工资103333元及拖欠工资的25%补偿金25833.25元；（3）支付解除劳动关系的经济补偿金10000元；（4）支付2010年2月26日至2010年7月31日期间未订立书面劳动合同的2倍工资差额103333元。后仲裁委员会决定不予受理，甲某不服仲裁委员会作出的不予受理通知书，遂向法院提出起诉。

此外，2010年7月1日上海市公安局浦东分局的询问笔录中甲某称"我是2010年5月21日受聘担任××酒店的餐饮总监，负责前厅管理和厨房产品质量"，并称"我是6月9日离开酒店的"。另查，××酒店的股东为黄某、王某。2010年8月16日，××酒店的股东黄某、王某与曾某、叶某、潘某签订了《上海××酒店有限公司股权转让协议》，该协议明确××酒店的股东将所持的全部股份转让给曾某、叶某、潘某。2010年8月24日××酒店变更名称为甲公司，甲公司的股东为曾某、叶某、潘某。

一审诉辩情况

甲某称：我于2010年2月26日进入甲公司的前身××酒店工作，担任餐饮部总监，双方未签订劳动合同，但口头约定工资为20000元。2010年7月，××酒店发生债务危机，暂停经营。我在代××酒店处理了相关债务后，离店回家等候消息。2010年8月，我得知××酒店变更为甲公司，并变更了所有股东。但甲公司未支付我2010年2月26日至2010年7月31日期间的工资及解除劳动关系的补偿金等相关费用。因此，要求甲公司：（1）确认双方在

2010 年 2 月 26 日至 2010 年 7 月 31 日期间存在劳动关系；（2）支付 2010 年 2 月 26 日至 2010 年 7 月 31 日期间的工资 103333 元及拖欠工资的 25% 补偿金 25833.25 元；（3）支付解除劳动关系的经济补偿金 10000 元；（4）支付未订立书面劳动合同的二倍工资差额 103333 元。

一审裁判结果

上海市浦东新区人民法院依照《中华人民共和国劳动法》第 3 条第 1 款、《中华人民共和国劳动合同法》第 82 条第 1 款的规定，原审法院于 2011 年 8 月 4 日作出判决：

一、甲某与甲公司于 2010 年 5 月 21 日至 2010 年 6 月 9 日期间存在劳动关系；

二、甲公司于判决生效之日起 10 日内支付甲某 2010 年 5 月 21 日至 2010 年 6 月 9 日期间的工资 2597 元；

三、驳回甲某的其余诉讼请求。

负有金钱给付义务的当事人如果未按判决指定的期间履行给付金钱义务，应当依照《中华人民共和国民事诉讼法》第 229 条之规定，加倍支付迟延履行期间的债务利息。

案件受理费 10 元，免予收取。

一审裁判理由

上海市浦东新区人民法院认为：根据法律规定，当事人对自己提出的诉讼请求所依据的事实或者反驳对方诉讼请求所依据的事实有责任提供证据加以证明。没有证据或者证据不足以证明当事人的事实主张的，由负有举证责任的当事人承担不利后果。本案中，甲某主张其于 2010 年 2 月 26 日进入甲公司前身 ×× 酒店工作，双方建立劳动关系，并于 2010 年 7 月 31 日离开该酒店。审理中，甲公司确认甲某曾在 ×× 酒店工作，但甲某在公安机关的询问笔录中陈述其已于 2010 年 6 月 9 日离开了该酒店。对此，原审法院认为，甲某在公安机关的询问笔录中自认其于 2010 年 5 月 21 日进入甲公司的前身 ×× 酒店工作，且 ×× 酒店注册成立于 2010 年 5 月 21 日，该酒店在工商注册前并不具备用人单位的主体资格，因此，在 ×× 酒店工商注册前双方并不形成劳动法意义上的劳动关系。故原审法院确认甲某最早与 ×× 酒店建立劳动关系的日期为 2010 年 5 月 21 日。关于甲某离开该酒店的日期，甲某在公安机关的询问笔录中自认于 2010 年 6 月 9 日离开了该酒店，但甲某现主张其 2010 年 6 月 9 日离开酒店后，该酒店经理又让其回去工作，因甲某未提供相关的确凿证据证明其主张，故确认以甲某的上述自认离开该酒店的日期作为双方劳动关系终止的日期即 2010 年 6 月 9 日。因本案甲公司系××酒店的承继人，故原审法院依法确认甲某与甲公司双方从 2010 年 5 月 21 日至 2010 年 6 月 9 日期间存在劳动关系。对甲某要求确认在该期间之前和之后与甲公司存在劳动关系的主张，依据不足，不予支持。

对甲某要求甲公司支付 2010 年 2 月 26 日至 2010 年 7 月 31 日期间的工资 103333 元及拖欠工资的 25% 经济补偿金 25833.25 元的诉讼请求，审理中，甲公司称××酒店在转让时原股东与受让股东已在书面协议中明确原酒店的所有债权债务全部由出让方承担，与受让方无关，因此，甲公司不应支付甲某所称的工资。对此，原审法院认为，甲公司与原股东签订的转让协议对协议双方有约束力，但对外应由变更后的公司承担民事责任。现甲某主张其在职期间从未领取工资，该事实在××酒店发放职工的工资清单中亦有反映。现甲公司作为用人单位系原公司的承继人对此应进一步提供相关证据证明，因甲公司无法提供证据证明原公司有关职工工资发放的情况，故原审法院采信甲某的主张，并根据上述确认的甲某的工作期间，确认在 2010 年 5 月 21 日至 2010 年 6 月 9 日期间甲某未领取工资。对甲某主张其月工资标准为 20000 元，其仅提供证人证明，无其他证据相互印证，难以采信。从公平原则出发，酌情按上海市 2010 年职工年平均工资标准 3896 元作为甲某的月工资标准。因此，甲公司作为××酒店的承继人应按原审法院确认的甲某的月工资标准支付其 2010 年 5 月 21 日至 2010 年 6 月 9 日期间的工资 2597 元。对甲某要求甲公司支付 2010 年 2 月 26 日至 2010 年 5 月 20 日及 2010 年 6 月 10 日至 2010 年 7 月 31 日期间的工资的诉讼请求，依据不足，不予支持。对甲某要求甲公司支付 2010 年 2 月 26 日至 2010 年 7 月 31 日期间拖欠工资的 25% 经济补偿金 25833.25 元的诉讼请求，不符合法律规定，不予支持。

对甲某要求甲公司支付解除劳动关系的经济补偿金 10000 元的诉讼请求，因甲某称其 2010 年 6 月 9 日离开公司系××酒店的经理通知的，但甲某对此并未提供证据证明原用人单位对其作出了解除劳动关系的决定，因此，甲某该诉讼请求，依据不足，不予支持。对甲某要求甲公司支付未订立书面劳动合同的 2 倍工资差额 103333 元的诉讼请求，根据劳动合同法规定，用人单位自用工之日起超过一个月，不满一年未与劳动者订立书面劳动合同的，应当向劳动者每月支付 2 倍的工资。现原审法院确认甲某于 2010 年 5 月 21 日进入甲公司的前身××酒店工作，至原审法院确认的 2010 年 6 月 9 日甲某离开该酒店，双方处于签订劳动合同的一个月宽限期，该月内用人单位无须支付劳动者未订立劳动合同的 2 倍工资差额。因此，甲某要求甲公司支付未订立书面劳动合同的 2 倍工资差额 103333 元的诉讼请求，依据不足，不予支持。

二审诉辩情况

甲公司不服一审判决，上诉至上海第一中级人民法院，称：首先，其公司与上诉人甲某之间不存在劳动关系。其次，被上诉人甲某知晓股权转让前的债权债务应由××酒店的股东承担，与股权转让后的上诉人甲公司股东无关。因此，其公司不应支付被上诉人甲某 2010 年 5 月 21 日至 2010 年 6 月 9 日期间的工资 2597 元。综上，其公司要求撤销原审判决主文第一、二项，并依法改判：（1）其公司与被上诉人甲某于 2010 年 5 月 21 日至 2010 年 6 月 9 日期间不存在劳动关系；（2）其公司不支付被上诉人甲某 2010 年 5 月 21 日至 2010 年 6 月 9 日期间的工资 2597 元。

被上诉人甲某辩称：不同意甲公司的上诉请求，认为原审法院的判决正确，请求维持原判。

二审裁判结果

上海市第一中级人民法院依照《中华人民共和国民事诉讼法》第 153 条第 1 款第 1 项之规定，判决如下：

驳回上诉，维持原判。

二审案件受理费人民币 10 元，由上诉人甲公司负担。

本判决为终审判决。

二审裁判理由

上海市第一中级人民法院认为：上诉人甲公司与原股东××酒店签订的股权转让协议对协议双方均有约束力，但对外应由变更后的上诉人甲公司承担民事责任。因××酒店注册成立于 2010 年 5 月 21 日，被上诉人甲某在公安机关的询问笔录中也自认其于 2010 年 5 月 21 日进入上诉人甲公司的前身××酒店工作，故可认定被上诉人甲某与××酒店建立劳动关系的日期为 2010 年 5 月 21 日。关于被上诉人甲某离开××酒店的日期，因被上诉人甲某在公安机关的询问笔录中自认于 2010 年 6 月 9 日离开该酒店，故原审法院确认以被上诉人甲某的上述自认离开该酒店的日期作为双方劳动关系终止的日期并无不当。鉴于上诉人甲公司系××酒店的承继人，故被上诉人甲某与上诉人甲公司双方之间自 2010 年 5 月 21 日起至同年 6 月 9 日期间存在劳动关系。根据查明的事实，因被上诉人甲某在上述期间未领取工资，其主张月工资标准为 20000 元，虽提供证人予以证明，但未有其他证据相印证，故原审法院从公平原则出发，酌情按上海市 2010 年职工年平均工资标准 3896 元作为被上诉人甲某的月工资标准并无不妥。由于上诉人甲公司作为××酒店的承继人应按被上诉人甲某的月工资标准支付其上述期间的工资2597元。现上诉人甲公司上诉主张甲某系股权转让前××酒店的实际控制人，并据此主张其公司与被上诉人甲某之间不存在劳动关系及不同意支付被上诉人甲某2010年5月21日至同年6月9日期间的工资2597元的诉讼请求，依据不足，本院不予支持。综上所述，原审法院的判决事实清楚，适用法律正确，本院予以维持。

追索劳动报酬纠纷
办案依据集成

1.《中华人民共和国民事诉讼法》（2007 年 10 月 28 日主席令第 75 号修正 2012 年 8 月 31 日修订）（节录）

第九十七条 人民法院对下列案件，根据当事人的申请，可以裁定先予执行：

（一）追索赡养费、扶养费、抚育费、抚恤金、医疗费用的；

（二）追索劳动报酬的；

（三）因情况紧急需要先予执行的。

2.《中华人民共和国劳动争议调解仲裁法》（2007 年 12 月 29 日主席令第 80 号公布）（节录）

第二条 中华人民共和国境内的用人单位与劳动者发生的下列劳动争议，适用本法：

（一）因确认劳动关系发生的争议；

（二）因订立、履行、变更、解除和终止劳动合同发生的争议；

（三）因除名、辞退和辞职、离职发生的争议；

（四）因工作时间、休息休假、社会保险、福利、培训以及劳动保护发生的争议；

（五）因劳动报酬、工伤医疗费、经济补偿或者赔偿金等发生的争议；

（六）法律、法规规定的其他劳动争议。

第四十九条 用人单位有证据证明本法第四十七条规定的仲裁裁决有下列情形之一，可以自收到仲裁裁决书之日起三十日内向劳动争议仲裁委员会所在地的中级人民法院申请撤销裁决：

（一）适用法律、法规确有错误的；

（二）劳动争议仲裁委员会无管辖权的；

（三）违反法定程序的；

（四）裁决所根据的证据是伪造的；

（五）对方当事人隐瞒了足以影响公正裁决的证据的；

（六）仲裁员在仲裁该案时有索贿受贿、徇私舞弊、枉法裁决行为的。

人民法院经组成合议庭审查核实裁决有前款规定情形之一的，应当裁定撤销。

仲裁裁决被人民法院裁定撤销的，当事人可以自收到裁定书之日起十五日内就该劳动争议事项向人民法院提起诉讼。

3.《中华人民共和国劳动法》（2009 年 8 月 27 日修正）（节录）

第二十四条 经劳动合同当事人协商一致，劳动合同可以解除。

第二十六条 有下列情形之一的，用人单位可以解除劳动合同，但是应当提前三十日以书面形式通知劳动者本人：

（一）劳动者患病或者非因工负伤，医疗期满后，不能从事原工作也不能从事由用人单位另行安排的工作的；

（二）劳动者不能胜任工作，经过培训或者调整工作岗位，仍不能胜任工作的；

（三）劳动合同订立时所依据的客观情况发生重大变化，致使原劳动合同无法履行，经当事人协商不能就变更劳动合同达成协议的。

第二十七条　用人单位濒临破产进行法定整顿期间或者生产经营状况发生严重困难，确需裁减人员的，应当提前三十日向工会或者全体职工说明情况，听取工会或者职工的意见，经向劳动行政部门报告后，可以裁减人员。

用人单位依据本条规定裁减人员，在六个月内录用人员的，应当优先录用被裁减的人员。

第二十八条　用人单位依据本法第二十四条、第二十六条、第二十七条的规定解除劳动合同的，应当依照国家有关规定给予经济补偿。

第三十二条　有下列情形之一的，劳动者可以随时通知用人单位解除劳动合同：

（一）在试用期内的；

（二）用人单位以暴力、威胁或者非法限制人身自由的手段强迫劳动的；

（三）用人单位未按照劳动合同约定支付劳动报酬或者提供劳动条件的。

第七十九条　劳动争议发生后，当事人可以向本单位劳动争议调解委员会申请调解；调解不成，当事人一方要求仲裁的，可以向劳动争议仲裁委员会申请仲裁。当事人一方也可以直接向劳动争议仲裁委员会申请仲裁。对仲裁裁决不服的，可以向人民法院提起诉讼。

第八十二条　提出仲裁要求的一方应当自劳动争议发生之日起六十日内向劳动争议仲裁委员会提出书面申请。仲裁裁决一般应在收到仲裁申请的六十日内作出。对仲裁裁决无异议的，当事人必须履行。

第八十三条　劳动争议当事人对仲裁裁决不服的，可以自收到仲裁裁决书之日起十五日内向人民法院提起诉讼。一方当事人在法定期限内不起诉又不履行仲裁裁决的，另一方当事人可以申请人民法院强制执行。

第九十一条　用人单位有下列侵害劳动者合法权益情形之一的，由劳动行政部门责令支付劳动者的工资报酬、经济补偿，并可以责令支付赔偿金：

（一）克扣或者无故拖欠劳动者工资的；

（二）拒不支付劳动者延长工作时间工资报酬的；

（三）低于当地最低工资标准支付劳动者工资的；

（四）解除劳动合同后，未依照本法规定给予劳动者经济补偿的。

4. 最高人民法院《关于审理劳动争议案件适用法律若干问题的解释（二）》（2006年8月14日　法释〔2006〕6号）（节录）

第一条　人民法院审理劳动争议案件，对下列情形，视为劳动法第八十二条规定的"劳动争议发生之日"：

（一）在劳动关系存续期间产生的支付工资争议，用人单位能够证明已经书面通知劳动者拒付工资的，书面通知送达之日为劳动争议发生之日。用人单位不能证明的，劳动者主张权利之日为劳动争议发生之日。

（二）因解除或者终止劳动关系产生的争议，用人单位不能证明劳动者收到解除或者终止劳动关系书面通知时间的，劳动者主张权利之日为劳动争议发生之日。

（三）劳动关系解除或者终止后产生的支付工资、经济补偿金、福利待遇等争议，劳动者能够证明用人单位承诺支付的时间为解除或者终止劳动关系后的具体日期的，用人单位承诺支付之日为劳动争议发生之日。劳动者不能证明的，解除或者终止劳动关系之日为劳动争议发生之日。

第二条 拖欠工资争议，劳动者申请仲裁时劳动关系仍然存续，用人单位以劳动者申请仲裁超过六十日为由主张不再支付的，人民法院不予支持。但用人单位能够证明劳动者已经收到拒付工资的书面通知的除外。

第三条 劳动者以用人单位的工资欠条为证据直接向人民法院起诉，诉讼请求不涉及劳动关系其他争议的，视为托欠劳动报酬争议，按照普通民事纠纷受理。

第四条 用人单位和劳动者因劳动关系是否已经解除或者终止，以及应否支付解除或者终止劳动关系经济补偿金产生的争议，经劳动争议仲裁委员会仲裁后，当事人依法起诉的，人民法院应予受理。

第七条 下列纠纷不属于劳动争议：

（一）劳动者请求社会保险经办机构发放社会保险金的纠纷；

（二）劳动者与用人单位因住房制度改革产生的公有住房转让纠纷；

（三）劳动者对劳动能力鉴定委员会的伤残等级鉴定结论或者对职业病诊断鉴定委员会的职业病诊断鉴定结论的异议纠纷；

（四）家庭或者个人与家政服务人员之间的纠纷；

（五）个体工匠与帮工、学徒之间的纠纷；

（六）农村承包经营户与受雇人之间的纠纷。

第十七条 当事人在劳动争议调解委员会主持下达成的具有劳动权利义务内容的调解协议，具有劳动合同的约束力，可以作为人民法院裁判的根据。

当事人在劳动争议调解委员会主持下仅就劳动报酬争议达成调解协议，用人单位不履行调解协议确定的给付义务，劳动者直接向人民法院起诉的，人民法院可以按照普通民事纠纷受理。

第五节　经济补偿金纠纷

27. 劳动者基于用人单位具有过错的理由提出解除劳动合同后，能否获得经济补偿金？

劳动者基于用人单位具有过错的理由提出解除劳动合同后，应当获得经济补偿金。

28. 劳动者可否主动提出降低用人单位支付给自己的经济补偿金数额，此种行为能否得到支持？

劳动者主动提出降低用人单位支付给自己的经济补偿金数额属于处分自己民事权利的行为，根据权利可以放弃的原则，此种行为可以得到支持。

典型疑难案件参考

赵某某诉某某煤业有限公司经济补偿金纠纷案（大足县人民法院〔2012〕足法民初字第 00264 号民事判决书）

基本案情

2008 年 1 月 1 日原、被告签订劳动合同，合同约定原告担任采煤工，劳动期限自 2008 年 1 月 1 日起至 2012 年 12 月 31 日止，执行计件工资。合同签订后，原告从此在被告单位从事采煤工作。2011 年 7 月 25 日原告经重庆市疾病预防控制中心诊断为煤工尘肺I期，2011 年 9 月 5 日经大足县人力资源和社会保障局认定为工伤，同月 16 日原告向大足县劳动鉴定委员会申请进行伤残等级鉴定，同月 28 日原告的伤残被鉴定为 7 级，无护理依赖程度。2012 年 2 月 3 日原告向大足区劳动争议仲裁委员会申请仲裁，请求裁决：（1）解除双方劳动关系；（2）裁决被告支付原告一次性伤残补助金 38272 元；（3）裁决被告支付原告停工留薪工资 8832 元；（4）裁决被告支付原告医疗一次性补助金 23552 元；（5）裁决被告支付原告一次性伤残就业补助金 44160 元；（6）裁决被告支付原告经济补偿金 11776 元。同月 10 日大足区劳动争议仲裁委员会以被告地址不详，无法送达为由决定不予以受理。

诉辩情况

原告诉称：原告是被告的职工，2008 年 1 月起就在被告处从事采煤工作，但被告未给原告参加养老保险。2011 年原告经重庆市疾病预防控制中心诊断为煤工尘肺 I 期，经大足县人力资源和社会保障局认定为工伤，经大足县劳动鉴定委员会鉴定为伤残 7 级。因被告拒不支付原告法定待遇，原告特诉请法院判决：（1）解除原、被告双方的劳动关系；（2）判令被告支付原告经济补偿金 11776 元（4 个月 ×2944 元）；

被告辩称：原告的诉请不符合相关法律规定，被告不应该支付经济补偿金。

裁判结果

法院依照《中华人民共和国劳动合同法》第 46 条第 1 项，第 47 条第 1 款、第 3 款之规定，判决如下：

被告某某煤业有限公司在本判决生效后 15 日支付原告赵某某经济补偿金 11776 元；

如果被告未按本判决指定的期间履行给付金钱义务，应当依照《中华人民共和国民事诉讼法》第 229 条之规定，加倍支付迟延履行期间的债务利息。

案件受理费 5 元（已减半收取），由被告某某煤业有限公司承担。

如不服本判决，可在判决书送达之日起 15 日内，向本院递交上诉状，并按对方当事人的人数提出副本，上诉于重庆市第一中级人民法院。双方当事人在法定上诉期内均未提出上诉或仅有一方上诉后又撤回的，本判决发生法律效力，当事人应自觉履行判决的全部义务。一方不履行的，自本判决内容生效后，权利人可以向人民法院申请强制执行。申请执行的期限为 2 年，该期限从法律文书规定履行期间的最后一日起计算。

裁判理由

原告系被告的职工，原告以被告未为原告缴纳养老保险为由，已另案诉请法院判令原、被告解除了双方之间的劳动关系，被告由此应当向原告支付经济补偿金。在被告未举示有效证据证明原告在解除劳动合同前 12 个月的平均工资的情形下，本院根据查明的 2011 年 1 月至 2012 年 4 月期间原告参保缴费基数为 2944 元/月的事实，本院确认原告在解除劳动合同前 12 个月的平均工资为 2944 元/月。依照相关法律规定，被告理应支付原告的经济补偿金 2944 元/月 ×4.5 个月 ＝ 13248 元。但原告自愿要求支付 2944 元/月 ×4 个月 ＝ 11776 元，是原告对其民事权利的处分，本院予以许可。因此，本院确认被告应支付原告的经济补偿金为 11776 元。

29. 企业因生产经营困难而裁减人员时，应否支付劳动者相应的经济补偿金？

用人单位因生产经营困难而解除劳动合同的，用人单位应当向劳动者支付经济补偿。

典型疑难案件参考

段某某与某某塑胶机械有限公司追索劳动报酬纠纷、经济补偿金纠纷案〔上海市嘉定区人民法院〔2009〕嘉民一（民）初字第 4353 号民事判决书〕

基本案情

原告系本市外来从业人员。2005 年 7 月 27 日，原告进被告单位工作，担任锯床工。2006 年 12 月，双方签订期限自 2006 年 12 月 1 日至 2011 年 11 月 30 日的劳动合同，约定原告月工资 800 元。2008 年 2 月原告调任装配钳工。2008 年 10 月 30 日，被告向原告发出《解除劳动关系通知书》，称"因受世界金融危机影响，公司生产经营发生严重困难，经研究决定从 2008 年 10 月 30 日起与你解除劳动关系，请你于 2008 年 11 月 30 日前到管理部办理解除手续"。2008 年 11 月 12 日，被告在 2008 年度嘉定秋季综合人才招聘会的简章中写明招聘"装配钳工"一职。原告离职前 12 个月平均工资为 1957 元。2008 年 11 月 12 日，原告向上海市嘉定区劳动争议仲裁委员会申请仲裁，要求被告支付解除劳动合同赔偿金 13300 元、2007 年 7 月至 9 月和 2008 年 7 月至 9 月高温津贴差额 1410 元、2005 年 7 月至 2006 年 1 月最低工资差额 2690 元、2005 年 7 月 23 日至 2006 年 10 月间休息日加班工资差额 5551 元。2009 年 7 月 31 日，该会嘉劳仲〔2008〕办字第 3997 号裁决书作出被告应支付原告违法解除劳动合同赔偿金 13300 元、2006 年 11 月 13 日至 2007 年 7 月 2 日休息日加班工资差额 1906.02 元，不支持原告其他请求的裁决。原、被告均不服裁决，分别诉至嘉定区人民法院。

另查，被告公司提供的原告 2006 年 11 月至 2007 年 7 月 2 日间的工资表显示，原告 2006 年 11 月至 2007 年 4 月每月出勤均为 204 小时，2006 年 11 月 13 日至 2007 年 7 月 2 日原告周六上班 37 天，被告已支付原告 2007 年 6 月份休息日加班工资 523.81 元、同年 7 月份休息日加班工资 400 元。工资单显示被告已支付原告高温费。原告工作场所装有风扇。

诉辩情况

原告段某某诉称：原告于 2005 年 7 月进被告单位工作，被告仅支付该月工资 600 元，之后，被告支付原告的工资未达最低工资标准。被告无故解除劳动合同，应支付原告双倍经济补偿金。被告未按规定支付原告高温津贴。原告每周六加班，被告未足额支付加班工资。现起诉要求被告支付解除劳动合同赔偿金 14255 元、2007 年 7 月至 9 月和 2008 年 7 月至 9 月高温津贴差额 760 元、2005 年 7 月至 2006 年 1 月最低工资差额 540 元、2005 年 7 月 23 日至 2006 年 10 月间加班工资差额 3987.16 元。

被告某某公司辩称：原告辞职，被告没有违法解除劳动合同，不应支付赔偿金。被告已支付高温津贴。最低工资差额没有依据，原告主张的工资差额、加班工资已过时效。现起诉要求法院判决被告不予支付原告违法解除劳动合同赔偿金 13300 元，不予支付原告 2006 年 11 月 13 日至 2007 年 7 月 2 日间休息日加班工资差额 1906.02 元。

裁判结果

法院依照《中华人民共和国劳动法》第 44 条、《中华人民共和国劳动合同法》第 48 条、第 87 条之规定，判决如下：

一、被告某某塑胶机械有限公司应于本判决生效之日起 10 日内支付原告段某某违法解除劳动合同赔偿金人民币 13300 元；

二、被告某某塑胶机械有限公司应于本判决生效之日起 10 日内支付原告段某某 2006 年 11 月至 2007 年 7 月 2 日间休息日加班工资差额人民币 1906.02 元；

三、驳回原告段某某要求被告某某塑胶机械有限公司支付 2007 年 7 月至 9 月和 2008 年 7 月至 9 月高温津贴差额 760 元的诉讼请求；

四、驳回原告段某某要求被告某某塑胶机械有限公司支付 2005 年 7 月 2006 年 1 月工资差额 540 元的诉讼请求；

五、驳回原告段某某要求被告某某塑胶机械有限公司支付 2005 年 7 月 23 日至 2006 年 10 月加班工资差额 3987.16 元的诉讼请求。

本案受理费 10 元，减半收取 5 元，由原告段某某负担。

如不服本判决，可在判决书送达之日起 15 日内，向本院递交上诉状，并按对方当事人的人数提出副本，上诉于上海市第二中级人民法院。

第一章 劳动合同纠纷

裁判理由

根据劳动合同法规定，用人单位因生产经营发生严重困难等需要裁减人员的，应提前 30 日向工会或者全体职工说明情况，听取意见后，裁减人员方案经向劳动行政部门报告，可以裁员；在 6 个月内重新招用人员的，应当通知被裁减的人员，并在同等条件下优先招用被裁减的人员。被告于 2008 年 10 月 30 日以生产经营发生严重困难为由，解除与原告的劳动合同。但其未按法律规定的裁员要求向劳动行政部门报告。同时，被告在裁员的次月即在人才招聘会上招聘原告同岗位的员工，且未通知原告应聘。因此，被告解除与原告的劳动合同不符合相关法律规定，现原告不要求恢复双方间劳动关系，被告应按经济补偿的两倍支付原告违法解除劳动合同的赔偿金，故原告要求被告支付违法解除劳动合同的赔偿金的请求，本院予以支持。被告要求判决不予支付原告违法解除劳动合同赔偿金的请求，尚无相应的法律依据，本院不予支持。至于赔偿金数额，原告在仲裁时主张 13300 元，仲裁委依据原告主张的数额作出裁决，现原告不服该裁决，没有依据。原告工作场所安装了降温设施，被告已支付原告高温津贴。原告未举证证明被告没有足额支付其高温费，故原告要求被告支付 2007 年、2008 年 7 月至 9 月高温津贴差额的请求，无事实依据，本院不予支持。根据我国民事诉讼证据规定，当事人对自己提出的诉讼请求所依据的事实或者反驳对方诉讼请求所依据的事实有责任提供证据加以证明。没有证据或者证据不足以证明当事人的事实主张的，由负有举证责任的当事人承担不利后果。依据相关规定，用人单位应保存支付劳动者工资凭证等两年以上。原、被告于 2008 年 10 月解除劳动关系。2006 年 10 月前，被告是否欠付原告工资及加班工资，应由原告承担举证责任。原告未举证证明 2005 年 7 月至 2006 年 1 月间被告存在少付其工资的情形，原告要求被告支付该期间工资差额的请求，本院难以支持。原告要求被告支付 2005 年 7 月至 2006 年 10 月间加班工资差额，但其未提供相应的证据证明被告存在该期间少付原告加班工资的情形，原告该请求，本院难以支持。2006 年 11 月至 2007 年 7 月 2 日间，原告休息日上班，被告未按加班工资支付规定支付原告加班工资，存在少付的情形，应予补足，故被告要求判决不予支付原告该期间休息日加班工资差额的请求，本院不予支持。

30. 用人单位基于劳动者的过错而解除劳动合同的，应否向劳动者支付经济补偿金？

当劳动者存在严重违反用人单位规章制度等具有过错的情形时，用人单位可以解除劳动合同，同时用人单位亦无须向劳动者支付任何补偿。

典型疑难案件参考

孙某诉上海某广告有限公司经济补偿金纠纷案［上海市·卢湾区人民法院〔2009〕卢民一（民）初字第 1572 号民事判决书］

基本案情

原告于 2006 年 12 月 1 日入职上海汤姆国际户外传媒有限公司，双方合同于 2008 年 11 月 30 日终止。2009 年 8 月，原告向上海市徐汇区劳动争议仲裁委申诉（徐劳仲〔2009〕办字第 3061 号），要求汤姆公司支付终止合同经济补偿金 1.8 万元。该案目前尚在审理之中。

孙某（申请人）于 2009 年 5 月 11 日向卢湾区劳动争议仲裁委员会申请仲裁，要求上海某广告有限公司（被申请人）支付解约赔偿金 49380 元。该会裁决：对申请人的请求不予支持。原告对裁决不服，遂诉至卢湾区人民法院。

诉辩情况

原告孙某诉称：其于 2006 年 12 月入职被告处，是时，尚未与原单位汤姆公司解约。2008 年 11 月与被告签订劳动合同，期限至 2011 年 11 月 30 日止，约定月收入 3500 元，实际月收入 1.8 万元。2009 年 3 月 27 日被告以其旷工为由，提出解约。其遂向被告主张提成费 7 万余元，被告则要求其签署解约协议等，否则拒付提成费。其出于无奈，被迫签署。要求被告支付解约赔偿金 49380 元。后变更诉请，要求被告支付解约赔偿金 9876 元。

被告上海某广告有限公司辩称：双方于 2008 年 12 月建立劳动关系，此前原告在汤姆传媒公司任职。原告在职期间，多次违反劳动纪律，2009 年 3 月 3 日，公司向原告发出警告；3 月 27 日公司作出解约决定；3 月 30 日公司向原告发出解约通知。4 月 30 日，双方就原告在职期间的提成工资进行结算，并达成一致，原告签领了相关款项 7 万余元。不同意原告的诉讼请求。

上海市卢湾区人民法院依照《中华人民共和国劳动合同法》第 39 条第 1 款第 2 项之规定，判决如下：

驳回孙某诉讼请求。

案件受理费人民币 10 元减半收取，人民币 5 元由孙某负担。

如不服本判决，可在判决书送达之日起 15 日内，向本院递交上诉状，并按对方当事人的人数提出副本，上诉于上海市第一中级人民法院。

裁判理由

被告的"员工手册"及原、被告的劳动合同对劳动者旷工达一定期限、严重违反被告规章制度的行为，规定（约定）被告可以解约。原告在 2009 年 2 月份的 20 个工作日中，仅有 3 个工作日显示进（均为迟到）出公司的时间；另有 1 个工作日没有上下班记录；而在其余的 16 个工作日，原告均自书"见客户"，但无法证实见客户之后进入公司的时间，仅显示下午打卡时间为 18 点之后。在 3 月份的 22 个工作日中，有 10 个工作日显示进（均为迟到）公司的时间，其中 2 个工作日没有离开的记录；其余 10 个工作日没有进公司的记录，仅有下午打卡的记录。原告不能解释考勤卡上没有进公司的记录是出于何种原因，原告不遵守被告考勤制度的行为，显然违反了被告规章制度中的劳动纪律。原告在"确认书"中已经确认 3 月份连续旷工 7 天被扣工资的事实，原告称确认书是受胁迫签署，对此原告未能举证证实，故本院对原告受迫签署确认书的事实不予采信。为此，对于原告旷工的事实，本院予以确认。因劳动者严重违反用人单位规章制度的，用人单位可以解除劳动合同，同时用人单位无须向劳动者支付任何补偿。原告要求被告支付解约赔偿金之请求本院不予支持。

31. 用人单位与已达退休年龄但未办理退休手续人员解除劳动关系后，是否应当支付相应的经济补偿金？

用人单位对已达退休年龄但未办理退休手续人员实施用工行为，将导致双方之间的劳动关系在劳动者达退休年龄以后依旧延续。此后，用人单位解除劳动合同的，应当向劳动者支付经济补偿金。

典型疑难案件参考

宋玉宗诉淄博天堂山电器仪表成套设备有限公司经济补偿金纠纷案（山东省淄博市中级人民法院〔2008〕淄民三终字第 282 号民事判决书）

基本案情

1970 年 4 月宋玉宗到临淄区边河仪表成套厂工作，后该企业改制为淄博天堂山电器仪表成套设备有限公司，2007 年 3 月，宋玉宗离开天堂山公司。2007 年 5 月，宋玉宗申请仲裁，2007 年 5 月 21 日，临淄区劳动争议仲裁委员会作出临劳仲字〔2007〕第 71 号决定书，对宋玉宗的申诉不予受理。宋玉宗不服该仲裁裁决，提起诉讼。

一审诉辩情况

原告宋玉宗诉称：原告自 1970 年 4 月到被告处工作，2007 年 3 月底双方解除劳动关系。在此期间原告尽管对工作兢兢业业，但在解除劳动关系后被告拒绝支付一次性补偿金，为此，原告多次找被告协商解决，但被告拒不支付，要求判令被告立即支付一次性经济补偿金 5760 元。

被告淄博天堂山电器仪表成套设备有限公司辩称：原告在我公司工作多年是事实，但在原告年满 60 周岁时，双方劳动关系已解除，原告的主张已经超过仲裁时效。另外，原告 60 周岁以后在我厂工作，双方形成的是劳务关系，而不是劳动关系，因解除劳动合同按法律规定应得到经济补偿，但终止劳务关系不应当进行赔偿，请求依法驳回原告的诉讼请求。

二审诉辩情况

一审宣判后，原告不服提起上诉称：原判适用法律错误，天堂山公司应支付解除劳动合同经济补偿金 5760 元，请求二审依法审判。

在二审期间，被上诉人辩称：原审判决认定事实清楚，适用法律正确，请求二审法院依法维持。

二审裁判结果

二审依照《中华人民共和国民事诉讼法》第 152 条、第 153 条第 1 款第 3 项、第 158 条之规定，判决如下：

一、撤销临淄区人民法院〔2007〕临民初字第 2041 民事判决；

二、淄博天堂山电器仪表成套设备有限公司自收到本判决书之日起 10 日内一次性支付宋玉宗经济补偿金 5760 元。

一、二审案件受理费各 10 元，均由淄博天堂山电器仪表成套设备有限公司负担。

本判决为终审判决。

二审裁判理由 ▶

二审经审理查明，宋玉宗自 1970 年始在天堂山公司工作，至 2001 年宋玉宗满 60 周岁，天堂山公司并未为其办理退休手续，宋玉宗未享受相关退休待遇，天堂山公司安排宋玉宗继续从事门卫工作，月工资为 450 元。至 2007 年 3 月，在宋玉宗 66 岁时，天堂山公司让其离厂回家，双方因解除劳动合同经济补偿金发生争执，形成诉讼。以上所述，有一、二审庭审笔录在卷佐证，其他事实与一审查明的一致，二审法院予以确认。

二审认为，上诉人宋玉宗自 1970 年开始就与被上诉人天堂山公司建立了长期的无固定期限劳动关系，2001 年，当宋玉宗年满 60 周岁时，被上诉人天堂山公司并未参照退休的有关规定为其办理退休手续，而是让其继续工作至 2007 年 3 月，说明双方劳动关系在宋玉宗 60 周岁以后仍延续。2007 年 3 月，被上诉人天堂山公司因上诉人宋玉宗年龄偏高而终止双方劳动关系，依法应支付解除劳动合同经济补偿金。宋玉宗在天堂山公司工作 37 年，其请求按月工资 450 元的标准计算其解除劳动合同经济补偿金 5760 元（12 个月）虽然偏低（其月工资收入低于淄博市最低工资标准），但系民事权利的自由处分，二审依法予以支持。原判适用法律错误，判决不当，二审依法予以纠正。

32. 跨越 2008 年 1 月 1 日的劳动争议案件中的经济补偿金按什么规则支付？

根据法不溯及既往原理，在劳动合同法施行之日存续的劳动合同在该法施行后解除或者终止，依照该法第 46 条规定应当支付经济补偿的，经济补偿年限自该法施行之日起计算；劳动合同法施行前按照当时有关规定，用人单位应当向劳动者支付经济补偿的，按照当时有关规定执行。

典型疑难案件参考

吴泽贵与广东新快达媒体服务有限公司劳动合同纠纷上诉案（广东省广州市中级人民法院〔2010〕穗中法民一终字第1881号民事判决书）

基本案情

吴泽贵自2004年7月入职广东新快达媒体服务有限公司（以下简称新快达公司），任赤岗发行站业务助理。双方于2008年1月26日签订《劳动合同》，约定：合同期限自2008年1月26日至2009年12月25日止；工作岗位为暂在征订部门任业务助理，完成相应的工作岗位职责；吴泽贵正常工作时间工资为780元/月；吴泽贵执行不定时工时制度。2009年3月2日，新快达公司完成了征订部门的改制工作，取消业务助理岗位，转之为投征员。2009年3月12日，吴泽贵向新快达公司提交报告，以该公司"多项合同不符合劳动内容，不符现在的劳动工作"为由，申请解除劳动关系。2009年3月25日，新快达公司出具《关于接受解除劳动合同的答复》，内容为吴泽贵的理由不符合事实，公司决定接受吴泽贵解除劳动关系的请求，并安排其休年休假和补休，双方劳动关系将于2009年4月26日终止，要求吴泽贵于2009年4月27日办理离职手续。新快达公司将该答复于2009年3月30日以特快专递的形式送给吴泽贵。2009年4月3日以后，吴泽贵再未回到新快达公司工作。另，新快达公司曾于2009年1月底向吴泽贵发放2008年经济补偿金1118元。

吴泽贵于2009年3月前的工资主要包括基本工资580元、岗位工资120元、综合福利津贴170元、互利补偿金115元、职能奖励金165元，另加提成，即工资1150元＋提成，提成决定工资差距，有时相差近2000元。吴泽贵于2009年3月的工资包括基本工资600元、岗位工资260元、综合福利津贴100元、互利补偿金90元、职能奖励金150元，另加加班费和提成，即1200元＋加班费＋提成。另，从2007年9月始，新快达公司施行的业务助理工资构成为工资1100元（基本工资800元＋浮动工资300元）＋提成（按订报款的14%~15%）；投递员为非全日制，工资构成为800元＋补贴（50至150元）。

此外，吴泽贵于2009年2月先后两次向广东省劳动争议仲裁委员会申请仲裁，第一次请求新快达公司支付解除劳动合同的经济补偿金7000元、带薪年假工资1000元、违反劳动合同的违约金1000元、最低工资差额1120元；第二次请求与新快达公司解除劳动合同。广东省劳动争议仲裁委员会于2009年7月13日作出粤劳仲案终字〔2009〕346号裁决书，裁决：（1）新快达公司一次性支付吴泽贵 2008 年、2009 年带薪休假工资 632 元。（2）驳回吴泽贵的其他仲裁请求。同日，又作出粤劳仲案终字〔2009〕354 号裁决书，裁决：吴泽贵、新快达公司的劳动合同于 2009 年 4 月 3 日解除。现吴泽贵不服上述裁决，诉至原审法院广州市天河区人民法院。

还有一个事实，就是吴泽贵在申请劳动仲裁时，曾以新快达公司未为其缴纳社会保险费为由要求支付解除劳动合同的经济补偿金。2008 年 5 月至 2009 年 3 月，吴泽贵的应发工资分别为：1646 元、1023 元、1516 元、1534 元、2347 元、2216 元、4305 元、1974 元、1936 元、1747 元、1365 元。吴泽贵解除劳动合同前 12 个月的月平均工资为 1964.45 元。

▶ 一审裁判结果

广州市天河区人民法院依照《中华人民共和国民事诉讼法》第 64 条，《中华人民共和国劳动合同法》第 3 条、第 38 条、第 46 条第 1 项之规定，于 2009 年 12 月 17 日作出判决：

一、新快达公司自判决发生效力之日起 3 日内支付吴泽贵 2008 年、2009 年带薪休假工资 632 元；

二、驳回吴泽贵的其他诉讼请求。

案件受理费 10 元，由新快达公司负担。

▶ 一审裁判理由

广州市天河区人民法院认为：吴泽贵、新快达公司订立了劳动合同，吴泽贵的合法权益依法应当保护。吴泽贵于 2009 年 3 月 12 日向新快达公司提交报告，以该公司"多项合同不符合劳动内容，不符合现在的劳动工作"为由要求解除劳动关系。吴泽贵的理由是新快达公司单方面将其工作岗位由业务助理变更为投征员，其工资收入明显减少，劳动强度明显增加。对此，该院认为，首先，新快达公司对其征订部门的具体岗位设置作出变更，属于企业自主经营权、管理权的正常行使；其次，双方的劳动合同约定吴泽贵的工作岗位为在征订部门任业务助理，完成相应的工作岗位职责，现新快达公司将吴泽贵的工作岗位由业务助理变更为投征员，吴泽贵仍然在征订部门工作，其工作内容并无根本性改变；再者，吴泽贵在变更后的岗位上只工作了一个月，从其变更前后的工资上也无法得出工资收入明显减少的结论，固定收入却有小幅提升；最后，吴泽贵亦未能提供证据证明变更后的岗位劳动强度明显增加，已超出法律禁止的范围。故吴泽贵提出解除劳动合同的理由，不符合《中华人民共和国劳动合同法》第 38 条规定的情形，该院不予采信。至于吴泽贵此后提出的新快达公司未按国家规定为其缴交社保费、未经劳动行政部门审批不定时工时制度、未执行国家年休假规定、长期拖欠加班费等理由，均不属于其于2009年3月12日提出解除劳动合同时的情形，该院亦不予采信。综上，本案系吴泽贵提出解除劳动合同，且其理由不符合《中华人民共和国劳动合同法》第38条规定的情形，故其主张的解除劳动合同经济补偿金、违约经济补偿金，无事实及法律依据，该院不予支持。仲裁裁决新快达公司应支付吴泽贵2008年、2009年带薪休假工资632元，新快达公司未对此提起诉讼，视为其认可，该院予以确认。

二审诉辩情况

吴泽贵不服一审判决，上诉称：（1）双方签订的劳动合同约定了社会保险等条款，但新快达公司未为其缴纳社保费，符合《劳动合同法》第38条第3项所规定的劳动者解除劳动合同的法定条件。（2）虽然双方的劳动合同约定了不定时工时制度，但劳动行政部门未批准新快达公司的申请。（3）新快达公司未足额支付加班工资、年休假工资、高温费，工作内容变更后未签订《变更劳动合同协议书》，符合《劳动合同法》第38条第1项、第2项所规定的劳动者解除劳动合同的法定条件。故请求：（1）撤销原审判决第二项；（2）判决双方的劳动关系于2009年4月3日解除；（3）判决新快达公司支付解除劳动关系的经济补偿金10000元；（4）诉讼费由新快达公司负担。

新快达公司答辩称：同意原审判决。

二审裁判结果

广东省广州市中级人民法院依照《中华人民共和国民事诉讼法》第153条第1款第1项、第3项的规定，判决如下：

一、维持广州市天河区人民法院〔2009〕天法民一初字第2533号民事判决；

二、新快达公司自本判决发生法律效力之日起3日内支付吴泽贵解除劳动合同经济补偿金1828.68元。

如果未按本判决指定的期间履行给付金钱义务，应当依照《中华人民共和国民事诉讼法》第229条之规定，加倍支付迟延履行期间的债务利息。

一、二审案件受理费各10元，均由新快达公司负担。

本判决为终审判决。

二审裁判理由

广东省广州市中级人民法院认为：根据《中华人民共和国劳动合同法》

第 38 条第 1 款第 3 项的规定，用人单位未依法为劳动者缴纳社会保险费的，劳动者可以解除劳动合同。同时，该法第 46 条第 1 项还规定，劳动者依照本法第 38 条规定解除劳动合同的，用人单位应当向劳动者支付经济补偿。本案中，新快达公司未为吴泽贵缴纳社会保险费，吴泽贵以此为由解除劳动合同并要求新快达公司支付经济补偿金符合法律规定，应予支持。因《中华人民共和国劳动合同法》自 2008 年 1 月 1 日起实施，之前并无上述规定，因此，根据"法不溯及既往"原则，吴泽贵的经济补偿金应从 2008 年 1 月开始计算至 2009 年 3 月。经计算，新快达公司应支付吴泽贵经济补偿金 2946.68 元（1964.45 元/月×1.5 个月）。扣除新快达公司已经支付的"2008 年经济补偿金"1118 元，该公司还应向吴泽贵支付 1828.68 元。另鉴于双方确认 2009 年 4 月 3 日后吴泽贵未再回新快达公司上班，可认定双方的劳动关系于该日解除。

经济补偿金纠纷
办案依据集成

1.《中华人民共和国劳动法》（2009 年 8 月 27 日修正）（节录）

第四十六条 有下列情形之一的，用人单位应当向劳动者支付经济补偿：

（一）劳动者依照本法第三十八条规定解除劳动合同的；

（二）用人单位依照本法第三十六条规定向劳动者提出解除劳动合同并与劳动者协商一致解除劳动合同的；

（三）用人单位依照本法第四十条规定解除劳动合同的；

（四）用人单位依照本法第四十一条第一款规定解除劳动合同的；

（五）除用人单位维持或者提高劳动合同约定条件续订劳动合同，劳动者不同意续订的情形外，依照本法第四十四条第一项规定终止固定期限劳动合同的；

（六）依照本法第四十四条第四项、第五项规定终止劳动合同的；

（七）法律、行政法规规定的其他情形。

第四十七条 经济补偿按劳动者在本单位工作的年限，每满一年支付一个月工资的标准向劳动者支付。六个月以上不满一年的，按一年计算；不满六个月的，向劳动者支付半个月工资的经济补偿。

劳动者月工资高于用人单位所在直辖市、设区的市级人民政府公布的本地区上年度职工月平均工资三倍的，向其支付经济补偿的标准按职工月平均工资三倍的数额支付，向其支付经济补偿的年限最高不超过十二年。

本条所称月工资是指劳动者在劳动合同解除或者终止前十二个月的平均工资。

第四十八条 用人单位违反本法规定解除或者终止劳动合同，劳动者要求继续履行劳动合同的，用人单位应当继续履行；劳动者不要求继续履行劳动合同或者劳动合同已经不能继续履行的，用人单位应当依照本法第八十七条规定支付赔偿金。

2. 劳动部《关于违反和解除劳动合同的经济补偿办法》（1994 年 12 月 3日 劳部发〔1994〕481 号）

第一条 为了规范违反和解除劳动合同对劳动者的经济补偿标准，根据《中华人民共和国劳动法》的规定，制定本办法。

第二条 对劳动者的经济补偿金，由用人单位一次性发给。

第三条 用人单位克扣或者无故拖欠劳动者工资的，以及拒不支付劳动者延长工作时间工资报酬的，除在规定的时间内全额支付劳动者工资报酬外，还需加发相当于工资报酬百分之二十五的经济补偿金。

第四条 用人单位支付劳动者的工资报酬低于当地最低工资标准的，要在补足低于标准部分的同时，另外支付相当于低于部百分之二十五的经济补偿金。

第五条 经劳动合同当事人协商一致，由用人单位解除劳动合同的，用人单位应根据劳动者在本单位工作年限，每满一年发给相当于一个月工资的经济补偿金，最多不超过十二个月。工作时间不满一年的按一年的标准发给经济补偿金。

第六条 劳动者患病或者非因工负伤，经劳动鉴定委员会确认不能从事原工作、也不能从事用人单位另行安排的工作而解除劳动合同的，用人单位应按其在本单位的工作年限，每满一年发给相当于一个月工资的经济补偿金，同时还应发给不低于六个月工资的医疗补费。患重病和绝症的还应增加医疗补助费，患重病的增加部分不低于医疗补助费的百分之五十，患绝症的增加部分不低于医疗补助费的百分之百。

第七条 劳动者不能胜任工作，经过培训或者调整工作岗位仍不能胜任工作，由用人单位解除劳动合同的，用人单位应按其在本单位工作的年限，工作时间满一年，发给相当于一个月工资的经济补偿金，最多不超过十二个月。

第八条 劳动合同订立时所依据的客观情况发生重大变化，致使原劳动合同无法履行，经当事人协商不能就变更劳动合同达成协议，由用人单位解除劳动合同的，用人单位按劳动者在本单位工作的年限，工作时间每满一年发给相当于一个月工资的经济补偿金。

第九条 用人单位濒临破产进行法定整顿期间或者生产经营状况发生严重困难，必须裁减人员的，用人单位按被裁减人员在本单位工作的年限支付经济补偿金。在本单位工作的时间每满一年，发给相当于一个月工资的经济补偿金。

第十条 用人单位解除劳动合同后，未按规定给予劳动者经济补偿的，除全额发给经济补偿金外，还须按该经济补偿金数额的百分之五十支付额外经济补偿金。

第十一条 本办法中经济补偿金的工资计算标准是指企业正常生产情况下劳动者解除合同前十二个月的月平均工资。

用人单位依据本办法第六条、第八条、第九条解除劳动合同时，劳动者的月平均工资低于企业月平均工资的，按企业月平均工资的标准支付。

第十二条 经济补偿金在企业成本中列支，不得占用企业按规定比例应提取的福利费用。

第十三条 本办法自一九九五年一月一日起执行。

3. 劳动部办公厅《关于对解除劳动合同经济补偿问题的复函》（1997 年 10 月 10 日劳办发〔1997〕98 号）

广州市劳动局：

你局《关于解除劳动合同经济补偿问题的请示》（穗劳函字〔1997〕193 号）收悉。经研究，现答复如下：

第一，关于对《违反和解除劳动合同的经济补偿办法》（劳部发〔1994〕481 号）第五条中的"工作时间不满一年的按一年的标准发给经济补偿金"的理解问题。这里的"工作时间不满一年"是指两种情形，第一种是指职工在本单位的工作时间不满一年的；第二种是指职工在本单位的工作时间超过一年但余下的工作时间不满一年的。计发经济补偿金时对上述不满一年的工作时间都按工作一年的标准计算。

第二，《违反和解除劳动合同的经济补偿办法》第五条关于"工作时间不满一年的按一年的标准发给经济补偿金"的规定，适用于该办法中的第六条、第七条、第八条和第九条。

4. 最高人民法院《关于审理劳动争议案件适用法律若干问题的解释(二)》（2006年8月14日 法释〔2006〕6号）（节录）

第四条 用人单位和劳动者因劳动关系是否已经解除或者终止，以及应否支付解除或终止劳动关系经济补偿金产生的争议，经劳动争议仲裁委员会仲裁后，当事人依法起诉的，人民法院应予受理。

5. 最高人民法院《关于审理劳动争议案件适用法律若干问题的解释》（2001年4月16日 法释〔2001〕14号）（节录）

第十五条 用人单位有下列情形之一，迫使劳动者提出解除劳动合同的，用人单位应当支付劳动者的劳动报酬和经济补偿，并可支付赔偿金：

（一）以暴力、威胁或者非法限制人身自由的手段强迫劳动的；

（二）未按照劳动合同约定支付劳动报酬或者提供劳动条件的；

（三）克扣或无故拖欠劳动者工资的；

（四）拒不支付劳动者延长工作时间工资报酬的；

（五）低于当地最低工资标准支付劳动者工资的。

第六节　竞业限制纠纷

33. 如何认定劳动法中的竞业限制行为？

在解除或者终止劳动合同后，签订竞业限制协议的用人单位的高级管理人员、高级技术人员和其他负有保密义务的人员到与本单位生产或者经营同类产品、从事同类业务的有竞争关系的其他用人单位的行为，或者自己开业生产或者经营同类产品、从事同类业务的行为，这两类行为都属于竞业限制行为。

典型疑难案件参考

上海某某有限公司诉王某竞业限制纠纷案［上海市浦东新区人民法院〔2011〕浦民一（民）初字第 14940 号民事判决书］

基本案情

原告与被告王某于 2009 年 6 月 30 日签订了期限从 2009 年 6 月 29 日起至 2012 年 6 月 28 日止的《劳动合同》，该合同约定被告在原告处担任产品工程部系统工程师职务，并约定被告从原告处离职后两年内不得在与原告从事同类业务的单位从事相同或相近岗位工作，不得使用在原告工作期间所掌握的原告公司的任何资料与信息等；原告在被告离开公司后，在竞业限制期内，原告按被告月工资的 20% 支付被告经济补偿金；如被告违反该规定的，被告除返还原告已支付的补偿金外，还应当按实际收取补偿金两倍向原告支付违约金。2010 年 7 月 7 日，原告以书面形式告知被告须按劳动合同约定履行竞业限制义务，并会将竞业限制补偿金打入被告银行账户。2010 年 7 月 10 日，原、被告正式解除劳动合同。原告自 2010 年 7 月至 2010 年 12 月期间，每月均向被告支付了竞业限制补偿金共计 8290.08 元。2010 年 7 月底，被告进入案外人某某（上海）有限公司工作，担任该公司 OSS 乘员安全系统部门客户项目工程师职务。之后，原告知悉被告目前的工作情况，并认为某某（上海）有限公司与原告公司的经营范围属相同或相近的，且被告在某某（上海）有限公司从事的岗位属于被告在原告处工作期间相同或相近的岗位，被告行为明显违反了劳动合同约定的竞业限制条款。为此，原告于 2011 年 4 月 25 日向上海市浦东新区劳动人事争议仲裁委员会提出申诉，要求被告：（1）支付 2010 年 7 月至 2010 年 12 月期间的竞业限制违约金 16580.16 元；（2）返还 2010 年 7 月至 2010 年 12 月期间的竞业限制补偿金 8290.08 元。经仲裁，对原告的请求裁决均不予支持。原告不服该裁决，遂向浦东新区人民法院提出起诉。

原、被告一致确认被告的基本工资 6458.40 元及学历补贴 300 元，共计 6758.40 元作为计算被告的竞业限制补偿金的基数。被告确认收到原告已支付的竞业限制补偿金 2010 年 7 月 1531.68 元、2010 年 8 月至 2010 年 12 月每月均为 1351.68 元。另原、被告确认被告就职的某某（上海）有限公司经营范围中乘员保护系统的业务包括安全带、安全气囊、安全专项装置等减轻二次碰撞的所有系统。被告确认其在该公司就职的 OSS 乘员安全系统部门的业务包括乘员保护系统。

此外，被告现就职的某某（上海）有限公司经营范围为研究和开发汽车零部件和系统（包括转向系统、底盘系统、汽车电子组件、制动系统、限制系统、乘员保护系统、汽车紧固件和零部件等），提供相关技术咨询和技术支持服务及设计、开发和测试服务，许可研发成果（涉及许可经营的凭许可证经营）。原告的经营范围为汽车安全气囊的研制开发、制造及销售，经营本企业自产产品的出口业务和本企业所需的机械设备、零部件、原辅材料的进口业务，但国家限定公司经营或禁止进出的商品及技术除外（以上涉及许可经营的凭许可证经营）。

诉辩情况

原告诉称：原、被告于 2009 年 6 月 30 日签订了期限从 2009 年 6 月 29 日起至 2012 年 6 月 28 日止的《劳动合同》，该合同约定被告在原告处担任产品工程部系统工程师职务，并约定被告从原告处离职后两年内不得在与原告从事同类业务的单位从事相同或相近岗位工作，如违反该规定的，被告除返还原告已支付的补偿金外，还应当按实际收取补偿金两倍向原告支付违约金。2010 年 7 月 7 日，原告以书面形式告知被告须按劳动合同约定履行竞业限制义务，并会将竞业限制补偿金打入被告银行账户。2010 年 7 月 10 日，原、被告正式解除劳动合同。原告自 2010 年 7 月至 2010 年 12 月期间，每月均向被告支付了竞业限制补偿金，共计人民币 8290.08 元（以下币种相同）。被告在原告处离职后就职于与原告从事同类业务的案外人某某（上海）有限公司，担任该公司 OSS 乘员安全系统部门工程师职务。某某（上海）有限公司隶属美国公司，其相当一部分业务是为上海某某有限公司提供技术支持，属于研发团队。上海某某有限公司是美国公司与××集团合资经营的生产型企业，其主营产品安全气囊与原告主营完全一致。被告在某某（上海）有限公司从事的岗位属于被告在原告处工作期间相同或相近的岗位，明显违反了劳动合同约定的竞业限制条款。2011 年 1 月，原告继续向被告支付竞业限制补偿金，但被银行告知被告的银行账户已注销，支付的竞业限制补偿金被退回。原告于 2011 年 2 月 12 日寄告知函，要求被告于 2011 年 2 月 18 日前提供其他银行账户或其他方式以便原告继续履行支付义务。同时，原告为被告暂时代为保管 2011 年 1 月起的竞业限制补偿金。被告于 2011 年 2 月 14 日收到此告知函后，至今仍未给原告提供其他银行账户或其他方式。2011 年 1 月至今，原告代为保管两个月的竞业限制补偿金共计 2703.36 元。综上，因被告的行为违反了劳动合同约定的竞业限制条款，被告按劳动合同约定返还原告竞业限制补偿金 8290.08 元及承担违约金 21986.88 元。为此，原告向上海市浦东新区劳动人事争议仲裁委员会提出申诉，经仲裁裁决，原告不服该裁决，现提出起诉，要求被告：(1) 返还 2010 年 7 月至 2010 年 12 月期间的竞业限制补偿金共计 8290.08 元；(2) 支付违反竞业限制的违约金 21986.88 元。

被告王某辩称：被告原系原告处职工，担任产品工程部系统工程师职务，主要负责汽车碰撞安全实验。2010 年 7 月 10 日，原、被告解除劳动合同。同年 7 月底被告进入某某（上海）有限公司工作，在该公司担任 OSS 乘员安全系统部客户项目工程师职务，主要负责客户项目的调配、与客户交流项目进度情况、协调项目资源分配方式。被告认为，现所从事的工作岗位与原在原告处从事的工作岗位不存在竞争关系。被告确认已收到原告支付的 2010 年 7 月至 2010 年 12 月期间的竞业限制补偿金共计 8290.08 元。因被告并未违反双方约定的竞业限制条款，故不同意原告的诉讼请求。

裁判结果

上海市浦东新区人民法院根据《中华人民共和国劳动合同法》第 23 条、第 24 条，判决如下：

一、被告王某于本判决生效之日起 10 日内返还原告上海某某有限公司 2010 年 7 月至 2010 年 12 月期间的竞业限制补偿金 8290.08 元；

二、被告王某于本判决生效之日起 10 日内支付原告上海某某有限公司竞业限制违约金 16580.16 元。

负有付款义务的当事人如果未按本判决指定的期间履行给付金钱义务，应当依照《中华人民共和国民事诉讼法》第 229 条之规定，加倍支付迟延履行期间的债务利息。

案件受理费 10 元，减半计 5 元，免予收取。

如不服本判决，可在判决书送达之日起 15 日内，向本院递交上诉状，并按对方当事人的人数提出副本，上诉于上海市第一中级人民法院。

裁判理由

上海市浦东新区人民法院认为：根据劳动合同法规定，用人单位与劳动者可以在劳动合同中约定竞业限制条款，在双方约定的竞业限制期限内劳动者不得到与本单位生产或者经营同类产品、从事同类业务的有竞争关系的其他用人单位工作，或者自己开业生产或者经营同类产品、从事同类业务。对负有竞业限制义务的劳动者，用人单位可以在劳动合同中约定在解除或者终止劳动合同后，在竞业限制期限内按月给予劳动者经济补偿。劳动者违反竞业限制约定的，应当按照约定向用人单位支付违约金。本案中，原、被告签订的劳动合同中约定被告从原告处离职后两年内不得在与原告从事同类业务的单位从事相同或相近岗位工作，不得使用在原告工作期间所掌握的原告公司的任何资料与信息等。审理中，被告认为其在现就职的某某（上海）有限公司担任 OSS 乘员安全系统部客户项目工程师职务，主要负责客户项目的调配、与客户交流项目进度情况、协调项目资源分配方式，并未从事原在原告处工作内容，因此，并不违反双方约定的竞业限制条款。对此，本院认为，被告现就职的某某（上海）有限公司经营范围中包括乘员保护系统研发，现双方确认乘员保护系统的业务包括安全带、安全气囊、安全专项装置等减轻二次碰撞的所有系统研发，而原告的经营范围包括汽车安全气囊的研发，显然被告现就职的某某（上海）有限公司的经营范围与原告存在业务上的竞争关系。被告作为职工应当对本企业履行忠诚义务，其在原告处离职后至与原告的经营范围存在竞争关系用人单位工作，显然已违反了双方签订的劳动合同约定的竞业限制条款。因此，根据双方劳动合同的约定被告应当承担相应的竞业限制违约责任。现原告要求被告返还 2010 年 7 月至 2010 年 12 月期间的竞业限制补偿金 8290.08 元的诉讼请求，并不违反法律规定，本院予以支持。对原告要求被告支付违反竞业限制的违约金 21986.88 元，根据双方劳动合同的约定如被告违反竞业限制规定的，被告除返还原告已支付的竞业限制补偿金外，还应当按实际收取补偿金两倍向原告支付违约金，现本院已确认被告违反了竞业限制约定，应承担违约责任，但违约金的数额应按双方约定计算，故被告应支付原告已收到的 2010 年 7 月至 2010 年 12 月期间的竞业限制补偿金 8290.08 元的两倍违约金 16580.16 元。对原告要求被告支付 2011 年 1 月至 2011 年 2 月期间尚未支付的竞业限制补偿金 2703.36 元的两倍违约金 5406.72 元，原告虽提出因被告的原因导致未支付其竞业限制补偿金，但实际原告确未支付被告该期间的竞业限制补偿金，尚未达到双方劳动合同约定的被告应支付原告竞业限制违约金的条件，故原告要求被告支付 2011 年 1 月至 2011 年 2 月期间的竞业限制违约金 5406.72 元的诉讼请求，本院不予支持。

34. 劳动者违反竞业限制条款是否需要承担违约金责任？

用人单位与劳动者可以在劳动合同中约定保守用人单位的商业秘密和与知识产权相关的保密事项。对负有保密义务的劳动者，用人单位可以在劳动合同或者保密协议中与劳动者约定竞业限制条款，并约定在解除或者终止劳动合同后，在竞业限制期限内按月给予劳动者经济补偿。劳动者违反竞业限制约定的，应当按照约定向用人单位支付违约金。也就是说，用人单位与劳动者双方之间如果约定了竞业限制条款并在竞业限制期限内按月给予劳动者经济补偿，劳动者一旦违反竞业限制条款，则需要承担违约金责任。

典型疑难案件参考

甲某与甲公司竞业限制纠纷案〔上海市第一中级人民法院〔2011〕沪一中民三（民）终字第 1382 号民事判决书〕

基本案情

甲某、甲公司于 2005 年 7 月 20 日始建立劳动合同关系，双方签订有书面《劳动合同》。2006 年 11 月 28 日甲某、甲公司签订了《保密协议》，协议约定：……甲某在离职之后两年内不得在与涉及下列经营范围内的其他企业、事业单位、社会团体内担任任何职务或自行开公司，具体如下：（1）生产、经营或销售有关工程机械电液控制系统或控制器、显示器的公司；（2）生产、经营或销售旋转编码器、光栅尺、直线位移传感器、激光测距以及冷、热金属探测器产品的公司；（3）以下品牌产品及相应代理商：STW、INTERCON-TROL、BOSCH、REXROTH、LINDE、HAWE、IFM、P + F、TURCK、SICK、HEIDENHAIN 等……甲公司向甲某支付竞业禁止的经济补偿分两次，第一次于解除合同当日支付，金额为解除劳动合同当年的一年上海市最低工资，次年当日，持未在竞业禁止单位工作的有关证明领取，金额为当年的一年上海市最低工资，若甲某拒绝接受本经济补偿，则视为甲某违约……如甲某违反竞业禁止条款，甲某应向甲公司支付违约金 10 万元，如果甲某的违约行为给甲公司造成的损失超过 10 万元，甲某应按实际损失向甲公司赔偿……甲某、甲公司最后一份劳动合同签订于 2007 年 7 月 21 日，合同约定有效期为 2007 年 7 月 21 日至 2010 年 7 月 20 日，工作内容中载明：甲公司聘用甲某在工程技术部担任高级技术工程师，该岗位系涉密工作；劳动纪律中规定：……甲某在任职及合同终止后均应对其在甲公司任职期间知悉的有关甲公司的技术、事务、资料及甲公司客户的秘密、资料负保密义务。2007 年 7 月 21 日，甲某与甲公司另签订了《保密协议》一份，《保密协议》对甲某"离职之后"的规定为：……甲某离职后承担保密义务的期限为无限期保密，直至甲公司宣布解密或秘密信息实际上已经公开；甲某在离职之后两年内不得在与涉及下列经营范围内的其他企业、事业单位、社会团体内担任任何职务或自行开公司，具体如下：（1）生产、经营或销售有关工程机械电液控制系统或控制器、显示器的公司；（2）生产、经营或销售旋转编码器、光栅尺、直线位移传感器、激光测距以及冷、热金属探测器产品的公司；（3）以下品牌产品及相应代理商：STW、INTERCONTROL、BOSCH、REXROTH、LINDE、HAWE、IFM、P + F、TURCK、SICK、HEIDEN-HAIN 等……甲公司向甲某支付竞业禁止的经济补偿分两次，第一次于解除合同当日支付，金额为解除劳动合同当年的一年上海市最低工资，次年当日，持未在竞业禁止单位工作的有关证明领取，金额为当年的一年上海市最低工资，若甲某拒绝接受本经济补偿，则视为甲某违约……如甲某违反竞业禁止条款，甲某应向甲公司支付违约金 10 万元，如果甲某的违约行为给甲公司造成的损失超过 10 万元，甲某应按实际损失向甲公司赔偿……2009 年 5 月 13 日，甲某以个人原因向甲公司申请辞职，同年 5 月 14 日，甲公司同意甲某的辞职申请。2009 年 5 月 18 日，甲公司向甲某支付了竞业限制经济补偿 11520 元。2010 年 9 月 14 日，甲公司向上海市浦东新区劳动人事争议仲裁委员会提出申请，要求甲某继续履行竞业禁止义务，解除与乙公司及其上海分公司的劳动合同、支付违反竞业禁止义务的违约金 10 万元。2010 年 12 月 1 日，上海市浦东新区劳动人事争议仲裁委员会作出裁决，对甲公司的申诉请求均不予支持。因甲公司不服该裁决，向上海市浦东新区人民法院提起诉讼。

甲公司的经营范围为：自动化系统领域内的技术开发、技术转让、技术咨询、技术服务，自动化系统设备生产、销售，从事货物及技术进出口业务（企业经营涉及行政许可的，凭许可证件经营）。案外人丙公司为乙公司的全资股东。乙公司的经营范围为：以电子感应器、网络控制系统和相关产品为主的保税区内仓储与分拨业务及相关产品的售后服务、维修服务及商务咨询，国际贸易、转口贸易，保税区内商业性简单加工及保税区内商品展示，电子产品及其零配件的批发、进出口、佣金代理（拍卖除外）及其他相关配套业务（涉及配额许可证管理、专项规定管理的商品按照国家有关规定办理，涉及许可经营的凭许可证经营）。

甲某、甲公司确认2005年8月至11月甲某月工资标准为2000元；2005年12月至2006年5月甲某月工资标准为2500元；2006年6月至2007年3月甲某月工资标准为3000元；2007年4月至2007年12月甲某月工资标准为3500元，2008年1月至2009年5月甲某月工资标准为5000元。

甲公司支付甲某2005年终奖2000元、2006年终奖7000元、2007年终奖9221.74元（税后）；甲公司支付甲某2006年技术奖5500元、2007年技术奖6250元。甲某自2009年9月由案外人乙公司为其建立社会保险账户，并从2009年7月起补缴社会保险费，截至2011年4月6日，缴费正常。

▶ **一审裁判结果**

上海市浦东新区人民法院依照《中华人民共和国劳动合同法》第3条、第23条第2款的规定，于2011年5月25日作出判决：甲某于判决生效之日起15日内支付甲公司违反竞业限制义务的违约金60000元。原审案件受理费10元，免予收取。

▶ **一审裁判理由**

上海市浦东新区人民法院认为：用人单位与劳动者可以在劳动合同中约定保守用人单位的商业秘密和知识产权相关的保密事项。负有保密义务的劳动者，用人单位可以在劳动合同或者保密协议中与劳动者约定竞业限制条款，并约定在解除或终止劳动合同后，在竞业限制期限内按月给予劳动者经济补偿，劳动者违反竞业限制约定的，应当按照约定向用人单位支付违约金；故甲某、甲公司于2007年7月21日签订的《保密协议》并不违反法律、法规的规定。甲某虽陈述其于2009年7月起的就业状态为无业，经原审法院查明，乙公司自2009年7月起为甲某缴纳了上海市城镇社会保险费，因缴纳社会保险属用人单位的义务，故原审法院确认甲某于2009年7月起与乙公司建立了劳动关系。

对于甲某、甲公司争议的《公证书》的证明效力问题，上海市浦东新区人民法院认为：公证文书已记载该证据保全的操作过程系在公证处的办公室使用公证处的电脑进行的操作，而对互联网上的相关网页进行的公证并不等同于境外所取得的证据，故甲某认为相关网页材料须经过认证的观点，原审法院不予采纳。对于公证文书中记载的操作步骤与公证文书中附录的电脑截屏显示的内容问题，原审法院认为电脑截屏上确实显示了公证机关在地址栏中输入了"www.×××.com"，公证书记载截屏的文档系回车之后复制的页面，同时公证文书中表述的"Asia – china"属对网页上显示的"Asia"下拉菜单中显示有"china"的文字表述，该表述并无不妥，故原审法院对甲某提出的相关观点不予采纳。根据乙公司在网页上发布的公司产品介绍中包括了编码器、工程机械的控制器等产品，而甲某、甲公司签订的《保密协议》中规定了甲某在离职之后两年内不得在涉及上述生产、经营、销售产品的公司中就职。同时甲某、甲公司双方的《保密协议》中规定了甲某在离职之后两年内不得在涉及"IFM"品牌产品及相应代理商的其他企业、事业单位、社会团体内任职，甲某虽陈述"IFM"是与甲公司无关的英国经营机械的品牌，但甲某无证据证明其陈述，因乙公司由丙公司全资投资，"IFM"可以理解为易某某相关公司的简称，故甲公司认为甲某在乙公司工作的行为违反了《保密协议》的约定，应承担相应违约责任的观点，上海市浦东新区人民法院予以采纳。

对于竞业限制违约金的金额问题，上海市浦东新区人民法院认为：由于竞业限制是劳动者根据法律、法规及劳动合同的约定所承担的一项特殊义务，劳动者也可以获得用人单位支付的相应经济补偿，所以根据权利、义务相对等原则，对于违约金的数额应按照公平、合理的原则进行约定。甲某、甲公司对于竞业限制的违约金与经济补偿的约定标准不同，甲某在甲公司工作3年余，工资性收入为16万余元，而甲某、甲公司双方约定的违约金金额为100000元，该违约金数额略显偏高，现甲某要求适当调整其应承担的违约金数额的观点，上海市浦东新区人民法院可予准许，上海市浦东新区人民法院酌情确定甲某应支付甲公司的违约金数额为60000元，甲某要求将违约金调整为30000元的观点，上海市浦东新区人民法院不予采纳。

二审诉辩情况

甲某不服一审判决，向上海市第一中级人民法院提出上诉，要求撤销原审法院判决，依法改判：上诉人不支付被上诉人违反竞业限制义务的违约金60000元，同意支付被上诉人违反竞业限制义务的违约金30000元。

上诉人上诉称：

（1）《保密协议》是2007年7月21日签订的，而竞业限制法律关系是2008年1月1日起施行的劳动合同法规定的。法律上要求竞业限制的主体是高级管理人员或高级技术人员，上诉人名为高级技术工程师，实为一名技术支持工程师，不符合主体要件。《保密协议》约定竞业限制的经济补偿金分两次支付，且必须持有相关证明才能领取，附条件支付，而法律规定经济补偿金按月支付，不得附任何条件。《保密协议》不按上诉人的工资收入来确定金额，而是按当年上海市最低工资金额来支付，而违约金高达100000元，差异巨大，显失公平。因此，《保密协议》无效。（2）原审法院依职权查明上诉人的社会保险费的材料，从法律上讲是一份证据，未经上诉人庭审质证，不能作为审理的依据。（3）没有任何证据证明IFM就是乙公司，IFM与上诉人、乙公司没有任何关系。被上诉人在原审中提交的公证书，只是从程序上表明了公证处在中国登陆相关网站，并截取相应网页的过程，并不能证明网站所示内容的真实性，主要理由为：①网站的内容全部是外文，没有中文显示，网站内容无法确认；②该网站的主页网址是"www.×××.com"，登陆网站后，全是外文，网站主体及内容真实性无法确认；③公证书所载内容中并未出现任何文字证明IFM指的是什么、IFM与乙公司是何关系；④"Asia"下拉菜单中包括的小写"china"，不是指中国；⑤该网站是域外网站，依法应经过公证认证。依公证书保全证据行为的全过程第二项所示，在IE网址栏中输入"www.×××.com"回车，截屏，并建立文档第1页，但从第1页所示的网址为"www.×××.com/×××/web/home.htm"，与公证员输入的网址"www.×××.com"不一致。（4）竞业限制的违约金数额畸高，应依被上诉人实际支付的竞业限制经济补偿金调整降低。本案中，被上诉人没有任何损失，即使上诉人应承担违约责任，也应根据被上诉人实际支付的竞业限制经济补偿金来确定。

被上诉人甲公司辩称：（1）被上诉人与上诉人签订的《保密协议》有效，被上诉人依约支付了上诉人当年的竞业限制补偿金11520元，但上诉人却违反竞业限制义务，于2009年10月起任职于乙公司，与该公司建立了劳动合同关系，经被上诉人与上诉人多次协商，上诉人拒不改正。（2）原审法院不存在违反程序的行为。（3）"www.×××.com"中的ifm三个字母是易某某公司的简称，内容都是关于易某某公司的，就是易某某公司的官方网址。（4）违约金数额是被上诉人与上诉人双方确定的，原审法院判决60000元，已经考虑了上诉人的工资数额，经过衡量作出的判决，原审法院判决合理。（5）上诉人违反双方协议的约定，主观恶意明显。

二审裁判结果

上海市第一中级人民法院依照《中华人民共和国民事诉讼法》第153条第1款第1项之规定，判决如下：

驳回上诉，维持原判。

上诉案件受理费人民币10元，由上诉人甲某负担。

本判决为终审判决。

二审裁判理由

上海市第一中级人民法院认为：在《中华人民共和国劳动合同法》实施之前，就竞业限制问题已有规定，劳动者和用人单位可以约定竞业限制条款，并约定在解除劳动合同后，用人单位给予劳动者经济补偿。本案中，上诉人与被上诉人签订《保密协议》，协议中就上诉人在离职后两年内不得至相关企业、事业单位和社会团体工作等事项作了约定，该协议系双方当事人真实意思的表示，双方均应依约履行。

被上诉人向原审法院申请调查令，调取上诉人的社会保险费缴纳情况，上诉人对调查取得的材料的出具人持有异议，原审法院据此向浦东新区社保中心调取上诉人的参保信息，并无不当。上诉人对参保信息摘录不发表质证意见，视为放弃自己的权利。乙公司为上诉人缴纳自 2009 年 7 月起的社会保险费，若上诉人与该公司无关系，则该公司为上诉人缴纳社会保险费的行为与常理相悖，故本院有理由认为上诉人已至乙公司任职。

公证处工作人员在公证过程中，在网址栏中输入"www. × × × .com"，回车，进入页面，进入"Asia"下拉菜单的"china"后，显示"http：//www. 某某某 .com/ifmcn/web/home. htm，乙公司，易某某通过传感器、通信和控制系统为工艺流程提供最完美的解决方案"等内容。乙公司由丙公司全资投资，而通过上述网址查询到的信息中显示有乙公司，因此，这些信息足以让人相信，"IFM"系易某某相关公司的简称。

因上诉人至乙公司工作，而该公司又涉及"IFM"品牌，故上诉人的行为违反了《保密协议》的约定，上诉人应承担违约责任。违约金的实质是对商业秘密可能泄露而造成损失的补偿，由于商业秘密之无形性与秘密性，故应按照商业秘密的市场价值及救济成本进行衡定，一般应遵循当事人意思自治，竞业限制补偿金与违约金的金额之间并无直接关联。本案中，原审法院根据上诉人的工资金额，酌情将违约金金额调整为 60000 元在合理范围内，并无不当。因此，上诉人应支付被上诉人违反竞业限制义务的违约金 60000 元，上诉人要求将违约金调整为 30000 元的主张，本院不予采信。

综上所述，原审法院所作判决无误，本院予以维持。

35. 仅约定竞业限制义务但没有约定经济补偿的竞业限制条款或协议的效力如何？

用人单位与劳动者仅约定竞业限制义务但未同时约定经济补偿的，属于用人单位免除自己的法定责任、排除劳动者权利的情形，该竞业限制条款或协议因此而无效。

典型疑难案件参考

杭州某某教育咨询有限公司与屠某劳动争议纠纷上诉案（浙江省杭州市中级人民法院〔2012〕浙杭民终字第 371 号民事判决书）

基本案情

屠某系舞蹈专业毕业，并从事舞蹈教学工作。2009 年 7 月 1 日，某某公司（甲方）与屠某（乙方）签订了书面《劳动合同》一份，合同约定，乙方从事舞蹈教学工作，每月薪资 4000 元，超出部分按 50 元/小时计提；合同第 9 条第 2 款还约定：由于乙方自身原因终止本合同，乙方在一年内不在杭州从事同甲方业务的舞蹈教学工作；合同期限自 2009 年 7 月 1 日起至 2011 年 6 月 30 日止。合同签订后，屠某在某某公司从事舞蹈教学工作。2011 年 5 月 23 日，屠某因身体原因（腰椎间盘突出）向某某公司提出离职，并填写了员工离职审批表。当日，总经理签字意见栏：同意，按《劳动合同》第 9 条竞业限制一年，公司每月按 2000 元支付补偿金。总经理签字意见栏上内容并未经屠某签字确认。屠某离职以后，某某公司也没有按照该意见向屠某支付经济补偿。事后，某某公司发现屠某在杭州市古墩路颐景园综合楼 701 室开办舞蹈培训班。对此，某某公司于 2011 年 8 月 2 日向杭州市下城区劳动争议仲裁委员会申请仲裁，要求裁决屠某履行《劳动合同》第 9 条第 2 款竞业限制的义务立即停止开办舞蹈培训班，并要求屠某支付违约金 10 万元。2011 年 9 月 8 日，杭州市下城区劳动争议仲裁委员会作出了驳回某某公司所有请求事项的裁决。某某公司不服该裁决，于 2011 年 9 月 20 日起诉至杭州市下城区人民法院，请求判决：（1）屠某履行《劳动合同》第 9 条第 2 款竞业限制的义务并立即停止开办舞蹈培训班；（2）屠某支付某某公司违约金 100000 元。一审审理中，原审法院主持调解，因双方分歧较大，不能取得一致意见。

一审裁判结果

杭州市下城区人民法院依照《中华人民共和国劳动合同法》第 23 条、第 24 条之规定，于 2011 年 11 月 8 日判决：驳回某某公司的诉讼请求。本案受理费人民币 10 元，减半收取 5 元，由某某公司负担。

一审裁判理由

杭州市下城区人民法院认为：根据我国《劳动合同法》第 23 条规定，用人单位与劳动者可以在劳动合同中约定保守用人单位的商业秘密和与知识产权相关的保密事项。对负有保密义务的劳动者，用人单位可以在劳动合同中或者保密协议中与劳动者约定竞业限制条款，并约定在解除或者终止劳动合同后，在竞业限制期限内按月给予劳动者经济补偿，劳动者违反竞业限制约定的，应当按照约定向用人单位支付违约金。本案屠某系一名舞蹈老师，虽然某某公司、屠某通过签订劳动合同的方式，约定了屠某在解除劳动合同后一定期限内要竞业限制，但是双方未对保密事项及经济补偿作出约定，只是在解除劳动合同的员工离职审批表上总经理意见栏填写了每月支付 2000 元经济补偿，事后并没有经过屠某签字确认。在双方解除劳动合同以后，实际某某公司也没有向屠某支付过经济补偿。由于竞业限制的不是劳动者个人所具有的信息及能力，因此，双方在劳动合同第 9 条中有关"由于屠某方自身原因终止本合同，其在一年内不在杭州从事同某某公司方业务的舞蹈教学工作"的约定应为无效，屠某无须承担竞业限制的义务。某某公司认为其在岗位责任书和教师工作手册里明确了保密责任，但没有证据证明屠某掌握了某某公司单位的经营秘密，因而某某公司主张屠某承担竞业限制的义务缺乏事实依据，故某某公司请求判决屠某履行《劳动合同》第 9 条第 2 款竞业限制的义务并立即停止其开办的舞蹈培训班，并支付某某公司违约金 10 万元人民币理由不能成立，原审法院不予支持。

二审诉辩情况

一审宣判后，某某公司不服，向杭州市中级人民法院提起上诉称：（1）一审法院认定事实错误，一审中上诉人提交了充分的证据，但一审法院对以下有充分证据证明的客观事实并未予以认定：①《教师工作手册》、《员工手册》作为单位的规章制度，其明确规定了竞业限制的时间、地域范围及补偿金的数额和支付时间。该规章制度应作为审理本案的依据。②双方签订的劳动合同中也明确了被上诉人的工作要求，即达到《教师工作手册》的各项规定。劳动合同中也有员工应遵守企业劳动纪律及各项规章制度的约定。③被上诉人签字确认的《国标舞教研组长岗位责任书》中也明确了被上诉人理解公司的商业秘密保护政策，且被上诉人也签收了《教师工作手册》、《员工手册》。④被上诉人在签订劳动合同时、工作期间以及离职时对公司的有关竞业限制没有提出任何异议。因此，双方就竞业限制的权利义务达成了一致意见，该约定是有效的，且该条款所约定的一年限制期限，不会造成被上诉人生存上的困难，所限制的行为范围也属合理，没有损害其正当的劳动权、生存权，相应限制内容也符合国家对竞业限制方面的政策。（2）一审法院法律适用错误。一审法院在事实上的错误认定，导致了判决错误适用法律。（3）诚实信用不仅是社会的公众道德，也是法律的主要原则之一。法院应通过公正的判决引导公众诚实守信。诚实信用原则不仅是法律原则也是法律条文中的帝王条款，是所有法律行为所必须遵守的原则之一。就本案而言，从上诉人提交的证据来看，被上诉人在离职前的一个多月就开始筹办舞蹈培训公司并开展业务，离职后又以各种理由拒收竞业限制补偿。很显然，被上诉人的行为明显违背诚实守信的原则。综上，请求：（1）撤销原审判决；（2）改判被上诉人履行《劳动合同》第9条第2款竞业限制的义务并立即停止开办舞蹈培训班，并由被上诉人支付上诉人违约金100000元人民币；（3）判决一、二审诉讼费用由被上诉人承担。

屠某答辩称：（1）被上诉人未违反竞业限制义务，可以合法从事舞蹈培训教学工作。理由如下：①被上诉人并非负有保密义务的劳动者。被上诉人原系某某公司一名普通舞蹈老师，既不是公司股东，也不是高级管理人员，工作中也未涉及公司保密事项。被上诉人提供的某某公司《教师工作手册》（2011年最新版）中，也没有保密制度内容。该手册从外观、装订、内容都与上诉人提供的《教师工作手册》有明显区别，上诉人提供的《教师工作手册》中所谓"保密制度"属于事后私自添加，事先没有告知过被上诉人，也未经被上诉人同意，双方未达成一致，被上诉人对保密制度内容不予认可，故保密条款无法律效力。②关于"岗位责任书"的性质。被上诉人认为，双方对商业秘密的具体范围、保密权利义务、保密措施、保密责任等关键内容均无明确约定，且上诉人事后也并未及时予以确认，此文件并非具有法律效力的保密协议，对被上诉人没有法律约束力。③被上诉人与上诉人签订的《全日制劳动合同》第9条内容不符合法律规定属无效条款。该合同第9条规定"由于乙方自身原因终止本合同，乙方在一年内不得在杭州从事同甲方业务的舞蹈教学工作"，该内容有瑕疵，不具有法律效力。因为《中华人民共和国劳动合同法》第23条有明确规定，"对负有保密义务的劳动者，用人单位可以在劳动合同或者保密协议中与劳动者约定竞业限制条款，并约定在解除或者终止劳动合同后，在竞业限制期限内按月给予劳动者经济补偿"。而该条款只约定被上诉人的竞业限制义务，却没有规定上诉人应当承担的按月支付补偿金的内容，双方权利与义务完全不对等。设想，要求一名受过高等专业教育、具有丰富舞蹈教学经验的教师放弃专业，而得不到丝毫的经济补偿，这样的条款显然对被上诉人不公平，与法律规定相违背，因此，该条款不具有法律效力。④被上诉人与上诉人从未就竞业限制内容达成过任何协议。上诉人提供的证据《员工离职审批表》系上诉人内部管理文件，"总经理意见"一栏内容"按《劳动合同》第9条竞业限制一年，公司每月按2000元支付补偿金"只代表上诉人单方面意思表示，事前没有与被上诉人协商，事后也没有得到被上诉人同意，双方均没有签字或盖章确认，故不具有法律效力。如果上诉人真的同意支付补偿金，那么完全可以像发工资一样将补偿金打入被上诉人银行卡，然而上诉人又是打电话，又是寄快递，就是不愿付款，其目的是制造双方曾经达成补偿约定的假象。而事实情况是，直到目前上诉人从未向被上诉人支付过一分钱补偿金，因此，被上诉人不受竞业限制，完全可以合法从事舞蹈教学工作。
(2) 要求被上诉人承担100000元违约全没有事实和法律依据。被上诉人因没有与上诉人达成竞业限制义务，完全可以正当从事舞蹈教学工作。上诉人伪造《保密制度》和"员工离职审批表"完全是为限制正当的商业竞争所采取的恶意诉讼行为，不但违背了企业商业信誉，还造成国家公共资源的浪费。上诉人称被上诉人以不正当方式拉拢上诉人的学员，上诉人对此没有提供任何证据证明，纯属恶意捏造，对其造成损失100000元更属无稽之谈，没有提供任何证明，故应不予认可。综上，请求驳回上诉，维持原判。

二审裁判结果

浙江省杭州市中级人民法院根据《中华人民共和国民事诉讼法》第153条第1款第1项之规定，判决如下：

驳回上诉，维持原判。

二审案件受理费10元，由杭州某某教育咨询有限公司负担。

本判决为终审判决。

二审裁判理由

浙江省杭州市中级人民法院认为：某某公司虽然主张屠某违反了保密义务，但未能提供充分有效的证据证明屠某掌握并侵犯了某某公司的商业秘密，故对上述主张，本院不予采信。关于屠某是否违反竞业限制义务一节，本院分析如下：用人单位与劳动者约定竞业限制但未同时约定经济补偿的，属于

《劳动合同法》第26条第2项规定的"用人单位免除自己的法定责任、排除劳动者权利的"情形，该竞业限制条款无效。本案中，虽然劳动合同第9条第2款约定：由于乙方自身原因终止本合同，乙方在一年内不在杭州从事同甲方业务的舞蹈教学工作。但该合同中并未同时约定某某公司应支付屠某的经济补偿。虽然某某公司主张"员工离职审批表"上总经理意见栏填写了"……每月支付2000元经济补偿"，但该表述仅系某某公司的单方意思表示，未有证据显示经过了屠某的同意或确认。在双方解除劳动合同以后，实际上某某公司也未向屠某支付过经济补偿。某某公司所称曾通知过屠某领取经济补偿的主张，根据现有证据，该通知系发生在2011年7月10日，而屠某在2011年5月23日即已离职，且在双方未有约定的情况下，屠某亦无领受经济补偿的义务。综上，案涉劳动合同中约定的所谓竞业限制条款应属无效。另，关于某某公司提交的《教师工作手册》及《员工手册》的证据效力问题。虽然屠某签字确认的"国标舞教研组长岗位责任书"中注明有三个附件，即《教师工作手册》、《员工手册》和《教师考勤手册》。但就《教师工作手册》而言，双方各提供了一个版本，而某某公司未能提供充分有效的证据证明屠某提供的版本系虚假，故对该两个版本的《教师工作手册》，在缺乏证据补强的情况下，现均无法采信。而所谓《员工手册》制定于2010年8月。根据《劳动合同法》的相关规定，用人单位制定、修改或者决定直接涉及劳动者切身利益的规章制度或者重大事项时，应经该法第4条第2款规定的民主程序，否则，在劳动者持有异议的情况下，该规章制度不能成为人民法院审理劳动争议案件的依据。而本案中，就《员工手册》的制定过程是否遵循了民主程序，某某公司亦未能提供证据加以证明。据此，某某公司提供的《教师工作手册》、《员工手册》均不能成为本案的定案依据。综上，某某公司的上诉请求依法不能成立。

36. 曾签订竞业限制条款，后来用人单位不再限制劳动者竞业，是否还需要支付劳动者经济补偿金？

竞业限制义务的履行与享受经济补偿金的权利息息相关。经协商后，用人单位不再限制劳动者竞业，则不再需要支付劳动者经济补偿金，此为协议解除竞业限制合同，但对于离职劳动者应支付离职后至不再限制竞业之前一段时间内的经济补偿金。

典型疑难案件参考

方芳与珠海慧生能源技术发展有限公司劳动合同纠纷上诉案（广东省广州市中级人民法院〔2009〕穗中法民一终字第5868号民事判决书）

基本案情

方芳于2008年1月25日入职慧生公司处。当日，双方签订《保密协议》，内容有慧生公司安排方芳任职涉密岗位，并给予方芳保密津贴500元/月；慧生公司要求方芳离职时竞业限制，同时同意支付方芳竞业限制补偿费，每年不得少于方芳离职前一个年度报酬总额的50%。2008年2月1日，方芳正式上班，任职慧生公司广州分公司总经理（也称华南区域市场总经理或广州节能中心负责人，均未工商登记），办公地点是租用的位于广州市黄埔大道西76号富力盈隆广场3210室。慧生公司每月中旬通过方芳的中国光大银行阳光卡向方芳发放上个月的工资，方芳实收的工资情况为2月5465元、3月5525元、4月5585元。慧生公司还通过方芳的该账户和苏伟玲的账户发放分公司的借支款。方芳在2008年5月27、28、29日期间，与广州远洋宾馆有限公司、广州军区华泰招待所、广东省广晟酒店集团有限公司、广州珠江侨都房地产有限公司珠江帝景酒店等企业签订《整体节能技改项目框架协议》。

2008年3月1日，方芳和慧生公司签订《2008年度经营目标责任书》，约定方芳的年薪为18万元；其中年绩效工资为10万元。

方芳还垫支了业务招待费2186元，差旅费651元。

慧生公司于2008年2月26日发第8号文，要求各区域市场在费用方面"先借支后报销"，同时各区域市场的"办公家具及办公用品、车辆等由总公司统一采购和配备"；同意将方芳自有的车辆用于办公，同时给予6000元/月车辆补贴。慧生公司于2008年3月29日发第16号文，规定公司高管可以私车公用，公司补贴车辆损耗费2000元/月，其他费用限额报销，标准3000元/月。慧生公司于2008年4月14日发第24号文，通知16号文暂停执行。慧生公司于2008年5月31日发第31号文，规定分公司总经理年薪18万元，其中月薪8000元/月，绩效工薪8.4万元/年。慧生公司以电子邮件的方式向方芳发送文件。方芳确实将自有的车辆用于办公。

依方芳申请，原审法院依法冻结慧生公司的银行存款422289.04元。

一审裁判结果

广州市天河区人民法院依照《中华人民共和国民事诉讼法》第64条第1

款,《中华人民共和国劳动法》第 50 条、第 51 条,《中华人民共和国劳动合同法》第 23 条、第 24 条、第 38 条第 1 款第 2 项、第 46 条第 1 项、第 47 条、第 82 条第 1 款之规定,判决如下:

一、珠海慧生能源技术发展有限公司与方芳的劳动合同自 2008 年 6 月 19 日始解除;

二、珠海慧生能源技术发展有限公司自本判决发生法律效力之日起 3 日内支付方芳经济补偿金 2625 元;

三、珠海慧生能源技术发展有限公司自本判决发生法律效力之日起 3 日内支付方芳保密津贴 2250 元;

四、珠海慧生能源技术发展有限公司自本判决发生法律效力之日起 3 日内支付方芳工资 109028 元(包含未签订劳动合同的 2 倍工资);

五、珠海慧生能源技术发展有限公司自本判决发生法律效力之日起 3 日内支付方芳垫付的办公费用 5837 元;

六、珠海慧生能源技术发展有限公司自本判决发生法律效力之日起 3 日内支付方芳竞业限制补偿费 180000 元;

七、驳回方芳的其他诉讼请求。

如果未按本判决指定的期间履行给付金钱义务,应当依照《中华人民共和国民事诉讼法》第 229 条之规定,加倍支付迟延履行期间的债务利息。

本案受理费 10 元、财产保全费 2630 元、鉴定费 5000 元,合计 7640 元由慧生公司负担。

一审裁判理由

广州市天河区人民法院认为:方芳和慧生公司虽未签订书面劳动合同,但存在事实劳动关系,作为劳动者的方芳的合法权益依法应当保护。

《中华人民共和国劳动合同法》第 38 条规定,用人单位未及时足额支付劳动报酬的,劳动者可以解除劳动合同。方芳和慧生公司于 2008 年 3 月 1 日签订的《2008 年度经营目标责任书》中约定方芳的年薪为 18 万元,其中年绩效工资为 10 万元。但没有明确约定月工资数额,在此后慧生公司于 2008 年 5 月 31 日发的第 31 号文中明确规定分公司总经理年薪 18 万元,其中月薪 8000 元/月,绩效工薪 8.4 万元/年。方芳系慧生公司广州分公司的总经理,慧生公司应当按照 15000 元的标准发放方芳的月工资,但 2008 年 2 月至 4 月期间,慧生公司每月只向方芳发放 5000 多元的工资,显然未足额支付方芳的劳动报酬。方芳据此要求解除方芳和慧生公司之间的劳动关系,符合法律规定,原审法院予以支持。至于解除劳动关系的具体时间,因方芳于 2008 年 6 月 19 日申请仲裁时就已提出，故原审法院认定双方解除劳动关系的时间为 2008 年 6 月 19 日。《中华人民共和国劳动合同法》第 46 条规定，劳动者依照上述情形解除劳动合同的，用人单位应当向劳动者支付经济补偿金。方芳在慧生公司处工作未满半年，慧生公司应向方芳支付相当于半个月工资的经济补偿金。现方芳主张半个月工资的经济补偿金为 2625 元，并未超过方芳应得的半个月的工资，故该请求原审法院予以支持。

关于方芳要求慧生公司支付保密津贴 2250 元。方芳和慧生公司于方芳入职当日签订的《保密协议》约定慧生公司应给予方芳保密津贴 500 元/月，慧生公司辩称保密津贴已发放在方芳每月的月薪中，方芳予以否认，慧生公司亦未能提供证据证实方芳知晓其月工资中已包含保密津贴，故慧生公司的辩称无事实依据，原审法院不予采信。据此，慧生公司应当向方芳支付保密津贴，方芳在慧生公司处工作超过 4 个半月，方芳按 4 个半月的标准主张 2250 元，原审法院予以支持。

关于方芳要求慧生公司支付双倍工资。《中华人民共和国劳动合同法》第 82 条第 1 款规定：用人单位自用工之日起超过一个月不满一年未与劳动者订立书面劳动合同的，应当向劳动者每月支付 2 倍的工资。方芳和慧生公司确未订立《劳动合同》，但慧生公司依据方芳的《承诺书》中"因本人原因在 2008 年 6 月后与慧生能源签订《劳动合同》"的意思表示为由，称未订立书面劳动合同的责任在于方芳，故其不应支付方芳双倍工资。原审法院依法委托的广东天正司法鉴定中心作出的《文书司法鉴定》明确《承诺书》正文末行"因本人原因在 2008 年 6 月后与慧生能源签订《劳动合同》"字符与《承诺书》中其他印刷字符不是同一次打印形成。对此，慧生公司虽有异议，但未能提出足以推翻该结论的依据和理由，故原审法院对该鉴定结论予以采信。从《承诺书》正文的内容来看，"因本人原因在 2008 年 6 月后与慧生能源签订《劳动合同》"与正文内容极不相关，后期添加的痕迹明显，故原审法院采信方芳所称的"因本人原因在 2008 年 6 月后与慧生能源签订《劳动合同》"系慧生公司在方芳签名之后添加打印上去的。据此，方芳和慧生公司未签订书面劳动合同，慧生公司应当支付方芳的二倍工资差额。方芳自 2008 年 2 月 1 日至 6 月 18 日在慧生公司处工作，共工作 4 个月零 18 天，其中 6 月实际工作天数为 13 天。结合方芳的诉请，工资差额为 15500 元 +（15500 元 × 3 个月 + 15500 元 ÷ 21.75 天 × 13 天）× 2 - 18000 元 = 109028 元。

关于方芳要求慧生公司支付其入职以来的加班工资。方芳的工资构成包括基本工资和绩效工资，其中绩效工资是与经营业绩紧密联系的，具有一定的提成性质，即绩效工资中已包含加班工资，故方芳主张的加班工资，依据不足，原审法院不予支持。

关于方芳要求慧生公司支付其在工作期间个人垫资的工作费用5837元。方芳在工作期间垫支了业务招待费2186元，差旅费651元，该费用，慧生公司应予支付给方芳。另，方芳将自有的车辆用于办公，根据慧生公司于2008年2月26日的第8号文规定，方芳可获得6000元/月车辆补贴，现方芳按半个月的标准主张3000元，原审法院予以支持。

关于方芳要求慧生公司自法院判决生效后，每月支付10080.19元的竞业限制补偿费，支付期限两年，总额为241924.56元。《中华人民共和国劳动合同法》第23条、第24条的规定，方芳于入职当日，双方签订的《保密协议》约定方芳离职时竞业限制，同时同意支付方芳竞业限制补偿费，每年不得少于方芳离职前一个年度报酬总额的50%。同时，在方芳向慧生公司提交的《承诺书》中明确方芳竞业限制期限为3年，该期限与劳动合同法的规定相抵触，明显违法，竞业限制期限应为2年。综上，慧生公司应按方芳工资15000元/月的50%支付方芳2年的竞业限制补偿费，即15000元×50%×24个月 = 180000元。

关于方芳要求确认自2008年2月1日至6月18日的以方芳及以苏伟玲名义借支的款项全部属于公司的正常业务费用，不属于个人债务。方芳任职的慧生公司广州分公司并未进行工商注册登记，慧生公司遂通过方芳的账户和广州分公司财务苏伟玲的账户以方芳或苏伟玲借支款的形式发放广州分公司的办公费用，该类借支款应不属于个人债务，但具体数目的核对，方芳和慧生公司应在交接工作时予以核查。

二审诉辩情况

慧生公司不服一审判决，上诉称：（1）方芳在职期间从未就其离职理由所谓"未足额发放工资"向我方提出任何异议，其离开我公司也未履行通知义务，属于自动离职，合同解除时间应为其离开公司的时间即2009年5月23日，我方无须支付经济补偿金2625元。（2）双方签订的《2008年度经营目标责任书》具备了书面劳动合同的特征和要件，应当视为书面劳动合同，我方无须支付双倍工资。（3）一审判决关于双倍工资计算标准错误。《2008年度经营目标责任书》明确约定了方芳的工资中包括了10万元的绩效工资，而绩效工资也明确约定未完成本目标责任书的任务，可扣除绩效工资。方芳未完成该考核绩效，故绩效工资不应计算在其"实得工资"之内，不应作为计算双倍工资的基数。（4）方芳在我方工作仅3个月，其所得的报酬总额为16575元，而一审却按15000元的月工资标准判决我方支付两年的竞业限制费。这明显违背了当事人之间按照月给付的约定。方芳在离职后继续在同类企业中从事相同业务，其行为十分恶劣，我方不应当再支付所谓的竞业限制费，反而应追究其违约责任。（5）一审法院对方芳垫付办公费用5837元的判决没有事实和法律依据。综上，我方请求撤销原判第1、2、4、5、6项，驳回方芳的诉讼请求。

方芳不服原判，上诉称：自2008年2月1日至6月18日期间以本人及苏伟玲名义借支的款项全部属于正常业务费用，不属于个人债务。对此，请求法院予以确认。

二审裁判结果

广东省广州市中级人民法院依照《中华人民共和国民事诉讼法》第153条第1款第3项的规定，判决如下：

一、维持原审判决主文第1、2、3、5、7项；

二、变更原审判决主文第4项为珠海慧生能源技术发展有限公司自本判决发生法律效力之日起3日内支付方芳欠付工资和双倍工资差额共计50787元；

三、变更原审判决主文第6项为珠海慧生能源技术发展有限公司自本判决发生法律效力之日起3日内支付方芳竞业限制补偿费24000元。

如果未按本判决指定的期间履行给付金钱义务，应当依照《中华人民共和国民事诉讼法》第229条之规定，加倍支付迟延履行期间的债务利息。

一审案件受理费10元由方芳承担，二审案件受理费10元由慧生公司承担；财产保全费2630元，由慧生公司承担552元，由方芳承担2078元；鉴定费5000元由慧生公司承担。

本判决为终审判决。

二审裁判理由

广东省广州市中级人民法院认为：关于慧生公司应否向方芳支付经济补偿金2625元问题。虽然慧生公司于2008年5月31日发布的第31号文中明确规定分公司总经理年薪18万元，但其中包括绩效工薪8.4万元/年，而绩效工资并非基本工资，其取得以方芳在慧生公司工作并完成年度工作任务为前提，现方芳在慧生公司仅正式工作了3个多月，并未完成年度任务，故其取得绩效的条件未成就，方芳每月应得工资为8000元。2008年2月至4月期间，慧生公司每月只向方芳发放5000多元的工资，显然未足额支付其劳动报酬，方芳据此要求解除其与慧生公司之间的劳动关系，符合法律规定，慧生公司须支付相应的经济补偿金给方芳。至于解除劳动关系的具体时间，因方芳于2008年6月19日申请仲裁时提出，故以此时间为准。上诉人称应以2009年5月23日作为解除劳动合同的时间，无事实和法律依据，本院不予采纳。一审法院根据方芳的诉讼请求及工作时间确定慧生公司应向方芳支付经济补偿金2625元正确，本院予以维持。

关于慧生公司应否向方芳支付未签劳动合同的双倍工资问题。因为方芳于2008年2月1日正式上班，故慧生公司应于同年3月1日与其签订书面劳动合同。虽然双方于此日签订的《2008年度经营目标责任书》，跨度期间为一年，内容涉及了方芳须完成的目标任务、年度任务、对方芳的考核奖惩、绩效薪酬、方芳的工作职能等等，但尚不具备《中华人民共和国劳动合同法》第17条规定的全部条款，所以上诉人慧生公司主张该责任书应视为双方签订的书面劳动合同，事实与法律依据不充分，本院不予采纳。那么，慧生公司违反《中华人民共和国劳动合同法》第10条规定未与方芳签订书面劳动合同，就应因此向方芳支付双倍工资。但计算双倍工资的基数如上所述应以8000元/月为标准，再结合方芳实际工作期限为4个月零13天，则其应得的双倍工资差额为8500元×3+8500元÷21.75天×13天=30580元。慧生公司应向方芳支付的双方劳动关系解除前欠付的正常工资（每月的保密费500元已在另一判项处理）数额为8000元×4个月+8000元÷21.75天×13天－16575元=20207元。两项合计为30580+20207=50787元。

关于慧生公司应否向方芳支付竞业限制费用问题。双方虽于2008年1月25日签订过保密协议，方芳也向慧生公司出具过承诺书，但由于慧生公司已于一审法院第一次开庭时（2008年12月19日）解除了双方的竞业限制规定，即不再要求方芳履行竞业限制义务，那么从此时起，慧生公司也就无须再向方芳支付竞业限制费用。但此日期之前从2008年6月19日双方解除劳动合同至2008年12月19日共6个月的竞业限制费用慧生公司仍应支付。因为方芳在慧生公司仅正式工作了3个多月，双方《保密协议》约定的"离职前一个年度报酬总额"无法确定，以及前文所述之原因，故应按基本工资8000元/月计算相应的竞业限制费。慧生公司须向方芳支付的竞业限制费用为8000×50%×6=24000元。至于慧生公司提出方芳一直存在违反竞业限制规定的行为，其应承担相应的违约责任问题。且不论慧生公司二审提交的证据可否证实方芳存在违约行为，即便能够，因这属于反诉范畴，而其一审未就此提起反诉，且双方无法达成调解意见，故本院不处理，慧生公司可另寻救济途径解决。

关于方芳垫付的办公费用5837元，现方芳提供了相应证据显示此款确系用于公司业务，那么慧生公司应将该款返还给方芳。至于自2008年2月1日至同年6月18日所发生的其他业务费用，因为双方对此尚未核对清楚，且慧生公司已就此另行提起诉讼，本院在此不予处理，双方可另行处理。

综上所述，原审判决认定事实部分不清，适用法律及处理部分不当，本院予以纠正；上诉人慧生公司上诉理由充分的本院予以支持，理由不充分的，应予驳回；上诉人方芳上诉理由不足，本院不予支持。

《中华人民共和国劳动合同法》（2007 年 6 月 29 日主席令第 65 号公布）（节录）

第二十三条 用人单位与劳动者可以在劳动合同中约定保守用人单位的商业秘密和与知识产权相关的保密事项。

对负有保密义务的劳动者，用人单位可以在劳动合同或者保密协议中与劳动者约定竞业限制条款，并约定在解除或者终止劳动合同后，在竞业限制期限内按月给予劳动者经济补偿。劳动者违反竞业限制约定的，应当按照约定向用人单位支付违约金。

第二十四条 竞业限制的人员限于用人单位的高级管理人员、高级技术人员和其他负有保密义务的人员。竞业限制的范围、地域、期限由用人单位与劳动者约定，竞业限制的约定不得违反法律、法规的规定。

在解除或者终止劳动合同后，前款规定的人员到与本单位生产或者经营同类产品、从事同类业务的有竞争关系的其他用人单位，或者自己开业生产或者经营同类产品、从事同类业务的竞业限制期限，不得超过二年。

第二十五条 除本法第二十二条和第二十三条规定的情形外，用人单位不得与劳动者约定由劳动者承担违约金。

第二章　社会保险纠纷

第一节　养老保险待遇纠纷

37. 基本养老保险中的视同缴费年限是否意味着劳动者在该期限内免交养老保险费？

现行基本养老保险制度建立之前，我国企业职工实行企业养老制度，即个人不缴费，退休后由国家和企业承担职工退休金的给付义务。为与之前的制度相衔接并保障制度之间的平稳过渡，现行基本养老保险制度建立之后，国有企业、事业单位职工参加基本养老保险前，视同缴费年限期间应当缴纳的基本养老保险费由政府承担。

典型疑难案件参考

曾玉英诉惠安县燃料公司等退还基本养老保险费案（福建省泉州市中级人民法院〔2000〕泉民终字第 1136 号民事判决书）

基本案情

原告曾玉英于 1980 年 12 月招工进德化县纸箱厂工作，1983 年间调入德化县食品厂，1986 年 2 月调入被告惠安县燃料公司（以下简称燃料公司），1988 年 1 月开始缴纳基本养老保险费，其本人属国有企业中全民带集体的混岗工。1998 年 12 月原告办理退休手续过程中，被告通知原告应补缴 3600 元基本养老保险费，原告予以拒绝。同月 23 日，被告向第三人惠安县社会劳动保险公司（以下简称社保公司）缴纳了原告的基本养老保险费 4800 元。之后，被告又两次通知原告补缴其 1984 年至 1988 年基本养老保险费中个人负担部分，原告仍拒绝缴纳。1999 年 7 月 6 日，被告持原告的养老保险证从其退休养老金银行账户上取走 1200 元，以抵被告缴纳的基本养老保险费中原告个人应承担部分。双方为此发生争议。经惠安县劳动争议仲裁委员会裁决：被告应退还原告因缴费工资基数计算错误而多扣取的基本养老保险金 640 元，原告应缴纳被告为其补缴的 25 个月（调入前）的基本养老金 2000 元（80 元/月），两项相抵原告应向被告缴纳 1360 元。原告不服该裁决，于 1990 年 11 月 18 日诉至法院，要求被告退还 1200 元及赔偿利息损失，并赔礼道歉。被告反诉要求原告返还被告代其缴纳的其在德化工作期间基本养老保险费 1360 元。一审法院依法追加社保公司为第三人参加诉讼。

原告曾玉英诉称：其系被告惠安县燃料公司工龄长达 18 年的固定职工。1998 年 12 月 23 日办理退休手续时，被告以原告须补交基本养老保险费为由扣压原告的退休证和银行存折，并于翌年 7 月 6 日擅自从原告退休基本养老金账户中划走 1200 元，用于抵交 1984 年至 1988 年的基本养老保险费个人负担部分，后返还原告退休证及银行存折。案经惠安县劳动仲裁委员会裁决后，原告不服仲裁裁决，于 1999 年 11 月 18 日诉至法院，要求被告返还 1200 元及赔偿利息损失，并赔礼道歉。

被告惠安县燃料公司辩称：讼争款 1200 元系被告应第三人惠安县社会劳动保险公司的要求代收、代缴，被告只是履行代理职责，原告对此有异议，应与第三人交涉，其起诉被告的理由不能成立，请求驳回原告的起诉。

第三人惠安县社会劳动保险公司述称：原告的用工形式属全民带集体混岗工而非国有企业固定工，其在 1988 年底前的连续工作年限不计算为视同工作年限，应补足 15 年方可享受退休待遇。惠安县燃料公司从原告工资中代扣代缴基本养老保险费个人部分，符合《社会保险费征缴暂行条例》的规定，请求驳回原告的诉讼请求。

反诉原告惠安县燃料公司诉称：反诉被告退休时，公司代其缴纳了 1984 年至 1988 年 12 月的基本养老保险费，而反诉被告是 1986 年 4 月从德化食品厂调入反诉原告单位的。因此，反诉被告应承担公司代其缴纳的其在德化工作期间基本养老保险费 1360 元。

反诉被告曾玉英辩称：依照有关条例的规定，反诉被告在 1986 年底连续工龄的工作年限，视同缴费年限，不必补交 4 年基本养老保险费的个人部分，反诉原告的诉讼请求于法无据，应予驳回。

一审裁判结果

福建省惠安县人民法院依照《中华人民共和国民法通则》第 58 条第 1 款

176

民商事典型疑难问题适用指导与参考·劳动争议与人事争议卷

第 5 项和第 2 款、第 106 条第 2 款、第 134 条第 1 款第 4 项、第 7 项及参照《福建省城镇企业职工基本养老保险条例》第 29 条、《〈福建省城镇企业职工基本养老保险条例〉实施细则》第 3 条的规定，作出如下判决：

一、第三人惠安县社会劳动保险公司应于本判决生效之日起 5 日内返还原告曾玉英人民币 1200 元，并按银行贷款利率计付自 1999 年 7 月 6 日起至款项还清时止的利息作为赔偿金；

二、驳回原告对被告惠安县燃料公司的诉讼请求；

三、驳回反诉原告惠安县燃料公司的反诉诉讼请求。

本案受理费人民币 50 元，由第三人负担，反诉费 50 元由被告负担。

▍一审裁判理由▶

福建省惠安县人民法院认为：根据福建省闽劳险〔1994〕013 文件规定，原告为全民带集体的混岗工，其在德化县工作期间的连续工龄 6 年可视为缴费年限，其实际缴费年限从 1988 年 1 月起至 1998 年 12 月止为 11 年，两项相加累计 17 年，退休时，不必补交任何基本养老保险费。被告为其代扣代缴 1200 元虽有不当，但属善意行为。第三人未经认真审查而收取的 1200 元应予返还，并赔偿原告的利息损失。被告的反诉请求于法无据。

▍二审诉辩情况▶

上诉人惠安县社会劳动保险公司（一审第三人）诉称：根据"闽劳险〔1987〕044 号"、"闽政〔1994〕9 号"、"闽劳险〔1994〕042 号"及"泉政劳〔1994〕70 号"等有关文件规定，全民带集体混岗职工的基本养老保险费从 1987 年 1 月起缴纳，应缴不缴的，其 1986 年底前符合国家规定的连续工龄不能视同缴费年限。1998 年 4 月 8 日福建省劳动厅等四部门联合制定的《〈福建省城镇企业职工基本养老保险条例〉实施细则》（以下简称《实施细则》）第 13 条第 2 款也规定："《条例》实施前，凡企业和职工个人不缴或欠缴、又不实行补缴基本养老保险费的工作年限，不计算为缴费年限。企业职工 1997 年底前的工作年限，按规定补缴基本养老保险费的，可计算为缴费年限。"而被上诉人曾玉英系从 1989 年 1 月起开始缴纳养老保险费的，因此，必须补交 1987 年、1988 年的基本养老保险费，方可办理退休手续。而且讼争的基本养老保险费是上诉人向燃料公司而非曾玉英收缴的，一审法院判决上诉人直接返还于法无据，请求二审法院撤销一审判决第一项。

被上诉人曾玉英（一审原告、被反诉人）辩称：根据福建省劳动局《关于贯彻〈福建省国有企业职工基本养老保险金计发办法的改革方案〉的实施意见》的规定：国有企业中原全民带集体的混岗工从 1986 年底前符合国家规定的连续工龄，视同缴费年限，1987 年 1 月后按实际缴费计算缴费年限；而《福建省城镇企业职工养老保险条例》实施细则规定：企业职工基本养老保险的参保人员，达到法定退休年龄，且个人缴费年限和视同缴费年限累计满 15 年及其以上的，可享受《条例》规定的基本养老保险待遇。被上诉人在办理退休手续时，是符合上述规定的，故上诉人的上诉理由于法无据，请求驳回上诉，维持原判。

二审裁判结果

福建省泉州市中级人民法院依照《中华人民共和国民事诉讼法》第 153 条第 1 款第 1 项之规定，作出如下判决：

驳回上诉，维持原判。

二审受理费人民币 50 元，由上诉人惠安县社会劳动保险公司负担。

二审裁判理由

福建省泉州市中级人民法院经审理认为：被上诉人的用工形式，已经有关部门界定为国有企业中带集体的固定工，应属《〈福建省城镇企业职工基本养老保险条例〉实施细则》第 13 条第 1 款所规定的"原国有企业固定工"范畴。被上诉人于 1989 年 1 月始缴纳基本养老保险费，系根据省、市有关部门的统一安排，其本身并无过错，不属上述《实施细则》第 13 条第 2 款所规定的"不缴或欠缴，应予补缴"的情况。上诉人依据《福建省城镇企业职工基本养老保险条例》（以下简称《保险条例》）及其《实施细则》施行前的有关规定向被上诉人收缴 1200 元养老保险费不妥，也与《保险条例》及其《实施细则》的有关规定不相符合，应认定无效，其上诉要求被上诉人补交 1987 年至 1988 年的基本养老保险金，亦于法无据，本院不予支持。上诉人虽未直接向被上诉人收费，但原审被告、反诉原告燃料公司系根据有关规定而代扣被上诉人的款项并实际缴纳给上诉人，该行为属代扣代缴行为，上诉人对此应承担相应的民事责任。一审认定被上诉人实际缴费年限和视同缴费年限均与事实不符，但不影响本案的实体处理，应分别变更为 9 年 10 个月和 8 年，两项累计为 17 年 10 个月，已超过《保险条例》第 29 条所规定的 15 年累计年限，可依法办理退休手续并享受《保险条例》所规定的基本养老保险待遇。

38. 未签订劳动合同而存在事实劳动关系时，劳动者是否有权要求企业参加养老保险？

尽管劳动者与用人单位未签订劳动合同，但是只要双方存在事实劳动关系，用人单位就具有负有为劳动者缴纳养老保险费的义务。

典型疑难案件参考

陈文良诉河南省电力公司信阳供电公司养老保险待遇纠纷案（河南省信阳市浉河区人民法院〔2011〕信浉民初字第 622 号民事判决书）

基本案情▶

1969 年，原告应征入伍，1973 年从部队退伍，由原信阳市退伍军人安置办分配到河南省舞阳钢铁公司工作。1975 年，原告调入原信阳地区电业局供电所工作，1989 年原信阳市电业局成立，原告等 23 名职工被分配到原信阳市电业局成立的三电办工作。1995 年 5 月 26 日，信阳地区行政公署办公室作出信署办〔1995〕60 号文件《关于理顺电业管理体制协调会议纪要》：撤销信阳市三电办，将信阳市三电办管理职能和业务范围归并地区三电办，1984 年随三电办下放到原信阳市 21 人（不包括调出的 4 人）也收回地区三电办，人员的工资、经费按地区三电办现行管理体制管理。原告被调回地区三电办后，办理停薪留职手续至 2002 年止。1998 年原信阳地区撤地建市，1999 年信阳市电业局上划至河南省电力公司管理，企业资产、人员均移交省公司。2002 年，原告即向被告提出回单位上班并恢复其职工身份。2006 年 3 月 3 日，被告河南省电力公司信阳供电公司作出关于原告"陈文良要求恢复职工身份"的回复为：陈文良自 1989 年调出地区电业局后至今，已不是信阳市电业局的职工了，双方之间不存在劳动关系，被告河南省电力公司信阳供电公司已无义务也无能力解决原告陈文良的职工身份和生活问题。2006 年 3 月 24 日，原告向信阳市劳动争议仲裁委员会申请劳动仲裁，2006 年 3 月 30 日，信阳市劳动争议仲裁委员会以原告的申请已超过仲裁时效为由作出劳仲不字〔2006〕第 6 号不予受理案件通知书。2011 年 5 月 4 日，原告又向信阳市劳动争议仲裁委员会申请仲裁；2011 年 5 月 5 日，信阳市劳动争议仲裁委员会以原告已达到退休年龄，不具有主体资格为由作出信劳人裁〔2011〕11 号不予受理通知书。

诉辩情况

原告诉称：1969 年我应征入伍，1973 年复员后被分配到舞阳钢铁公司工作。1975 年我调到被告单位工作，1989 年同其他 20 多名同志被分配到信阳市三电办。根据信署办〔1995〕60 号文件，1996 年信阳市三电办撤销，包括我在内的 21 名同志又随档案调回被告单位。1997 年，我和原信阳地区三电办人事科签订了停薪留职协议。2002 年，协议到期后我回被告单位上班，但其未给我安排工作，也未给我办理养老保险。在与被告协商中被告称1998 年其单位体制改革时，上报上级电力公司的职工名单上就没有我，被告将我的档案丢失，致使我的社会保险不能补办，无法享有社保待遇，老无所养。故我诉至法院，请求判令被告赔偿因丢失我的档案给我造成的一切损失，并承担本案诉讼费。

被告河南省电力公司信阳供电公司辩称：（1）原告的起诉已经超过法律规定的诉讼时效。按陈文良诉称的 1997 年停薪留职，2002 年到期，陈文良就应当申请劳动争议仲裁，可陈文良到 4 年后的 2006 年 3 月 24 日才申请信阳市劳动争议仲裁委员会进行劳动争议仲裁，既超过申请劳动争议仲裁的时效，也超过法律规定的诉讼时效。陈文良诉称"几年来原告一直找被告协商反映"是不符合事实的，也没有任何证据证明。2011 年陈文良又向信阳市劳动争议仲裁委员会申请劳动争议仲裁，又一次超过法律规定的诉讼时效。因此，即使按照陈文良诉称的 2002 年停薪留职到期，其就应当回单位上班，到 2011 年 5 月 16 日起诉至法院，已过去 10 年，超过法律规定的诉讼时效。（2）信阳供电公司与原告之间不存在劳动关系。根据信署办〔1995〕60 号文件，原告应回原信阳地区三电办上班，但原告放弃了该机会，当时的信阳地区三电办也未收到其人事档案，现找不到其人事档案，应由其本人承担。如果陈文良认为当时已经回原地区三电办上班，就应当提供证据予以证明，否则应当承担举证不能的责任，信阳供电公司与陈文良之间就没有劳动关系，谈何给其补交社会保险和办理退休手续，故应依法予以驳回。

裁判结果

河南省信阳市浉河区人民法院依照《中华人民共和国劳动法》第 73 条第 3 款和《中华人民共和国劳动合同法》第 7 条、14 条、33 条和 34 条《中华人民共和国社会保险法》第 3 条及最高人民法院法释〔2001〕14 号《关于审理劳动争议案件适用法律若干问题的解释》第 13 条的规定，判决如下：

一、被告河南省电力公司信阳供电公司应于本判决书生效之日起30日内为原告陈文良补办养老保险手续；

二、驳回原告陈文良其他诉讼请求。

本案受理费6700元，由被告河南省电力公司信阳供电公司承担。

如不服本判决，可在判决书送达之日起15日内通过本院或直接向河南省信阳市中级人民法院提出上诉，并递交上诉状一式四份。

裁判理由

法院认为：原告陈文良从部队退伍后被分配到舞阳钢铁公司工作即与舞阳钢铁公司建立劳动关系，其间经工作调动，又与原信阳地区电业局和经合并后的河南省电力公司信阳供电公司建立了事实上的劳动关系，被告没有证实对原告作出解除或终止劳动关系的证据。结合当时的企业人事管理模式，企业职工的人事档案均由其所在单位负责管理和保管，因此，原告陈文良的人事档案应随其工作调动从舞阳钢铁公司转入原信阳地区电业局，并经过后来的三电办调回，其人事档案应在原信阳地区电业局（现信阳供电公司），随着后来的原信阳地区撤地建市以及信阳市电业局划归至河南省电力公司管理，企业资产和人员均移交省电力公司，因此，原告陈文良的人事档案应由被告河南省电力公司信阳供电公司管理和保管。原告陈文良的人事档案丢失系被告保管和管理不善造成，被告将原告人事档案丢失是造成原告无法回单位正常上班和办理养老保险等手续的主要原因，因此，被告应承担民事责任。被告作为用人单位在与劳动者发生劳动争议时，对其主张负有举证责任，被告不能举证应承担相应的民事责任。综上，从劳动合同法的立法精神侧重于保护劳动者合法权益的角度出发，原告陈文良与河南省电力公司信阳供电公司建立了事实上的劳动关系，其身份应为被告单位职工，被告应按本单位职工为其补办养老保险等手续。关于诉讼时效问题，原告停薪留职到期后的2002年一直向被告要求回单位上班并恢复其职工身份，被告于2006年3月3日作出关于"陈文良要求恢复职工身份"的书面回复，对其要求恢复职工身份的请求予以回绝，至此原告权利受到侵害，其申请仲裁的期限应从2006年3月3日起算须经过60日，信阳市劳动争议仲裁委员会于同年3月30日以超过申请仲裁时效为由作出劳仲不字〔2006〕第6号不予受理案件通知书显属不当，另外，办理养老保险是用人单位的法定义务，不因劳动者未提起诉讼而免除其法定义务。

39. 未参加养老保险导致劳动者遭受的损失，应当由谁承担责任？

用人单位应积极履行法律义务，劳动者个人也应该积极行使权利，主动要求单位为其缴纳社会保险费及办理退休手续。单位没有及时、主动履行法律规定的义务，因此造成的损失应由单位承担。

典型疑难案件参考

苏某某因养老保险待遇纠纷案 [上海市第二中级人民法院〔2011〕沪二中民三（民）终字第 1008 号民事判决书]

基本案情

苏某某自 1972 年开始在江湾镇镇办企业工作，1982 年 4 月进入上海江湾文艺厂（后更名为上海江湾纸品厂）一直工作至 1999 年 4 月。2004 年，苏某某得知其可以办理退休手续，遂开始走访上海市虹口区人民政府江湾镇街道办事处（以下简称江湾镇街道）、上海市杨浦区社会保险事业管理中心（以下简称杨浦社保中心）等部门，要求补办退休。由于江湾镇在 1984 年由宝山县划归虹口区时，移交手续不全，以后几次机关办公大楼搬迁，人员变动等，造成苏某某档案材料丢失，使苏某某工龄无法认定，不能办理退休。2004 年 11 月 25 日，江湾镇街道曾向杨浦社保中心出具证明一份，证明内容为："苏某某同志系我镇办企业职工，其反映情况属实，由于 1984 年划区原因，档案材料无法查找，特此证明。"但由于种种原因，直至 2009 年，江湾镇街道才开始通过回忆等方式，以会议纪要的形式，明确苏某某的工作经历，并认定其工龄问题。同年 12 月江湾镇街道为苏某某补建了档案。同年 12 月 25 日，苏某某以"高龄参保人员"的性质，个人补缴了社会保险费人民币（以下币种均为人民币）86910 元，2010 年 1 月起领取养老金。2010 年 3 月 17 日，苏某某向上海市虹口区劳动争议仲裁委员会申请仲裁，要求江湾镇街道：（1）支付 2004 年 1 月至 2009 年 12 月的养老金 94200 元；（2）支付 2004 年和 2009 年补缴养老保险金的差额 45000 元。该仲裁委员会以苏某某、江湾镇街道的争议不属于该会受理范围为由，决定不予受理。苏某某遂诉至法院。

苏某某诉称：苏某某于 1972 年 1 月参加工作，1972 年 1 月至 1978 年 6 月在江湾制绳厂工作，1978 年 6 月至 1982 年 4 月在江湾电讯电器厂工作，1982 年 4 月至 1999 年 4 月在江湾文艺厂工作。1987 年开始，江湾文艺厂在管理方式上改为内部承包，在体制上仍属于集体所有制镇办企业。自 1993 年起，江湾文艺厂从未为苏某某缴纳过社会保险金，1994 年 9 月苏某某达到法定退休年龄，江湾文艺厂也没有按规定为苏某某办理退休手续。苏某某先后工作的三个厂都属于江湾镇镇办企业，由江湾镇政府（现已改为江湾镇街道）领导，员工的档案材料也都由政府保管。1999 年，苏某某曾到社保中心咨询退休事宜，但社保中心要求苏某某出具工作证明。2004 年，苏某某又因退休金和档案的事情，到江湾镇政府反映，要求补办退休手续，但被告知由于 1985 年江湾镇从宝山县划归虹口区时，因交接手续等原因，苏某某的人事档案遗失了。为此，江湾镇政府出具了一份档案遗失的证明，但未及时为苏某某补办退休手续。2009 年，江湾镇街道多次以会议纪要的形式，通过回忆明确苏某某的工作经历，并认定工龄问题。同年 12 月补建了苏某某档案，12 月 25 日，苏某某补缴了社会保险费 86910 元，次月开始领取养老金。如 2004 年江湾镇街道能及时为苏某某办理退休手续，则苏某某只须补缴社会保险费 42100 元，故苏某某起诉要求江湾镇街道：（1）赔偿 2004 年 1 月至 2009 年 12 月期间的退休养老金 94200 元；（2）赔偿 2004 年和 2009 年之间补缴社会保险金的差额 45000 元。原审审理中，苏某某表示 2004 年 5 月起其陆续领取了低保金共 24000 元，同意在第一项诉讼请求中予以扣除，故苏某某变更第一项诉讼请求为要求江湾镇街道赔偿 2004 年 1 月至 2009 年 12 月期间的退休养老金 70200 元；苏某某将第二项诉讼请求的赔偿差额变更为 42000 元。

江湾镇街道辩称：江湾镇在划归前后，企业员工的档案都是企业自己保管的，只有事业编制人员的档案由街道保管，虹口区政府的划区规定上也明确，镇办企业都是划归虹口区集体事业管理局（以下简称区集管局）负责管理。因此，苏某某档案材料的遗失与江湾镇街道无关。江湾镇街道出具的相关书面证明文件，只是证明苏某某档案材料无法找到，目的是帮助苏某某办理退休手续，解决养老金问题，并不能证明档案材料是由江湾镇街道保管，且是根据社保中心的要求，由江湾镇街道党工委下属的组织人事科出具，当时苏某某也明确表示无其他附加条件。苏某某所在的江湾文艺厂后变更为江湾纸品厂，虽于 1999 年 7 月被吊销营业执照，但仍具有承担法律责任的主体资格，且苏某某、江湾镇街道之间没有劳动关系，因此，江湾镇街道不是本案的责任主体。苏某某于1994年已达到法定退休年龄而未及时办理退休手续，直到2004年9月才到江湾镇街道反映，苏某某本身也应承担相应的责任。苏某某提供的经营场所使用证明，不能证明江湾文艺厂是江湾镇政府的一部分，而是因为该厂是镇办企业，因此，经营场所由镇政府调整。另苏某某的主张已经超过诉讼时效，故江湾镇街道不同意苏某某的诉讼请求。

一审第三人上海江湾纸品厂未提出书面答辩意见，亦未到庭参加诉讼。

一审裁判结果

一审法院作出判决：

一、自判决生效之日起10日内，江湾镇街道赔偿苏某某损失30000元；

二、苏某某的其他诉讼请求，不予支持。

一审裁判理由

法院经审理后认为：公民、法人的合法的民事权益受法律保护。首先，根据国家有关规定，自1993年1月起，企业应为在职职工依法缴纳社会保险金，但直至1994年9月苏某某法定退休年龄止，苏某某原工作单位一直未为苏某某办理缴纳社会保险金，同时，单位亦没有及时为苏某某办理退休手续。但除单位应积极履行法律义务外，苏某某个人也应该积极行使权利，主动要求单位为其缴纳社会保险金及办理退休手续。单位没有及时、主动地履行法律规定的义务以及苏某某怠于行使法律赋予的权利，是导致本案诉讼的主要原因，由此产生的损失应由单位及苏某某个人相应承担。其次，苏某某原工作单位是具有完全民事行为能力的独立法人，江湾镇街道作为上级主管部门，并不承担主动为苏某某办理退休养老手续的义务。虽然2004年苏某某已申请补办退休养老手续，而本市"超龄人员"参保政策于2005年8月出台，但江湾镇街道于2004年11月已经明确由划区原因导致苏某某的档案材料无法查找，之后也一直没有积极地为苏某某补建档案材料，使得在相关政策出台后，苏某某仍因没有档案材料证明工龄等原因无法办理"超龄人员"参保手续。因此，江湾镇街道应承担未尽到妥善保管档案材料的责任，且在苏某某提出补办退休手续领取养老金请求后，江湾镇街道未及时提供补办手续的便利条件，使苏某某丧失了弥补损失的机会，故江湾镇街道应相应地承担苏某某的损失。综上，结合本案中江湾镇街道对于苏某某所受损害的过错责任程度及与苏某某所受损害的原因力比例分析，确定江湾镇街道应承担相应的赔偿责任，赔偿苏某某各项损失共计30000元。根据法律规定，劳动争议仲裁时效期间从当事人知道或者应当知道其权利被侵害之日起计算一年。2009年12月，苏某某根据江湾镇街道出具的相关证明等补缴了社会保险费，并补办了退休养老手续，此时开始计算苏某某主张损失赔偿的时效，故苏某某在本案的主张未超过法定时效。第三人上海江湾纸品厂经原审法院传票传唤，无正当理由拒不到庭，原审法院依法缺席判决。

二审诉辩情况

苏某某上诉称：苏某某原系上海江湾文艺厂（后更名为上海江湾纸品厂）职工，在1984年区划调整时，江湾镇街道将苏某某的档案遗失。1994年苏某某达到法定退休年龄时，单位没有为其办理职工养老保险及退休手续，江湾镇街道也未尽到监督责任，使得苏某某未及时办理退休。而苏某某作为小企业职工当时不清楚社保相关规定，到2010年才根据上海市政府2005年文件按照超龄参保待遇办理了退休。但苏某某自1994年至2005年8月间因此而遭受损失是存在的。苏某某认为自己已主动承担造成损失的个人责任，在原审中放弃了1994年至2004年期间的赔偿诉请，但在2004年11月向江湾镇街道提出要求补建档案以办理退休时，江湾镇街道未及时办理，以致苏某某的损失继续扩大，故2004年11月至2009年12月期间的损失完全由江湾镇街道造成。另，原审判决查明上海江湾纸品厂早在1999年7月17日就已被吊销营业执照，因此，再追加其为原审被告，并缺席审判，明显不妥。原审法院判决虽然认定事实清楚，但判决不当，仅判令江湾镇街道赔偿30000元显失公平。苏某某上诉要求判令江湾镇街道赔偿其2004年11月至2009年12月期间的退休养老金70200元，2005年和2009年之间补缴社会保险金差额45000元，合计115200元；撤销原审法院追加上海江湾纸品厂为原审第三人及对其的缺席审判。

江湾镇街道答辩称：苏某某提供的证据材料大都是江湾镇街道相关部门为帮助苏某某解决养老金问题，按照社保部门要求并在苏某某口头表态不再提附加要求的情况下补写的，现在苏某某要求江湾镇街道承担赔偿责任不合理。苏某某也没有举证证明其档案是由江湾镇街道遗失的。苏某某在1994年达到退休年龄后仍在工作，没有提出办理退休手续，直到1999年退休时，有关养老保险待遇的规定已实施多年，其称搞不清楚相关规定明显有悖常理。而且2004年11月有关高龄人员参保政策尚未出台，根本无法为其办理退休，故其要求从2004年起算赔偿金，明显没有依据。且其赔偿诉请建立在假设1994年退休的基础上显然不合理。苏某某在1994年达到退休年龄后，长期没有主张办理退休手续，正因为其怠于行使权利，导致损失越来越大，这些损失理应由苏某某本人承担责任。况且，江湾镇街道与苏某某不存在劳动关系，苏某某应向相应的企业主张权利，该企业被吊销营业执照，但主体资格仍在，应承担相关法律责任。鉴于苏某某提出的赔偿没有事实和法律依据，要求驳回上诉，维持原判。

原审第三人上海江湾纸品厂未作答辩。

二审裁判结果

法院依照《中华人民共和国民事诉讼法》第153条第1款第1项之规定，判决如下：

驳回上诉，维持原判。

二审案件受理费人民币10元，由上诉人苏某某负担。

二审裁判理由

法院认为：公民的合法民事权益受法律保护，劳动者依法享有获得社会保险和福利的权利。劳动者的养老保险待遇如确有损失，应根据造成损害的原因力综合判定赔偿数额。苏某某原为上海江湾文艺厂（后更名为上海江湾纸品厂）的职工，上海江湾纸品厂应依法为其缴纳社会保险金，并应在1994年9月苏某某达到法定退休年龄时为其办理退休手续。但上海江湾纸品厂既未及时为苏某某缴纳社会保险金，也未为其办理退休手续。江湾镇街道作为上海江湾纸品厂的上级主管部门，未尽妥善保管档案材料的责任，并于2004年11月在已知由于划区原因导致苏某某的档案材料无法查找的情况下，仍没有积极地为苏某某及时补建档案材料，导致苏某某在上海市于2005年8月出台"超龄人员"参保政策后，仍因没有档案材料证明工龄等原因无法办理"超龄人员"参保手续。而苏某某怠于行使法律赋予的权利，没有主动及时要求原单位为其缴纳社会保险金及办理退休手续。上述上海江湾纸品厂、江湾镇街道以及苏某某本人三方面的原因，最终导致了苏某某养老金待遇遭受损失，故上海江湾纸品厂、江湾镇街道以及苏某某本人对此均负有相应的责任。当事人不服劳动人事争议仲裁裁决依法向人民法院起诉，人民法院审查认为仲裁裁决遗漏了必要共同参加仲裁的当事人的，应当依法追加遗漏的人为诉讼当事人。被追加的当事人应当承担责任的，人民法院应当一并处理。依法被吊销工商营业执照的企业，仍系适格的民事主体，应依法承担相关法律责任。苏某某作为上海江湾纸品厂的原职工，以养老保险待遇纠纷为由向江湾镇街道提出赔偿，原审法院将已吊销工商营业执照的上海江湾纸品厂列为第三人参加诉讼符合法律的规定，本院依法予以确认。但苏某某在一、二审中均表示不追究上海江湾纸品厂的责任，系主动放弃自己的权利，符合法律规定，本院予以照准。原审法院结合本案中相关各方当事人的过错程度及原因力比例分析，酌情确定江湾镇街道赔偿苏某某各项损失共计 30000 元，并无不当，本院予以确认。原审法院对于本案的时效认定亦无不妥，本院一并予以确认。综上所述，原审法院认定事实清楚，所作判决并无不当。

40. 劳动者与用人单位之间就养老金引发的纠纷是否需要首先进行劳动仲裁？

因为劳动者与用人单位具有劳动关系，因而养老金引发的纠纷属于劳动争议范畴，劳动争议申请仲裁的时效期间为一年。仲裁时效期间从当事人知道或者应当知道其权利被侵害之日起计算。

典型疑难案件参考

张某某因养老金纠纷案〔上海市第一中级人民法院〔2010〕沪一中民三（民）终字第 3332 号民事判决书〕

基本案情

上诉人（一审原告）于 2003 年 4 月 9 日进被上诉人甲公司（一审被告）处工作。2010 年 5 月 26 日，甲公司向上诉人出具解聘特殊劳动关系通知书，通知上诉人自 2010 年 5 月 26 日起，解除双方特殊劳动关系。2010 年 8 月 19 日，上诉人向上海市浦东新区劳动人事争议仲裁委员会申请仲裁，要求甲公司补缴 2003 年 4 月 9 日至 2008 年 5 月 26 日期间社会保险费，该会以张某某的请求超过申请时效为由作出不予受理决定。上诉人不服决定，乃向浦东新区人民法院提起诉讼，请求判令甲公司为上诉人补缴 2003 年 4 月至 2008 年 5 月期间社会保险费。

一审裁判结果

上海市浦东新区人民法院根据《中华人民共和国劳动争议调解仲裁法》第 27 条第 1 款的规定，作出判决：驳回张某某的诉讼请求。案件受理费人民币 10 元, 减半计 5 元, 免予收取。

上海市浦东新区人民法院认为: 劳动争议申请仲裁的时效期间为一年。仲裁时效期间从当事人知道或者应当知道其权利被侵害之日起计算。上诉人原系上海市外高桥保税区劳动服务公司员工。2003 年 4 月 9 日至 2010 年 5 月 26 日, 上诉人甲公司存在特殊劳动关系。2008 年 5 月, 张某某办理退休手续。次月, 上诉人领取养老金。至此, 上诉人应当知道双方有关补缴社会保险费的争议已然发生, 然上诉人迟至 2010 年 8 月才申请仲裁, 上诉人要求甲公司为其补缴 2003 年 4 月至 2008 年 5 月期间的社会保险费的诉讼请求, 显已超过申诉时效, 故一审法院不予支持。

二审诉辩情况 ▶

张某某不服一审判决, 向上海市第一中级人民法院提出上诉称: 根据劳动法, 用工单位应当为员工缴纳社会保险费, 这是强制性规定, 没有时效问题, 并且张某某一直在向单位主张, 没有超过仲裁时效。因此, 要求撤销原判, 依法改判支持其原审诉请。

甲公司答辩称: 关于养老金问题, 上诉人在双方关系存续期间从来没有提出过异议, 上诉人的关系不在甲公司处, 其主张的 2003 年 4 月至 2008 年 5 月期间社会保险费, 一直由外高桥保税区劳动服务公司为其缴纳。因此, 要求二审法院驳回张某某的上诉请求。

二审裁判结果 ▶

上海市第一中级人民法院依照《中华人民共和国民事诉讼法》第 153 条第 1 款第 1 项之规定, 判决如下:

驳回上诉, 维持原判。

上诉案件受理费 10 元, 由上诉人负担。

本判决为终审判决。

二审裁判理由 ▶

上海市第一中级人民法院认为: 根据本案查明的事实, 上诉人原系上海市外高桥保税区劳动服务公司员工, 2008 年 5 月, 上诉人办理退休手续, 次月, 上诉人领取养老金。如果上诉人认为应当由甲公司为其缴纳社会保险费, 至此, 双方争议已经发生, 但是上诉人直至 2010 年 8 月 19 日才向上海市浦东新区劳动人事争议仲裁委员会申请仲裁, 早已超过仲裁时效。原审法院根据查明的事实所作判决正确，应予维持。上诉人的上诉请求，理由不成立，不予支持。

---

41. 政策变动导致劳动者不符合相应的条件而无法获取预期的养老保险金时，如何救济？

政策变动导致劳动者不符合相应的条件而无法获取预期的养老保险金时，属于国家与地方政策的调整引发的结果，不属于人民法院受理民事诉讼案件的范围，劳动者可以就有关的请求向有关部门申请处理。

典型疑难案件参考

黄锡垣与广州市番禺祈福物业管理有限公司养老保险损失赔偿纠纷上诉案（广东省广州市中级人民法院〔2010〕穗中法民一终字第 4052 号民事判决书）

基本案情

1998 年 4 月 16 日，黄锡垣进入广州市番禺祈福新村房地产有限公司屋村管理处从事绿化员工作。黄锡垣在职期间多次与该管理处及广州市番禺祈福物业管理有限公司（以下简称祈福物业公司）签订《聘请书》及《劳动合同》，均约定祈福物业公司聘请黄锡垣为绿化员。2009 年 12 月 10 日，祈福物业公司向黄锡垣发出《终止劳动合同确认书》，以黄锡垣达到法定退休年龄为由决定终止与黄锡垣签订的劳动合同。后黄锡垣为享受养老保险待遇等问题向番禺区钟村镇人民政府及广州市番禺区劳动和社会保障局反映情况。有关部门回复告知的主要内容为，祈福物业公司从 1999 年 5 月起为黄锡垣参加番禺区社会养老保险，并办理了向前补缴的养老保险手续，缴费年限至 2009 年 11 月为止合计为 11 年 8 个月，根据《关于贯彻国务院完善企业职工基本养老保险制度决定的通知》（粤府〔2006〕96 号）第 3 条第 4 项规定："1998 年 6 月 30 日前应参保未参保，1998 年 7 月 1 日以后办理参保补缴手续，达到国家规定的退休年龄，累计缴费年限满 15 年可申请按月领取基本养老金。"黄锡垣属于已达到国家规定退休年龄但缴费年限未满 15 年，不符合按月领取基本养老金条件的情况。由于黄锡垣已达到法定退休年龄，按相关规定不应在用人单位参保，如需继续参保，应以自由职业者身份办理延期缴费手续，直到符合按月领取基本养老金条件为止。

2010 年 2 月 9 日，黄锡垣以与祈福物业公司之间的社会保险纠纷为由，向广州市番禺区劳动争议仲裁委员会申请劳动争议仲裁。广州市番禺区劳动争议仲裁委员会作出穗番劳仲不字〔2010〕第40号《不予受理通知书》，以黄锡垣申请仲裁的劳动争议不属于仲裁委员会受理内容为由，决定不予受理。黄锡垣不服上述仲裁决定，向法院提起诉讼。

一审诉辩情况

黄锡垣诉称：黄锡垣在1998年4月经朋友介绍到广州市番禺祈福物业管理有限公司（以下简称祈福物业公司）做绿化员工作，同年4月，祈福物业公司就将黄锡垣的部分工资扣下用于买养老保险，连续扣费至2009年11月共扣黄锡垣工资购买社保11年8个月。但祈福物业公司扣了黄锡垣购买社保的费用没有及时送交到社保部门，而是拖了一年后即1999年5月才送交到社保部门为黄锡垣购买社保，社保部门的人员称按照规定，1998年6月底前参加购买社保连续缴费满10年达到国家规定退休年龄就可以享受退休社保待遇。1998年7月1日后参加购买社保的人员达到60周岁就要缴费满15年才能享受社保待遇，按照祈福物业公司扣黄锡垣工资购买社保时1998年4月，完全可以按照10年缴费年限办理退休享受到社保待遇，但由于祈福物业公司没有及时将黄锡垣购买社保的款项交付到社保部门为黄锡垣购买社保，而是迟延到1999年5月才到社保公司为黄锡垣办理补缴费用手续造成黄锡垣要买15年。祈福物业公司是故意造成黄锡垣达到国家规定退休年龄而不能享受到每月千元的社保待遇，而且还需要缴费满15年。祈福物业公司造成黄锡垣损失10万元。为此，黄锡垣起诉请求判令祈福物业公司一次性赔偿黄锡垣10万元并承担诉讼费用。

祈福物业公司辩称：祈福物业公司认为黄锡垣诉讼的主体错误，而且已经超过时效，诉讼请求应予以驳回。黄锡垣称1998年4月到祈福物业公司工作，经过调查，与黄锡垣签订合同的主体是番禺祈福新村房地产有限公司，黄锡垣起诉的事实发生在1998年，已超过诉讼时效，根据劳动合同法祈福物业公司没有因为漏交社保的责任，只有补交社保的责任，而且祈福物业公司已经为黄锡垣补交。黄锡垣要求祈福物业公司现在一次性赔偿10万元没有事实依据，黄锡垣目前没有享受社保待遇，是因为政策的变动，1999年番禺区没有开展社保制度。而且行政部门已经建议以自由职业缴纳社保，恳请法院驳回黄锡垣的诉讼请求。

一审裁判结果

一审法院根据最高人民法院《关于适用〈中华人民共和国民事诉讼法〉

若干问题的意见》第 139 条"起诉不符合受理条件的，人民法院应当裁定不予受理。立案后发现起诉不符合受理条件的，裁定驳回起诉"的规定，本案应裁定驳回起诉。据此，原审法院依照《中华人民共和国民事诉讼法》第 108 条第 4 项及最高人民法院《关于适用〈中华人民共和国民事诉讼法〉若干问题的意见》第 139 条的规定，作出裁定：驳回黄锡垣的起诉。

一审裁判理由

一审法院认为：《中华人民共和国民事诉讼法》第 108 条规定，起诉必须符合条件，其中第 4 项明确规定，起诉必须属于人民法院受理民事诉讼的范围和受诉人民法院管辖。本案中，黄锡垣以祈福物业公司延期为其缴纳养老保险，导致黄锡垣达到退休年龄不能享受养老金为由，要求祈福物业公司赔偿其损失。而本案事实显示，祈福物业公司已经按照当时的有关规定为黄锡垣缴纳与补缴了养老保险，黄锡垣所主张的损失属于国家与地方政策的调整，不属于人民法院受理民事诉讼案件的范围，黄锡垣可以就有关的请求向有关部门申请处理。黄锡垣的起诉不符合上述法律规定的起诉的条件。

二审诉辩情况

黄锡垣上诉请求：（1）祈福物业公司赔偿 10 万元；（2）诉讼费用由祈福物业公司承担。

祈福物业公司答辩同意原审裁定，要求予以维持。

二审裁判结果

二审法院依照《中华人民共和国民事诉讼法》第 153 条第 1 款第 1 项的规定，判决如下：

驳回上诉，维持原审裁定。

二审案件受理费 10 元，由黄锡垣负担。

本裁定为终审裁定。

二审裁判理由

二审法院认为：原审法院根据双方当事人的诉辩、提交的证据对本案事实进行了认定，并在此基础上依法作出原审判决，合法合理，且理由阐述充分，本院予以确认。本院审理期间，黄锡垣既未有新的事实与理由，也未提交新的证据予以佐证自己的主张，故本院认可原审法院对事实的分析认定，即对黄锡垣的上诉请求不予支持。综上所述，原审认定事实清楚，判决并无不当，本院予以维持。

42. 劳动者与用人单位就补充养老金纠纷达成调解协议后反悔，再以同样的理由诉至法院的，人民法院应予支持吗？

如果调解协议不具备可撤销或无效的情形，则应认为调解协议是劳动者与用人单位之间的真实意思表示，具有相应的法律拘束力，此时，若劳动者与用人单位就补充养老金纠纷达成调解协议后反悔，再以同样的理由诉至法院的，人民法院不应支持。

典型疑难案件参考

叶某某与上海强生控股股份有限公司养老金纠纷上诉案［上海市第二中级人民法院〔2010〕沪二中民三（民）终字第 669 号民事判决书］

基本案情

叶某某于 1973 年 4 月进上海强生控股股份有限公司（以下简称强生公司）任出租汽车营运司机，签订无固定期限劳动合同。2007 年 12 月 24 日叶某某提出解除劳动合同。同日，叶某某与强生公司签订一份协议书，约定根据叶某某申请，强生公司按正常程序办理退工手续；强生公司一次性经济补贴人民币（以下币种均为人民币）30000 元；叶某某自谋出路，叶某某、强生公司不再有人事、经济、权利义务等方面关系。叶某某离职后，其个人补充养老金账户内归属强生公司的计账金额为 13086.40 元。

2008 年 3 月 3 日叶某某申请仲裁，要求强生公司返还补充养老金 9000 元。2008 年 3 月 17 日，强生公司为解决劳动争议一事，向叶某某支付一次性补贴 3000 元。2008 年 3 月 17 日，上海市静安区劳动争议仲裁委员会作出静劳仲〔2008〕办字第 160 号撤诉通知书，同意叶某某撤诉。

2008 年 5 月 5 日，叶某某再次申请仲裁，要求强生公司返还补充养老金差额 5000 元。2008 年 5 月 26 日，上海市静安区劳动争议仲裁委员会出具静劳仲〔2008〕办字第 331 号调解书，双方达成调解协议：（1）强生公司在本调解书生效之日起七日内一次性支付叶某某 3000 元；（2）叶某某放弃其他请求事项，双方无其他争议。强生公司于当日即支付叶某某 3000 元。2008 年 8 月 25 日叶某某退休。

2009 年 11 月 30 日，叶某某向上海市静安区劳动争议仲裁委员会申请仲裁，要求强生公司返还补充养老金 20000 元。2009 年 12 月 3 日，该委员会作出静劳仲〔2009〕决字第 208 号决定书。以叶某某已超过申请时效为由，决定不予受理。叶某某不服决定，遂诉至法院，请求判令强生公司支付补充养老金差额 15000 元。庭审中，叶某某变更诉讼请求，扣除 2008 年 5 月收到的补充养老金 3000 元后，要求强生公司支付叶某某补充养老金差额 12000 元。

一审裁判结果

一审法院依照《中华人民共和国劳动法》第 78 条、《中华人民共和国劳动争议调解仲裁法》第 27 条第 1 款、《中华人民共和国民法通则》第 57 条的规定，判决如下：叶某某要求上海强生控股股份有限公司支付补充养老金差额 12000 元的诉讼请求，不予支持。

一审裁判理由

一审法院认为：订立劳动合同，应当遵循合法、公平、平等自愿、协商一致、诚实信用的原则。民事法律行为从成立时起具有法律约束力。2008 年 5 月 26 日，叶某某在上海市静安区劳动争议仲裁委员会与强生公司达成的调解协议是叶某某真实意思表示，不得随意变更。在叶某某不能证明其上述行为具备法律规定可撤销的情形下，叶某某的诉称意见不予采信。为此，原审法院认定叶某某、强生公司已就争议内容达成合意，双方已无其他争议事项，叶某某再行主张，缺乏法律依据，不予支持。此外，叶某某在 2008 年 5 月 26 日仲裁部门结案后，直至 2009 年 11 月 30 日再就补充养老金提起仲裁，已超过了法定仲裁申请时效，丧失了胜诉权，故强生公司关于时效的抗辩理由，原审法院予以采纳。综上，叶某某要求强生公司支付补充养老金的诉讼请求，缺乏足够证据，不予支持。

二审诉辩情况

叶某某上诉称：根据规定，职工个人补充养老金归个人所有，强生公司与其解除劳动合同时没有告知其具体的养老金数额，如果其知道养老金的具体数额是不会解除劳动合同的。因此，强生公司隐瞒养老金的实际情况解除劳动合同无效，强生公司应当归还其个人的补充养老金。原审判决错误，请求撤销原判，依法改判强生公司归还补充养老金 7000 元。

被上诉人强生公司辩称：根据公司制定的《补充养老金实施办法》，公司根据自身经营状况为员工办理补充养老金，如果因员工个人原因离开公司，补充养老金归公司账户。2007 年 12 月 24 日，叶某某因其个人原因要求解除劳动合同，此时，叶某某距退休不足 3 年，公司可以不解除劳动合同，但考虑到叶某某的具体要求，公司同意与其解除劳动合同，并且给了经济补偿金，叶某某认为解除劳动合同无效，与事实不符。叶某某因个人原因解除劳动合同，故其个人补充养老金归公司所有，公司无过错。此后，叶某某提出仲裁要求归还补充养老金，在仲裁委员会主持下，双方达成了调解协议，公司给予叶某某补偿，双方无其他争议，现叶某某推翻仲裁主持的调解协议，再次提起仲裁，无法律依据。另，叶某某的申诉请求超过了申诉时效。原审判决正确，请求维持原判。

二审裁判结果

二审法院依照《中华人民共和国民事诉讼法》第153条第1款第1项之规定，判决如下：

驳回上诉，维持原判。

上诉案件受理费人民币10元，由上诉人叶某某负担。

本判决为终审判决。

二审裁判理由

二审法院认为：叶某某与强生公司在上海市静安区劳动争议仲裁委员会主持下达成的调解协议具有法律约束力，根据该会出具的调解书，双方就解决补充养老金争议达成一致，双方无其他争议，现叶某某就补充养老金事宜再次提出仲裁，无法律依据。另，劳动争议申请仲裁的时效期间为一年。叶某某与强生公司在2008年5月26日达成了调解，但叶某某至2009年11月30日申请仲裁，超过了法定的申请仲裁的时效，因此，即使叶某某可以提起仲裁，也因超过时效，其请求不能得到支持。综上，原审判决正确，应予以维持。

1.《中华人民共和国劳动法》（2009 年 8 月 27 日修正）（节录）

第三条 劳动者享有平等就业和选择职业的权利、取得劳动报酬的权利、休息休假的权利、获得劳动安全卫生保护的权利、接受职业技能培训的权利、享受社会保险和福利的权利、提请劳动争议处理的权利以及法律规定的其他劳动权利。

劳动者应当完成劳动任务，提高职业技能，执行劳动安全卫生规程，遵守劳动纪律和职业道德。

第五条 国家采取各种措施，促进劳动就业，发展职业教育，制定劳动标准，调节社会收入，完善社会保险，协调劳动关系，逐步提高劳动者的生活水平。

第六十二条 女职工生育享受不少于九十天的产假。

第七十条 国家发展社会保险事业，建立社会保险制度，设立社会保险基金，使劳动者在年老、患病、工伤、失业、生育等情况下获得帮助和补偿。

第七十一条 社会保险水平应当与社会经济发展水平和社会承受能力相适应。

第七十二条 社会保险基金按照保险类型确定资金来源，逐步实行社会统筹。用人单位和劳动者必须依法参加社会保险，缴纳社会保险费。

第七十三条 劳动者在下列情形下，依法享受社会保险待遇：

（一）退休；

（二）患病、负伤；

（三）因工伤残或者患职业病；

（四）失业；

（五）生育。

劳动者死亡后，其遗属依法享受遗属津贴。

劳动者享受社会保险待遇的条件和标准由法律、法规规定。

劳动者享受的社会保险金必须按时足额支付。

第七十四条 社会保险基金经办机构依照法律规定收支、管理和运营社会保险基金，并负有使社会保险基金保值增值的责任。

社会保险基金监督机构依照法律规定，对社会保险基金的收支、管理和运营实施监督。

社会保险基金经办机构和社会保险基金监督机构的设立和职能由法律规定。

任何组织和个人不得挪用社会保险基金。

第七十五条 国家鼓励用人单位根据本单位实际情况为劳动者建立补充保险。

国家提倡劳动者个人进行储蓄性保险。

第七十六条 国家发展社会福利事业，兴建公共福利设施，为劳动者休息、休养和疗养提供条件。

用人单位应当创造条件，改善集体福利，提高劳动者的福利待遇。

第一百条 用人单位无故不缴纳社会保险费的，由劳动行政部门责令其限期缴纳，逾期不缴的，可以加收滞纳金。

第一百零四条 国家工作人员和社会保险基金经办机构的工作人员挪用社会保险基金，构成犯罪的，依法追究刑事责任。

2. 劳动部《关于贯彻执行〈中华人民共和国劳动法〉若干问题的意见》

（1995年8月4日劳动部发布）（节录）

五、社会保险

73. 企业实施破产时，按照国家有关企业破产的规定，从其财产清产和土地转让所得中按实际需要划拨出社会保险费用和职工再就业的安置费。其划拨的养老保险费和失业保险费由当地社会保险基金经办机构和劳动部门就业服务机构接收，并负责支付离退休人员的养老保险费用和支付失业人员应享受的失业保险待遇。

74. 企业富余职工、请长假人员、请长病假人员、外借人员和带薪上学人员，其社会保险费仍按规定由原单位和个人继续缴纳，缴纳保险费期间计算为缴费年限。

75. 用人单位全部职工实行劳动合同制度后，职工在用人单位内由转制前的原工人岗位转为原干部（技术）岗位或由原干部（技术）岗位转为原工人岗位，其退休年龄和条件，按现岗位国家规定执行。

76. 依据劳动部《企业职工患病或非因工负伤医疗期的规定》（劳部发〔1994〕479号）和劳动部《关于贯彻〈企业职工患病或非因工负伤医疗期的规定〉的通知》（劳部发〔1995〕236号），职工患病或非因工负伤，根据本人实际参加工作的年限和本企业工作年限长短，享受3-24个月的医疗期。对于某些患特殊疾病（如癌症、精神病、瘫痪等）的职工，在24个月内尚不能痊愈的，经企业和当地劳动部门批准，可以适当延长医疗期。

77. 劳动者的工伤待遇在国家尚未颁布新的工伤保险法律、行政法规之前，各类企业仍要执行《劳动保险条例》及相关的政策规定，如果当地政府已实行工伤保险制度改革的，应执行当地的新规定；个体经济组织的劳动者的工伤保险参照企业职工的规定执行；国家机关、事业组织、社会团体的劳动者的工伤保险，如果包括在地方人民政府的工伤改革规定范围内的，按地方政府的规定执行。

78. 劳动者患职业病按照1987年由卫生部等部门发布的《职业病范围和职业病患者处理办法的规定》和所附的"职业病名单"（〔87〕卫防第60号）处理，经职业病诊断机构确诊并发给《职业病诊断证明书》，劳动行政部门据此确认工伤，并通知用人单位或者社会保险基金经办机构发给有关工伤保险待遇；劳动者因工负伤的，劳动行政部门根据企业的工伤事故报告和工伤者本人的申请，作出工伤认定，由社会保险基金经办机构或用人单位，发给有关工伤保险待遇。患职业病或工伤致残的，由当地劳动鉴定委员会按照劳动部《职工工伤和职业病致残程度鉴定标准》（劳险字〔1992〕6号）评定伤残等级和护理依赖程度。劳动鉴定委员会的伤残等级和护理依赖程度的结论，以医学检查、诊断结果为技术依据。

79. 劳动者因工负伤或患职业病，用人单位应按国家和地方政府的规定进行工伤事故报告，或者经职业病诊断机构确诊进行职业病报告。用人单位和劳动者有权按规定向当地劳动行政部门报告。如果用人单位瞒报、漏报工伤或职业病，工会、劳动者可以向劳动行政部门报告。经劳动行政部门确认后，用人单位或社会保险基金经办机构应补发工伤保险待遇。

80. 劳动者对劳动行政部门作出的工伤或职业病的确认意见不服，可依法提起行政复议或行政诉讼。

81. 劳动者被认定患职业病或因工负伤后，对劳动鉴定委员会作出的伤残等级和护理依赖程度鉴定结论不服，可依法提起行政复议或行政诉讼。对劳动能力鉴定结论所依据的医学检查、诊断结果有异议的，可以要求复查诊断，复查诊断按各省、自治区和直辖市劳动鉴定委员会规定的程序进行。

3. 最高人民法院《关于审理劳动争议案件适用法律若干问题的解释(三)》(2010 年 9 月 13 日 法释〔2010〕12 号)(节录)

第一条 劳动者以用人单位未为其办理社会保险手续，且社会保险经办机构不能补办导致其无法享受社会保险待遇为由，要求用人单位赔偿损失而发生争议的，人民法院应予受理。

第七条 用人单位与其招用的已经依法享受养老保险待遇或领取退休金的人员发生用工争议，向人民法院提起诉讼的，人民法院应当按劳务关系处理。

4. 最高人民法院《关于企业离退休人员的养老保险统筹金应当列入破产财产分配方案问题的批复》(2002 年 4 月 18 日 法释〔2002〕12 号)

云南省高级人民法院：

你院云高法〔2001〕45 号《关于企业离休人员的养老统筹金能否列入破产财产分配问题的请示》收悉。经研究，答复如下：

破产企业离退休人员的养老保险统筹金属于《中华人民共和国破产法（试行）》第三十七条第二款和《中华人民共和国民事诉讼法》第二百零四条规定的"劳动保险费用"，应当列入破产财产的第一清偿顺序。

此复

43. 职工基于领导的指示到非本职岗位去工作而受到事故伤害的，应否认定为工伤？

认定工伤的"三工原则"之一的"工作场所"，需要从宽理解。"工作场所"既包括从事本职岗位工作所在的场所，还包括职工"串岗"所在的场所，等等。职工无论是在与用人单位约定的本职岗位工作，还是基于领导的指示到其他岗位包括非本职工作岗位去工作，都是在劳动过程中履行劳动义务的行为。职工在劳动过程中受到事故伤害的，应当认定为工伤。

典型疑难案件参考

王长淮诉江苏省盱眙县劳动和社会保障局工伤行政确认案（《最高人民法院公报》2011年第9期）

基本案情

原告自2007年进入第三人思达公司工作，与第三人之间形成劳动关系。2008年5月22日上午，公司车间主任徐建华安排原告打扫卫生。原告在打扫卫生过程中，徐建华亦安排原告王长淮次日跟张海军后边工作，当张海军备料到回收酒精车间时，原告跟其到回收酒精车间观看学习便于次日跟岗。恰遇回收酒精岗位发生酒精溢料事故，原告为避险，慌乱中从窗户跳出，摔伤双足，公司车间主任等人迅速将原告送往盱眙县中医院救治。经医院诊断为双侧跟骨骨折。公司支付了医药费。2009年2月21日，原告向被告盱眙县劳保局提出工伤认定申请，被告受理后进行立案调查，于2009年4月16日作出盱劳社工伤认字〔2009〕第011号工伤认定决定，认定原告不属于工伤。原告不服，于2009年5月10日向盱眙县人民政府申请复议，2009年6月8日盱眙县人民政府作出复议决定，维持被告作出的具体行政行为。原告遂诉至法院。

诉辩情况

原告王长淮诉称：2007年起原告进入思达公司工作。2008年5月22日，公司的车间主任徐建华安排原告打扫卫生时告知原告次日跟随张海军师傅后面工作。休息时，原告看见张海军备料至工作台，想提前熟悉情况，即跟随张海军到工作台旁观看张海军操作。由于设备故障，回收酒精岗位发生酒精溢料事故，随时有爆炸可能，工人均从工作现场窗户跳出。原告在跳落地面时双足摔伤，经盱眙县中医院诊断为双侧跟骨骨折。2009 年 2 月 21 日原告向被告盱眙县劳保局申请工伤认定。被告于 2009 年 4 月 16 日认定原告受伤事故因串岗而不属于工伤。原告遂请求法院依法判令被告重新作出认定原告为工伤的具体行政行为。

被告盱眙县劳保局辩称：2008 年 5 月 22 日上午，公司车间主任徐建华安排原告王长淮打扫卫生，张海军等人在回收酒精岗位操作设备；原告打扫卫生过程中擅自串岗至回收酒精岗位。当日 10 时左右，由于设备故障，回收酒精岗位发生溢料事故，原告不了解该岗位情况，慌乱中从窗户跳下去，造成其双侧跟骨骨折后果，不属于工伤。请求法院依法驳回原告的诉讼请求。

裁判结果

盱眙县人民法院依照《中华人民共和国行政诉讼法》第 54 条第 2 项第 1 目、第 2 目的规定，于 2009 年 7 月 29 日判决：

一、撤销被告盱眙县劳保局作出的盱劳社工伤认字〔2009〕第 011 号工伤认定决定书；

二、责令被告盱眙县劳保局在 60 日内重新作出认定原告王长淮为工伤的具体行政行为。

本案诉讼费用 100 元，由被告盱眙县劳保局负担。

一审宣判后，法定期间内双方当事人均未上诉，一审判决已发生法律效力。

裁判理由

盱眙县人民法院一审认为：中华人民共和国国务院《工伤保险条例》第 5 条规定："县级以上地方各级人民政府劳动保障行政部门负责本行政区域内的工伤保险工作"，被告盱眙县劳保局具有负责工伤认定的法定职责。该《条例》第 14 条规定："职工有下列情形之一的，应当认定为工伤：（一）在工作时间和工作场所内，因工作原因受到事故伤害的……"这里的"工作场所"，是指职工从事工作的场所，例如，职工所在的车间，而不是指职工本人具体的工作岗位。被告盱眙县劳保局认为原告因"串岗"受伤不能认定为工伤，对此法院认为，首先，原告王长淮临时更换岗位是按照管理人员即车间主任的安排进行的，并不是擅自离岗换岗，不属于"串岗"，应为正常工作变动；其次，即使认定原告上班期间"串岗"行为成立，原告仅是违反了相关企业管理制度，其只导致具体工作岗位及相关工作内容有所变动，并不能改变原告仍在工作场所内工作的事实，因此，"串岗"行为应由企业内部管理规章制度调整，不能因此影响工伤认定。原告是在第三人思达公司上班期间处于工作场所并因该公司设备故障安全事故导致伤害，符合工伤认定条件，被告作出原告不属于工伤的具体行政行为与法律相悖。

44. 因工伤发生的费用是否全部由工伤保险基金支付?

因工伤发生的费用中，从工伤保险基金中支付的有9项：
（1）治疗工伤的医疗费用和康复费用；（2）住院伙食补助费；
（3）到统筹地区以外就医的交通食宿费；（4）安装配置伤残辅助器具所需费用；（5）生活不能自理的，经劳动能力鉴定委员会确认的生活护理费；（6）一次性伤残补助金和一至四级伤残职工按月领取的伤残津贴；（7）终止或者解除劳动合同时，应当享受的一次性医疗补助金；（8）因工死亡的，其遗属领取的丧葬补助金、供养亲属抚恤金和因工死亡补助金；（9）劳动能力鉴定费。因工伤发生的费用中，由用人单位支付的有3项：
（1）治疗工伤期间的工资福利；（2）五级、六级伤残职工按月领取的伤残津贴；（3）终止或者解除劳动合同时，应当享受的一次性伤残就业补助金。

典型疑难案件参考

王广生与徐州饭店集团有限公司福利待遇纠纷上诉案（江苏省徐州市中级人民法院〔2011〕徐民终字第 924 号民事判决书）

基本案情

王广生系徐州饭店的职工，徐州饭店按照相关法律规定为王广生办理了工伤保险及医疗保险。2007 年 9 月 16 日，王广生在烧锅炉时，被前来打水的徐州饭店员工打伤，王广生于同日在徐州市第三人民医院就诊。2007 年 12 月 10 日，王广生转至徐州市第一人民医院就诊，被诊断为双眼钝挫伤，双眼眶爆裂性骨折，视网膜震荡。2008 年 2 月 25 日，王广生向徐州市劳动和社会保障局提出工伤认定申请，该局于 2008 年 4 月 30 日作出徐劳社伤认字〔2008〕第 221 号《工伤认定决定书》，认定为工伤。2008 年 9 月 16 日徐州市劳动鉴定委员会作出徐劳工鉴通〔2008〕第 200808195 号《徐州市劳动能力鉴定结论通知书》，对王广生的劳动能力鉴定作出如下结论：符合《劳动能力鉴定职工工伤与职业病致残等级》（GB/T16180 - 2006）标准六级伤残，无护理依赖。2008 年 12 月 10 日，徐州饭店与王广生达成协议，徐州饭店一次性解决王广生报工伤前的全部医药费 6749.63 元及工资 4602 元，总计 11351.63 元，王广生在该协议上签字"已收到 6749.63 元"。工伤认定后，王广生因治疗工伤产生的医疗费经社保机构待遇审核部门审核后，由工伤保险基金予以报销。王广生以截至 2009 年 9 月 7 日工伤保险未予报销 9207.04 元医药费为由，向徐州市劳动争议仲裁委员会提出仲裁申请，要求徐州饭店支付医疗费 9207.04 元，护理费 675 元，住院伙食补助费、营养费 450 元，交通费 100 元。该委于 2010 年 1 月 23 日作出徐劳仲案字〔2009〕第 721 号《仲裁裁决书》，裁决如下："（1）被申请人于本裁决书生效后 10 日内一次性支付给申请人各项工伤待遇共计人民币 740.5 元，其中：①护理费 483 元；②住院伙食补助费 157.5 元；交通费 100 元；（2）申请人的其他仲裁请求不予支持。"王广生不服该仲裁裁决，诉至徐州市云龙区人民法院。徐州饭店以未报销的医疗费应由工伤保险基金支付为由进行抗辩。

此外，原审法院从徐州市医疗保险基金管理中心调取了 2008 年 10 月至 2009 年 10 月王广生申报工伤医疗费用明细，显示："2008 年 10 月至 2009 年 10 月，徐州饭店集团有限公司工伤职工王广生共申报工伤医疗费用报销 11 次，合计 15438.47 元。经审核工伤基金支付 7449.77 元，不予支付费用为 7988.70 元。其中不予支付费用中，自费药物 3504.8 元，无病历及具体药物明细费用 620.17 元，工伤申报日期前医疗费用 278.07 元，非工伤部位用药、检查和治疗费用 3575.66 元，挂号费用 10 元。"诉讼过程中，徐州饭店对王广生主张的医疗费中医保处给予报销的 204.81 元医疗费、挂号费 20 元及仲裁裁决书确定的护理费住院伙食补助费、交通费 740.5 元，予以认可并同意支付王广生。

王广生于 2007 年 9 月 16 日因双眼外伤入住徐州市第三人民医院就诊，共住院 15 日，其间徐州饭店未派人予以护理。

一审裁判结果

徐州市云龙区人民法院判决：徐州饭店于一审判决生效之日起 7 日内，给付王广生医疗费 224.81 元、住院伙食补助费 157.5 元、护理费 525 元、交通费 100 元，以上合计 1007.31 元。

一审裁判理由

徐州市云龙区人民法院认为：依照《工伤保险条例》第 29 条第 3 款的规定，职工治疗工伤所需费用符合工伤保险诊疗项目目录、工伤保险药品目录、工伤保险住院服务标准的规定，从工伤保险基金支付。王广生主张的自 2008 年 10 月至 2009 年 10 月工伤保险基金不予支付的医疗费用为 7988.70 元，王广生如对该费用有异议，应当通过其他合法途径主张权利。因徐州饭店为王广生办理了工伤保险及医疗保险，王广生主张该费用由徐州饭店支付无法律依据，不予支持。王广生主张的住院伙食补助费按照本单位因公出差伙食标准的 70% 发给住院伙食补助费，住院 15 天，原审法院参照省内出差标准每天 15 元，按 70% 计算为 157.5 元。王广生主张护理费每天 35 元，按 15 天计算为 525 元，该主张并不违反法律规定，予以支持。关于王广生对营养费的主张无法律依据，不予支持。因徐州饭店对于王广生主张的医疗费中的 204.81 元、挂号费 20 元及交通费 100 元予以认可，并同意支付王广生，予以确认。关于王广生主张的超出徐州饭店同意支付的交通费数额，无法律依据，不予支持。

二审诉辩情况

王广生不服一审民事判决，向江苏省徐州市中级人民法院提起上诉称：原审法院认定因治疗工伤产生的超出工伤保险范围的医疗费 8127.84 元不应由被上诉人徐州饭店承担，违反《工伤保险条例》的立法精神和立法目的，原审法院的判决存在错误。请求二审法院撤销原判、发回重审或依法改判。

徐州饭店答辩称：原审法院判决认定事实正确，适用法律适当，上诉人的上诉请求无事实和法律依据。请求二审法院驳回上诉人的上诉，维持原审判决。

二审裁判结果

江苏省徐州市中级人民法院依照《中华人民共和国民事诉讼法》第 153 条第 1 款第 1 项之规定，判决如下：

驳回上诉，维持原判。

本判决为终审判决。

二审裁判理由

江苏省徐州市中级人民法院认为：双方诉争的工伤基金不予支付的医疗费用 7988.70 元，为自费药物 3504.8 元，无病历及具体药物明细费用 620.17

元，工伤申报日期前医疗费用278.07元，非工伤部位用药、检查和治疗费用3575.66元，挂号费用10元。对于工伤申报日期前医疗费用278.07元，由于双方于2008年12月10日已协议对工伤申报日期前医疗费一次性处理，王广生亦签收了该款项，该笔费用本院不予支持。对无病历及具体药物明细费用620.17元，上诉人王广生不能证明与治疗工伤有关，本院不予支持。

法律规定，治疗工伤所需费用符合工伤保险诊疗项目目录、工伤保险药品目录、工伤保险住院服务标准的，从工伤保险基金支付。上诉人王广生主张的自费药物3504.8元，属于超出工伤保险药品目录用药而产生的费用，双方对此均未有异议。对于该笔费用的承担，上诉人王广生认为根据我国工伤保险法律、法规的立法精神，应由用人单位即被上诉人一方负担；被上诉人则认为己方作为用人单位，已为劳动者办理了工伤保险，并在工伤事故发生后积极配合对上诉人王广生的工伤治疗，不应当支付上诉人王广生超出工伤保险药品目录范围的治疗费用。本院认为，工伤保险基金的设立是为了保障因工作遭受事故伤害或者患职业病的职工获得医疗和经济补偿，促进工伤预防和职业康复，分散用人单位的工伤风险。另外，从工伤保险基金的构成来看，包含了用人单位缴纳的工伤保险费。因此，工伤保险基金的设立并不是免除用人单位的工伤责任，只是用人单位在依法交纳工伤保险费后，对本单位发生的工伤事故所产生的工伤损失可以由工伤保险基金支付。工伤保险基金管理部门也只是依法承担维护工伤保险基金运行安全，审核和发放工伤保险待遇的职能，并不因此而成为工伤责任主体。

由于工伤保险基金的设立，用人单位与工伤职工预期合法的工伤损失都能从工伤保险基金得到支付，而且国家有关部门设立工伤保险诊疗项目目录、工伤保险药品目录、工伤保险住院服务标准时，尽可能保障工伤可以得到有效治疗。对于本案所涉超药品目录用药产生的费用，发生在上诉人王广生被认定为工伤之后，该费用超出了用人单位的预期。对此扩大的损失，本院认为，上诉人王广生作为一个具有完全民事行为能力的人，应当采取必要的措施防止该费用的产生，否则不能就此费用向用人单位主张。根据徐州市医疗保险基金管理中心与诉争医疗费涉及的徐州市第一人民医院于2008年订立的《徐州市工伤保险定点医疗机构医疗服务协议》第8条规定，工伤职工办理门诊挂号或住院登记手续时，医疗机构应认真审查其工伤证件，本院认为，上诉人王广生应当承担证明其在门诊过程中出示相关工伤证件的责任。由于上诉人王广生无法证明其在徐州市第一人民医院门诊治疗工伤时出示工伤证件，导致门诊医师用药时未作特别注意，因此，产生的该部分费用，本院不予支持。

关于非工伤部位用药、检查和治疗费用3575.66元，上诉人王广生主张是治疗脑外伤综合症所产生的费用。本院经审查认为，原工伤伤情为眼外伤综合症，且为外力打击所致，上述非工伤部位用药、检查和治疗费用3575.66元不排除与工伤的关联性。由于工伤伤情的认定属于认定工伤的有权部门，不属法院处理范围。对此部分费用，本院暂不作处理。此外，根据徐州市社会保证基金管理中心的相关规定，工伤职业伤情的重新认定应由用人单位承担申请的义务，故被上诉人徐州饭店应当于本判决生效后30日内，向有关部门提出工伤伤情重新认定申请。关于工伤保险基金不予报销的挂号费用10元，因与非工伤部位治疗有关联，本院暂不予处理。

综上，上诉人王广生的上诉请求不能成立，本院不予支持。原审判决并无不当，本院予以维持。

45. 职工在工作期间上厕所不慎摔伤致死，可否认定为工伤而给予工伤保险待遇？

在劳动关系中，应当让劳动者在劳动过程中适度放松、缓解疲劳、减轻压力等。劳动者在日常工作中上厕所是其必要的、合理的生理需求，与劳动者的正常工作密不可分，应当认定为工伤而给予工伤保险待遇。

典型疑难案件参考

何文良诉成都市武侯区劳动局工伤认定行政行为案（《最高人民法院公报》2004年第9期）

基本案情

成都市武侯区劳动和社会保障局（以下简称武侯区劳动局）于2002年10月23日以成武劳函〔2002〕23号《企业职工伤亡性质认定书》认定何文良之子何龙章的伤亡性质不是工伤。何文良不服，向成都市劳动局申请复议，成都市劳动局于2002年12月11日作出成劳社行复决〔2002〕12号《行政复议决定书》，维持武侯区劳动局对何龙章伤亡性质认定。何文良仍不服武侯区劳动局的行政复议决定，于2003年1月9日向四川省成都市武侯区人民法院提起行政诉讼。

一审诉辩情况

何文良诉称：何龙章生前系成都四通印制电路板厂工人。2002 年 9 月 24 日下午的上班期间，何龙章被发现摔倒在车间旁的厕所内不省人事，经送往医院抢救无效死亡。死亡原因为重型颅脑损伤，呼吸循环衰竭。因厂方未及时足额支付治疗费及其他相关费用，也未提起伤亡性质认定，我于 2002 年 10 月 8 日向被告武侯区劳动局申请对何龙章伤亡性质认定，被告武侯区劳动局认定何龙章不是工伤所依据的事实不清，回避了厂方的厕所潮湿，有重大安全隐患的事实。死者明显是被厕所内的积水滑倒而致颅脑损伤，且应与工作有关，请求撤销被告对何龙章作出的伤亡性质认定。

成都市武侯区劳动局辩称：我局受理原告申请后，即派人到成都四通印制电路板厂进行了调查，因为何龙章是上班铃声响后未进车间而先到厕所小便，在厕所里不慎摔伤，经送往医院抢救无效后死亡。故认定何龙章上厕所与从事的本职工作无关，不属于工伤。原告称厕所存在不安全隐患，没有证据证实。

第三人成都四通印制电路板厂辩称：我厂的厕所从未发生过有人滑倒的情况，被告对何龙章伤亡性质的认定是正确的。

一审裁判结果

成都市武侯区人民法院依照《中华人民共和国劳动法》第 3 条、《中华人民共和国行政诉讼法》第 54 条第 2 项之规定，于 2003 年 5 月 16 日判决：

一、撤销成都市武侯区劳动与社会保障局成武劳函〔2002〕23 号《企业职工伤亡性质认定书》；

二、成都市武侯区劳动和社会保障局根据何龙章近亲属的申请对何龙章死亡是否属于工伤重新认定。

一审裁判理由

成都市武侯区人民法院认为：何龙章作为第三人四通印制电路板厂的职工，已与四通印制电路板厂建立了事实上的劳动关系。何文良是何龙章之父，在认为被告的具体行政行为侵犯其子依法获得工伤保险赔偿待遇的合法权益时，有权提起行政诉讼。被告武侯区劳动局是主管劳动与社会保障的行政机关，具有对辖区内的职工伤亡性质认定的行政职权。武侯区劳动局在举证期限内没有提供向何文良送达成劳社行复决〔2002〕12 号《行政复议决定书》的证据，亦未就何文良的起诉期限提出异议，根据行政诉讼举证责任的相关规定，武侯区劳动局对此负有举证义务，应承担举证不能的不利后果，故视为何文良是在收到《行政复议决定书》的 15 日内提起行政诉讼，符合起诉条件。

本案中原、被告双方争议的焦点是：武侯区劳动局认定何龙章在"上厕所"中因摔伤致死与其本职工作无关有无法律依据。

《中华人民共和国劳动法》（以下简称劳动法）第3条规定，劳动者享有"获得劳动安全卫生保护"的权利，"上厕所"是人的自然生理现象，任何用工单位或个人都应当为劳动者提供必要的劳动卫生条件，维护劳动者的基本权利。"上厕所"虽然是个人的生理现象，与劳动者的工作内容无关，但这是人的必要的、合理的生理需要，与劳动者的正常工作密不可分，被告片面地认为"上厕所"是个人生理需要的私事，与劳动者的本职工作无关，故作出认定何龙章不是工伤的具体行政行为，与劳动法保护劳动者合法权利的基本原则相悖，也有悖于社会常理；根据《企业职工工伤保险试行办法》第9条规定，"职工由于下列情形之一造成负伤、致残、死亡的不应认定为工伤：（一）犯罪或违法；（二）自杀或自残；（三）斗殴；（四）酗酒；（五）蓄意违章；（六）法律、法规规定的其他情形"，其中列举的不应当认定为工伤的情形均是职工因自己的过错致伤、致残、死亡的，由于本案中没有证据证明何龙章受伤是因自己的过错所致，因而不属于不应认定为工伤的情形。根据武侯区劳动局提供的四川省劳动厅《关于划分因工与非因工伤亡界限的暂行规定》第2条"确定比照因工伤亡的原则为职工发生与生产、工作有一定关系的意外伤亡"的规定，即使是"在上下班时间、在上下班必经路线途中，发生属于非本人主要责任的交通事故或其他无法抗拒的意外事故致残，完全丧失劳动能力或死亡的"，都应当确定为比照因工伤亡，而何龙章则是在上班时间在工作区域内发生的非本人过错的伤亡，不认定为工伤与上述法规、规定的本意不符，也没有相应的法律、法规依据。因此，武侯区劳动局根据何文良的申请对何龙章受伤死亡作出不予认定为因工负伤的行政行为没有法律、法规依据。关于原、被告对何龙章是否是因用工单位的厕所存在不安全因素摔伤致死的争议，因对本案不产生实际影响，故对此不作认定。

综上，被告武侯区劳动局在《企业职工伤亡性质认定书》中对何龙章的伤亡性质认定为不是因工负伤不符合法律规定，所适用法规、规章不当，应予撤销。因武侯区劳动局为主管劳动与社会保障的行政机关，负有对其所辖区域内职工伤亡性质予以认定的行政管理职权，故被诉行政行为被撤销以后，应当根据当事人的申请，依法行使职权重新作出行政行为。原告何文良的诉讼请求，符合《中华人民共和国行政诉讼法》的规定，应予以支持。

二审诉辩情况

何文良对原审判决无异议。

武侯区劳动局辩称：何龙章在事发地摔伤，并非在厂方安排的本职工作岗位上，也不属于完成本职工作任务中发生的因公所致的伤亡，且事发地并不存在安全隐患，应是偶然发生的意外事故，该情形不符合劳动部和四川省劳动厅关于认定工伤的规定。原审判决中以"上厕所"是个人必要的、合理的生理需要，与劳动者的正常工作密不可分这一自然现象来认定工伤，缺乏法律依据。

二审裁判结果

成都市中级人民法院依照《中华人民共和国行政诉讼法》第61条第1项规定，于2003年9月17日判决：

驳回上诉，维持原判。

本判决为终审判决。

二审裁判理由

成都市中级人民法院认为：劳动者享有获得劳动安全卫生保护的权利，是劳动法规定的基本原则，任何用工单位或个人都应当为劳动者提供必要的劳动卫生条件，维护劳动者的基本权利。劳动者在日常工作中"上厕所"是其必要的、合理的生理需求，与劳动者的正常工作密不可分，应当受到法律的保护。被告作出的行政认定未体现劳动法中保护劳动者合法权益的基本原则，属适用法律、法规错误。上诉人的上诉理由不能成立，一审判决撤销成武劳函〔2002〕23号伤亡性质认定，责令成都市武侯区劳动局对何龙章死亡性质重新认定正确。

46. 劳动者下班之后无证驾驶摩托车且没有戴安全头盔发生交通事故死亡的，可否认定为工伤并享受工伤保险待遇？

新修订的《工伤保险条例》保留了劳动者在上下班途中受到机动车事故伤害的应当认定为工伤的规定，但新增加了"非本人主要责任"的内容，所以需要界定本人负何等责任来认定是否构成工伤。

典型疑难案件参考

河南黄河旋风股份有限公司诉许昌市劳动和社会保障局工伤认定纠纷案（长葛市人民法院〔2009〕长行初字第 00014 号行政判决书）

基本案情

2008 年 4 月 1 日夜 12 点多，原告单位职工闫红杰在下班回家途中发生交通事故死亡。2009 年 1 月 12 日，被告收到第三人赵慧芳的工伤认定申请，同日，被告作出工伤认定申请受理通知书，2009 年 1 月 15 日，被告向原告送达《河南省工伤认定协助调查通知书》，原告在被告规定的期限内未提交证据。2009 年 3 月 11 日，被告根据查明的事实，作出豫（许）工伤认字〔2009〕87 号河南省工伤认定通知书。2009 年 3 月 24 日，被告向第三人赵慧芳送达工伤认定通知书，2009 年 4 月 8 日被告向原告送达工伤认定通知书。原告不服提出复议，2009 年 8 月 7 日，复议机关作出行政复议决定书，维持《河南省工伤认定通知书》，原告仍然不服，向法院提起行政诉讼，请求撤销豫（许）工伤认字〔2009〕87 号河南省工伤认定通知书。

诉辩情况

原告河南黄河旋风股份有限公司诉称：（1）被告许昌市劳动和社会保障局作出的工伤认定程序违法，没有将工伤认定通知书向原告送达。（2）作出的工伤认定证据不足，认定事实错误，死者闫红杰无证驾驶摩托车且没有配戴安全头盔，其本人存在违法行为。因此，请求撤销豫（许）工伤认字〔2009〕87 号河南省工伤认定通知书。在法定举证期限内，原告未提交证据证明其主张。

被告许昌市劳动和社会保障局辩称：被告作出的豫（许）工伤认字〔2009〕87 号《河南省工伤认定通知书》认定事实清楚，证据充分，程序合法，适用法律正确，依法应予维持。

第三人赵慧芳、闫德龙、宗根菊、闫如玉、闫育锋述称：死者闫红杰是原告单位职工，其在下班途中发生交通事故死亡，依法应属工伤，被告作出的工伤认定应予维持。

裁判结果

长葛市人民法院依照《中华人民共和国行政诉讼法》第 54 条第 1 项的规定，判决如下：

维持被告许昌市劳动和社会保障局 2009 年 3 月 11 日作出的豫（许）工伤

认字〔2009〕87号河南省工伤认定通知书。

本案诉讼费50元由原告承担。

如不服本判决，可在判决书送达之日起15日内提起上诉，向本院递交上诉状，并按对方当事人的人数递交上诉状副本，上诉于河南省许昌市中级人民法院。

裁判理由

长葛市人民法院认为：《工伤保险条例》第14条第6项规定：职工在上下班途中，受到机动车事故伤害的，应认定为工伤。同时第16条规定：职工有犯罪或者违反治安管理条例行为伤亡的，不得认定为工伤或视同工伤。本案闫红杰在下班途中受到机动车伤害死亡的事实清楚，证据确实充分；闫红杰无证驾驶属违反交通安全的行为，对此种行为，2006年3月1日正式施行的《治安管理处罚法》已不再进行调整，而由2004年5月1日正式施行的《道路交通安全法》进行调整。因此，违反交通安全的行为不能视为违反治安管理的行为，闫红杰无证驾驶不属于《工伤保险条例》第16条规定的不能认定为工伤的情形。闫红杰的死亡符合《工伤保险条例》第14条第6项规定的应当被认定为工伤的情形。因此，被告作出的工伤认定通知书，认定事实清楚，证据确实充分，适用法律正确。在行政程序上，被告履行受理、调查、认定、送达、告知等程序，程序合法。综上，被告作出的豫（许）工伤认字〔2009〕87号河南省工伤认定通知书依法应予维持。

47. 因第三人过错造成的工伤，用人单位承担相应的赔偿责任后能否向有责任的第三人追偿或者说进行代位求偿？

为职工缴纳工伤保险费，是用人单位的法定强制性义务。应当参加工伤保险而未参加工伤保险的用人单位职工发生工伤的，由该用人单位按照《工伤保险条例》规定的工伤保险待遇项目和标准支付费用。因为用人单位违反了其法定义务，其并不享有向第三人追偿的权利。一旦允许其向有责任的第三人追偿或者说进行代位求偿，则相当于纵容用人单位不缴纳工伤保险费的违法行为。此外，社会保险的基本原理不同于商业保险的基本原理，不能套用商业保险的追偿法律制度。

典型疑难案件参考

浙江越宫钢结构有限公司诉吴国军等其他债务案（浙江省绍兴市中级人民法院〔2008〕绍中民一终字第80号民事判决书）

基本案情

原告将其承建浙江宏健纺织有限公司办公楼屋顶构架工程转包给被告吴国军。吴国军雇用吴立峰等人工作。2005年6月15日，在乘坐被告众立公司的物料升降机时，吴立峰受伤。2005年11月3日，绍兴市劳动和社会保障局认定吴立峰之伤为工伤，2006年12月8日，浙江省劳动能力鉴定委员会鉴定吴立峰因工丧失劳动能力程度评定为贰级。2007年3月30日，经绍兴市劳动争议仲裁委员仲裁调解：由原告支付吴立峰一次性工伤长期待遇、住院伙食补助费、停工留薪期工资、护理费、交通费、鉴定费等合计280000元；双方事实劳动关系解除。原告所在地2004年度职工年平均工资为21179元。

一审诉辩情况

原告浙江越宫钢结构有限公司诉称：原告与被告吴国军于2005年3月22日签订承包合同一份，合同约定：由被告吴国军承包浙江宏健纺织有限公司办公楼屋顶构架工程，在施工过程中发生安全事故，其责任和造成的后果由被告吴国军自负，合同还对其他权利、义务作了约定。被告吴国军在签约后组织施工过程中，雇用吴立峰至现场施工，吴立峰于2005年6月15日在施工现场发生安全事故。原告支付给吴立峰的先期费用包括住院期间的医疗费用120940.51元、2005年10月21日出院后的备用款10000元、购买轮椅费790元、报销门诊费用和交通费4010.01元。吴立峰在2007年1月8日向绍兴市劳动争议仲裁委员会申请仲裁，最后达成调解协议，由原告支付吴立峰一次性工伤长期待遇、住院伙食补助费、停工留薪期工资、护理费、交通费、鉴定费计人民币28万元。即原告至今已因该次安全事故支付吴立峰各项费用合计人民币415740.52元。又，被告众立公司系本案工程的总承包单位，该次安全事故系发生在其所使用管理的物料升降机上，而众立公司未按照国家有关强制性规定对该物料升降机进行使用和管理，对本次事故的发生负有不可推卸的责任，理应承担相应的民事赔偿责任。综上，原告认为两被告应立即支付原告因该起安全事故代为支付的款项计415740.52元。现原告请求判令两被告立即支付原告代为支付的款项415740.52元，两被告互负连带责任。

被告吴国军辩称：在施工过程中，上下楼的通道应由原告提供，但原告没有提供，也没有采取安全措施，存在重大过失；施工通过物料升降机上下，而根据规定物料升降机是不能乘人的，被告众立公司也存在重大过失，吴立峰因工负伤，经绍兴市劳动争议仲裁委员会鉴定为工伤事故，所以责任应由原告越宫公司和被告众立公司承担。

被告众立公司辩称：（1）被告众立公司与原告之间不存在分包关系，而是业主宏健公司直接分包给原告的，而且安全事故责任应由原告独立承担。（2）被告众立公司在使用和管理物料升降机过程中，完全是按照国家规定的操作规范在操作，被告众立公司没有允许或默许原告施工人员可以通过物料升降机上下。（3）原告要求被告吴国军承担的是合同责任，要求被告众立公司承担的是管理侵权责任，不符合相关法律规定，而且原告要求两被告承担连带责任，没有事实和法律依据。综上，请求驳回原告对被告众立公司的起诉。

一审裁判结果

浙江省绍兴县人民法院依照《工伤保险条例》第 2 条之规定，作出如下判决：

驳回原告的诉讼请求。

案件受理费 7536 元，由原告负担。

一审裁判理由

浙江省绍兴县人民法院经审理认为：公民的合法劳动权利受法律保护。本案中，吴立峰在施工过程中受伤是事实，其受伤事实已经绍兴市劳动和社会保障局认定为工伤，虽然吴立峰在事故发生前与原告并无劳动关系，但通过绍兴市劳动和社会保障局的工伤认定，可以确认吴立峰与越宫公司之间存在劳动关系，即使原告予以否认，从原告接受工伤认定结论、参与仲裁调解并实际履行调解义务，也可以认定原告已经承认该劳动关系的存在。在劳动关系存在的前提下，造成吴立峰工伤事故发生，作为合法用工主体的越宫公司理应承担相应的工伤赔偿义务，而事实上原告也履行了该义务，在原告履行工伤赔偿法定义务后，其再向两被告追偿，不符合现行的工伤法律法规，故对原告的诉讼请求，不予支持。

二审诉辩情况

上诉人浙江越宫钢结构有限公司诉称：两被上诉人由于其各自的过错，应对吴立峰之人身损害后果承担连带赔偿责任。一审庭审表明，吴国军及其雇佣人员在施工过程中，一直通过众立公司的物料升降机上下屋顶。而升降机由众立公司的专门人员实施操作。两被上诉人在明知物料升降机不能乘坐人员的情况下，却持续使用该升降机输送施工人员上下屋顶，其过错显而易见。正是该过错，导致了吴立峰人身损害事故的发生。最高人民法院《关于审理人身损害赔偿案件适用法律若干问题的解释》第3条规定："二人以上共同故意或者共同过失致人损害，或者虽然无共同故意、共同过失，但其侵害行为直接结合发生同一损害后果的，构成共同侵权，应当按照民法通则第一百三十条规定承担连带责任。"上诉人在向吴立峰支付相关费用后，有权向作为最终责任人的两被上诉人追偿。目前法院在处理交通事故引起的工伤案件时采取补充赔偿责任原则。第三人的交通事故责任仅是侵权责任的一种形式，而同为第三人侵权引起的工伤事故，没有理由适用不同的处理原则。综上，请求二审撤销原判，依法改判支持上诉人一审诉讼请求。

被上诉人吴国军、众立公司均未作书面答辩。

二审裁判结果

浙江省绍兴市中级人民法院依照《中华人民共和国民事诉讼法》第153条第1款第1项之规定，作出如下判决：

驳回上诉，维持原判。

二审案件受理费7586元，由上诉人浙江越宫钢结构有限公司负担。

二审裁判理由

浙江省绍兴市中级人民法院经审理认为：按照最高人民法院《关于审理人身损害赔偿案件适用法律若干问题的解释》的规定，因用人单位以外的第三人侵权引起的劳动者人身损害，赔偿权利人可以要求第三人承担民事赔偿责任。但并没有规定用人单位承担工伤赔偿责任后，可以向第三人追偿。国务院《工伤保险条例》亦没有相应规定。为职工投保工伤保险，是用人单位的法定义务。在未给职工投保工伤保险的情况下，用人单位的工伤赔偿责任亦是其法定义务，并不享有向第三人追偿的权利。本案中，越宫公司对与吴立峰之间的事实劳动关系以及承担工伤赔偿责任均无异议，并且已经履行了相应义务。现其上诉要求向二被上诉人行使追偿权，缺乏法律依据，本院难以支持。综上，原审认定事实清楚，适用法律正确，应予维持。

民商事典型疑难问题适用指导与参考·劳动争议与人事争议卷

48. 企业职工上班途中因交通事故受伤，既构成交通事故民事侵权，又构成工伤后，在工伤待遇案件中已取得民事赔偿的受伤职工，在其工伤待遇中相同项目部分应如何处理？

社会保险法中存在工伤保险基金向第三人追偿的规定，说明了法律本意否定工伤事故中的第三人赔偿与工伤保险基金支付的"双重赔偿"。根据不能获得双重赔偿的原理，企业职工上班途中因交通事故受伤，既构成交通事故民事侵权，又构成工伤后，工伤待遇案件中已取得民事赔偿的受伤职工，在其工伤待遇中相同项目部分应予扣除。

49. 工伤待遇项目支付标准可否予以定期调整？

伤残津贴、生活护理费等长期工伤待遇项目的支付标准面临着通货膨胀、货币购买力等问题，应予适时调整。为此，一方面可以根据判决作出时的标准确定相应的工伤待遇项目支付金额，另一方面还可明确判决结果附条件的可变更性，即如果判决结果作出后伤残津贴、生活护理费的支付标准被依法调整，则依据调整文件重新计算确定相应的支付金额，并作为判决履行或执行的内容。

典型疑难案件参考

广德县荒山冲煤矿有限公司诉吴文林工伤待遇案（安徽省广德县人民法院〔2007〕广民一初字第1083号民事判决书和安徽省宣城市中级人民法院〔2008〕宣中民一终字第133号民事判决书）

基本案情

吴文林系广德县荒山冲煤矿有限公司职工。2005年9月30日夜，吴文林驾驶摩托车在上班途中发生交通事故受伤。吴文林因交通事故引发的人身损害经广德县人民法院〔2006〕广民一初字第109号民事判决判令由责任人曹祖年赔偿，赔偿项目及数额为：医疗费22054.65元（不含曹祖年已支付的医疗费 125000 元）、后续治疗费 31200 元、住院期间伙食费 1050 元、营养费 700 元、误工费 2035 元、住院期间护理费 1295 元、残疾辅助器具费 2384 元、残疾赔偿金 49986 元、交通费 3233 元、鉴定费 1100 元、精神抚慰金 20000 元、残疾后护理费 67525 元，其中误工费等计算至 2006 年 1 月 18 日。吴文林治疗终结后，广德县劳动和社会保障局于 2006 年 8 月 7 日认定吴文林为工伤。其后，宣城市劳动能力鉴定委员会于 2006 年 9 月 21 日鉴定吴文林劳动功能障碍为三级，2006 年 12 月 29 日鉴定吴文林生活自理障碍为完全不能自理，2007 年 3 月 12 日确认吴文林工伤停工留薪期为 12 个月。2007 年 3 月 30 日，吴文林申请劳动仲裁。广德县劳动争议仲裁委员会于 2007 年 6 月 15 日作出〔2007〕广劳仲裁字第 004 号仲裁裁决：荒山冲煤矿一次性给付吴文林各项工伤待遇 94888 元，并从 2007 年 6 月开始每月支付吴文林伤残津贴、工伤医疗费、生活护理费合计 2698.50 元。荒山冲煤矿不服，提起上诉，诉讼过程中吴文林提起反诉。

一审诉辩情况

原告广德县荒山冲煤矿有限公司诉称：吴文林违反治安管理处罚条例无证驾驶报废无牌照摩托车发生交通事故，不属于工伤；仲裁裁决对吴文林月平均工资额认定不当；即使吴文林属工伤，其一次性享受工伤保险长期待遇的金额应当为 115702.40 元；交通事故责任人曹祖年已经赔偿给吴文林 202562.65 元，高于其应得的工伤保险长期待遇，吴文林要求荒山冲煤矿再次给予一次性赔偿不能成立。荒山冲煤矿请求对吴文林的工伤待遇问题依法作出判决。

被告吴文林辩称：其已被认定为工伤，荒山冲煤矿主张不是工伤，不属于人民法院民事诉讼审理范围。吴文林获得人身损害赔偿不影响其主张工伤待遇。

反诉原告吴文林反诉称：吴文林在荒山冲煤矿工作月平均工资为 1200 元左右。吴文林反诉请求判令荒山冲煤矿给付其一次性伤残补助金 24000 元、2005 年 10 月至 2007 年 5 月伤残津贴 19200 元、停工留薪期工资 14400 元、2006 年 10 月至 2007 年 5 月工伤医疗费 9600 元、每 4 年更换一次的残疾辅助器具费 22000 元、2006 年 10 月至 2007 年 5 月生活护理费 4308 元、交通及食宿费 1100 元、劳动能力鉴定费 280 元，合计 94888 元，并自 2007 年 6 月开始按月给付其伤残津贴 960 元、工伤医疗费 1200 元、生活护理费 538.50 元。

反诉被告广德县荒山冲煤矿有限公司辩称：吴文林不属于工伤，其损失已获赔偿，其反诉请求没有法律依据，且其申请劳动仲裁已超过申请期限，请求驳回吴文林的反诉请求。

广德县人民法院依照《中华人民共和国劳动法》第 77 条、第 79 条,《工伤保险条例》第 32 条、第 33 条之规定,判决:

一、广德县荒山冲煤矿有限公司应支付给吴文林经济损失 26921 元,限于判决生效之日起 7 日内全部付清;

二、广德县荒山冲煤矿有限公司自 2007 年 6 月份开始,每月支付给吴文林伤残津贴 821.36 元、工伤医疗费 757 元、生活护理费 513.35 元,该款每月的 7 日前支付;

三、驳回吴文林的其他诉讼请求。

▶ 一审裁判理由 ◀

广德县人民法院一审审理认为:职工因工伤残,依法享受工伤保险待遇。用人单位未参加工伤保险的,职工发生工伤,应由用人单位按照《工伤保险条例》所规定的项目、标准支付各项工伤保险待遇。本案中,吴文林是否属于工伤已经由广德县劳动和社会保障局认定,本案民事诉讼不予审查。吴文林主张在荒山冲煤矿处月工资 1200 元,未提供充分证据证明。荒山冲煤矿虽提供吴文林的部分工资单主张证明吴文林的月平均工资为 761.20 元,但吴文林不予认可。考虑到吴文林从事工作的工种等实际情况,认定吴文林的月平均工资为 761.20 元显然与事实不符。综合本案实际,吴文林的工资可参照 2004 年度宣城市在岗职工平均工资中采矿业职工平均工资 12320 元/年计算,故对吴文林的月平均工资确认为 1026.70 元。吴文林诉请残疾辅助器具费每次标准 5500 元,其提供的证据不足以证明。根据其提供的证据酌定其残疾辅助器具费每次标准为 4034 元(病床、轮椅、冲气床垫),酌定每 4 年更换一次,须更换 4 次。吴文林诉请工伤医疗费用每月 1200 元,其提供的证据不能充分证明。根据其提供的证据分析,其确须定期更换导尿管,费用在湖州中心医院每次约 1700 元,酌定每 3 个月须到湖州中心医院更换一次,同时据当地卫生院诊断证明,其每月需医疗费 190 元,故其工伤医疗费为每月 757 元。综上,荒山冲煤矿应按《工伤保险条例》的规定支付给吴文林工伤待遇:一次性伤残补助金 20534 元、2005 年 10 月至 2007 年 5 月伤残津贴 16427.20 元、停工留薪期工资 12320 元、残疾辅助器具费 16136 元、工伤医疗费 6056 元、生活护理费 4106.80 元、交通费 500 元。同时从 2007 年 6 月开始,荒山冲煤矿还应按月支付吴文林伤残津贴 821.36 元、工伤医疗费 757 元、生活护理费 513.35 元。因吴文林就其人身伤害已先行向侵权人主张权利,根据广德县人民法院已发生法律效力的〔2006〕广民一初字第 109 号民事判决,吴文林已获得残疾赔偿金 49986 元、后续治疗费 31200 元、残疾后护理费 67525 元、误工费 2035 元。根据公平和实际赔偿原则,吴文林主张的一次性伤残补助金 20534 元、工伤医疗费 6056 元、伤残津贴 16427.20 元、生活护理费 4106.80 元应予扣除,停工留薪期工资 12320 元中应扣除其已获得的误工费 2035 元。荒山冲煤矿辩称吴文林不属于工伤及吴文林申请劳动仲裁已超过仲裁期限,与事实不符,不予采信。

二审诉辩情况

广德县荒山冲煤矿有限公司上诉称:(1)原审认定吴文林工伤错误;(2)吴文林的月平均工资应为 761 元,原审确定为 1026.70 元错误;(3)原审判决荒山冲煤矿每月支付吴文林工伤医疗费 757 元无依据,且吴文林在〔2006〕广民一初字第 109 号民事判决中已经获赔后续治疗费 31200 元,吴文林在该 31200 元范围内的医疗费不能要求荒山冲煤矿支付;(4)原审判决荒山冲煤矿每月支付吴文林生活护理费 513.35 元错误,吴文林在〔2006〕广民一初字第 109 号民事判决中已经获赔残疾后 10 年的护理费 67525 元,吴文林在 10 年内不能要求荒山冲煤矿支付生活护理费;(5)原审酌定吴文林残疾辅助器具费每次标准 4034 元过高,根据〔2006〕广民一初字第 109 号民事判决,残疾辅助器具费每次应为 2384 元。荒山冲煤矿请求二审撤销原判,依法改判。

吴文林上诉称:(1)原审参照 2004 年度职工工资统计数据认定吴文林月平均工资不当,应参照 2006 年度标准认定;(2)原审未支持吴文林主张的残疾辅助器具费、劳动能力鉴定费不当;(3)原审扣除吴文林主张的一次性伤残补助金、工伤医疗费、伤残津贴、生活护理费、停工留薪期工资等费用,适用法律错误;(4)原审对吴文林主张的工伤医疗费、伤残津贴、生活护理费计算方法不符合法律规定;(5)鉴于本案实际情况,请求二审一次性处理吴文林与荒山冲煤矿之间的全部赔偿费用。吴文林请求二审撤销原判,重新裁判。

二审裁判结果

宣城市中级人民法院依据《中华人民共和国民事诉讼法》第 153 条第 1 款第 2 项、第 3 项,《中华人民共和国劳动法》第 73 条,国务院《工伤保险条例》第 29 条、第 30 条、第 31 条、第 32 条、第 33 条、第 38 条、第 60 条之规定,判决:

一、撤销广德县人民法院〔2007〕广民一初字第 1083 号民事判决;

二、广德县荒山冲煤矿有限公司给付吴文林停工留薪期工资 10285 元、工伤医疗费 1961.50 元、残疾辅助器具费 16136 元、交通费 500 元、劳动能力鉴定费 280 元，合计 29162.50 元，于判决生效之日起 10 日内付清；

三、广德县荒山冲煤矿有限公司自 2006 年 10 月起每月给付吴文林伤残津贴 943.80 元；2006 年 10 月以后企业工伤人员伤残津贴如果依法调整，吴文林的伤残津贴依据相关文件调整计算后由广德县荒山冲煤矿有限公司给付；判决生效前广德县荒山冲煤矿有限公司应给付吴文林的伤残津贴于判决生效之日起 10 日内一次性付清，判决生效后吴文林的伤残津贴于每月 7 日前给付；

四、广德县荒山冲煤矿有限公司自 2006 年 10 月起至 2016 年 1 月期间每月给付吴文林生活护理费 66.10 元，自 2016 年 2 月起每月给付吴文林生活护理费 628.80 元；2006 年 10 月以后企业工伤人员生活护理费如果依法调整，吴文林的生活护理费依据相关文件调整重新计算后由广德县荒山冲煤矿有限公司给付；判决生效前广德县荒山冲煤矿有限公司应给付吴文林的生活护理费于判决生效之日起 10 日内一次性付清，判决生效后吴文林的生活护理费于每月 7 日前给付；

五、驳回吴文林的其他诉讼请求。

二审裁判理由

宣城市中级人民法院二审审理认为：

1. 关于吴文林是否为工伤。广德县劳动和社会保障局已经认定吴文林为工伤，该认定具有法律效力，对本案具有约束力，本案民事诉讼对吴文林是否为工伤无权再另行审查认定。荒山冲煤矿上诉称吴文林不是工伤，对此不予考虑。

2. 关于吴文林已获赔的民事赔偿款是否应在其工伤待遇中扣除。吴文林系因交通事故受伤致残，同时依法构成工伤。吴文林依法有权要求交通事故侵权人给予民事赔偿，亦有权主张工伤待遇。但根据法律精神，吴文林不应当获得重复赔偿。故依据有关规定，吴文林已经取得的民事赔偿款，在其工伤待遇中相同项目部分应作相应扣除。吴文林上诉称原判对此适用法律错误不能成立。

3. 关于荒山冲煤矿应给予吴文林的具体工伤待遇：

（1）关于吴文林本人工资的确认。依据国务院《工伤保险条例》相关规定，工伤待遇中一次性伤残补助金和伤残津贴根据工伤职工本人工资计算确定，工伤职工本人工资是指工伤职工因工作遭受事故伤害或者患职业病前 12

个月平均月缴费工资。本案中吴文林原审主张其月平均工资1200元，无充分有效的证据证实；荒山冲煤矿主张吴文林月平均工资761.20元，但未能完整地提供吴文林工伤前12个月的工资表予以证实；故原审根据本案事实情况，参照宣城市2004年度采矿业职工年平均工资12320元确定吴文林的月平均工资为1026.70元，并无不当。吴文林上诉称应参照2006年度工资标准确定其月平均工资，不符合《工伤保险条例》的相关规定，不予采纳。

（2）关于吴文林的停工留薪期工资。吴文林停工留薪期被确认为12个月，其停工留薪期工资应为12320元（1026.70元/月×12个月）。吴文林在〔2006〕广民一初字第109号民事判决中已获赔住院治疗期间误工费2035元，应在其停工留薪期工资中扣除，荒山冲煤矿尚应给付吴文林停工留薪期工资10285元。

（3）关于吴文林的一次性伤残补助金。吴文林劳动功能障碍为三级，其一次性伤残补助金应为20534元（1026.70元/月×20个月）。吴文林在〔2006〕广民一初字第109号民事判决中已获赔残疾赔偿金49986元，超出其应得的一次性伤残补助金，故荒山冲煤矿无须再给付吴文林一次性伤残补助金。

（4）关于吴文林的伤残津贴。依据《工伤保险条例》相关规定，工伤职工伤残津贴应在停工留薪期满评定伤残等级后享受，本案中吴文林应自2006年10月起享受伤残津贴。吴文林原审请求自2005年10月起计算伤残津贴不当，原审自2005年10月起计算吴文林伤残津贴不符合《工伤保险条例》规定，应予纠正。吴文林为三级伤残，其本人工资为1026.70元/月，依据《工伤保险条例》规定，其伤残津贴应为821.36元/月（1026.70元×80%）。但依据安徽省劳动和社会保障厅、安徽省财政厅劳社〔2007〕2号《关于调整企业工伤人员伤残津贴、生活护理费和供养亲属抚恤金有关问题的通知》，对吴文林的伤残津贴应作相应调整，调整后应增加金额为122.43元/月〔（宣城市2005年度职工月平均工资1257.60元/月－2004年度职工月平均工资1066.30元/月）×80%×80%〕，荒山冲煤矿自2006年10月起每月应实际给付吴文林伤残津贴943.80元。2006年10月以后企业工伤人员伤残津贴如果再次调整，吴文林的伤残津贴亦应依据相关文件作相应调整增加。吴文林在〔2006〕广民一初字第109号民事判决中获赔的款项无伤残津贴项目，故对吴文林的伤残津贴不应扣除。原审扣除吴文林2006年10月至2007年5月期间的伤残津贴不当，应予纠正。

（5）关于吴文林的生活护理费。根据本案事实，吴文林自2006年10月起享受工伤待遇中的生活护理费。依据《工伤保险条例》规定，生活护理费应根据统筹地区上年度职工月平均工资计算确定。原审根据吴文林本人工资计算其生活护理费不当,应予纠正。吴文林为生活完全不能自理,依据《工伤保险条例》和安徽省劳动和社会保障厅、安徽省财政厅劳社〔2007〕2号"关于调整企业工伤人员伤残津贴、生活护理费和供养亲属抚恤金有关问题的通知",吴文林自2006年10月起每月应享受生活护理费628.80元(宣城市2005年度职工月平均工资1257.60元/月×50%)。吴文林在〔2006〕广民一初字第109号民事判决中已获赔残疾后护理费67525元,该67525元残疾后护理费系自2006年1月19日起计算10年,平均每月562.70元,计算至2016年1月18日止。吴文林已获赔的残疾后护理费与其应享受的工伤待遇中的生活护理费属相同项目,故应作相应扣除,但扣除后的差额部分荒山冲煤矿应予给付。即荒山冲煤矿应自2006年10月起至2016年1月期间每月给付吴文林生活护理费66.10元,自2016年2月起每月给付吴文林生活护理费628.80元。2006年10月以后企业工伤人员生活护理费如果依法调整,吴文林的生活护理费亦应依据相关文件作相应调整后确定并由荒山冲煤矿给付。原审对吴文林已获赔的残疾后护理费未作相应扣除不当,二审予以纠正。

(6)关于吴文林的工伤医疗费。吴文林在〔2006〕广民一初字第109号民事判决中已获赔后续治疗费260元/月,自2006年1月19日起计算10年计31200元。吴文林原审举证证明其2006年1月至11月在当地卫生院日常诊疗费用累计2100元,平均每月约190元,该项诊疗费用未超出吴文林已获赔的260元/月的后续治疗费,故荒山冲煤矿无须再予给付。原审判决荒山冲煤矿每月承担吴文林该项医疗费不当,应予纠正。吴文林以后的日常诊疗费用如果实际平均超出260元/月,以及吴文林在2016年1月19日以后如仍需日常诊疗费用,可再向荒山冲煤矿主张给付。吴文林原审举证证明其2006年11月在湖州中心医院住院治疗,治疗费用计1961.50元,对吴文林该项实际发生的外出住院治疗费用,荒山冲煤矿应予承担。原审酌定吴文林每3个月须到湖州中心医院更换导尿管一次,并判令荒山冲煤矿按月承担相应医疗费,证据不足,应予纠正。吴文林2006年11月以后如有实际发生的外出住院治疗工伤的医疗费用,可再行向荒山冲煤矿提出主张。

(7)关于吴文林的残疾辅助器具费。根据吴文林的伤残情况,其确需残疾辅助器具病床、轮椅及冲气床垫。吴文林原审诉请残疾辅助器具费每次标准5500元,证据不足。原审根据吴文林购置残疾辅助器具的相关票据酌定其残疾辅助器具费每次标准4034元,并酌定每4年更换一次,须更换4次,符合本案实际情况,并无不当。荒山冲煤矿和吴文林对此上诉均不能成立。

(8)关于吴文林的交通、住宿费。原审支持吴文林主张的交通费500元,对其主张的住宿费600元未予支持。荒山冲煤矿和吴文林对此上诉均未提出异议，故二审仍予确认。

（9）关于吴文林的劳动能力鉴定费。依据《工伤保险条例》相关规定，吴文林劳动能力鉴定费280元应由荒山冲煤矿承担。原审对此未予判决，显然不当，应予纠正。吴文林对此上诉成立。

4. 关于对吴文林的工伤待遇是否一次性处理。吴文林原审未请求对其工伤待遇作一次性处理，现其请求在二审作一次性处理，不符合诉讼程序要求。二审经调解，吴文林与荒山冲煤矿就一次性处理工伤待遇不能达成一致意见，故二审判决对此不予考虑。本案判决后，如吴文林和荒山冲煤矿仍有意愿，可继续就一次性处理工伤待遇相互协商，或在出现法定情形时依法请求处理。

50. 可否终止工伤事故中三级伤残职工与用人单位的劳动关系？

职工因工致残被鉴定为一级至四级伤残的，保留劳动关系，退出工作岗位，并享受相应的工伤保险待遇。因此，不能终止工伤事故中三级伤残职工与用人单位的劳动关系。

典型疑难案件参考

孙百权诉正兴集团本溪车轮有限公司工伤保险待遇案（辽宁省本溪市明山区人民法院〔2009〕明民初字第519号民事判决书和辽宁省本溪市中级人民法院〔2010〕本民三终字第82号民事判决书）

基本案情

原告于2005年3月20日与被告正兴集团本溪车轮有限公司建立劳动关系，双方未订立书面劳动合同，被告未参加工伤保险。2005年9月24日，原告在工作中受伤，住院673天，出院诊断为：左前臂离断，左肱骨干开放性、粉碎性骨折，行左上肢肘截肢。2008年5月30日，被告委托本溪市劳动能力鉴定委员会对原告进行劳动能力鉴定，该委于2008年6月20日下达了鉴定结论通知书，评定结论为国标三级。原告在住院治疗期间，原告发生的医疗费、住院伙食补助费、护理费均已由被告负担，原告在停工留薪期内的原工资福利待遇被告支付到2008年6月25日。2008年11月12日，本溪市第一人民医院出具了诊断书，诊断为孙百权左上肢机器绞伤，截肢术后要安装假肢（肌电普通型）。2008 年 11 月 12 日，原告向本溪市明山区劳动争议仲裁委员会申请劳动仲裁，明山区劳动争议仲裁委员会于 2009 年 1 月 12 日作出本明劳仲案字〔2009〕2 号仲裁裁决：被告一次性支付给原告伤残补助金 8000 元；被告按月支付原告三级伤残的伤残津贴，本人工资的 80%，不得低于当地最低工资标准；被告按月支付原告生活护理费、统筹地区上年度职工月平均工资的 40%；其他请求不予支持。原告对仲裁裁决不服，诉至本溪市明山区人民法院，要求与被告解除劳动关系，被告一次性支付原告伤残生活护理费、伤残补助金、伤残津贴、假肢安装修理费等工伤待遇 1976404 元，并由被告承担本案诉讼费用。一审判决后原告不服，又上诉至本溪市中级人民法院。

━━ 一审诉辩情况 ▶

原告孙百权诉称：原告于 2005 年 3 月到被告处工作。2005 年 9 月 24 日，原告在工作中受伤，住院 673 天，出院诊断为：左前臂离断，左肱骨干开放性、粉碎性骨折，行左上肢肘截肢。2008 年 5 月 30 日，被告委托本溪市劳动能力鉴定委员会对原告进行劳动能力鉴定，该委于 2008 年 6 月 20 日下达了鉴定结论通知书，评定结论为国标三级。2008 年 11 月 12 日，原告向本溪市明山区劳动争议仲裁委员会申请劳动仲裁，仲裁委于 2009 年 1 月 12 日向原告下达了本明劳仲案字〔2009〕2 号仲裁裁决书，裁决：（1）被诉人一次性支付给申诉人伤残补助金 8000 元；（2）被诉人按月支付申诉人三级伤残的伤残津贴，本人工资的 80%，不得低于当地最低工资标准；（3）被诉人按月支付申诉人生活护理费、统筹地区上年度职工月平均工资的 40%。原告对仲裁裁决不服，诉至法院，请求法院判令原告与被告解除劳动关系，被告一次性支付原告伤残生活护理费、伤残补助金、伤残津贴、假肢安装修理费等工伤待遇 1976404 元，并由被告承担本案诉讼费用。

被告正兴集团本溪车轮有限公司辩称：对原告陈述的事实部分没有异议，但不同意原告的诉讼请求，不同意与原告解除劳动关系。

━━ 一审裁判结果 ▶

辽宁省本溪市明山区人民法院依照《中华人民共和国劳动合同法》第 36 条，国务院《工伤保险条例》第 33 条第 1 款第 1 项、第 2 项及第 60 条、第 61 条，《辽宁省工伤保险实施办法》第 24 条，《本溪市工伤保险实施办法》第 31 条，《本溪市工伤保险实施细则》第 11 条第 2 款之规定，作出如下判决：

一、解除原告孙百权与被告正兴集团本溪车轮有限公司的劳动关系；

二、被告正兴集团本溪车轮有限公司支付原告孙百权一次性伤残补助金

10147元，一次性支付原告孙百权应享受的、须定期支付的工伤保险待遇160040元，一次性支付原告辅助器具费32万元，从2008年7月起至2009年11月止原告孙百权三级伤残的伤残津贴9460元，合计499647元，扣除原告借款40500元，余款459107元，被告于本判决发生法律效力后10日内履行；

三、驳回原告孙百权的其他诉讼请求。

如果未按本判决指定的期间履行给付金钱义务，应当依照《中华人民共和国民事诉讼法》第229条之规定，加倍支付迟延履行期间的债务利息。

案件受理费10元，由被告正兴集团本溪车轮有限公司负担。

▶ 一审裁判理由

辽宁省本溪市明山区人民法院经审理认为：原告与被告建立劳动关系，双方未订立书面劳动合同，原告在工作中受伤，虽未经劳动保障行政部门作出工伤认定决定，但被告认可原告为工伤，本院不持异议。被告未按国务院《工伤保险条例》规定参加工伤保险，期间原告发生工伤，被告应按照国务院《工伤保险条例》规定的工伤保险待遇项目和标准支付费用。原告在住院治疗期间，原告发生的医疗费、住院伙食补助费、护理费均已由被告负担，原告在停工留薪期内的原工资福利待遇被告已支付到2008年6月25日，对此双方无争议，本院予以确认。原告业经被告委托本溪市劳动能力鉴定委员会评定为三级伤残，被告依法应按三级伤残等级支付原告一次性伤残补助金，标准为20个月的本人工资，原告因工作遭受事故伤害前在被告处工作仅6个月，其本人工资无法认定的，按原告在工作遭受事故伤害时本市上年度职工月平均工资845.58元的60%计算；原告请求与被告解除劳动关系，被告也表示同意与原告解除劳动关系，本院不持异议，被告应依照《辽宁省工伤保险实施办法》、《本溪市工伤保险实施办法》相关规定，支付原告应享受的、须定期支付的工伤保险待遇，以鉴定时本市上年度职工年平均工资为赔偿基数，三级伤残为赔偿基数的10倍。被告还应支付原告从评定伤残等级次月起至与原告解除或者终止劳动关系止的伤残津贴，三级伤残的伤残津贴标准为本人工资的80%，伤残津贴实际金额不低于当地最低工资标准；因《致残程度鉴定结论通知书》未载明生活自理障碍程度等级，故原告要求被告支付生活护理费的诉讼请求，本院不予支持；原告要求被告一次性支付安装假肢费用，本院亦予以支持，原告安装假肢的标准，根据本地经济发展水平，参照本溪市社会保险事业管理局的配置辅助器具定点服务机构德林义肢矫型器有限公司沈阳分公司出具的义肢（上肢AE部分）价格，费用限额确定为32000元（含训练费、维修费），使用年限为4年，计算至75岁；原告在被告处借款42540余元，其中2006年4月

1 日的借款 2000 元用于原告手术支付专家费用，应由被告承担，剩余借款 40540 元均有原告出具的借条，应予扣除；原告于 2009 年 8 月 22 日起在本溪市第一医院住院治疗至今未出院，故被告为原告垫付医疗费 6389 元待原告治疗终结后另行依法处理。

二审诉辩情况

上诉人孙百权诉称：撤销原判，依法改判第 2 项、第 3 项。其依据的主要事实及理由是：（1）原审时经上诉人申请，法院委托德林义肢矫型器有限公司沈阳分公司出具了（上肢 AE 部分）价格表，并鉴于上诉人的病情及年龄，建议上诉人装价格为 4.8 万元的臂数控五指抓握三自由度普及型假肢，该假肢最适合上诉人。按照上诉人年龄计算至 75 岁，4 年更换一次应为 11 次。原审法院少计算一次赔偿基数。另外，原审法院未按假肢厂出具的证明判决，给付上诉人每年维修费（假肢价格的 6%～8%），每次安装假肢康复训练费。（2）本明劳仲案〔2009〕2 号仲裁裁决书中明确被上诉人每月支付上诉人生活护理费，上诉人的伤残部位已经造成了生活受到部分限制。故对上诉人的生活护理费应予采纳。（3）本人工资是指工伤职工因工伤遭受事故伤害前 12 个月平均月工资，又因上诉人的工资未低于统筹地区职工平均工资 60%，原审法院不应按 60% 来计算。应按上诉人出事故前日平均工资为准计算。（4）本案上诉人应得各项赔偿款共计 95 万余元。

被上诉人正兴集团本溪车轮有限公司辩称：原审判决有不合理判项。其依据的主要理由是：（1）伤残津贴、辅助器具费用等应包含在一次性享受须定期支付的工伤保险待遇中，按法律规定不应再支付。（2）被上诉人只同意原审判决中解除劳动关系、一次性伤残补助金、一次性支付应享受的须定期支付工伤保险待遇，不同意上诉人所提的生活护理费、辅助器具费及维修费、康复训练费，因这些都应包含在一次性支付应享受的须定期支付的工伤保险待遇中。

二审裁判结果

辽宁省本溪市中级人民法院依照《中华人民共和国民事诉讼法》第 153 条第 1 款第 1 项之规定，作出如下判决：

驳回上诉，维持原判。

二审裁判理由

辽宁省本溪市中级人民法院经审理认为：公民的合法的民事权利受法律保护。上诉人孙百权在工作中受伤，应依法享受各项工伤保险待遇。因被上诉人正兴集团本溪车轮有限公司未按《工伤保险条例》规定给上诉人孙百权参加工伤保险，其应支付上诉人孙百权的各项工伤保险待遇。故原审法院按照《工伤保险条例》中规定的工伤保险待遇项目和标准判决被上诉人正兴集团本溪车轮有限公司支付上诉人孙百权的工伤保险待遇是正确的。

关于上诉人孙百权提出原审判决一次性辅助器具费数额不足，未支持维修费、康复训练费以及生活护理费等问题。经查，原审法院结合本案事实，将本须按次长期支付的辅助器具费用（包含维修费和安装康复训练费），一次性支付给了上诉人孙百权，结合本溪地区工伤处理现实状况，所折合的数额比较公平，符合普通适用型的要求。同时，生活护理费这项工伤保险待遇，按照《本溪市工伤处理条例》规定已包括在一次性享受须定期支付的工伤保险待遇中，不应再另行提出给付。

工伤保险待遇纠纷
办案依据集成

1.《工伤保险条例》（2010年12月20日修订）（节录）

第一章 总 则

第一条 为了保障因工作遭受事故伤害或者患职业病的职工获得医疗救治和经济补偿，促进工伤预防和职业康复，分散用人单位的工伤风险，制定本条例。

第二条 中华人民共和国境内的企业、事业单位、社会团体、民办非企业单位、基金会、律师事务所、会计师事务所等组织和有雇工的个体工商户（以下称用人单位）应当依照本条例规定参加工伤保险，为本单位全部职工或者雇工（以下称职工）缴纳工伤保险费。

中华人民共和国境内的企业、事业单位、社会团体、民办非企业单位、基金会、律师事务所、会计师事务所等组织的职工和个体工商户的雇工，均有依照本条例的规定享受工伤保险待遇的权利。

第三条 工伤保险费的征缴按照《社会保险费征缴暂行条例》关于基本养老保险费、基本医疗保险费、失业保险费的征缴规定执行。

第四条 用人单位应当将参加工伤保险的有关情况在本单位内公示。

用人单位和职工应当遵守有关安全生产和职业病防治的法律法规，执行安全卫生规程和标准，预防工伤事故发生，避免和减少职业病危害。

职工发生工伤时，用人单位应当采取措施使工伤职工得到及时救治。

第五条 国务院社会保险行政部门负责全国的工伤保险工作。

县级以上地方各级人民政府社会保险行政部门负责本行政区域内的工伤保险工作。

社会保险行政部门按照国务院有关规定设立的社会保险经办机构（以下称经办机构）具体承办工伤保险事务。

第六条 社会保险行政部门等部门制定工伤保险的政策、标准，应当征求工会组织、用人单位代表的意见。

第二章 工伤保险基金

第七条 工伤保险基金由用人单位缴纳的工伤保险费、工伤保险基金的利息和依法纳入工伤保险基金的其他资金构成。

第八条 工伤保险费根据以支定收、收支平衡的原则，确定费率。

国家根据不同行业的工伤风险程度确定行业的差别费率，并根据工伤保险费使用、工伤发生率等情况在每个行业内确定若干费率档次。行业差别费率及行业内费率档次由国务院社会保险行政部门制定，报国务院批准后公布施行。

统筹地区经办机构根据用人单位工伤保险费使用、工伤发生率等情况，适用所属行业内相应的费率档次确定单位缴费费率。

第九条 国务院社会保险行政部门应当定期了解全国各统筹地区工伤保险基金收支情

况，及时提出调整行业差别费率及行业内费率档次的方案，报国务院批准后公布施行。

第十条 用人单位应当按时缴纳工伤保险费。职工个人不缴纳工伤保险费。

用人单位缴纳工伤保险费的数额为本单位职工工资总额乘以单位缴费费率之积。

对难以按照工资总额缴纳工伤保险费的行业，其缴纳工伤保险费的具体方式，由国务院社会保险行政部门规定。

第十一条 工伤保险基金逐步实行省级统筹。

跨地区、生产流动性较大的行业，可以采取相对集中的方式异地参加统筹地区的工伤保险。具体办法由国务院社会保险行政部门会同有关行业的主管部门制定。

第十二条 工伤保险基金存入社会保障基金财政专户，用于本条例规定的工伤保险待遇，劳动能力鉴定，工伤预防的宣传、培训等费用，以及法律、法规规定的用于工伤保险的其他费用的支付。

工伤预防费用的提取比例、使用和管理的具体办法，由国务院社会保险行政部门会同国务院财政、卫生行政、安全生产监督管理等部门规定。

任何单位或者个人不得将工伤保险基金用于投资运营、兴建或者改建办公场所、发放奖金，或者挪作其他用途。

第十三条 工伤保险基金应当留有一定比例的储备金，用于统筹地区重大事故的工伤保险待遇支付；储备金不足支付的，由统筹地区的人民政府垫付。储备金占基金总额的具体比例和储备金的使用办法，由省、自治区、直辖市人民政府规定。

第三章 工伤认定

第十四条 职工有下列情形之一的，应当认定为工伤：

（一）在工作时间和工作场所内，因工作原因受到事故伤害的；

（二）工作时间前后在工作场所内，从事与工作有关的预备性或者收尾性工作受到事故伤害的；

（三）在工作时间和工作场所内，因履行工作职责受到暴力等意外伤害的；

（四）患职业病的；

（五）因工外出期间，由于工作原因受到伤害或者发生事故下落不明的；

（六）在上下班途中，受到非本人主要责任的交通事故或者城市轨道交通、客运轮渡、火车事故伤害的；

（七）法律、行政法规规定应当认定为工伤的其他情形。

第十五条 职工有下列情形之一的，视同工伤：

（一）在工作时间和工作岗位，突发疾病死亡或者在48小时之内经抢救无效死亡的；

（二）在抢险救灾等维护国家利益、公共利益活动中受到伤害的；

（三）职工原在军队服役，因战、因公负伤致残，已取得革命伤残军人证，到用人单位后旧伤复发的。

职工有前款第（一）项、第（二）项情形的，按照本条例的有关规定享受工伤保险待遇；职工有前款第（三）项情形的，按照本条例的有关规定享受除一次性伤残补助金以外的工伤保险待遇

第十六条　职工符合本条例第十四条、第十五条的规定，但是有下列情形之一的，不得认定为工伤或者视同工伤：

（一）故意犯罪的；

（二）醉酒或者吸毒的；

（三）自残或者自杀的。

第十七条　职工发生事故伤害或者按照职业病防治法规定被诊断、鉴定为职业病，所在单位应当自事故伤害发生之日或者被诊断、鉴定为职业病之日起30日内，向统筹地区社会保险行政部门提出工伤认定申请。遇有特殊情况，经报社会保险行政部门同意，申请时限可以适当延长。

用人单位未按前款规定提出工伤认定申请的，工伤职工或者其近亲属、工会组织在事故伤害发生之日或者被诊断、鉴定为职业病之日起1年内，可以直接向用人单位所在地统筹地区社会保险行政部门提出工伤认定申请。

按照本条第一款规定应当由省级社会保险行政部门进行工伤认定的事项，根据属地原则由用人单位所在地的设区的市级社会保险行政部门办理。

用人单位未在本条第一款规定的时限内提交工伤认定申请，在此期间发生符合本条例规定的工伤待遇等有关费用由该用人单位负担。

第十八条　提出工伤认定申请应当提交下列材料：

（一）工伤认定申请表；

（二）与用人单位存在劳动关系（包括事实劳动关系）的证明材料；

（三）医疗诊断证明或者职业病诊断证明书（或者职业病诊断鉴定书）。

工伤认定申请表应当包括事故发生的时间、地点、原因以及职工伤害程度等基本情况。

工伤认定申请人提供材料不完整的，社会保险行政部门应当一次性书面告知工伤认定申请人需要补正的全部材料。申请人按照书面告知要求补正材料后，社会保险行政部门应当受理。

第十九条　社会保险行政部门受理工伤认定申请后，根据审核需要可以对事故伤害进行调查核实，用人单位、职工、工会组织、医疗机构以及有关部门应当予以协助。职业病诊断和诊断争议的鉴定，依照职业病防治法的有关规定执行。对依法取得职业病诊断证明书或者职业病诊断鉴定书的，社会保险行政部门不再进行调查核实。

职工或者其近亲属认为是工伤，用人单位不认为是工伤的，由用人单位承担举证责任。

第二十条　社会保险行政部门应当自受理工伤认定申请之日起60日内作出工伤认定的决定，并书面通知申请工伤认定的职工或者其近亲属和该职工所在单位。

社会保险行政部门对受理的事实清楚、权利义务明确的工伤认定申请，应当在15日内作出工伤认定的决定。

作出工伤认定决定需要以司法机关或者有关行政主管部门的结论为依据的，在司法机关或者有关行政主管部门尚未作出结论期间，作出工伤认定决定的时限中止。

社会保险行政部门工作人员与工伤认定申请人有利害关系的，应当回避。

第四章　劳动能力鉴定

第二十一条　职工发生工伤，经治疗伤情相对稳定后存在残疾、影响劳动能力的，应当进行劳动能力鉴定。

第二十二条　劳动能力鉴定是指劳动功能障碍程度和生活自理障碍程度的等级鉴定。

劳动功能障碍分为十个伤残等级，最重的为一级，最轻的为十级。

生活自理障碍分为三个等级：生活完全不能自理、生活大部分不能自理和生活部分不能自理。

劳动能力鉴定标准由国务院社会保险行政部门会同国务院卫生行政部门等部门制定。

第二十三条　劳动能力鉴定由用人单位、工伤职工或者其近亲属向设区的市级劳动能力鉴定委员会提出申请，并提供工伤认定决定和职工工伤医疗的有关资料。

第二十四条　省、自治区、直辖市劳动能力鉴定委员会和设区的市级劳动能力鉴定委员会分别由省、自治区、直辖市和设区的市级社会保险行政部门、卫生行政部门、工会组织、经办机构代表以及用人单位代表组成。

劳动能力鉴定委员会建立医疗卫生专家库。列入专家库的医疗卫生专业技术人员应当具备下列条件：

（一）具有医疗卫生高级专业技术职务任职资格；

（二）掌握劳动能力鉴定的相关知识；

（三）具有良好的职业品德。

第二十五条　设区的市级劳动能力鉴定委员会收到劳动能力鉴定申请后，应当从其建立的医疗卫生专家库中随机抽取3名或者5名相关专家组成专家组，由专家组提出鉴定意见。设区的市级劳动能力鉴定委员会根据专家组的鉴定意见作出工伤职工劳动能力鉴定结论；必要时，可以委托具备资格的医疗机构协助进行有关的诊断。

设区的市级劳动能力鉴定委员会应当自收到劳动能力鉴定申请之日起60日内作出劳动能力鉴定结论，必要时，作出劳动能力鉴定结论的期限可以延长30日。劳动能力鉴定结论应当及时送达申请鉴定的单位和个人。

第二十六条　申请鉴定的单位或者个人对设区的市级劳动能力鉴定委员会作出的鉴定结论不服的，可以在收到该鉴定结论之日起15日内向省、自治区、直辖市劳动能力鉴定委员会提出再次鉴定申请。省、自治区、直辖市劳动能力鉴定委员会作出的劳动能力鉴定结论为最终结论。

第二十七条　劳动能力鉴定工作应当客观、公正。劳动能力鉴定委员会组成人员或者参加鉴定的专家与当事人有利害关系的，应当回避。

第二十八条　自劳动能力鉴定结论作出之日起1年后，工伤职工或者其近亲属、所在单位或者经办机构认为伤残情况发生变化的，可以申请劳动能力复查鉴定。

第二十九条　劳动能力鉴定委员会依照本条例第二十六条和第二十八条的规定进行再次鉴定和复查鉴定的期限，依照本条例第二十五条第二款的规定执行。

第五章　工伤保险待遇

第三十条　职工因工作遭受事故伤害或者患职业病进行治疗，享受工伤医疗待遇。

职工治疗工伤应当在签订服务协议的医疗机构就医，情况紧急时可以先到就近的医疗机构急救。

治疗工伤所需费用符合工伤保险诊疗项目目录、工伤保险药品目录、工伤保险住院服务标准的，从工伤保险基金支付。工伤保险诊疗项目目录、工伤保险药品目录、工伤保险住院服务标准，由国务院社会保险行政部门会同国务院卫生行政部门、食品药品监督管理部门等部门规定。

职工住院治疗工伤的伙食补助费，以及经医疗机构出具证明，报经办机构同意，工伤职工到统筹地区以外就医所需的交通、食宿费用从工伤保险基金支付，基金支付的具体标准由统筹地区人民政府规定。

工伤职工治疗非工伤引发的疾病，不享受工伤医疗待遇，按照基本医疗保险办法处理。

工伤职工到签订服务协议的医疗机构进行工伤康复的费用，符合规定的，从工伤保险基金支付。

第三十一条　社会保险行政部门作出认定为工伤的决定后发生行政复议、行政诉讼的，行政复议和行政诉讼期间不停止支付工伤职工治疗工伤的医疗费用。

第三十二条　工伤职工因日常生活或者就业需要，经劳动能力鉴定委员会确认，可以安装假肢、矫形器、假眼、假牙和配置轮椅等辅助器具，所需费用按照国家规定的标准从工伤保险基金支付。

第三十三条　职工因工作遭受事故伤害或者患职业病需要暂停工作接受工伤医疗的，在停工留薪期内，原工资福利待遇不变，由所在单位按月支付。

停工留薪期一般不超过12个月。伤情严重或者情况特殊，经设区的市级劳动能力鉴定委员会确认，可以适当延长，但延长不得超过12个月。工伤职工评定伤残等级后，停发原待遇，按照本章的有关规定享受伤残待遇。工伤职工在停工留薪期满后仍需治疗的，继续享受工伤医疗待遇。

生活不能自理的工伤职工在停工留薪期需要护理的，由所在单位负责。

第三十四条　工伤职工已经评定伤残等级并经劳动能力鉴定委员会确认需要生活护理的，从工伤保险基金按月支付生活护理费。

生活护理费按照生活完全不能自理、生活大部分不能自理或者生活部分不能自理3个不同等级支付，其标准分别为统筹地区上年度职工月平均工资的50%、40%或者30%。

第三十五条　职工因工致残被鉴定为一级至四级伤残的，保留劳动关系，退出工作岗位，享受以下待遇：

（一）从工伤保险基金按伤残等级支付一次性伤残补助金，标准为：一级伤残为27个月的本人工资，二级伤残为25个月的本人工资，三级伤残为23个月的本人工资，四级伤残为21个月的本人工资；

（二）从工伤保险基金按月支付伤残津贴，标准为：一级伤残为本人工资的90%，二级伤残为本人工资的85%，三级伤残为本人工资的80%，四级伤残为本人工资的75%。伤残津贴实际金额低于当地最低工资标准的，由工伤保险基金补足差额；

（三）工伤职工达到退休年龄并办理退休手续后，停发伤残津贴，按照国家有关规定享受基本养老保险待遇。基本养老保险待遇低于伤残津贴的，由工伤保险基金补足差额。

职工因工致残被鉴定为一级至四级伤残的，由用人单位和职工个人以伤残津贴为基数，缴纳基本医疗保险费。

第三十六条 职工因工致残被鉴定为五级、六级伤残的，享受以下待遇：

（一）从工伤保险基金按伤残等级支付一次性伤残补助金，标准为：五级伤残为18个月的本人工资，六级伤残为16个月的本人工资；

（二）保留与用人单位的劳动关系，由用人单位安排适当工作。难以安排工作的，由用人单位按月发给伤残津贴，标准为：五级伤残为本人工资的70%，六级伤残为本人工资的60%，并由用人单位按照规定为其缴纳应缴纳的各项社会保险费。伤残津贴实际金额低于当地最低工资标准的，由用人单位补足差额。

经工伤职工本人提出，该职工可以与用人单位解除或者终止劳动关系，由工伤保险基金支付一次性工伤医疗补助金，由用人单位支付一次性伤残就业补助金。一次性工伤医疗补助金和一次性伤残就业补助金的具体标准由省、自治区、直辖市人民政府规定。

第三十七条 职工因工致残被鉴定为七级至十级伤残的，享受以下待遇：

（一）从工伤保险基金按伤残等级支付一次性伤残补助金，标准为：七级伤残为13个月的本人工资，八级伤残为11个月的本人工资，九级伤残为9个月的本人工资，十级伤残为7个月的本人工资；

（二）劳动、聘用合同期满终止，或者职工本人提出解除劳动、聘用合同的，由工伤保险基金支付一次性工伤医疗补助金，由用人单位支付一次性伤残就业补助金。一次性工伤医疗补助金和一次性伤残就业补助金的具体标准由省、自治区、直辖市人民政府规定。

第三十八条 工伤职工工伤复发，确认需要治疗的，享受本条例第三十条、第三十二条和第三十三条规定的工伤待遇。

第三十九条 职工因工死亡，其近亲属按照下列规定从工伤保险基金领取丧葬补助金、供养亲属抚恤金和一次性工亡补助金：

（一）丧葬补助金为6个月的统筹地区上年度职工月平均工资；

（二）供养亲属抚恤金按照职工本人工资的一定比例发给由因工死亡职工生前提供主要生活来源、无劳动能力的亲属。标准为：配偶每月40%，其他亲属每人每月30%，孤寡老人或者孤儿每人每月在上述标准的基础上增加10%。核定的各供养亲属的抚恤金之和不应高于因工死亡职工生前的工资。供养亲属的具体范围由国务院社会保险行政部门规定；

（三）一次性工亡补助金标准为上一年度全国城镇居民人均可支配收入的20倍。

伤残职工在停工留薪期内因工伤导致死亡的，其近亲属享受本条第一款规定的待遇。

一级至四级伤残职工在停工留薪期满后死亡的，其近亲属可以享受本条第一款第（一）项、第（二）项规定的待遇。

第四十条 伤残津贴、供养亲属抚恤金、生活护理费由统筹地区社会保险行政部门根据职工平均工资和生活费用变化等情况适时调整。调整办法由省、自治区、直辖市人民政府规定。

第四十一条 职工因工外出期间发生事故或者在抢险救灾中下落不明的，从事故发生当月起 3 个月内照发工资,从第 4 个月起停发工资,由工伤保险基金向其供养亲属按月支付供养亲属抚恤金。生活有困难的,可以预支一次性工亡补助金的 50%。职工被人民法院宣告死亡的,按照本条例第三十九条职工因工死亡的规定处理。

第四十二条 工伤职工有下列情形之一的,停止享受工伤保险待遇:

(一) 丧失享受待遇条件的;

(二) 拒不接受劳动能力鉴定的;

(三) 拒绝治疗的。

第四十三条 用人单位分立、合并、转让的,承继单位应当承担原用人单位的工伤保险责任;原用人单位已经参加工伤保险的,承继单位应当到当地经办机构办理工伤保险变更登记。

用人单位实行承包经营的,工伤保险责任由职工劳动关系所在单位承担。

职工被借调期间受到工伤事故伤害的,由原用人单位承担工伤保险责任,但原用人单位与借调单位可以约定补偿办法。

企业破产的,在破产清算时依法拨付应当由单位支付的工伤保险待遇费用。

第四十四条 职工被派遣出境工作,依据前往国家或者地区的法律应当参加当地工伤保险的,参加当地工伤保险,其国内工伤保险关系中止;不能参加当地工伤保险的,其国内工伤保险关系不中止。

第四十五条 职工再次发生工伤,根据规定应当享受伤残津贴的,按照新认定的伤残等级享受伤残津贴待遇。

第六章 监督管理

第四十六条 经办机构具体承办工伤保险事务,履行下列职责:

(一) 根据省、自治区、直辖市人民政府规定,征收工伤保险费;

(二) 核查用人单位的工资总额和职工人数,办理工伤保险登记,并负责保存用人单位缴费和职工享受工伤保险待遇情况的记录;

(三) 进行工伤保险的调查、统计;

(四) 按照规定管理工伤保险基金的支出;

(五) 按照规定核定工伤保险待遇;

(六) 为工伤职工或者其近亲属免费提供咨询服务。

第四十七条 经办机构与医疗机构、辅助器具配置机构在平等协商的基础上签订服务协议,并公布签订服务协议的医疗机构、辅助器具配置机构的名单。具体办法由国务院社会保险行政部门分别会同国务院卫生行政部门、民政部门等部门制定。

第四十八条 经办机构按照协议和国家有关目录、标准对工伤职工医疗费用、康复费用、辅助器具费用的使用情况进行核查,并按时足额结算费用。

第四十九条 经办机构应当定期公布工伤保险基金的收支情况,及时向社会保险行政部门提出调整费率的建议。

第五十条 社会保险行政部门、经办机构应当定期听取工伤职工、医疗机构、辅助器具配置机构以及社会各界对改进工伤保险工作的意见。

第五十一条　社会保险行政部门依法对工伤保险费的征缴和工伤保险基金的支付情况进行监督检查。

财政部门和审计机关依法对工伤保险基金的收支、管理情况进行监督。

第五十二条　任何组织和个人对有关工伤保险的违法行为，有权举报。社会保险行政部门对举报应当及时调查，按照规定处理，并为举报人保密。

第五十三条　工会组织依法维护工伤职工的合法权益，对用人单位的工伤保险工作实行监督。

第五十四条　职工与用人单位发生工伤待遇方面的争议，按照处理劳动争议的有关规定处理。

第五十五条　有下列情形之一的，有关单位或者个人可以依法申请行政复议，也可以依法向人民法院提起行政诉讼：

（一）申请工伤认定的职工或者其近亲属、该职工所在单位对工伤认定申请不予受理的决定不服的；

（二）申请工伤认定的职工或者其近亲属、该职工所在单位对工伤认定结论不服的；

（三）用人单位对经办机构确定的单位缴费费率不服的；

（四）签订服务协议的医疗机构、辅助器具配置机构认为经办机构未履行有关协议或者规定的；

（五）工伤职工或者其近亲属对经办机构核定的工伤保险待遇有异议的。

第七章　法律责任

第五十六条　单位或者个人违反本条例第十二条规定挪用工伤保险基金，构成犯罪的，依法追究刑事责任；尚不构成犯罪的，依法给予处分或者纪律处分。被挪用的基金由社会保险行政部门追回，并入工伤保险基金；没收的违法所得依法上缴国库。

第五十七条　社会保险行政部门工作人员有下列情形之一的，依法给予处分；情节严重，构成犯罪的，依法追究刑事责任：

（一）无正当理由不受理工伤认定申请，或者弄虚作假将不符合工伤条件的人员认定为工伤职工的；

（二）未妥善保管申请工伤认定的证据材料，致使有关证据灭失的；

（三）收受当事人财物的。

第五十八条　经办机构有下列行为之一的，由社会保险行政部门责令改正，对直接负责的主管人员和其他责任人员依法给予纪律处分；情节严重，构成犯罪的，依法追究刑事责任；造成当事人经济损失的，由经办机构依法承担赔偿责任：

（一）未按规定保存用人单位缴费和职工享受工伤保险待遇情况记录的；

（二）不按规定核定工伤保险待遇的；

（三）收受当事人财物的。

第五十九条　医疗机构、辅助器具配置机构不按服务协议提供服务的，经办机构可以解除服务协议。

经办机构不按时足额结算费用的，由社会保险行政部门责令改正；医疗机构、辅助器具配置机构可以解除服务协议。

第六十条　用人单位、工伤职工或者其近亲属骗取工伤保险待遇，医疗机构、辅助器具配置机构骗取工伤保险基金支出的，由社会保险行政部门责令退还，处骗取金额2倍以上5倍以下的罚款；情节严重，构成犯罪的，依法追究刑事责任。

第六十一条　从事劳动能力鉴定的组织或者个人有下列情形之一的，由社会保险行政部门责令改正，处2000元以上1万元以下的罚款；情节严重，构成犯罪的，依法追究刑事责任：

（一）提供虚假鉴定意见的；

（二）提供虚假诊断证明的；

（三）收受当事人财物的。

第六十二条　用人单位依照本条例规定应当参加工伤保险而未参加的，由社会保险行政部门责令限期参加，补缴应当缴纳的工伤保险费，并自欠缴之日起，按日加收万分之五的滞纳金；逾期仍不缴纳的，处欠缴数额1倍以上3倍以下的罚款。

依照本条例规定应当参加工伤保险而未参加工伤保险的用人单位职工发生工伤的，由该用人单位按照本条例规定的工伤保险待遇项目和标准支付费用。

用人单位参加工伤保险并补缴应当缴纳的工伤保险费、滞纳金后，由工伤保险基金和用人单位依照本条例的规定支付新发生的费用。

第六十三条　用人单位违反本条例第十九条的规定，拒不协助社会保险行政部门对事故进行调查核实的，由社会保险行政部门责令改正，处2000元以上2万元以下的罚款。

第八章　附　则

第六十四条　本条例所称工资总额，是指用人单位直接支付给本单位全部职工的劳动报酬总额。

本条例所称本人工资，是指工伤职工因工作遭受事故伤害或者患职业病前12个月平均月缴费工资。本人工资高于统筹地区职工平均工资300%的，按照统筹地区职工平均工资的300%计算；本人工资低于统筹地区职工平均工资60%的，按照统筹地区职工平均工资的60%计算。

第六十五条　公务员和参照公务员法管理的事业单位、社会团体的工作人员因工作遭受事故伤害或者患职业病的，由所在单位支付费用。具体办法由国务院社会保险行政部门会同国务院财政部门规定。

第六十六条　无营业执照或者未经依法登记、备案的单位以及被依法吊销营业执照或者撤销登记、备案的单位的职工受到事故伤害或者患职业病的，由该单位向伤残职工或者死亡职工的近亲属给予一次性赔偿，赔偿标准不得低于本条例规定的工伤保险待遇；用人单位不得使用童工，用人单位使用童工造成童工伤残、死亡的，由该单位向童工或者童工的近亲属给予一次性赔偿，赔偿标准不得低于本条例规定的工伤保险待遇。具体办法由国务院社会保险行政部门规定。

前款规定的伤残职工或者死亡职工的近亲属就赔偿数额与单位发生争议的，以及前款规定的童工或者童工的近亲属就赔偿数额与单位发生争议的，按照处理劳动争议的有关规定处理。

第六十七条 本条例自2004年1月1日起施行。本条例施行前已受到事故伤害或者患职业病的职工尚未完成工伤认定的，按照本条例的规定执行。

2. 劳动和社会保障部《关于实施〈工伤保险条例〉若干问题的意见》

(2004年11月1日 劳社部函〔2004〕256号)

各省、自治区、直辖市劳动和社会保障厅（局）：

《工伤保险条例》（以下简称条例）已于二○○四年一月一日起施行，现就条例实施中的有关问题提出如下意见。

一、职工在两个或两个以上用人单位同时就业的，各用人单位应当分别为职工缴纳工伤保险费。职工发生工伤，由职工受到伤害时其工作的单位依法承担工伤保险责任。

二、条例第十四条规定"上下班途中，受到机动车事故伤害的，应当认定为工伤"。这里"上下班途中"既包括职工正常工作的上下班途中，也包括职工加班加点的上下班途中。"受到机动车事故伤害的"既可以是职工驾驶或乘坐的机动车发生事故造成的，也可以是职工因其他机动车事故造成的。

三、条例第十五条规定"职工在工作时间和工作岗位，突发疾病死亡或者在48小时之内经抢救无效死亡的，视同工伤"。这里"突发疾病"包括各类疾病。"48小时"的起算时间，以医疗机构的初次诊断时间作为突发疾病的起算时间。

四、条例第十七条第二款规定的有权申请工伤认定的"工会组织"包括职工所在用人单位的工会组织以及符合《中华人民共和国工会法》规定的各级工会组织。

五、用人单位未按规定为职工提出工伤认定申请，受到事故伤害或者患职业病的职工或者其直系亲属、工会组织提出工伤认定申请，职工所在单位是否同意（签字、盖章），不是必经程序。

六、条例第十七条第四款规定"用人单位未在本条第一款规定的时限内提交工伤认定申请的，在此期间发生符合本条例规定的工伤待遇等有关费用由该用人单位负担"。这里用人单位承担工伤待遇等有关费用的期间是指从事故伤害发生之日或职业病确诊之日起到劳动保障行政部门受理工伤认定申请之日止。

七、条例第三十六条规定的工伤职工旧伤复发，是否需要治疗应由治疗工伤职工的协议医疗机构提出意见，有争议的由劳动能力鉴定委员会确认。

八、职工因工死亡，其供养亲属享受抚恤金待遇的资格，按职工因工死亡时的条件核定。

第三节　医疗保险待遇纠纷

51. 劳动者不愿意缴纳医疗保险费用，签署自愿放弃所在单位统一缴纳医疗保险费用的协议后，用人单位能否不为劳动者参加医疗保险承担相应义务？

为劳动者缴纳包括医疗保险费，是用人单位的法定义务，也是法律的强制规定。即使劳动者在所谓的《缴纳社会保险意愿书》上选择了诸如"B 不愿意缴纳"并签名同意"本人因不愿承担劳动法及有关法规规定的缴纳社会保险的费用，故自愿放弃公司统一缴纳的职工社会保险"，但是《缴纳社会保险意愿书》中的上述约定，一方面免除了用人单位应当承担的为缴纳社保费而支出必要费用的法定责任，且用人单位也未将该部分费用补偿给劳动者；另一方面，该约定违反了法律、法规关于用人单位必须为与之建立劳动关系的劳动者承担包括医疗保险费的强制性规定。因此，不仅该约定无效，同时，用人单位亦不能免除为劳动者参加医疗保险缴纳医疗保险费的义务。

典型疑难案件参考

广州市金忠海后勤服务有限公司与彭华英医疗费、医疗保险待遇纠纷上诉案（广东省广州市中级人民法院〔2010〕穗中法民一终字第 4299 号民事判决书）

基本案情

彭华英于 2006 年 5 月 18 日进入广州市金中海后勤服务有限公司（以下简称"金忠海服务公司"）工作，任职清洁工，彭华英的基本工资为当年度广州市最低工资标准工资。入职当日，彭华英在金忠海服务公司发给的《缴纳社会保险意愿书》上"不愿意缴纳"栏打钩，并在"如选择 B 不愿意缴纳的请在下面签名：本人因不愿承担劳动法及有关法规规定的缴纳社会保险的费用，故自愿放弃公司统一缴纳的职工社会保险"的内容下签名。双方签订了从 2008 年 1 月起至 2010 年 12 月 31 日止的劳动合同。2009 年 10 月 26 日至 12 月 12 日，彭华英因胃癌在中山一院住院进行了全胃切除手术，共用医疗费用

63688 元，其中甲类目录药品发生的费用为 22822.79 元、乙类目录药品发生的费用为 32790.86 元、自费药品发生的费用 8074.35 元。彭华英提起劳动仲裁，要求金忠海服务公司支付 2009 年 10 月 26 日至 12 月 12 日其自费的医疗费用 8 万元，2010 年 4 月 26 日广州市海珠区劳动争议仲裁委员会作出穗海劳仲案字〔2010〕297 号裁决书，裁决：在本裁决书生效之日起 3 日内，金忠海服务公司一次性支付彭华英 2009 年 10 月 26 日至 12 月 12 日在中山一院住院期间的医疗费用 40267.65 元。金忠海服务公司不服，向法院提起诉讼。2010 年 3 月 12 日，金忠海服务公司向彭华英发出内容为"请你本人领取医保卡后，自行去相关机构办理医疗费用手续"的《通知》。另查明，金忠海服务公司在劳动仲裁时对彭华英主张的其 2009 年 10 月 26 日至 12 月 12 日期间在中山一院住院的医疗费用没有提出异议，在诉讼过程中金忠海服务公司对上述医疗费的数额提出异议，但未提交证据反驳。

▶ 一审裁判结果

一审法院根据《中华人民共和国劳动法》第 72 条，《广州市城镇职工基本医疗保险试行办法》第 7 条、第 22 条、第 26 条、第 28 条，《广东省城镇职工基本医疗保险用药范围管理暂行办法》第 9 条的规定，于 2010 年 6 月 11 日作出判决：

一、在本判决书生效之日起 3 日内，金忠海服务公司一次性支付彭华英 2009 年 10 月 26 日至 2009 年 12 月 12 日在中山一院住院期间的医疗费用 40267.65 元；

二、驳回金忠海服务公司的诉讼请求。案件受理费 10 元由金忠海服务公司负担。

▶ 一审裁判理由

一审法院认为：彭华英是金忠海服务公司的职工，双方之间存在劳动关系。根据《中华人民共和国劳动法》第 72 条"……用人单位和劳动者必须依法参加社会保险，缴纳社会保险费"以及《广州市城镇职工基本医疗保险试行办法（2008 年修订）》第 7 条"在职职工和用人单位应当按月足额缴纳基本医疗保险费……"、第 22 条"用人单位和参保人员不按时缴纳医疗保险费（以下简称欠缴费）的……在 3 个月后补缴欠缴费用、利息和滞纳金的，累计参保人员缴费年限并补划拨个人医疗账户，不补付基本医疗保险统筹待遇，其间参保人员发生的有关医疗费用由用人单位负责"的规定，缴纳社会保险费（含医疗保险费）是用人单位及劳动者的法定义务，如果该法定义务没有履行，期间参保人员即彭华英发生的有关医疗费用由用人单位即金忠海服务公司负责。故《缴纳社会保险意愿书》违反了《中华人民共和国劳动法》第72条的规定，该《缴纳社会保险意愿书》是无效的。另虽然彭华英填写了《缴纳社会保险意愿书》表示不愿意缴纳社会保险费用，自愿放弃金忠海服务公司统一缴纳的职工社会保险，但从《缴纳社会保险意愿书》的内容分析可知彭华英不同意金忠海服务公司为其缴纳社会保险，主要原因是认为会增加自己的负担，从而影响自己的收入，而实际上金忠海服务公司每月支付给彭华英正常工作时间的工资是当地的最低工资标准。根据《广东省工资支付条例》第54条的规定，"工资，是指用人单位基于劳动关系，按照劳动者提供劳动的数量和质量，以货币形式支付给劳动者本人的全部劳动报酬。一般包括：各种形式的工资（计时工资、计件工资、岗位工资、职务工资、技能工资等）、奖金、津贴、补贴、延长工作时间及特殊情况下支付的属于劳动报酬性的工资收入等；但不包括用人单位按照规定负担的各项社会保险费、住房公积金，劳动保障和安全生产监察行政部门规定的劳动保护费用，按照规定标准支付的独生子女补贴、计划生育奖、丧葬费、抚恤金等国家规定的福利费用和属于非劳动报酬性的收入"。据此可以合理相信金忠海服务公司在征求《缴纳社会保险意愿书》意见时，并没有将扣除各种社会保险费用后的工资额仍应不低于最低工资标准的情况如实告知彭华英，确存在误导彭华英的情形，金忠海服务公司对此亦应承担相应的责任。综上所述，金忠海服务公司依据《缴纳社会保险意愿书》主张无须支付彭华英发生的医疗费用的意见，于法无据，原审法院不予采纳。金忠海服务公司对彭华英的医疗费数额虽不确认，但在仲裁时未提出异议，在诉讼过程中又未提出证据反驳，故对金忠海服务公司的异议意见，原审法院不予采纳。双方当事人对仲裁裁决医疗费用的计算方法予以确认，于法无悖，原审法院予以确定。根据《广州市城镇职工基本医疗保险试行办法》第26条"参保人员每次住院基本医疗费用统筹基金的起付标准（以下简称起付标准），按以下标准确定：（一）在职职工：一级医疗机构为500元；二级医疗机构为1000元；三级医疗机构为2000元……"、第28条"参保人员住院和门诊特定项目起付标准以上的基本医疗费用，统筹基金按以下比例支付：（一）在职职工：一级医院为90%；二级医院为85%；三级医院为80%……"和《广东省城镇职工基本医疗保险用药范围管理暂行办法》第9条"……属于《药品目录》范围中的药品、所发生的费用按以下原则支付：一、使用'甲类目录'的药品所发生的费用，按基本医疗保险的规定支付。二、使用'乙类目录'的药品所发生的费用，先由参保人员个人自付10%的费用，再按基本医疗保险的规定支付……"的规定，因金忠海服务公司没有为彭华英购买医疗保险，应向彭华英支付 2009 年 10 月 26 日至 12 月 12 日在中山一院住院期间的医疗费用为：（63688 元 – 乙类目录药品发生的费用 32790.86 元 × 10% – 自费药品发生的费用 8074.35 元 – 起付标准 2000 元）× 80% = 40267.65 元。

二审诉辩情况

金忠海服务公司不服原审判决，向广州市中级人民法院提起上诉称：金忠海服务公司在统一办理社保手续时，彭华英向公司递交了《缴纳社会保险意愿书》，承诺声明因为其本人不愿承担劳动法及有关法律规定的缴纳社会保险的费用，自愿放弃公司统一缴纳的职工社会保险（包括医疗保险）。金忠海服务公司在向其说明社会保险的强制性和不缴纳社会保险的后果后，彭华英本人还是执意不愿缴纳，并说明其本人已在户口所在地购买了农村合作医疗不愿再重复缴纳保险，公司根据员工个人的真实意识表示，尊重了其个人意愿。金忠海服务公司认为，缴纳社保费用（包括医疗保险）既是企业的法定义务，同时也是职工的法定义务，也就是说，缴纳社保费用并不是企业单方的法定义务，而是企业和职工双方共同的法定义务，而海珠区劳动争议仲裁委员会及海珠区人民法院罔顾这一基本事实，错误地认为缴纳社保费用仅是企业的单方法定义务，这显然是片面的，是不符合法律规定的，因此是错误的。根据以上法律规定，虽然上述《缴纳社会保险意愿书》因违反法律强制性规定而无效，但该《缴纳社会保险意愿书》却可以作为认定双方共同违法行为的各自过错责任大小的依据，因为该《缴纳社会保险意愿书》是彭华英本人自愿签署的，是其真实意识表示，其签署该意愿书时应当预见到可能发生的结果，彭华英应当承担因此而可能出现的相应法律责任（即自行承担可能产生的医疗费等后果）。可见，没有缴纳社保费用（包括医疗保险）这一违法行为是由金忠海服务公司和彭华英的共同过错行为造成的，其过错责任理应由过错双方共同承担，而不应当完全由金忠海服务公司单方承担。双方承担责任的依据则是法律规定的过错责任原则，即由双方根据各方过错大小各自承担相应的法律责任。而从本案实际情况来说，金忠海服务公司已告知彭华英必须缴纳社保费用，也告知其法律后果，但因彭华英坚持不参加社保而导致金忠海服务公司无法单方办理参保手续，可见金忠海服务公司已履行了必要的告知及催促义务，只是因为彭华英坚持不缴纳社保费用而无法办理相关手续，而彭华英作为完全民事行为能力人，明确表示并坚持不缴纳社保费用，可见导致出现没有缴纳社保费用这一违法行为的主要过错在于彭华英，因此，彭华英应当自行承担其于 2009 年 10 月 26 日至 12 月 12 日在中山一院住院期间的医疗费用。另外，彭华英已将其在中山一院的治疗费用（即原始发票）在农村医疗合作社办理了报销，因此，金忠海服务公司无须再重复支付此费用。故请求：（1）依法判决金忠海服务公司不须向彭华英支付其于 2009 年 10 月 26 日至 12 月 12 日在中山一院住院期间的医疗费用共计人民币 40267.65 元；（2）彭华英承担本案诉讼费用。

被上诉人彭华英答辩：不同意金忠海服务公司意见，请求维持原审判决。

二审裁判结果

二审法院依照《中华人民共和国民事诉讼法》第 153 条第 1 款第 1 项的规定，判决如下：

驳回上诉，维持原判。

二审案件受理费 10 元，由上诉人广州市金忠海后勤服务有限公司负担。

本判决为终审判决。

二审裁判理由

二审法院认为：彭华英自 2006 年 5 月 18 日进入金忠海服务公司工作，即与金忠海服务公司建立了劳动关系。根据《中华人民共和国劳动法》第 72 条"……用人单位和劳动者必须依法参加社会保险，缴纳社会保险费"、《广州市城镇职工基本医疗保险试行办法（2008 年修订）》第 7 条"在职职工和用人单位应当按月足额缴纳基本医疗保险费……"以及《广州市城镇灵活就业人员医疗保险试行办法》第 10 条"用人单位（个体经济组织除外，下同）应当依照本办法的规定，为与之建立劳动关系的非本市城镇户籍从业人员参加住院保险和重大疾病医疗补助，并缴纳医疗保险费；参保人员从缴费的次月起享受住院保险和重大疾病医疗补助待遇"的规定，金忠海服务公司应当为彭华英缴纳包括医疗保险在内的社会保险费，这是金忠海服务公司作为用人单位的法定义务，也是法律的强制性规定。彭华英虽然在金忠海服务公司发给的《缴纳社会保险意愿书》上选择了"B 不愿意缴纳"并签名同意"本人因不愿承担劳动法及有关法规规定的缴纳社会保险的费用，故自愿放弃公司统一缴纳的职工社会保险"，但是《缴纳社会保险意愿书》中的上述约定，一方面免除了用人单位应当承担的为缴纳社保费而支出必要费用的法定责任，且用人单位也未将该部分费用补偿给劳动者；另一方面，该约定违反了法律、法规关于用人单位必须为与之建立劳动关系的劳动者购买包括医疗保险在内的社会保险的强制性规定，因此，该约定无效。

关于《缴纳社会保险意愿书》中的上述约定无效后的法律责任承担。根据《广州市城镇职工基本医疗保险试行办法（2008年修订）》第22条第2款"用人单位和参保人员不按时缴纳医疗保险费（以下简称欠缴费）的，在欠缴费次月起，参保人员暂不享受基本医疗保险待遇；在3个月内补缴欠缴费用、利息和滞纳金的，可以补付延期缴费期间应由统筹基金支付的医疗费用，累计参保人员缴费年限并将相应金额补划入个人医疗账户；在3个月后补缴欠缴费用、利息和滞纳金的，累计参保人员缴费年限并补划拨个人医疗账户，不补付基本医疗保险统筹待遇，期间参保人员发生的有关医疗费用由用人单位负责"的规定，金忠海服务公司自2006年5月与彭华英建立劳动关系至彭华英2009年10月住院，金忠海服务公司一直没有为彭华英购买社保，因此，对彭华英于2009年10月26日至12月12日期间住院发生的医疗费用，金忠海服务公司应该依法承担责任；且该责任承担不以金忠海服务公司是否存在过错以及过错大小为前提。至于彭华英已经在农村合作社报销的部分医疗费，因为农村合作医疗制度是由政府支持、农民群众与农村经济组织共同筹资、在医疗上实行互助互济的一种具有医疗保险性质的农村健康保障制度，其实质上只是一种社区保障，而非社会保障，是新农村建设中的一项惠民政策，不能同劳动者的医疗保险以及用人单位的法定责任相抵销，故金忠海服务公司以彭华英已在农村合作社报销部分医疗费为由主张其实不需再支付的意见，本院不予采纳。

关于医疗费的数额，原审法院确认金忠海服务公司应支付彭华英于2009年10月26日至12月12日在中山医院住院期间的医疗费用40267.65元，双方对此均无异议，本院予以确认。

综上所述，审查原审判决认定事实清楚，适用法律正确，应予维持；上诉人的上诉理由不成立，本院不予支持。

52. 大额医疗保险属社会保险因而必须强制参加吗？

大额医疗保险属于商业保险，不属于社会保险范畴，应自愿参保，不能强制用人单位为劳动者投保大额医疗保险。相比之下，职工基本医疗保险属于社会保险范畴，应当强制参保。

典型疑难案件参考

左某与某厂关闭清算组医疗保险待遇纠纷再审案（重庆市第一中级人民法院〔2010〕渝一中法民再终字第55号民事判决书）

基本案情

原告系被告单位职工，1999年从被告单位退休。2005年原告被诊断为肺癌。2005年4月28日、10月21日，2006年9月8日、11月8日，2007年11月13日，被告单位职工医院给原告开具转院治疗同意书，同意原告转重庆中山医疗治疗。2005年至2007年3年期间，原告先后在重庆医科大学附属第一医院、重庆中山医院、第三军医大学大坪医院、沙坪坝区第三医院、重庆瑞恩医院、陕西博爱医院等医疗机构进行治疗，共计开支医疗费用22万余元（含部分药店自购药品费）。原告治疗和购药后，要求被告全额报销医疗费用，被告只同意按长化〔2004〕15号文件规定予以报销，故原告未能全额报销医疗费用。2008年6月26日，乙公司以渝化医司〔2008〕183号文批准某厂成立某厂关闭清算组。2008年8月22日，重庆市国有资产监督管理委员会以渝国资〔2008〕301号文批复同意某厂实施关闭清算立项。

2008年2月18日，原告向重庆市长寿区劳动争议仲裁委员会提出仲裁申请，该仲裁委员会以原告超过劳动者的法定年龄为由不予受理。

一审裁判结果

重庆市长寿区人民法院依照《中华人民共和国劳动法》第70条、第73条的规定，长寿区人民法院作出〔2008〕长民初字第1281号民事判决。

一、由被告某厂在判决生效后5日内按照每年2万元的标准支付原告左某2005年至2007年的医药费；

二、驳回原告左某的其余诉讼请求。

如果未按本判决指定的期间履行给付金钱义务，应当依照《中华人民共和国民事诉讼法》第229条之规定，加倍支付迟延履行期间的债务利息。

本案案件受理费10元，由被告负担，此费已交纳，执行时由被告直接给付原告。

一审裁判理由

一审法院认为：《中华人民共和国劳动法》规定，国家发展社会保险事业，建立社会保险制度，设立社会保险基金，使劳动者在患病等情况下获得帮助和补偿。劳动者患病后依法享受社会保险待遇。原告系被告单位的退休职工，其在退休后患病依法应享受社会保险待遇，即被告应按基本医疗保险的标准和范围给原告报销医疗费。国家已经实行基本医疗保险制度，原告依据的长化发〔1993〕4号文件现已不适用，被告应按基本医疗保险制度的规定给原告报销医疗费。审理中，原告提交的是医疗费复印件，法院告知应提交原件后，原告拒绝提交原件，故法院无法对其医疗费是否符合基本医疗保险的标准和范围进行审查，但鉴于被告同意按每年2万元给原告报销医疗费，法院以此作为原告医疗费报销的范围。原告要求被告承担医疗费用的资金利息，于法无据，不予支持。

二审裁判结果

二审法院作出〔2009〕渝一中法民终字第473号民事判决：驳回上诉，维持原判。本案二审案件受理费10元，由上诉人左某负担，本院决定予以免收。

二审裁判理由

二审法院认为：国家建立城镇职工基本医疗保险制度，保障职工基本医疗。城镇所有用人单位及其职工都要参加基本医疗保险。左某系某厂的退休职工，其在退休患病后依法享受基本医疗保险待遇。某厂按照城镇职工基本医疗保险制度的有关规定，报销左某因治病产生的符合基本医疗保险标准和范围的医疗费。原审判决符合国家城镇职工基本医疗保险制度的规定，应予支持。根据国务院〔1998〕44号《关于建立城镇职工基本医疗保险制度的决定》和重庆市人民政府渝府发〔1999〕58号《重庆市建立城镇职工基本医疗保险制度总体规划》的规定，超过最高支付限额的医疗费用，可通过商业保险等途径解决，并非城镇职工基本医疗保险制度的强制性规定。故某厂未参加大额医疗保险的行为并未违法，左某要求某厂承担最高支付限额外的医疗费用以及原审中要求某厂承担医疗费的资金利息，于法无据，不予支持。左某的上诉理由均不能成立。原审判决正确。

再审诉辩情况

重庆市人民检察院抗诉认为：〔2009〕渝一中法民终字第473号民事判决认定事实不清，适用法律错误，判决结果不当。理由为：国务院〔1998〕44号《关于建立城镇职工基本医疗保险制度的决定》，参保单位的基本医疗保险属于"属地管理"原则。某厂的基本医疗保险属于长寿区统筹范畴，并受到长寿区有关文件的制约。虽然国务院〔1998〕44号文件对超出最高支付限额的医疗费用，可通过商业医疗保险等途径解决。但重庆市人民政府渝府发〔1999〕58号文件规定，"统筹层次，主城6区以外其他区县分别在本地区内实行统筹"。为了有利于保护企业职工的劳动健康，职工患病后能及时得到基本医疗及大额医疗互助保险的保护，长寿区劳动和社会保障局、财政局于 2004 年 9 月 8 日作出长劳社发〔2004〕105 号《关于印发重庆市长寿区城镇职工大额医疗互助保险管理暂行办法的通知》第 3 条第 1 项规定"凡参加长寿区城镇职工基本医疗保险的单位和个人都要参加大额医疗互助保险"，且该文件并未与国务院、重庆市政府的有关法规、文件相抵触。按照长寿区基本医疗保险的规定，某厂应该参加基本医疗保险，并且应该参加大额医疗互助保险。而某厂的长化〔2004〕15 号文件没有经过职工代表大会通过，对职工的大额医疗互助保险部分没有规定，致使其职工超出基本医疗保险的部分无法得到保护，又与长劳社发〔2004〕105 号文件的规定相抵触。所以，原审认定某厂根据长化〔2004〕15 号文件，按统筹基金的最高支付限额 2 万元支付左某 2005 年至 2007 年治疗期间的医药费符合国家城镇职工基本医疗保险制度的规定，某厂未参加大额医疗保险的行为并未违法，系认定事实不清，适用法律错误。

再审过程中，左某称：同意检察机关的意见，另认为长化〔1993〕4 号文件明确规定，大病凭医疗凭证实报实销；二审中增加的医药费是诉讼中持续产生的，应予一并主张。

某厂辩称：大额医疗保险属商业保险，应自愿参保，法律规定不能强制，同时，劳动局与财政局〔2004〕105 号文件不能与商业保险法、国务院决定相抵触，该文件不能作为判决依据；即使参照未实行的社会保险法，我国建立的仍是基本医疗保险，也不是所有都要报销；我厂是特困企业，基本医疗保险制度都有一个过渡期，是逐步完成的；抗诉机关说事实不清，但未提出新事实，原判决适用法律是正确的。

再审裁判结果

本案经审判委员会讨论决定，依照《中华人民共和国民事诉讼法》第 186 条第 1 款、第 153 条第 1 款第 1 项之规定，判决如下：

维持本院〔2009〕渝一中法民终字第 473 号民事判决。

本判决为终审判决。

再审裁判理由

再审认为：国务院《关于建立城镇职工基本医疗保险制度的决定》（国发〔1998〕44 号）中对基本医疗保险的参保表述为均要参加，但对大额医疗互助保险未作出强制规定，且大额医疗互助保险是通过商业保险进行，无强制参保的根据。检察机关的抗诉理由不能成立，本院不予采信。左某超出一审诉讼请求范围部分，不属于本案审理范围，本院不予审理。原二审判决正确，应予维持。

53. 补充医疗保险作为基本医疗保险的有益补充，其运作原理与社会保险相一致吗？

补充医疗保险属于商业保险，其虽然是基本医疗保险的有益补充，但需要遵守相应的商业保险法的基本原理进行运作，与社会保险法的基本原理应予区分。

典型疑难案件参考

蚌埠市企业职工疾病研究所海天医院与中国人民财产保险股份有限公司固镇分公司医疗责任案（安徽省固镇县人民法院〔2007〕固民二初字第 69 号民事判决书和安徽省蚌埠市中级人民法院〔2007〕蚌民二终字第 132 号民事判决书）

基本案情

原告作为被保险人与保险人即被告签订医疗责任保险合同一份，该合同约定：原告向被告中国人民财产保险股份有限公司固镇分公司投保医疗责任保险，医疗责任每人赔偿限额 30 万元，其中精神损害赔偿限额 9 万元，法律费用每次赔偿限额 3 万元，每次索赔免赔额按每人赔偿限额的 5% 或 1000 元扣减，两者以高者为准等条款。被告收取原告保险费 21924 元，保险合同成立并生效。2006 年 7 月 4 日，原告为患者沈秀云做"甲状腺多发性占位"手术时造成该患者死亡。后蚌埠市医学会作出该起事故属一级甲等医疗事故，由原告负完全责任的医疗事故技术鉴定结论。2007 年 4 月 11 日，沈秀云亲属以医疗事故赔偿纠纷为由将海天医院诉至禹会区人民法院。2007 年 5 月 15 日，原告将该案的开庭时间和地点以特快专递的形式告知被告。后经该院审理后判决：由原告一次性赔偿沈秀云亲属死亡赔偿金 195422 元、丧葬费 8927 元、医疗事故鉴定费 2100 元、医疗费 13471.89 元（其中原告 5249.60 元，蚌埠市第一人民医院 8222.29 元）、被抚养人生活费 9683.60 元、精神抚慰金 43766.40 元，合计人民币 273370.89 元和应承担的诉讼费 5208 元。因该案当事人在法定期限内均没有提出上诉，该判决即发生法律效力。后原告按照生效判决所确定的款项全部支付给沈秀云亲属。原告多次找被告协商理赔事宜未果。

一审诉辩情况

原告诉称：原、被告所签订医疗责任保险合同约定，原告作为被保险人向被告投保医疗责任保险。其间，医院为患者沈秀云做"甲状腺多发性占位"手术时发生医疗事故，致该患者死亡。后蚌埠市医学会对这起事故作出由院方负完全责任的鉴定结论。医患双方就医疗事故赔偿事宜多次协商未果后，患方亲属以医疗事故赔偿纠纷为由将医院诉至蚌埠市禹会区人民法院，经该院审理，判决由海天医院一次性赔偿沈秀云亲属各项费用273370.89元，并承担诉讼费5208元。现该款已经全部履行完毕。原告依据保险合同多次找被告理赔未果。现请求法院判令被告依约赔付因医疗责任由原告垫付的死亡赔偿金、丧葬费、医疗费（其中海天医院5249.60元，蚌埠市第一人民医院8222.29元）、被抚养人生活费、精神抚慰金、诉讼费等各项费用。

被告辩称：被告对原、被告之间存在医疗责任保险合同关系，以及保险合同成立和有效无异议；对在保险合同期间内发生的医疗事故的事实以及事故的责任认定也无异议；但认为原告在发生医疗责任事故后，没有按照合同约定及时告知被告，特别是在患者亲属已经诉至法院后，没有及时履行告知义务，致使被告没有能够及时帮助原告行使抗辩权，造成蚌埠市禹会区人民法院适用法律错误，即本该适用国务院《医疗事故处理条例》以及《最高人民法院关于参照〈医疗事故处理条例〉审理医疗纠纷案件的通知》处理该案，结果却适用《中华人民共和国民法通则》的相关规定作出裁判，导致赔付金额大大增加，客观上给被告带来不必要的损失。一审判决作出后，原告在明知该裁判结果对其不利的情况下，既不通知被告也不提出上诉，致使该判决发生法律效力，故被告对该判决所超出法律规定的部分款项不予赔付，请求法院判决驳回原告的不当请求。

一审裁判结果

法院依照《中华人民共和国保险法》第10条、第18条、第22条第1款、第31条、第24条第1款，作出如下判决：

一、被告中国人民财产保险股份有限公司固镇分公司赔付原告蚌埠市企业职工疾病研究所海天医院因医疗责任垫付的下列费用：死亡赔偿金195422元、丧葬费8927元、医疗事故鉴定费2100元、蚌埠市第一人民医院医疗费8222.29元、被抚养人生活费9683.60元、精神抚慰金43766.40元、诉讼费5208元，合计人民币273329.29元。于本判决生效后10日内履行完毕；

二、驳回原告蚌埠市企业职工疾病研究所海天医院的其他诉讼请求。

案件受理费5478元，原告负担104元，被告负担5374元。

一审裁判理由

固镇县人民法院经审理认为：原、被告之间签订的医疗责任保险单是医疗责任保险合同的主要构成要件，医疗责任投保单、保险费收据和医疗责任保险格式条款作为合同附件，均为保险合同的组成部分。该合同系双方当事人的真实意思表示，所涉及的内容不违反法律规定，且双方对合同已经成立并生效均不持异议，故应依法确认该合同的效力。原告按约履行缴纳保险费和合同其他义务后，享有出险后取得赔偿的权利；被告收取保险费的同时，随即承担一旦原告出险，应积极履行赔付义务。原告在诊疗过程中，因执业过失造成患者人身损害的医疗事故，属于原、被告在保险合同中约定的理赔范围，原、被告对此也不持异议，应予以确认。针对原告要求被告按照禹会区人民法院判决的内容承担保险责任的诉讼请求，被告以该院适用法律有误，对于扩大了赔偿范围和赔偿标准的部分不予赔付的辩解意见，法院认为，禹会区人民法院依法作出的已经发生法律效力的判决，具有严肃性、稳定性、权威性，除非经审判监督程序可以依法改判外，其他任何机构和部门都无权改变其判决内容，这是法律本身对法院裁判文书的既判力和稳定性的规定，被告如有足以推翻该判决的事实和理由，可以通过合法程序进行救济。与该案有利害关系的被告自以为损失扩大，是因为被告怠于参与某些诉讼活动，这种不确定性的民事责任后果理应由自己承担，故对被告的该项辩解，应依法不予采纳。被告关于原告在患者亲属起诉时，没有及时履行保险合同所约定的告知义务，导致损失后果的加大，依据医疗责任保险格式条款第14条、第16条的规定，被告可以免责的辩解意见，法院认为，被告对第14条的理解，不符合本条款订立时的原意，该条规定"被保险人获悉可能引起诉讼、行政处罚或仲裁时，或在接到法院传票或其他法律文书后，应立即以书面形式通知保险人"，该条款旨在规定可能引起诉讼或诉讼开始时，被保险人应尽的义务，属于选择性要件的规定，并没有明确要求被保险人对该条规定的义务全部履行，也没有明确当一审判决宣判后，被保险人仍要履行相应告知义务的规定。按照《保险法》第31条的规定，对有争议条款的理解，人民法院应当作出有利于被保险人的解释。通过双方举证、质证和本院认证情况，原告寄给被告的邮政快递回执上已经将开庭的时间和地点明确地告知被告，说明原告已经履行了上述义务，被告以没有收到该文件作为免责的理由显然依据不足，故对被告的该项辩解意见，应依法不予采纳。对于沈秀云在海天医院的医疗费用由谁承担的问题，法院认为，被告所承保的是当原告发生医疗过失行为时所产生的损失，当患者在原告处医治原发性疾病并没有出现医疗过失之前所产生的费用，理应由患者和原告协商解决，只有当原告对患者进行甲状腺手术过程中出现医疗过失时所产生的医疗费用，方属保险合同中所规定的保险责任理赔范围，故原告要求被告承担患者在海天医院的医疗费用的请求，于约无据，应不予支持，被告关于此项的辩解意见，本院依法予以采纳。原告关于医疗责任每人赔偿限额、精神损害赔偿限额、法律费用每次赔偿限额，均没有超出合同规定，应依法予以支持。原告的诉讼请求数额，虽没有按照医疗责任保险格式条款第 19 条的规定，扣减被告的免赔率，但被告一直未对原告该项请求行使抗辩权，视为其对民事权利的一种处分，不违反法律规定，应予以准许，法院也不依职权按该条规定扣除被告的免赔额。

二审诉辩情况

中国人民财产保险股份有限公司固镇分公司不服一审判决，提出上诉称：一审判决认定事实错误。理由是：（1）上诉人收取被上诉人的索赔材料是在其成为医疗纠纷的被告之前，该行为最多只能成为上诉人当时愿意按照医疗事故处理条例的规定予以赔偿的意思表示，不能成为愿意按照禹会区法院的民事判决结果承担民事责任的依据，况且，被上诉人成为被告后，在诉讼期间没有履行合同的义务，并不妨碍上诉人因此形成的抗辩权；（2）禹会区法院的民事判决适用法律明显错误，被上诉人收到判决书后，既不通知上诉人，也不提起上诉，上诉人不承担保险赔偿责任符合合同的约定；（3）免赔率是在保险人应当赔偿的情况下适用的，不予赔偿何谈免赔率；（4）依法成立并生效的保险合同条款，合同双方均并没有产生歧义，一审法院滥用不利解释原则没有法律依据。请求上诉审法院撤销一审判决，驳回当事人的诉讼请求。

蚌埠市企业职工疾病研究所海天医院辩称：原审判决认定事实清楚，适用法律正确。请求维持原判，驳回上诉人的上诉请求。

二审裁判结果

蚌埠市中级人民法院经依照《中华人民共和国民事诉讼法》第 153 条第 1 款第 1 项的规定，判决如下：

驳回上诉，维持原判。

二审案件受理费 5478 元，送达费 50 元，合计 5528 元，由上诉人负担。

本判决为终审判决。

二审裁判理由

蚌埠市中级人民法院审理后认为：保险合同的双方对已形成的医疗责任保险合同关系以及合同成立及生效均不持异议，对双方均具有约束力。被上诉人按约交纳了保险费，上诉人就应当按约承担保险责任。关于上诉人提出被上诉人未能按照医疗责任保险条款第 14 条的规定，在收到判决书后未能及时通知上诉人，致使其丧失了以海天医院名义提起上诉的机会，因而上诉人有权不承担赔偿责任的辩称，被上诉人亦就此提出抗辩理由，认为上诉人对此免责条款未尽说明义务。该院认为，由于上诉人不能举证证明其已对此免责条款尽了说明义务，按照《保险法》第31条的规定，对有争议条款的理解，人民法院应当作出有利于被保险人的解释。况且，被上诉人在保险事故发生后，已将保险理赔材料报送给上诉人，《保险法》第24条第1款规定："保险人收到被保险人或者受益人的赔偿或者给付保险金的请求后，应当及时做出核定，并将核定结果通知被保险人或者受益人……。"第25条规定："保险人收到被保险人或者受益人的赔偿或者给付保险金的请求后，对不属于保险责任的，应当向被保险人或者受益人发出拒绝赔偿或者拒绝给付保险金通知书。"从本案来看，上诉人的工作人员桑元秋于2006年12月29日出具的事故记录载明"理赔材料齐全，正在理赔中"，此后无证据证明上诉人向被上诉人发出过任何通知。直至2007年4月11日，死者亲属以医疗事故赔偿纠纷为由将海天医院诉至蚌埠市禹会区人民法院，被上诉人也将该案的开庭时间和地点以特快专递的形式告知上诉人，应当视为被上诉人已尽了告知义务。而上诉人仍怠于履行保险法所确定的其应尽的通知义务，以及怠于履行按照医疗责任保险条款第18条的规定所赋予的可以被保险人的名义对诉讼进行抗辩或处理有关索赔事宜的权利。被上诉人依据业已生效的蚌埠市禹会区人民法院民事判决，向受害人进行赔偿，并基于其与上诉人的保险合同及承保区域范围内向上诉人提出的理赔申请是其行使合同权利的正当要求。综上，上诉人的上诉理由不成立，该院不予支持。原判认定事实清楚，适用法律适当。

医疗保险待遇纠纷
办案依据集成

1.《中华人民共和国社会保险法》（2011 年 7 月 1 日）（节录）

第二十三条 职工应当参加职工基本医疗保险，由用人单位和职工按照国家规定共同缴纳基本医疗保险费。

无雇工的个体工商户、未在用人单位参加职工基本医疗保险的非全日制从业人员以及其他灵活就业人员可以参加职工基本医疗保险，由个人按照国家规定缴纳基本医疗保险费。

第二十四条 国家建立和完善新型农村合作医疗制度。

新型农村合作医疗的管理办法，由国务院规定。

第二十五条 国家建立和完善城镇居民基本医疗保险制度。

城镇居民基本医疗保险实行个人缴费和政府补贴相结合。

享受最低生活保障的人、丧失劳动能力的残疾人、低收入家庭六十周岁以上的老年人和未成年人等所需个人缴费部分，由政府给予补贴。

第二十六条 职工基本医疗保险、新型农村合作医疗和城镇居民基本医疗保险的待遇标准按照国家规定执行。

第二十七条 参加职工基本医疗保险的个人，达到法定退休年龄时累计缴费达到国家规定年限的，退休后不再缴纳基本医疗保险费，按照国家规定享受基本医疗保险待遇；未达到国家规定年限的，可以缴费至国家规定年限。

第二十八条 符合基本医疗保险药品目录、诊疗项目、医疗服务设施标准以及急诊、抢救的医疗费用，按照国家规定从基本医疗保险基金中支付。

第二十九条 参保人员医疗费用中应当由基本医疗保险基金支付的部分，由社会保险经办机构与医疗机构、药品经营单位直接结算。

社会保险行政部门和卫生行政部门应当建立异地就医医疗费用结算制度，方便参保人员享受基本医疗保险待遇。

第三十条 下列医疗费用不纳入基本医疗保险基金支付范围：

（一）应当从工伤保险基金中支付的；

（二）应当由第三人负担的；

（三）应当由公共卫生负担的；

（四）在境外就医的。

医疗费用依法应当由第三人负担，第三人不支付或者无法确定第三人的，由基本医疗保险基金先行支付。基本医疗保险基金先行支付后，有权向第三人追偿。

第三十一条 社会保险经办机构根据管理服务的需要，可以与医疗机构、药品经营单位签订服务协议，规范医疗服务行为。

医疗机构应当为参保人员提供合理、必要的医疗服务。

第三十二条 个人跨统筹地区就业的，其基本医疗保险关系随本人转移，缴费年限累计计算。

2. 国务院办公厅《关于将大学生纳入城镇居民基本医疗保险试点范围的指导意见》（2008 年 10 月 25 日）（节录）

根据《国务院关于开展城镇居民基本医疗保险试点的指导意见》（国发〔2007〕20号）有关精神，为进一步做好大学生医疗保障工作，国务院决定将大学生纳入城镇居民基本医疗保险试点范围。经国务院同意，现就有关工作提出以下指导意见：

一、基本原则

按照党中央、国务院关于加快建立覆盖城乡居民的社会保障体系和开展城镇居民基本医疗保险试点工作的总体要求，坚持自愿原则，将大学生纳入城镇居民基本医疗保险试点范围，并继续做好日常医疗工作；中央确定基本原则和主要政策，试点地区制订具体办法，对参保大学生实行属地管理；完善医疗保障资金筹集机制和费用分担机制，重点保障基本医疗需求，逐步提高保障水平。

二、主要政策

（一）参保范围。各类全日制普通高等学校（包括民办高校）、科研院所（以下统称高校）中接受普通高等学历教育的全日制本专科生、全日制研究生。

（二）保障方式。大学生住院和门诊大病医疗，按照属地原则通过参加学校所在地城镇居民基本医疗保险解决，大学生按照当地规定缴费并享受相应待遇，待遇水平不低于当地城镇居民。同时按照现有规定继续做好大学生日常医疗工作，方便其及时就医。

鼓励大学生在参加基本医疗保险的基础上，按自愿原则，通过参加商业医疗保险等多种途径，提高医疗保障水平。

（三）资金筹措。大学生参加城镇居民基本医疗保险的个人缴费标准和政府补助标准，按照当地中小学生参加城镇居民基本医疗保险相应标准执行。个人缴费原则上由大学生本人和家庭负担，有条件的高校可对其缴费给予补助。大学生参保所需政府补助资金，按照高校隶属关系，由同级财政负责安排。中央财政对地方所属高校学生按照城镇居民基本医疗保险补助办法给予补助。大学生日常医疗所需资金，继续按照高校隶属关系，由同级财政予以补助。

各地要采取措施，对家庭经济困难大学生个人应缴纳的基本医疗保险费及按规定应由其个人承担的医疗费用，通过医疗救助制度、家庭经济困难学生资助体系和社会慈善捐助等多种途径给予资助，切实减轻家庭经济困难学生的医疗费用负担。

三、精心组织实施

已开展城镇居民基本医疗保险试点的地区，按本指导意见将大学生纳入城镇居民基本医疗保险体系后，要切实保障参保大学生住院和门诊大病需求，同时继续做好大学生日常医疗工作；未开展试点的地区，要完善现有办法，加强和改进大学生医疗保障工作，随着试点扩大，逐步将大学生纳入城镇居民基本医疗保险范围。各地人力资源社会保障部门要把符合条件的大学医疗机构纳入城镇居民基本医疗保险定点医疗机构范围。

各地区、各有关部门要充分认识做好大学生医疗保障工作对建立健全本覆盖城乡居民社会保障体系，保障大学生就医权益、提高大学生健康水平，促进社会和谐稳定的重大意义，切实加强组织领导和宣传解释工作。省级人民政府要根据本指导意见，统筹规划，积极稳妥地推进这项工作。试点城市要因地制宜制订具体实施办法和推进步骤，确定合理的保障水平，精心组织实施，确保新旧制度平稳过渡，维护社会稳定。教育、财政、人力资源社会保障、卫生和民政部门要通力协作，制订周密工作计划，确保缴费和财政资金及时足额到位，不断完善大学生医疗经费和就医管理措施。高校要切实抓好大学生就医工作，深化改革，加强管理，提高工作效率和水平。

3. 国务院《关于开展城镇居民基本医疗保险试点的指导意见》（2007 年 7 月 10 日）（节录）

一、目标和原则

（一）试点目标。2007 年在有条件的省份选择 2 至 3 个城市启动试点，2008 年扩大试点，争取 2009 年试点城市达到 80% 以上，2010 年在全国全面推开，逐步覆盖全体城镇非从业居民。要通过试点，探索和完善城镇居民基本医疗保险的政策体系，形成合理的筹资机制、健全的管理体制和规范的运行机制，逐步建立以大病统筹为主的城镇居民基本医疗保险制度。

（二）试点原则。试点工作要坚持低水平起步，根据经济发展水平和各方面承受能力，合理确定筹资水平和保障标准，重点保障城镇非从业居民的大病医疗需求，逐步提高保障水平；坚持自愿原则，充分尊重群众意愿；明确中央和地方政府的责任，中央确定基本原则和主要政策，地方制订具体办法，对参保居民实行属地管理；坚持统筹协调，做好各类医疗保障制度之间基本政策、标准和管理措施等的衔接。

二、参保范围和筹资水平

（三）参保范围。不属于城镇职工基本医疗保险制度覆盖范围的中小学阶段的学生（包括职业高中、中专、技校学生）、少年儿童和其他非从业城镇居民都可自愿参加城镇居民基本医疗保险。

（四）筹资水平。试点城市应根据当地的经济发展水平以及成年人和未成年人等不同人群的基本医疗消费需求，并考虑当地居民家庭和财政的负担能力，恰当确定筹资水平；探索建立筹资水平、缴费年限和待遇水平相挂钩的机制。

（五）缴费和补助。城镇居民基本医疗保险以家庭缴费为主，政府给予适当补助。参保居民按规定缴纳基本医疗保险费，享受相应的医疗保险待遇，有条件的用人单位可以对职工家属参保缴费给予补助。国家对个人缴费和单位补助资金制定税收鼓励政策。

对试点城市的参保居民，政府每年按不低于人均 40 元给予补助，其中，中央财政从 2007 年起每年通过专项转移支付，对中西部地区按人均 20 元给予补助。在此基础上，对属于低保对象的或重度残疾的学生和儿童参保所需的家庭缴费部分，政府原则上每年再按不低于人均 10 元给予补助，其中，中央财政对中西部地区按人均 5 元给予补助；对其他低保对象、丧失劳动能力的重度残疾人、低收入家庭 60 周岁以上的老年人等困难居民参保所需家庭缴费部分，政府每年再按不低于人均 60 元给予补助，其中，中央财政对中西部地区按人均 30 元给予补助。中央财政对东部地区参照新型农村合作医疗的补助办法给予适当补助。财政补助的具体方案由财政部门商劳动保障、民政等部门研究确定，补助经费要纳入各级政府的财政预算。

（六）费用支付。城镇居民基本医疗保险基金重点用于参保居民的住院和门诊大病医疗支出，有条件的地区可以逐步试行门诊医疗费用统筹。

城镇居民基本医疗保险基金的使用要坚持以收定支、收支平衡、略有结余的原则。要合理制定城镇居民基本医疗保险基金起付标准、支付比例和最高支付限额，完善支付办法，合理控制医疗费用。探索适合困难城镇非从业居民经济承受能力的医疗服务和费用支付办法，减轻他们的医疗费用负担。城镇居民基本医疗保险基金用于支付规定范围内的医疗费用，其他费用可以通过补充医疗保险、商业健康保险、医疗救助和社会慈善捐助等方式解决。

三、加强管理和服务

（七）组织管理。对城镇居民基本医疗保险的管理，原则上参照城镇职工基本医疗保险的有关规定执行。各地要充分利用现有管理服务体系，改进管理方式，提高管理效率。鼓励有条件的地区结合城镇职工基本医疗保险和新型农村合作医疗管理的实际，进一步整合基本医疗保障管理资源。要探索建立健全由政府机构、参保居民、社会团体、医药服务机构等方面代表参加的医疗保险社会监督组织，加强对城镇居民基本医疗保险管理、服务、运行的监督。建立医疗保险专业技术标准组织和专家咨询组织，完善医疗保险服务管理专业技术标准和业务规范。根据医疗保险事业发展的需要，切实加强医疗保险管理服务机构和队伍建设。建立健全管理制度，完善运行机制，加强医疗保险信息系统建设。

（八）基金管理。要将城镇居民基本医疗保险基金纳入社会保障基金财政专户统一管理，单独列账。试点城市要按照社会保险基金管理等有关规定，严格执行财务制度，加强对基本医疗保险基金的管理和监督，探索建立健全基金的风险防范和调剂机制，确保基金安全。

（九）服务管理。对城镇居民基本医疗保险的医疗服务管理，原则上参照城镇职工基本医疗保险的有关规定执行，具体办法由试点城市劳动保障部门会同发展改革、财政、卫生等部门制定。要综合考虑参保居民的基本医疗需求和基本医疗保险基金的承受能力等因素，合理确定医疗服务的范围。通过订立和履行定点服务协议，规范对定点医疗机构和定点零售药店的管理，明确医疗保险经办机构和定点的医疗机构、零售药店的权利和义务。医疗保险经办机构要简化审批手续，方便居民参保和报销医疗费用；明确医疗费用结算办法，按规定与医疗机构及时结算。加强对医疗费用支出的管理，探索建立医疗保险管理服务的奖惩机制。积极推行医疗费用按病种付费、按总额预付等结算方式，探索协议确定医疗费用标准的办法。

（十）充分发挥城市社区服务组织等的作用。整合、提升、拓宽城市社区服务组织的功能，加强社区服务平台建设，做好基本医疗保险管理服务工作。大力发展社区卫生服务，将符合条件的社区卫生服务机构纳入医疗保险定点范围；对参保居民到社区卫生服务机构就医发生的医疗费用，要适当提高医疗保险基金的支付比例。

四、深化相关改革

（十一）继续完善各项医疗保障制度。进一步完善城镇职工基本医疗保险制度，采取有效措施将混合所有制、非公有制经济组织从业人员以及灵活就业人员纳入城镇职工基本医疗保险；大力推进进城务工的农民工参加城镇职工基本医疗保险，重点解决大病统筹问题；继续着力解决国有困难企业、关闭破产企业等职工和退休人员的医疗保障问题；鼓励劳动年龄内有劳动能力的城镇居民，以多种方式就业并参加城镇职工基本医疗保险；进一步规范现行城镇职工基本医疗保险的支付政策，强化医疗服务管理。加快实施新型农村合作医疗制度。进一步完善城市和农村医疗救助制度。完善多层次医疗保障体系，搞好各项医疗保障制度的衔接。

（十二）协同推进医疗卫生体制和药品生产流通体制改革。根据深化医药卫生体制改革的总体要求，统筹协调医疗卫生、药品生产流通和医疗保障体系的改革和制度衔接，充分发挥医疗保障体系在筹集医疗资金、提高医疗质量和控制医疗费用等方面的作用。进一步转变政府职能，加强区域卫生规划，健全医疗服务体系。建立健全卫生行业标准体系，加强对医疗服务和药品市场的监管。规范医疗服务行为，逐步建立和完善临床操作规范、临床诊疗指南、临床用药规范和出入院标准等技术标准。加快城市社区卫生服务体系建设，充分发挥社区卫生服务和中医药服务在医疗服务中的作用，有条件的地区可探索实行参保居民分级医疗的办法。

五、加强组织领导

（十三）建立国务院城镇居民基本医疗保险部际联席会议制度。在国务院领导下，国务院城镇居民基本医疗保险部际联席会议（以下简称部际联席会议）负责组织协调和宏观指导试点工作，研究制定相关政策并督促检查政策的落实情况，总结评估试点工作，协调解决试点工作中出现的问题，并就重大问题向国务院提出报告和建议。

（十四）选择确定试点城市。省级人民政府可根据本地条件选择2至3个试点城市，报部际联席会议审定。试点城市的试点实施方案报部际联席会议办公室备案，由省（区、市）人民政府批准实施。

（十五）制定配套政策和措施。劳动保障部门要会同发展改革、财政、卫生、民政、教育、药品监督和中医药管理等有关部门制定相关配套政策和措施。各部门要根据各自的职责，协同配合，加快推进各项配套改革。动员社会各方面力量，为推进医疗保险制度改革创造良好的环境、提供有力的支持，确保试点工作的顺利进行。

（十六）精心组织实施。地方各级人民政府要充分认识试点工作的重大意义，切实加强组织领导。省级人民政府要根据本指导意见规定的试点目标和任务、基本政策和工作步骤，统筹规划，积极稳妥地推进本行政区域的试点工作。试点城市要在充分调研、周密测算、多方论证的基础上，制订试点实施方案并精心组织实施。已经先行开展基本医疗保险工作的城市，要及时总结经验，完善制度，进一步探索更加符合实际的基本医疗保险的体制和机制。

（十七）做好舆论宣传工作。建立城镇居民基本医疗保险制度直接关系广大群众的切身利益，是一项重大的民生工程，政策性很强。各地要坚持正确的舆论导向，加强对试点工作重要意义、基本原则和方针政策的宣传，加强对试点中好的做法和经验的总结推广，使这项惠民政策深入人心，真正得到广大群众和社会各界的理解和支持，使试点工作成为广大群众积极参与的实践。

4. 国务院《关于建立城镇职工基本医疗保险制度的决定》（1998 年 12 月 14 日）（节录）

加快医疗保险制度改革，保障职工基本医疗，是建立社会主义市场经济体制的客观要求和重要保障。在认真总结近年来各地医疗保险制度改革试点经验的基础上，国务院决定，在全国范围内进行城镇职工医疗保险制度改革。

一、改革的任务和原则

医疗保险制度改革的主要任务是建立城镇职工基本医疗保险制度，即适应社会主义市场经济体制，根据财政、企业和个人的承受能力，建立保障职工基本医疗需求的社会医疗保险制度。

建立城镇职工基本医疗保险制度的原则是：基本医疗保险的水平要与社会主义初级阶段生产力发展水平相适应；城镇所有用人单位及其职工都要参加基本医疗保险，实行属地管理；基本医疗保险费由用人单位和职工双方共同负担；基本医疗保险基金实行社会统筹和个人账户相结合。

二、覆盖范围和缴费办法

城镇所有用人单位，包括企业（国有企业、集体企业、外商投资企业、私营企业等）、机关、事业单位、社会团体、民办非企业单位及其职工，都要参加基本医疗保险。乡镇企业及其职工、城镇个体经济组织业主及其从业人员是否参加基本医疗保险，由各省、自治区、直辖市人民政府决定。

基本医疗保险原则上以地级以上行政区（包括地、市、州、盟）为统筹单位，也可以县（市）为统筹单位，北京、天津、上海 3 个直辖市原则上在全市范围内实行统筹（以下简称统筹地区）。所有用人单位及其职工都要按照属地管理原则参加所在统筹地区的基本医疗保险，执行统一政策，实行基本医疗保险基金的统一筹集、使用和管理。铁路、电力、远洋运输等跨地区、生产流动性较大的企业及其职工，可以相对集中的方式异地参加统筹地区的基本医疗保险。

基本医疗保险费由用人单位和职工共同缴纳。用人单位缴费率应控制在职工工资总额的 6% 左右，职工缴费率一般为本人工资收入的 2%。随着经济发展，用人单位和职工缴费率可作相应调整。

三、建立基本医疗保险统筹基金和个人账户

要建立基本医疗保险统筹基金和个人账户。基本医疗保险基金由统筹基金和个人账户构成。职工个人缴纳的基本医疗保险费，全部计入个人账户。用人单位缴纳的基本医疗保险费分为两部分，一部分用于建立统筹基金，一部分划入个人账户。划入个人账户的比例一般为用人单位缴费的 30% 左右，具体比例由统筹地区根据个人账户的支付范围和职工年龄等因素确定。

统筹基金和个人账户要划定各自的支付范围，分别核算，不得互相挤占。要确定统筹基金的起付标准和最高支付限额，起付标准原则上控制在当地职工年平均工资的 10% 左右，最高支付限额原则上控制在当地职工年平均工资的 4 倍左右。起付标准以下的医疗费用，从个人账户中支付或由个人自付。起付标准以上、最高支付限额以下的医疗费用，主要从统筹基金中支付，个人也要负担一定比例。超过最高支付限额的医疗费用，可以通过商业医疗保险等途径解决。统筹基金的具体起付标准、最高支付限额以及在起付标准以上和最高支付限额以下医疗费用的个人负担比例，由统筹地区根据以收定支、收支平衡的原则确定。

四、健全基本医疗保险基金的管理和监督机制

基本医疗保险基金纳入财政专户管理，专款专用，不得挤占挪用。

社会保障经办机构负责基本医疗保险基金的筹集、管理和支付，并要建立健全预决算制度、财务会计制度和内部审计制度。社会保险经办机构的事业经费不得从基金中提取，由各级财政预算解决。

基本医疗保险基金的银行计息办法：当年筹集的部分，按活期存款利率计息；上年结转的基金本息，按3个月期整存整取银行存款利率计息；存入社会保障财政专户的沉淀资金，比照3年期零存整取储蓄存款利率计息，并不低于该档次利率水平。个人账户的本金和利息归个人所有，可以结转使用和继承。

各级劳动保障和财政部门，要加强对基本医疗保险基金的监督管理。审计部门要定期对社会保险经办机构的基金收支情况和管理情况进行审计。统筹地区应设立由政府有关部门代表、用人单位代表、医疗机构代表、工会代表和有关专家参加的医疗保险基金监督组织，加强对基本医疗保险基金的社会监督。

五、加强医疗服务管理

要确定基本医疗保险的服务范围和标准。劳动保障部会同卫生部、财政部等有关部门制定基本医疗服务的范围、标准和医药费用结算办法，制定国家基本医疗保险药品目录、诊疗项目、医疗服务设施标准及相应的管理办法。各省、自治区、直辖市劳动保障行政管理部门根据国家规定，会同有关部门制定本地区相应的实施标准和办法。

基本医疗保险实行定点医疗机构（包括中医医院）和定点药店管理。劳动保障会同卫生部、财政部等有关部门制定定点医疗机构和定点药店的资格审定办法。社会保险经办机构要根据中西医并举，基层、专科和综合医疗机构兼顾，方便职工就医的原则，负责确定定点医疗机构和定点药店，并同定点医疗机构和定点药店签订合同，明确各自的责任、权利和义务。在确定定点医疗机构和定点药店时，要引进竞争机制，职工可选择若干定点医疗机构就医、购药，也可持处方在若干定点药店购药。国家药品监督管理局会同有关部门制定定点药店购药事故处理办法。

各地要认真贯彻《中共中央、国务院关于卫生改革与发展的决定》（中发〔1997〕3号）精神，积极推进医药卫生体制改革，以较少的经费投入，使人民群众得到良好的医疗服务，促进医药卫生事业的健康发展。要建立医药分开核算、分别管理的制度，形成医疗服务和药品流通的竞争机制，合理控制医药费用水平；要加强医疗机构和药店的内部管理，规范医药服务行为，减员增效，降低医药成本；要理顺医疗服务价格，在实行医药分开核算、分别管理，降低药品收入占医疗总收入比重的基础上，合理提高医疗技术劳务价格；要加强业务技术培训和职业道德教育，提高医药服务人员的素质和服务质量；要合理调整

医疗机构布局，优化医疗卫生资源配置，积极发展社会卫生服务，将社区卫生服务中的基本医疗服务项目纳入基本医疗保险范围。卫生部会同有关部门制定医疗机构改革方案和发展社区卫生服务的有关政策。国家经贸委等部门要认真配合做好药品流通体制改革工作。

六、妥善解决有关人员的医疗待遇

离休人员、老红军的医疗待遇不变，医疗费用按原资金渠道解决，支付确有困难的，由同级人民政府帮助解决。离休人员、老红军的医疗管理办法由省、自治区、直辖市人民政府制定。

二等乙方以上革命伤残军人的医疗待遇不变，医疗费用按原资金渠道解决，由社会保险经办机构单独列账管理。医疗费支付不足部分，由当地人民政府帮助解决。

退休人员参加基本医疗保险，个人不缴纳基本医疗保险费。对退休人员个人账户的计入金额和个人负担医疗费的比例给予适当照顾。

国家公务员在参加基本医疗保险的基础上，享受医疗补助政策。具体办法另行制定。

为了不降低一些特定行业职工现有的医疗消费水平，在参加基本医疗保险的基础上，作为过渡措施，允许建立企业补充医疗保险。企业补充医疗保险费在工资总额4%以内的部分，从职工福利费中列支，福利费不足列支的部分，经同级财政部门核准后列入成本。

国有企业下岗职工的基本医疗保险费，包括单位缴费和个人缴费，均由再就业服务中心按照当地上年度职工平均工资的60%为基数缴纳。

七、加强组织领导

医疗保险制度改革政策性强，涉及广大职工的切身利益，关系到国民经济发展和社会稳定。各级人民政府要切实加强领导，统一思想，提高认识，做好宣传工作和政治思想工作，使广大职工和社会各方面都积极支持和参与这项改革。各地要按照建立城镇职工基本医疗保险制度的任务、原则和要求，结合本地实际，精心组织实施，保证新旧制度的平稳过渡。

建立城镇职工基本医疗保险的制度工作从1999年初开始启动，1999年底基本完成。各省、自治区、直辖市人民政府要按照本决定的要求，制定医疗保险制度改革的总体规划，报劳动保障部备案。统筹地区要根据规划要求，制定基本医疗保险实施方案，报省、自治区、直辖市人民政府审批后执行。

劳动保障部要加强对建立城镇职工基本医疗保险制度工作的指导和检查，及时研究解决工作中出现的问题。财政、卫生、药品监督管理等有关部门要积极参与，密切配合，共同努力，确保城镇职工基本医疗保险制度改革工作的顺利进行。

5. 人力资源和社会保障部《实施〈中华人民共和国社会保险法〉若干规定》（2011年7月1日）（节录）

第七条 社会保险法第二十七条规定的退休人员享受基本医疗保险待遇的缴费年限按照各地规定执行。

参加职工基本医疗保险的个人，基本医疗保险关系转移接续时，基本医疗保险缴费年限累计计算。

第八条 参保人员在协议医疗机构发生的医疗费用，符合基本医疗保险药品目录、诊疗项目、医疗服务设施标准的，按照国家规定从基本医疗保险基金中支付。

参保人员确需急诊、抢救的，可以在非协议医疗机构就医；因抢救必须使用的药品可以适当放宽范围。参保人员急诊、抢救的医疗服务具体管理办法由统筹地区根据当地实际情况制定。

第二十五条 医疗机构、药品经营单位等社会保险服务机构以欺诈、伪造证明材料或者其他手段骗取社会保险基金支出的，由社会保险行政部门责令退回骗取的社会保险金，处骗取金额二倍以上五倍以下的罚款。对与社会保险经办机构签订服务协议的医疗机构、药品经营单位，由社会保险经办机构按照协议追究责任，情节严重的，可以解除与其签订的服务协议。对有执业资格的直接负责的主管人员和其他直接责任人员，由社会保险行政部门建议授予其执业资格的有关主管部门依法吊销其执业资格。

6. 人力资源和社会保障部《关于领取失业保险金人员参加职工基本医疗保险有关问题的通知》(2011年7月1日)(节录)

为贯彻落实《中华人民共和国社会保险法》，做好领取失业保险金期间的失业人员（以下简称领取失业保险金人员）参加职工基本医疗保险（以下简称职工医保）工作，接续基本医疗保险关系，保障合理的医疗待遇水平，现就有关问题通知如下：

一、领取失业保险金人员应按规定参加其失业前失业保险参保地的职工医保，由参保地失业保险经办机构统一办理职工医保参保缴费手续。

二、领取失业保险金人员参加职工医保应缴纳的基本医疗保险费从失业保险基金中支付，个人不缴费。

三、领取失业保险金人员参加职工医保的缴费率原则上按照统筹地区的缴费率确定。缴费基数可参照统筹地区上年度职工平均工资的一定比例确定，最低比例不低于60%。

失业保险经办机构为领取失业保险金人员缴纳基本医疗保险费的期限与领取失业保险金期限相一致。

四、领取失业保险金人员出现法律规定的情形或领取期满而停止领取失业保险金的，失业保险经办机构为其办理停止缴纳基本医疗保险费的相关手续。

失业保险经办机构应将缴费金额、缴费时间等有关信息及时告知医疗保险经办机构和领取失业保险金人员本人。

停止领取失业保险金人员按规定相应参加职工医保、城镇居民基本医疗保险或新型农村合作医疗。

五、领取失业保险金人员参加职工医保的缴费年限与其失业前参加职工医保的缴费年限累计计算。

六、领取失业保险金人员参加职工医保当月起按规定享受相应的住院和门诊医疗保险待遇，享受待遇期限与领取失业保险金期限相一致，不再享受原由失业保险基金支付的医疗补助金待遇。

七、领取失业保险金人员失业保险关系跨省、自治区、直辖市转入户籍所在地的，其职工医保关系随同转移，执行转入地职工医保政策。应缴纳的基本医疗保险费按转出地标准一次性划入转入地失业保险基金。转入地失业保险经办机构按照当地有关规定为领取失业保险金人员办理职工医保参保缴费手续。

转出地失业保险基金划转的资金缴纳转入地职工医保费的不足部分，由转入地失业保险基金予以补足，超出部分并入转入地失业保险基金。

八、各地要高度重视领取失业保险金人员参加职工医保工作，切实加强组织领导，统筹规划，认真测算，抓紧研究制定适合本地区的实施办法，自 2011 年 7 月 1 日起开始实施。要通过多种形式加强政策宣传，大力开展业务培训。要进一步规范管理，加强信息系统建设。已经实行失业人员参加职工医保的地区，要按照《中华人民共和国社会保险法》的规定及本通知要求进一步完善政策。

7. 人力资源和社会保障部、财政部《关于基本医疗保险异地就医结算服务工作的意见》（2009 年 12 月 31 日）（节录）

为贯彻落实《中共中央国务院关于深化医药卫生体制改革的意见》（中发〔2009〕6号）、《国务院关于印发医药卫生体制改革近期重点实施方案（2009—2011 年）的通知》（国发〔2009〕12 号）精神，切实加强和改进以异地安置退休人员为重点的基本医疗保险异地就医（以下简称异地就医）结算服务，现提出以下意见：

一、加强和改进异地就医结算服务的基本原则和指导思想是，以人为本、突出重点、循序渐进、多措并举，以异地安置退休人员为重点，提高参保地的异地就医结算服务水平和效率，加强就医地的医疗服务监控，大力推进区域统筹和建立异地协作机制，方便必需异地就医参保人员的医疗费用结算，减少个人垫付医疗费，并逐步实现参保人员就地就医、持卡结算。

二、按国务院医改近期重点实施方案的要求提高统筹层次，有条件的地区实行市（地）级统筹，在同一统筹地区范围内统一基本医疗保险的政策、标准和管理、结算方式，实行统一结算，减少异地就医结算。

三、参保人员短期出差、学习培训或度假等期间，在异地发生疾病并就地紧急诊治发生的医疗费用，一般由参保地按参保地规定报销。

四、参保人员因当地医疗条件所限需异地转诊的，医疗费用结算按照参保地有关规定执行。参保地负责审核、报销医疗费用。有条件的地区可经地区间协商，订立协议，委托就医地审核。

五、异地长期居住的退休人员在居住地就医，常驻异地工作的人员在工作地就医，原则上执行参保地政策。参保地经办机构可采用邮寄报销、在参保人员较集中的地区设立代办点、委托就医地基本医疗保险经办机构（以下简称经办机构）代管报销等方式，改进服务，方便参保人员。

六、加快基本医疗保险信息系统建设，鼓励有条件的地区实行城市间或区域间的信息、资源共享和联网结算。各地可积极探索利用各种社会服务资源参与异地就医结算服务。

七、对经国家组织动员支援边疆等地建设，按国家有关规定办理退休手续后，已按户籍管理规定异地安置的参保退休人员，要探索与当地医疗保障体系相衔接的办法。具体办法由参保地与安置地协商确定、稳妥实施。

八、统筹地区经办机构认真履行本地参保人员就医管理和医疗费用审核结算的职责，同时要为在本地就医的异地参保人员和其参保地经办机构提供相应服务，对医疗服务进行监控。市（地）级统筹地区经办机构要加强对县（区）级经办机构的指导，做好医疗保险政策、信息系统建设、经办管理、医疗服务管理和技术标准等方面的衔接，保证异地就医结算服务工作顺利开展。

九、省级人力资源社会保障等部门及经办机构在国家政策指导下，负责统一组织协调并实施省内参保人员异地就医结算服务工作，规范异地就医结算的业务流程、基金划转及基础管理等工作。加大金保工程建设投入，加强医疗保险信息系统建设，推行社会保障"一卡通"，逐步扩大联网范围，实现持卡结算。确有需要且有条件的省（自治区、直辖市）可建立异地就医结算平台。省级人力资源社会保障部门要根据本意见的要求，会同财政部门制定实施办法，并报人力资源社会保障部。

十、建立异地就医协作机制的地区，相关协作服务费标准由协作双方协商确定，所需经费列入同级财政预算。跨省（自治区、直辖市）异地就医结算协作方案及联网结算方案，报人力资源社会保障部备案。

第四节　生育保险待遇纠纷

54. 社会保险法中所规定的生育保险待遇有哪些？

生育保险待遇包括生育医疗费用和生育津贴。其中，前者生育医疗费用包括生育的医疗费用、计划生育的医疗费用以及法律、法规规定的其他项目费用；而后者生育津贴则按照职工所在用人单位上年度职工月平均工资计发。此外，当女职工生育享受产假，或者享受计划生育手术休假，再或者具有法律、法规规定的其他情形时，可以按照国家规定享受生育津贴。

典型疑难案件参考

重庆某某劳务服务有限公司与被告何某某生育保险待遇纠纷一案（重庆市渝北区法院〔2010〕渝北法民初字第 5798 号民事判决书）

基本案情

被告于 2008 年 3 月 18 日与原告签订劳动合同，合同期限为：自 2008 年 3 月 18 日起至完成之日止。约定原、被告必须执行国家有关社会保险和福利的规定，被告工资以委托服务单位代发形式按月支付。合同签订后，被告被派遣到重庆巴士股份有限公司（以下简称巴士公司）担任售票员。2008 年 11 月原告开始为被告缴纳社会保险费（包括生育保险），2009 年 2 月 3 日巴士公司以被告长期旷工和病假为由将被告退回原告公司，原告公司没有安排被告工作，并于该月停止为被告缴纳社保费。2010 年 1 月 4 日原告向被告发出《解除劳动合同通知书》，认为被告自 2009 年 2 月 1 日起连续旷工 15 日并拒绝回原告公司报到，决定于 2010 年 1 月 4 日解除双方的劳动合同关系。原、被告认可被告工作期间的平均工资为 1500 元/月，被告工作方式为上 1 天班休息 1 天，原告认为对被告实行的是综合计算工时制，但没有举示相关证据予以证明。另查明，2009 年 8 月 8 日被告在重庆市江北区中医院通过剖宫产手术生育一婴儿，花去材料费 409.56 元、治疗费 475.36 元、化验费 95 元、西药费 1005.57 元、氧气费 15 元、陪伴床位费 6 元、护理费 222 元、麻醉费 310 元、手术费 900 元、床位费 160 元、诊察费 82 元（共计 3626.37 元）。原告在被告产假期间没有向被告发放工资。2010 年 1 月 20 日，被告向重庆市渝北区劳动争议仲裁委员会申请仲裁，该委于 2110 年 3 月 29 日作出渝北劳仲案字〔20×0〕第×号仲裁裁决书，裁决原告报销被告剖宫产手术费 3000 元、产前检查费 400元、生育生活津贴 6000 元。

诉辩情况

原告重庆某某劳务服务有限公司诉称：原告与被告在 2008 年 3 月 18 日签订劳动合同，后原告派遣被告到巴士公司从事售票员工作。2009 年 1 月被告开始长期旷工和长期请假并未告知其原因，严重影响工作。巴士公司以书面形式清退该员工并将被告退回原告处，原告根据公司规章制度对被告当面送达劳动合同终止通知书，并且原、被告双方于 2009 年 3 月开始正当停止被告已经参保 1 年的社会保险。由于原告工作人员疏忽，当时未发现被告故意乱签终止劳动合同书落款时间以致现在被告抱侥幸心里索取赔偿。被告完全不遵守巴士公司规章制度以及原告的规章制度，员工因怀孕的必须在怀孕第 5 个月申请保留待遇休假，并且根据社保局规定必须在怀孕 3 个月内向所在单位和社保局备案并提交个人材料。后被告企图享受生育保险待遇诉至重庆市渝北区劳动仲裁委，该委作出裁决书，裁决原告报销被告剖宫产手术费 3000 元，产前检查费 400 元，支付被告生育生活津贴 6000 元。原告认为在被告没有证据的情况下，仲裁委作出裁决结果显失公正，特起诉请求：（1）判令原告不承担支付被告剖宫手术费、产前检查费、生育生活津贴的义务；（2）被告承担本案诉讼费。

被告何某某辩称：请求驳回原告的诉讼请求，判决原告按照仲裁裁决向被告支付剖宫手术费、产前检查费、生育生活津贴共计 9400 元。

裁判结果

法院依据《中华人民共和国劳动法》第 70 条、第 72 条，参照《重庆市职工生育保险暂行办法》第 12 条、第 13 条、第 14 条、第 16 条、第 21 条之规定判决如下：

一、原告重庆某某劳务服务有限公司于本判决生效后 10 日内向被告何某某支付生育生活津贴 6000 元；

二、原告重庆某某劳务服务有限公司不向被告何某某支付剖宫产手术费 3000 元、产前检查费 400 元。

案件受理费 10 元，按规定收取 5 元，由原告负担。

裁判理由

法院认为：关于原、被告何时解除劳动关系的问题：原告认为双方解除劳动关系时间应为 2009 年 2 月,没有证据证明,其举示的 2009 年 1 月的考勤表不能证明被告存在旷工的事实,因被告为售票员,上 1 天班休息 1 天,加上婚假,被告并没有旷工。而从原告 2010 年 1 月 4 日仍在向被告出具解除劳动合同通知书的行为可以确认双方劳动关系至 2010 年 1 月 4 日仍在存续,被告认可自 2010 年 1 月 4 日接到解除合同通知书后双方劳动关系解除,本院予以认定。依照双方订立的劳动合同约定及《劳动法》第 70 条、第 72 条之规定,用人单位必须依法参加社会保险,缴纳社会保险费,因此原告作为用人单位为被告缴纳社会保险费是其法定义务,同时《重庆市职工生育保险暂行办法》(以下简称《办法》)第 13 条规定:"参保单位欠缴生育保险费的,从欠缴次月起停职支付该单位职工的生育保险待遇。欠费在 6 个月以内的,足额补缴所欠金额及滞纳金后,按规定补发;超过 6 个月的,欠缴期间其职工的生育保险待遇由该单位支付。"原告 2009 年 2 月为被告停保,至今未补缴,依据该《办法》第 21 条:未按本办法规定参加生育保险,导致职工不能在生育保险基金中享受生育保险待遇的,由用人单位按照本办法规定的标准予以支付。根据《办法》第 12 条:生育保险基金用于下列支出:(1)生育生活津贴;(2)生育及其并发症医疗费用;(3)计划生育手术费用;(4)国家及市政府规定列入生育保险基金开支的其他费用。由于原告未按规定为被告缴纳生育保险费,依据上述规定,生育保险待遇应由单位支付,但被告生育期间所花费的生育费用 3626.37 元,哪些应为生育保险基金支付的项目,标准为多少,报销比例为多少,均没有相关证据证实,被告亦没有要求生育保险基金对其应报销费用进行审核,本院无法确认原告应承担的生育保险待遇标准,故对被告的主张不予支持。在被告产假期间,原告未支付工资,且被告 2009 年 8 月生育,属于晚育,依据《办法》第 40 条,参保单位女职工符合政策生育的,产假期间由领工资改按下列规定享受生育生活津贴,女职工生育产假为 90 天,晚育增加产假 30 天,生育生活津贴 = 生育上年度本人月平均工资 ÷ 30 天 × 产假天数。故原告应支付被告生育生活津贴为 1500 元/月 ÷ 30 天 × (90 + 30)天 = 6000 元。

生育保险待遇纠纷
办案依据集成

1. 《中华人民共和国社会保险法》（2011 年 7 月 1 日）（节录）

第五十三条　职工应当参加生育保险，由用人单位按照国家规定缴纳生育保险费，职工不缴纳生育保险费。

第五十四条　用人单位已经缴纳生育保险费的，其职工享受生育保险待遇；职工未就业配偶按照国家规定享受生育医疗费用待遇。所需资金从生育保险基金中支付。

生育保险待遇包括生育医疗费用和生育津贴。

第五十五条　生育医疗费用包括下列各项：

（一）生育的医疗费用；

（二）计划生育的医疗费用；

（三）法律、法规规定的其他项目费用。

第五十六条　职工有下列情形之一的，可以按照国家规定享受生育津贴：

（一）女职工生育享受产假；

（二）享受计划生育手术休假；

（三）法律、法规规定的其他情形。

生育津贴按照职工所在用人单位上年度职工月平均工资计发。

2. 《女职工劳动保护特别规定》（2012 年 4 月 28 日）（节录）

第五条　用人单位不得因女职工怀孕、生育、哺乳降低其工资、予以辞退、与其解除劳动或者聘用合同。

第六条　女职工在孕期不能适应原劳动的，用人单位应当根据医疗机构的证明，予以减轻劳动量或者安排其他能够适应的劳动。

对怀孕 7 个月以上的女职工，用人单位不得延长劳动时间或者安排夜班劳动，并应当在劳动时间内安排一定的休息时间。

怀孕女职工在劳动时间内进行产前检查，所需时间计入劳动时间。

第七条　女职工生育享受 98 天产假，其中产前可以休假 15 天；难产的，增加产假 15 天；生育多胞胎的，每多生育 1 个婴儿，增加产假 15 天。

女职工怀孕未满 4 个月流产的，享受 15 天产假；怀孕满 4 个月流产的，享受 42 天产假。

第八条　女职工产假期间的生育津贴，对已经参加生育保险的，按照用人单位上年度职工月平均工资的标准由生育保险基金支付；对未参加生育保险的，按照女职工产假前工资的标准由用人单位支付。

女职工生育或者流产的医疗费用，按照生育保险规定的项目和标准，对已经参加生育保险的，由生育保险基金支付；对未参加生育保险的，由用人单位支付。

第九条 对哺乳未满1周岁婴儿的女职工，用人单位不得延长劳动时间或者安排夜班劳动。

用人单位应当在每天的劳动时间内为哺乳期女职工安排1小时哺乳时间；女职工生育多胞胎的，每多哺乳1个婴儿每天增加1小时哺乳时间。

第十条 女职工比较多的用人单位应当根据女职工的需要，建立女职工卫生室、孕妇休息室、哺乳室等设施，妥善解决女职工在生理卫生、哺乳方面的困难。

3. 劳动和社会保障部办公厅《关于进一步加强生育保险工作的指导意见》
（2004年9月8日）（节录）

近十年来，各级劳动保障部门认真贯彻落实《企业职工生育保险试行办法》（劳部发〔1994〕504号），生育保险工作取得了积极进展。为贯彻落实党的十六届三中全会精神，推进生育保险制度建设，加强生育保险管理，保障生育职工合法权益，现就进一步加强生育保险工作提出如下意见：

一、高度重视生育保险工作

建立生育保险制度，是我国社会主义市场经济发展和全面建设小康社会的必然要求，对促进经济和社会协调发展、保障妇女平等就业、促进企业公平竞争、维护妇女合法权益等方面具有重要作用。各级劳动保障部门要将建立和完善生育保险制度作为完善社会保障体系的一项重要任务，纳入当地劳动保障事业发展规划，逐步建立和完善与本地区经济发展相适应的生育保险制度。没有出台生育保险办法的地区，要积极创造条件，尽快建立生育保险制度。已经出台生育保险办法的地区，要逐步完善政策措施，确保生育保险制度稳健运行和可持续发展。

二、协同推进生育保险与医疗保险工作

各地要充分利用医疗保险的工作基础，以生育津贴社会化发放和生育医疗费用实行社会统筹为目标，加快推进生育保险制度建设。要充分利用医疗保险的医疗服务管理措施和手段，积极探索与医疗保险统一管理的生育保险医疗服务管理模式。各地要按照《中国妇女发展纲要（2001—2010年）》提出的2010年城镇职工生育保险覆盖面达到90%的目标要求，制定发展规划，积极扩大参保范围。

三、切实保障生育职工的医疗需求和基本生活待遇

各地要按照国务院《女职工劳动保护规定》（国务院令第9号）明确的产假期限和当地职工工资水平，合理确定生育津贴标准并及时支付，逐步实现直接向生育职工发放生育津贴，保障女职工生育期间的基本生活。暂不具备条件的地区，可以先实行生育医疗费用社会统筹，生育津贴由用人单位负担的办法，以保障生育职工的合法权益。生育保险筹资水平按照以支定收、收支基本平衡的原则合理确定，并及时调整。

四、加强生育保险的医疗服务管理

生育保险实行医疗机构协议管理，签订协议的医疗机构范围要考虑基本医疗保险定点医疗机构和妇产医院、妇幼保健院等医疗机构。社会保险经办机构在对这些医疗机构的保险管理、服务质量、信息管理等服务能力评价的基础上，选择适合生育保险要求的医疗机构签订生育保险医疗服务协议，明确双方的权利和义务。参保职工在生育保险协议医疗机

构因生育所发生符合规定的医疗费用，由生育保险基金支付。生育保险医疗费用支付的范围原则上按照基本医疗保险药品目录、诊疗项目和医疗服务设施标准执行，具体支付办法由各地根据实际情况制定。

要积极探索生育医疗费用的结算办法，逐步实现社会保险经办机构与协议管理医疗机构直接结算。要加强对医疗服务费用的监督检查，控制不合理的支出，探索制定科学规范的生育医疗费用结算办法。在协议中明确监督检查措施和考核办法。要根据协议及时结算医疗费用，对不合理的医疗费用不予支付，对严重违反协议的医疗机构可以终止协议。采取向生育职工定额支付生育保险待遇的地区，应根据本地区职工工资水平、生育医疗费用实际支出等情况，合理确定待遇支付标准，并建立调整机制。

五、提高经办机构管理和服务水平

经办生育保险的社会保险经办机构要理顺管理职能，落实经费和人员，完善管理措施，加强基础建设，提高管理服务能力。要认真做好生育保险参保登记、保险费征缴和基金管理工作，加强医疗服务协议管理和生育保险津贴的社会化管理服务工作，简化经办流程，提高办事效率，为参保职工提供快捷、便利的服务。

第五节　失业保险待遇纠纷

55. 企业未为职工缴纳失业保险需要承担何种责任？

用人单位应当为劳动者缴纳失业保险费，为其参加失业保险，这是一种强制义务。未履行法定义务为劳动者缴纳失业保险费，致使劳动者在失业时不能享受失业保险待遇，单位应为其足额缴纳失业保险费。

典型疑难案件参考

重庆某某公路养护工程技术有限公司与孙某某失业保险待遇纠纷上诉案（重庆市第五中级人民法院〔2011〕渝五中法民终字第 4321 号民事判决书）

基本案情

孙某某系农村户口，于 2009 年 6 月 11 日进入某某公司工作从事公路养护工作。2010 年 1 月 1 日，双方签订劳动合同，约定合同期限自 2010 年 1 月 1 日至 2010 年 12 月 31 日止。某某公司每月发放工资日为当月 24 日。孙某某从 2011 年 1 月 1 日起未在某某公司上班。2011 年 1 月 10 日，双方签订解除劳动合同协议书中载明"双方签订的劳动合同期限已满经协商而解除劳动关系"。同日，孙某某领取 2010 年 12 月 25 日至同年 12 月 31 日的工资 350 元。某某公司与孙某某劳动关系存续期间，某某公司未给孙某某办理社会保险。2011 年 1 月 14 日，孙某某申请重庆市巴南区劳动争议仲裁委员会裁决某某公司支付其一次性生活补助金 855 元。2011 年 3 月 8 日，巴南区劳动争议仲裁委员会作出巴劳仲案字〔2011〕24 号裁决书，裁决由某某公司支付孙某某失业保险待遇 855 元。某某公司不服该裁决，遂诉至法院。

一审诉辩情况

某某公司向一审法院提起诉讼称：孙某某与某某公司的劳动合同于 2010 年 12 月 31 日到期。后双方继续保持劳动关系。孙某某于 2011 年 1 月 10 日向某某公司提出解除劳动关系。经协商，双方签署解除劳动合同协议书，约定解除劳动关系时间为 2011 年 1 月 10 日。双方劳动关系系孙某某自愿解除，不符合领取失业保险待遇的法定条件。请求不予支付孙某某失业保险待遇赔偿金

855 元。

孙某某在一审中辩称：2009 年 6 月 11 日，孙某某进入某某公司工作。2010 年 12 月 30 日，某某公司告知孙某某因公司须精减人员，单方面辞退孙某某，但未支付孙某某经济补偿金、失业保险待遇赔偿金及工资。孙某某从 2011 年 1 月 1 日起就未到某某公司处上班。同年 1 月 10 日，某某公司通知孙某某如不签订解除劳动合同协议书，则不发放工资及经济补偿金，孙某某才被迫签订解除劳动合同协议书。同日孙某某领取的所谓一月份工资 350 元应为 2010 年 12 月 25 日至 12 月 31 日期间的工资，因为 2011 年 1 月 1 日至 1 月 10 日孙某某已没有到某某公司上班，不存在领取其工资的理由。某某公司未给孙某某办理失业保险，致使孙某某在劳动合同终止后不能享受失业保险待遇。要求某某公司支付孙某某一次性生活补助金 855 元。

一审裁判结果

一审法院根据《中华人民共和国劳动法》第 3 条、第 72 条、第 73 条第 1 款第 4 项及第 3 款，《中华人民共和国劳动合同法》第 44 条、第 45 条，《失业保险条例》第 2 条、第 14 条，《失业保险金申领发放办法》第 4 条，《重庆市失业保险条例》第 2 条、第 24 条第 1 款第 1 项、第 28 条，《重庆市失业保险条例实施办法》第 10 条、第 13 条之规定，遂判决：

一、驳回重庆某某公路养护工程技术有限公司的诉讼请求；

二、重庆某某公路养护工程技术有限公司支付孙某某一次性生活补助金 855 元。

一审裁判理由

一审法院认为：当事人对自己的主张有责任提供证据加以证明，而某某公司未提供证据证明孙某某于 2011 年 1 月 1 日至 1 月 10 日仍在某某公司上班，并且孙某某否认这期间在某某公司上班，根据最高人民法院 14 号《关于审理劳动争议案件适用法律若干问题的解释》（法释〔2011〕第 13 条）之规定，对某某公司诉称孙某某于 2011 年 1 月 1 日至 1 月 10 日继续在某某公司上班的陈述不予采信。因此，某某公司主张其对孙某某 2011 年 1 月 1 日至 1 月 10 日仍发放了工资的理由不能成立，结合某某公司每月工资发放日为当月 24 日的事实，认定孙某某于 2011 年 1 月 10 日所领取的 1 月份工资 350 元系某某公司向孙某某支付的 2010 年 12 月 25 日至 31 日期间的工资。《失业保险条例》第 2 条及《重庆市失业保险条例》第 2 条规定："城镇企业事业单位、城镇企业事业单位职工依照本条例的规定，缴纳失业保险费。""本市行政区域的下列单位及职工……必须依照规定缴纳保险费，参加失业保险：（一）各类企业及其职工……"某某公司应当为孙某某缴纳失业保险费，为其参加失业保险。某某公司、孙某某知晓劳动合同期限为2010年1月1日起至2010年12月31日止，双方在合同期满前未就续订劳动合同有意思表示，此后至2011年1月10日期间，孙某某亦未继续在某某公司上班，未有《中华人民共和国劳动合同法》（以下简称"劳动合同法"）第45条"劳动合同期满，有本法第42条规定情形之一的，劳动合同应当续延至相应的情形消失时终止……"及《劳动合同法实施条例》第17条"劳动合同期满……服务期尚未到期的，劳动合同应当续延……"规定情形。据劳动合同法第44条"有下列情形之一的，劳动合同终止：（一）劳动合同期满的；……"，某某公司、孙某某的劳动合同因2010年12月31日期限届满的法律事实终止。对某某公司提出劳动合同系双方协商解除的抗辩，不予支持。孙某某系农民合同制工人，工作年限1.54年，其符合《失业保险条例》第14条及《失业保险金申领发放办法》第4条"具备下列条件的失业人员，可以领取失业保险金：……（二）非因本人意愿中断就业的……""……非因本人意愿中断就业的是指下列人员：（一）终止劳动合同……"规定，某某公司未为孙某某缴纳失业保险费，致孙某某未能享受《重庆市失业保险条例》第28条"单位为其足额缴纳失业保险费满一年以上的农民合同工，终止、解除劳动关系时……到单位投保地失业保险经办机构申领生活补助金"规定的生活补助金，据《重庆市失业保险条例实施办法》第10条"农民合同工一次性生活补助金标准按单位为其实际缴费年限应享受失业保险金标准的50%一次性发放"及第13条"单位未按规定参加实业保险……造成失业人员不能享受失业保险待遇，单位应比照失业人员工作年限应享受失业保险金的120%予以赔偿"、《重庆市失业保险条例》第24条第1款第1项"累计缴费时间满一年不足两年的为三个月"及巴南区现行失业保险金570元／月的标准，某某公司应支付孙某某一次性生活补助金1026元（570元／月×3月×50%×120%），鉴于孙某某仅要求支付一次性生活补助金855元，法院予以主张。

二审诉辩情况

上诉人某某公司不服一审判决，向重庆市第五中级人民法院上诉称：双方当事人的劳动关系维持到2011年1月10日而非原劳动合同的到期日。双方在期满后又保持劳动关系至双方协商解除。因此双方解除劳动关系应当属于自愿解除，而不符合《失业保险条例》第14条关于领取失业保险待遇所要求的非本人意愿中断就业的情形。被上诉人没有向法院提交其办理失业登记的任何证据，也没有证据证明其目前没有就业。因此，被上诉人不符合领取失业保险待遇的条件。

被上诉人孙某某答辩称：被上诉人从 2011 年 1 月 1 日起就未到某某公司处上班。同年 1 月 10 日，某某公司通知被上诉人如不签订解除劳动合同协议书，则不发放工资及经济补偿金，被上诉人才被迫签订解除劳动合同协议书。一审法院认定事实清楚，适用法律正确，请求驳回上诉，维持原判。

二审裁判结果

二审法院依照《中华人民共和国民事诉讼法》第 153 条第 1 款第 1 项之规定，判决如下：

驳回上诉，维持原判。

二审案件受理费 10 元，由上诉人重庆某某公路养护工程技术有限公司负担。

本判决为终审判决。

二审裁判理由

二审法院认为：根据《失业保险条例》第 2 条及《重庆市失业保险条例》第 2 条规定："城镇企业事业单位、城镇企业事业单位职工依照本条例的规定，缴纳失业保险费。""本市行政区域的下列单位及职工……必须依照规定缴纳保险费，参加失业保险：（一）各类企业及其职工……"上诉人某某公司作为用人单位，应当为被上诉人缴纳失业保险费，为其参加失业保险。某某公司未履行法定义务，为被上诉人缴纳失业保险费，致使被上诉人在失业时不能享受失业保险待遇。为此，上诉人应当支付给被上诉人相应的根据《重庆市失业保险条例》第 28 条"单位为其足额缴纳失业保险费满一年以上的农民合同工，终止、解除劳动关系时……到单位投保地失业保险经办机构申领生活补助金"规定的生活补助金。上诉人认为系被上诉人自愿解除劳动关系的上诉意见缺乏事实依据，本院不予支持。上诉人提出被上诉人没有向法院提交其办理失业登记的任何证据，也没有证据证明其目前没有就业的上诉意见，因上诉人应当对其主张的事实承担举证责任，而不应由被上诉人承担举证责任，故该上诉意见不能成立。综上，原判决认定事实清楚，适用法律正确，判决恰当，应予维持。

56. 因本人意愿中断就业的可否享受失业保险待遇？

劳动者本人申请自谋职业，与用人单位终止或者解除劳动（工作）关系后，属于因本人意愿中断就业的情形，在自谋职业期间不享受失业保险待遇。

典型疑难案件参考

杨阳与株洲金马运输有限责任公司失业保险待遇纠纷上诉案（株洲市中级人民法院〔2010〕株中法民四终字第 181 号民事判决书）

基本案情

原告于 1985 年 12 月份以全民职工身份进入原株洲冶炼厂（现为株洲冶炼集团有限责任公司）务工。在原告工作期间，株洲冶炼厂为深化企业内部改革，转换经营机制，经相关主管部门批准，株洲冶炼厂金马实业开发总公司于 1993 年 3 月 25 日组建成立株洲金马运输公司。株洲金马运输公司系自主经营、独立核算、自负盈亏，具有独立法人地位的集体所有制企业，由株洲冶炼厂主办，隶属株洲冶炼厂金马实业开发总公司。2002 年 1 月 31 日，株洲冶炼厂与原告解除劳动合同。2002 年 2 月 1 日，新成立的株洲金马运输公司与原告签订了劳动合同，劳动合同期限从 2002 年 2 月 1 日起至退休时止。此后，原告进入株洲金马运输公司工作。2004 年，原株洲冶炼厂（当时名为株洲冶炼集团有限责任公司）根据国家经贸委等八部委《关于国有大中型企业主辅分离辅业改制分流富余人员的实施办法》（国经贸企改〔2002〕859 号）、湖南省人民政府办公厅《关于转发省国资委等部门〈建立健全全省国有资产监督管理体制的若干意见〉等 11 个文件的通知》（湘政办发〔2004〕25 号）、株洲市《关于进一步深化国有企业改革的若干规定》（株发〔2003〕5 号）和湖南省国资委湘国资函〔2004〕106 号《关于同意株洲冶炼集团有限责任公司主辅分离、辅业改制立项的批复》等文件精神，进行主辅分离、辅业改制、分流安置富余人员工作。2004 年 8 月 26 日，原株洲冶炼厂召开第一届职工代表大会七次会议，表决通过了《株冶集团主辅分离、辅业改制、分流安置富余人员方案》（株冶集字〔2004〕36 号）。该方案第六条"人员安置方案"（1）"改变劳动关系"中规定：凡进入改制后的经济实体的人员，均须与原单位解除劳动合同，并可与新经济实体签订三年以上期限的劳动合同。（2）"解除劳动合同补偿"中规定：①对改制分流单位的全民职工解除劳动合同按照湖南省劳动保障厅《省属国有企业改制职工分流安置和社会保障实施暂行办法》规定予以补偿。对改制分流单位的集体职工解除劳动关系的经济补偿，参照株发〔2003〕5号文件有关规定执行，有偿解除劳动关系职工补偿的月工资标准按上年株洲市社会平均工资。②补偿方式：解除劳动合同后进入新经济实体的职工以资产补偿，将补偿金转为等价股权，解除劳动合同后本人不愿与新经济实体签订合同，而愿自谋职业者以现金补偿。原株洲冶炼厂将此方案报送株洲市劳动和社会保障局审核。株洲市劳动和社会保障局经审核后报送湖南省劳动和社会保障厅。湖南省劳动和社会保障厅于2005年8月8日下发湘劳社函〔2005〕191号文件，同意株洲市劳动和社会保障局《关于〈株冶集团主辅分离、辅业改制、分流安置富余人员方案〉审核意见的报告》。在原株洲冶炼厂改制过程中，株洲金马运输公司根据《株冶集团主辅分离、辅业改制、分流安置富余人员方案》制定了《株洲金马运输公司分流改制职工安置实施方案》。2005年1月27日，株洲金马运输公司召开职工代表大会举行第三届六次会议，表决通过了《株洲金马运输公司分流改制职工安置实施方案》。《株洲金马运输公司分流改制职工安置实施方案》第9条"职工安置与分流办法"规定："按照《株冶集团主辅分离、辅业改制、分流安置富余人员方案》（株冶集字〔2004〕36号）的要求实施：（1）距法定退休年龄5年内的职工共计25人，实行内退。（2）距法定退休年龄在5年以上，但年满40岁的女职工6人，年满50岁的男职工21人，凡本人自愿的实行内退。（3）距法定退休年龄5年以上，不属于"4050"人员，但工龄在30年以上的职工共计8人，凡本人自愿的，可实行内退。（4）不属于上述1、2、3类，但长期病休的人员1人，实行离岗休养。（5）上述内退和离岗休养的人员由原主体企业株冶负责管理。（6）现有合同制正式职工，剔除上述内退和离岗休养人员，由原主体企业株冶集团予以置换全民职工身份，并支付补偿金。（7）实行身份置换的职工，愿意在改制后的公司继续就业的，由改制后公司安排就业，接续养老、失业、医疗保险等各项社会保险关系，并与其签订不短于三年期限的劳动合同。不愿意在改制后的公司继续就业的，则以现金形式支付补偿金，自谋就业。"

2005年3月3日，原告申请选择"拿钱走人，自谋职业"，即将解除劳动合同的经济补偿金以现金补偿，不再与改制后的新经济实体签订新的劳动合同。2005年5月13日，株洲金马运输公司与原告解除了劳动合同。株洲金马运输公司依据《株冶集团主辅分离、辅业改制、分流安置富余人员方案》中有关职工安置费用的计算方法，以原告每年工龄1959元的计算标准，计算20年工龄，于2005年5月23日向原告一次性支付了职工安置费39180元。2005

年 8 月 29 日，被告株洲金马运输有限责任公司成立，企业类型为有限责任公司（私营）。另据原告称，2009 年 12 月份，原告至株洲市劳动和社会保障局申请领取失业保险金，但被告知已超过申领期限，不再享有申领失业保险金的权利。原告认为导致自己丧失领取失业保险金的权利，系因被告株洲金马运输有限责任公司的过错所致。遂于 2010 年 1 月 11 日向株洲市劳动争议仲裁委员会申请劳动仲裁。该仲裁委员会在法定期限内未作出仲裁裁决。

▶ 一审裁判结果

一审法院依据《中华人民共和国民法通则》第 135 条、第 137 条，最高人民法院《关于审理与企业改制相关民事纠纷案件若干问题的规定》第 5 条，参照《湖南省失业保险金申领发放办法》第 6 条、第 17 条之规定，判决如下：驳回原告的诉讼请求。本案案件受理费 10 元，该院决定免交。

▶ 一审裁判理由

一审法院认为：本案系失业保险待遇纠纷。

1. 根据《中华人民共和国民法通则》第 135 条及第 137 条之规定，向人民法院请求保护民事权利的诉讼时效期间为 2 年，诉讼时效期间从知道或者应当知道权利被侵害时起计算。本案中，株洲金马运输公司于 2005 年 5 月 13 日与原告解除了劳动合同关系，原告也于 2005 年 5 月 23 日领取职工安置费，原告应当自 2005 年 5 月 23 日起即知道解除劳动合同关系的事实。参照《湖南省失业保险金申领发放办法》（湘劳社发〔2002〕141 号）第 6 条"失业人员应在终止或者解除劳动（工作）关系之日起 60 日内，到受理其失业保险业务的经办机构申领失业保险金"之规定，原告杨阳至少应当自 2005 年 5 月 23 日起 60 日内至失业保险业务的经办机构申领失业保险金。即原告至少应当自 2005 年 7 月 23 日起即知道了自己权利被侵害的事实。因此，本案诉讼时效期间至少应从 2005 年 7 月 23 日起计算为 2 年。对于庭审中原告称自己不知道失业保险的申领程序和期限，诉讼时效期间应从其知道之日即于 2009 年 12 月份起计算的主张。该院认为，失业保险的申领程序和期限，系国家及地方政府公开发布的相关规范性文件所规定，具有普遍性和公开性，原告主张其不知情的主张不能成立。因此，本院对原告的该项主张不予采纳。综上，由于原告怠于行使权利，因超过诉讼时效而丧失胜诉权。因此，本院对原告的诉讼请求不再予以支持。

2. 本案中，2005 年 5 月 13 日，株洲金马运输公司根据原告自愿选择的"拿钱走人，自谋职业"职工安置方式，与原告解除了劳动合同关系。且依据经过株洲市劳动和社会保障局及湖南省劳动和社会保障厅审核的职工安置方案，以原告每年工龄 1959 元的计算标准，向原告支付了一次性安置费 39180元（共计算 20 年工龄）。参照《湖南省失业保险金申领发放办法》（湘劳社发〔2002〕141 号）第 17 条"在职人员本人申请自谋职业，与用人单位终止或者解除劳动（工作）关系后，按照国家或者省、市（州）人民政府的规定领取了一次性安置费的，自谋职业期间不享受失业保险待遇"之规定，原告不应再享受失业保险。因此，原告要求被告株洲金马运输有限责任公司赔偿损失12297.6 元及必要开支 800 元的诉讼请求，缺乏事实和法律依据，本院不予支持。

3. 该院认为，株洲金马运输有限责任公司系株洲金马运输公司整体改造后的新设立的有限责任公司，根据最高人民法院《关于审理与企业改制相关民事纠纷案件若干问题的规定》第 5 条"企业通过增资扩股或者转让部分产权，实现他人对企业的参股，将企业整体改造为有限责任公司或者股份有限公司的，原企业债务由改造后的新设公司承担"之规定，原株洲金马运输公司的债务应由被告株洲金马运输有限责任公司承担。故对被告所辩称的"株洲金马运输有限责任公司与株洲金马运输公司是两个完全不同的主体，被告株洲金马运输有限责任公司不应成为本案被告"的答辩主张，本院不予采纳。

二审诉辩情况

杨阳不服一审法院的民事判决向株洲市中级人民法院提起上诉称：（1）一审法院歪曲证据确认的事实，非法剥夺上诉人权利。（2）一审法院适用法律错误。①一审法院为被上诉人非法免除法定义务，强加义务于上诉人。②本案是劳动争议案件，《劳动法》是特别法，应优先适用。③株洲市劳动争议仲裁委员会受理案件通知书的效力不应否定依据《劳动争议调解仲裁法》，超过申诉时效是劳动争议仲裁委员会对申诉人的申请不予受理的法定事由，本案有株洲市劳动争议仲裁委员会《受理通知书》，从法律上确定了本案的诉讼时效没有超过。（3）原审法院判决书认定事实逻辑混乱，自相矛盾。综上，请求二审法院依法维护上诉人的合法权利，依法撤销原判，改判被上诉人支付上诉人赔偿金 12297.6 元，开支 800 元。即共计 13097.6 元。

被上诉人株洲金马运输有限责任公司答辩称：（1）上诉人主张的失业保险待遇不成立。依法非本人意愿继续就业是享受该权利的前提，但上诉人不愿继续签订合同，自选职业。上诉人完全有权自主选择三种就业方案之一。（2）经济补偿金就是一次安置费用。被上诉人提交的证据就是安置费用情况。我认为行为时适用行为时法。经济补偿金包含在安置费中间，安置费是经济补偿金的一部分，但上诉人依政策只享有一项安置费。（3）上诉人的主张超过时效。双方对解除劳动合同的事实无异议。法律规定办理失业保险应在解除劳动合同 60 日内提出。法律是人人皆知的。请求驳回上诉人的上诉，维持原判。

二审裁判结果

二审法院依据《中华人民共和国民事诉讼法》第 153 条第 1 款第 1 项的规定，判决如下：

驳回上诉，维持原判。

二审案件受理费 10 元，本院决定免交。

本判决为终审判决。

二审裁判理由

二审法院认为：国发〔1997〕10 号文件规定的"一次性安置费"是对试点城市国有企业破产后职工的安置制定的政策，对非破产企业职工自谋职业的安置费问题没有规定，因此不能比照执行。上诉人所称的《湖南日报》于 2010 年 7 月 28 日第 9 版刊登的《改制企业的职工领取失业保险金有具体规定》一文所称的情况，结合劳社部〔2003〕函 35 号文件，该情形应属于针对关闭破产国有企业职工安置而言，并不适用于本案。经济补偿金和安置费虽是两个不同的概念，但根据株劳社〔2005〕86 号文件第 4 条的规定以及湘劳社函〔2005〕191 号文件，本案的安置费除了包括解除劳动合同补偿金外，还包括了企业内部离岗退养费等 7 种费用。而本案纠纷系株冶主辅分离、辅业改制的结果而非破产导致，改制之时既不存在规定安置费法定形式的规范性文件、亦不存在安置费不得以经济补偿金的形式与标准进行发放的禁止性规定，且株洲金马运输公司对上诉人安置费的发放标准系依据株洲冶炼集团有限公司经过法定程序报株洲市劳动和社会保障局、湖南省劳动和社会保障厅审核的文件进行，亦无过错，故株洲金马运输公司在与上诉人解除劳动合同时，一次性给予乙方经济补偿 39180 元，应视为给予上诉人的一次性安置费，上诉人认为其未领取一次性安置费的理由，本院不予支持。根据上诉人的《申请书》以及《有偿解除劳动合同自谋职业人员经济补偿金发放审批表》上的"本人意见"，足以证明上诉人系自愿自谋职业。对于申请与用人单位解除劳动关系后、自谋职业并已领取一次性安置费的职工可否享受失业救济的问题，湘劳社发〔2002〕141 号第 17 条已作了不享受失业保险待遇的明确规定。上诉人以湖南省劳动与社会保障厅《省属国有企业改制职工分流安置和社会保障实施暂行办法》第 2 条第 2 款第 2 项，主张终止和解除劳动合同的职工可按规定申请享受失业保险待遇，鉴于上诉人不符合相关规定，故其以此主张享受失业保险待遇，本院亦不予支持。

上诉人与株洲金马运输公司解除劳动关系后，依据《失业保险条例》第16条之规定，株洲金马运输公司应为上诉人出具解除劳动关系的证明，其未出具，属违法行为，但上诉人属于不享受失业保险待遇人员，株洲金马运输公司的告知义务亦不存在。鉴于本案非解除劳动关系产生的争议，上诉人对于与株洲金马运输公司解除劳动关系的时间并无异议，上诉人如认为其应享受失业保险待遇，其诉讼时效应从其知道或应当知道其权利被侵害之日起算，上诉人以最高人民法院《关于审理劳动争议案件适用法律若干问题的解释（二）》的相关规定主张时效未过，本院不予支持。劳动仲裁程序与民事诉讼程序系不同的法律程序，劳动仲裁程序对有关问题的处理对人民法院并无约束力，上诉人以株洲市劳动仲裁委的受理案件通知书主张时效未过，本院亦不予支持。综上，一审判决认定事实基本清楚，适用法律基本正确。

57. 失业人员是否均可申请失业保险？

并非所有的失业人员均受失业保险保障，只有具备下列条件的失业人员，可以领取失业保险金：（1）按照规定参加失业保险，所在单位和本人已按照规定履行缴费义务满1年的；（2）非因本人意愿中断就业的；（3）已办理失业登记，并有求职要求的。

典型疑难案件参考

赵学群与重庆天缔光电有限公司失业保险待遇纠纷上诉案（重庆市第一中级人民法院〔2009〕渝一中法民终字民事判决书）

基本案情

赵学群原系农村居民，从2003年7月开始一直在重庆天缔光电有限公司工作。2004年12月，赵学群因征地农转非。2008年1月1日，赵学群与重庆天缔光电有限公司续签了为期3年的劳动合同。合同约定对赵学群的工资实行计件制，没有约定具体的工作岗位。2008年3月22日后，赵学群未再到重庆天缔光电有限公司上班。2008年3月24日至2008年4月28日期间，赵学群因局部季节性皮炎、双手接触性皮炎等分别在重庆市第九、第六人民医院多次进行门诊检查并治疗，在此期间未向重庆天缔光电有限公司递交过书面请假条，重庆天缔光电有限公司亦未向赵学群出具书面准假手续。重庆天缔光电有限公司未给赵学群办理养老保险、失业保险的申报和登记。赵学群于 2008 年 10 月 14 日申诉至重庆市北碚区劳动争议仲裁委员会，重庆市北碚区劳动争议仲裁委员会于 2009 年 2 月 12 日作出碚劳仲案字〔2008〕502 号仲裁裁决，驳回了赵学群的申请请求。赵学群对该仲裁裁决不服，遂起诉至法院。另查明，赵学群在另案中于 2008 年 6 月 2 日向重庆市北碚区劳动争议仲裁委员会提出解除与被告重庆天缔光电有限公司的劳动关系的书面申请。

一审裁判结果

一审法院依照《中华人民共和国劳动法》第 32 条、《中华人民共和国劳动合同法》第 38 条、《失业保险条例》第 14 条、《重庆市失业保险条例实施办法》第 44 条第 2 款之规定，判决如下：

驳回赵学群的诉讼请求。

案件受理费 10 元，由赵学群负担。

一审裁判理由

一审法院认为：《失业保险条例》（中华人民共和国国务院令第 258 号）第 14 条规定："具备下列条件的失业人员，可以领取失业保险金：（1）按照规定参加失业保险，所在单位和本人已按照规定履行缴费义务满 1 年的；（2）非因本人意愿中断就业的；（3）已办理失业登记，并有求职要求的。"《重庆市失业保险条例》第 44 条第 2 款规定："非因本人意愿中断就业的职工是指：依法宣告破产的单位，破产程序终结后，未再就业的职工；濒临破产的单位在法定整顿期间被精简的职工；依法关闭和停产整顿单位被精简的职工；依法终止劳动关系或由用人单位提出解除劳动关系以及符合《中华人民共和国劳动法》第 31 条第 2 项、第 3 项规定，与用人单位解除劳动关系的职工；依法被解聘、辞退、除名、开除的职工；依照法律、法规、规章规定享受失业保险待遇的其他职工。"《中华人民共和国劳动法》第 31 条规定："有下列情形之一的，劳动者可以随时通知用人单位解除劳动合同：……（二）用人单位以暴力、威胁或者非法限制人身自由的手段强迫劳动的；（三）用人单位未按照劳动合同约定支付劳动报酬或者提供劳动条件的。"以上规定说明劳动者应在什么样的情况下失业后才能享受失业保险待遇。本案中，赵学群在重庆天缔光电有限公司工作时间近 5 年，在 2008 年 1 月 1 日签订的劳动合同中，并未对赵学群的工种进行约定，赵学群在双手出现季节性皮炎和接触性皮炎时，并未提出更换工种等合理要求，且在需要治疗时，也未采取书面方式请假治疗，其治疗时间长达 10 余天，也未向重庆天缔光电有限公司出示医院的病假条。审理中，赵学群未举示证据证明重庆天缔光电有限公司有暴力、威胁或者非法限制人身自由的手段强迫其劳动的事实，也未举示重庆天缔光电有限公司应当为赵学群的工种提供何种劳动条件的证据或者相关规定。因此，按照上述规定，赵学群不符合领取失业保险金的条件。对于赵学群提出的应当按照《中华人民共和国劳动合同法》第 38 条规定属"非本人意愿"的问题，本院认为，《中华人民共和国劳动合同法》第 38 条规定："用人单位有下列情形之一的，劳动者可以解除劳动合同：……（三）未依法为劳动者缴纳社会保险费的。"本案中，虽然重庆天缔光电有限公司未给赵学群办理失业保险申报和登记，但该理由只能作为赵学群可以提出解除劳动关系的一个合法理由，并不必然导致赵学群只能选择解除劳动关系。赵学群直接提出解除劳动合同，不应视为"非因本人意愿中断就业的"的情形，其不符合享受失业保险金的条件。对赵学群要求重庆天缔光电有限公司赔偿失业保险损失 8208 元的诉讼请求，本院不予支持。

二审诉辩情况

赵学群不服一审判决，向重庆市第一中级人民法院上诉称：（1）对口头请假，治疗的事实在仲裁程序中已经查明，在一审中双方对仲裁查明的事实均表示无异议，故在一审对此无争议，无争议的事实双方无须举证。（2）一审认定"原告赵学群未举证证明被告方有暴力，威胁……等事实"与事实不符。当赵学群治完伤后回单位上班，班长不准上班，声称要到总经理那里办完手续后才能上班。赵学群找到总经理王海贵，王总经理便拿出一纸打印好的《声明》要赵学群签字。赵学群见声明中有要本人放弃社会保险待遇的内容，便拒绝签字。王总经理当即宣布"你被开除了，不许再来上班"。这不是威胁是什么？（3）赵学群是用人单位威胁，不在《声明》上签字就不准上班，就算自动解除的情况下，依法提起仲裁申请。当属非本人意愿。（4）赵学群与用人单位发生劳动争议时间为 2008 年 3 月，是《劳动合同法》生效以后。该法第 38 条第 3 项规定用人单位"未依法为劳动者缴纳社会保险费的"劳动者可以解除劳动合同。本案已查明被上诉人未为上诉人办理任何社会保险登记和缴费。要求解除劳动关系的行为是法律赋予劳动者的权利。符合重庆市《贯彻执行失业保验条例实施办法》对"非因本人意愿"的专项解释。（5）本法条的立法目的旨在用人单位不守法而给劳动者造成侵害时，劳动者用以维权的武器。一审判决反以此驳回起诉，不仅不能维权保护自己反而射杀自己，这不符合本条的立法宗旨。（6）上诉人的诉求是依据重庆市劳社办发〔2004〕158

号文件规定的范围内诉求赔偿。用人单位未为上诉人缴纳失业保险的客观事实存在。造成上诉人不能享受失业保险待遇损失客观存在。依法要求赔偿应当得到支持。据此，上诉人请求：（1）撤销重庆市北碚区人民法院〔2009〕碚法民初字第2090号民事判决；（2）判决被上诉人赔偿上诉人失业保险金损失8208元（570元/月×12个月×120%）。

被上诉人辩称：一审法院认定事实清楚，适用法律正确，故请求驳回上诉，维持原判。

二审裁判结果

二审法院依照《中华人民共和国民事诉讼法》第153条第1款第3项的规定，判决如下：

一、撤销重庆市北碚区人民法院〔2009〕碚法民初字第2090号民事判决；

二、由被上诉人重庆天缔光电有限公司赔偿上诉人赵学群失业保险金损失6768元；

三、本案一审案件受理费10元，二审案件受理费10元，合计20元，由被上诉人重庆天缔光电有限公司负担。

本判决为终审判决。

二审裁判理由

二审法院认为：（1）碚劳仲案字〔2008〕第502号仲裁裁决与一审判决均认定上诉人未向被上诉人递交过书面请假条，上诉人认为未递交书面请假条的事实说明一定存在口头请假的事实，该推断明显不合逻辑。从本院查明的情况看，没有证据表明被上诉人在一审中自认上诉人曾向其口头请假，相反，被上诉人在二审中始终否认上诉人口头请假一事。故上诉人关于其曾经向被上诉人口头请假是无争议事实的上诉理由不能成立。（2）上诉人用以证明被上诉人有威胁行为的证据只有一份《声明》，但其无证据证明该《声明》系被上诉人制作，更无法证明被上诉人曾要求上诉人必须先在《声明》上签字才可上班，故上诉人关于被上诉人存在威胁行为的指控证据不足，本院不予认定。（3）关于上诉人是否属于"非因本人意愿中断就业"问题。本院〔2008〕渝一中法民终字第3836号民事判决已认定双方解除劳动关系的原因是被上诉人未给上诉人办理养老保险、失业保险的申报和登记。该原因显然属于"非本人意愿中断就业"的情形。上诉人因被上诉人的原因解除其与被上诉人之间的劳动合同是一种合法的维权行为，如果法院因此而认定被上诉人可以不赔偿失业保险金损失，无异于对被上诉人不为其职工缴纳失业保险金的行为进行鼓励，这显然不符合我国劳动法律、法规的立法宗旨。一审法院关于上诉人依照《中华人民共和国劳动合同法》第38条第1款第3项规定解除劳动合同不属于"非本人意愿"的认定实属不当，应予纠正。（4）《重庆市失业保险条例实施办法》第13条规定，用人单位未按规定参加失业保险，造成失业人员不能享受失业保险待遇，单位应比照失业人员工作年限应享受失业保险金的120%予以赔偿。上诉人要求被上诉人赔偿其失业保险金损失的上诉请求理由成立，本院予以支持。至于失业保险金损失的具体金额，因上诉人与被上诉人解除劳动关系的时间为2008年6月2日，当时重庆市北碚区的失业保险金发放标准为470元/月，故被上诉人应赔偿上诉人失业保险金损失为470元/月×12个月×120% = 6768元。

综上所述，上诉人的上诉理由部分成立，其上诉请求中的合理部分应予支持。一审判决认定事实有误，适用法律不当，应予改判。

第二章 社会保险纠纷

失业保险待遇纠纷
办案依据集成

《失业保险条例》（1999 年 1 月 22 日国务院令第 258 号）

第一章 总 则

第一条 为了保障失业人员失业期间的基本生活，促进其再就业，制定本条例。

第二条 城镇企业事业单位、城镇企业事业单位职工依照本条例的规定，缴纳失业保险费。

城镇企业事业单位失业人员依照本条例的规定，享受失业保险待遇。

本条所称城镇企业，是指国有企业、城镇集体企业、外商投资企业、城镇私营企业以及其他城镇企业。

第三条 国务院劳动保障行政部门主管全国的失业保险工作。县级以上地方各级人民政府劳动保障行政部门主管本行政区域内的失业保险工作.劳动保障行政部门按照国务院规定设立的经办失业保险业务的社会保险经办机构依照本条例的规定，具体承办失业保险工作。

第四条 失业保险费按照国家有关规定征缴。

第二章 失业保险基金

第五条 失业保险基金由下列各项构成：

（一）城镇企业事业单位、城镇企业事业单位职工缴纳的失业保险费；

（二）失业保险基金的利息；

（三）财政补贴；

（四）依法纳入失业保险基金的其他资金。

第六条 城镇企业事业单位按照本单位工资总额的百分之二缴纳失业保险费。城镇企业事业单位职工按照本人工资的百分之一缴纳失业保险费。城镇企业事业单位招用的农民合同制工人本人不缴纳失业保险费。

第七条 失业保险基金在直辖市和设区的市实行全市统筹；其他地区的统筹层次由省、自治区人民政府规定。

第八条 省、自治区可以建立失业保险调剂金。

失业保险调剂金以统筹地区依法应当征收的失业保险费为基数，按照省、自治区人民政府规定的比例筹集。统筹地区的失业保险基金不敷使用时，由失业保险调剂金调剂、地方财政补贴。

失业保险调剂金的筹集、调剂使用以及地方财政补贴的具体办法，由省、自治区人民政府规定。

第九条 省、自治区、直辖市人民政府根据本行政区域失业人员数量和失业保险基金数额，报经国务院批准，可以适当调整本行政区域失业保险费的费率。

第十条 失业保险基金用于下列支出：

（一）失业保险金；

（二）领取失业保险金期间的医疗补助金；

（三）领取失业保险金期间死亡的失业人员的丧葬补助金和其供养的配偶、直系亲属的抚恤金；

（四）领取失业保险金期间接受职业培训、职业介绍的补贴，补贴的办法和标准由省、自治区、直辖市人民政府规定。

（五）国务院规定或者批准的与失业保险有关的其他费用。

第十一条　失业保险基金必须存入财政部门在国有商业银行开设的社会保障基金财政专户，实行收支两条线管理，由财政部门依法进行监督。

存入银行和按照国家规定购买国债的失业保险基金，分别按照城乡居民同期存款利率和国债利息计息。失业保险基金的利息并入失业保险基金。

失业保险基金专款专用，不得挪作他用，不得用于平衡财政收支。

第十二条　失业保险基金收支的预算、决算，由统筹地区社会保险经办机构编制，经同级劳动保障行政部门复核、同级财政部门审核，报同级人民政府审批。

第十三条　失业保险基金的财务制度和会计制度按照国家有关规定执行。

第三章 失业保险待遇

第十四条　具备下列条件的失业人员，可以领取失业保险金：

（一）按照规定参加失业保险，所在单位和本人已按照规定履行缴费义务满1年的；

（二）非因本人意愿中断就业的；

（三）已办理失业登记，并有求职要求的。

失业人员在领取失业保险金期间，按照规定同时享受其他失业保险待遇。

第十五条　失业人员在领取失业保险金期间有下列情形之一的，停止领取失业保险金，并同时停止享受其他失业保险待遇：

（一）重新就业的；

（二）应征服兵役的；

（三）移居境外的；

（四）享受基本养老保险待遇的；

（五）被判刑收监执行或者被劳动教养的；

（六）无正当理由，拒不接受当地人民政府指定的部门或者机构介绍的工作的；

（七）有法律、行政法规规定的其他情形的。

第十六条　城镇企业事业单位应当及时为失业人员出具终止或者解除劳动关系的证明，告知其按照规定享受失业保险待遇的权利，并将失业人员的名单自终止或者解除劳动关系之日起7日内报社会保险经办机构备案。

城镇企业事业单位职工失业后，应当持本单位为其出具的终止或者解除劳动关系的证明，及时到指定的社会保险经办机构办理失业登记。失业保险金自办理失业登记之日起计算。

失业保险金由社会保险经办机构按月发放。社会保险经办机构为失业人员开具领取失业保险金的单证，失业人员凭单证到指定银行领取失业保险金。

第十七条　失业人员失业前所在单位和本人按照规定累计缴费时间满1年不足5年的，领取失业保险金的期限最长为12个月；累计缴费时间满5年不足10年的，领取失业保险金的期限最长为18个月；累计缴费时间10年以上的，领取失业保险金的期限最长为24个月。重新就业后，再次失业的，缴费时间重新计算。再次失业领取失业保险金的期限可以与前次失业应领取而尚未领取的失业保险金的期限合并计算，但是最长不得超过24个月。

第十八条　失业保险金的标准，按照低于当地最低工资标准、高于城市居民最低生活保障标准的水平，由省、自治区、直辖市人民政府确定。

第十九条　失业人员在领取失业保险金期间患病就医的，可以按照规定向社会保险经办机构申请领取医疗补助金。医疗补助金的标准由省、自治区、直辖市人民政府规定。

第二十条　失业人员在领取失业保险金期间死亡的，参照当地对在职职工的规定，对其家属一次性发给丧葬补助金和抚恤金。

第二十一条　单位招用的农民合同制工人连续工作满1年，本单位并已缴纳失业保险费，劳动合同期满未续订或者提前解除劳动合同的，由社会保险经办机构根据其工作时间长短，对其支付一次性生活补助金。补助的办法和标准由省、自治区、直辖市人民政府规定。

第二十二条　城镇企业事业单位成建制跨统筹地区转移，失业人员跨统筹地区流动的，失业保险关系随之转迁。

第二十三条　失业人员符合城市居民最低生活保障条件的，按照规定享受城市居民最低生活保障待遇。

第四章　管理和监督

第二十四条　劳动保障行政部门管理失业保险工作，履行下列职责：

（一）贯彻实施失业保险法律、法规；

（二）指导社会保险经办机构的工作；

（三）对失业保险费的征收和失业保险待遇的支付进行监督检查。

第二十五条　社会保险经办机构具体承办失业保险工作，履行下列职责：

（一）负责失业人员的登记、调查、统计；

（二）按照规定负责失业保险基金的管理；

（三）按照规定核定失业保险待遇，开具失业人员在指定银行领取失业保险金和其他补助金的单证；

（四）拨付失业人员职业培训、职业介绍补贴费用；

（五）为失业人员提供免费咨询服务；

（六）国家规定由其履行的其他职责。

第二十六条　财政部门和审计部门依法对失业保险基金的收支、管理情况进行监督。

第二十七条　社会保险经办机构所需经费列入预算，由财政拨付。

第五章　罚　　则

第二十八条　不符合享受失业保险待遇条件，骗取失业保险金和其他失业保险待遇的，由社会保险经办机构责令退还；情节严重的，由劳动保障行政部门处骗取金额1倍以上3倍以下的罚款。

第二十九条　社会保险经办机构工作人员违反规定向失业人员开具领取失业保险金或者享受其他失业保险待遇单证，致使失业保险基金损失的，由劳动保障行政部门责令追回；情节严重的，依法给予行政处分。

第三十条　劳动保障行政部门和社会保险经办机构的工作人员滥用职权、徇私舞弊、玩忽职守，造成失业保险基金损失的，由劳动保障行政部门追回损失的失业保险基金；构成犯罪的，依法追究刑事责任；尚不构成犯罪的，依法给予行政处分。

第三十一条　任何单位、个人挪用失业保险基金的，追回挪用的失业保险基金；有违法所得的，没收违法所得，并入失业保险基金；构成犯罪的，依法追究刑事责任；尚不构成犯罪的，对直接负责的主管人员和其他直接责任人员依法给予行政处分。

第六章　附　则

第三十二条　省、自治区、直辖市人民政府根据当地实际情况，可以决定本条例适用于本行政区域内的社会团体及其专职人员、民办非企业单位及其职工、有雇工的城镇个体工商户及其雇工。

第三十三条　本条例自发布之日起施行。1993年4月12日国务院发布的《国有企业职工待业保险规定》同时废止。

第三章　福利待遇纠纷

58. 国有企业和非国有企业职工因病或非因工死亡获得的补偿标准是否一致？

国有企业的职工因病或非因工死亡的，其死亡遗属救济待遇的支付标准按按相关规定，非国有企业的职工因病或非因工死亡的，其死亡和救济待遇，由企业根据经济效益和自身承受能力自行决定。

典型疑难案件参考

莆田市城厢区农资土产公司与黄福治申请福利待遇纠纷再审案（福建省高级人民法院〔2009〕闽民申字第526号民事判决书）

基本案情

黄福治的丈夫许炳辉系农资公司的职工，于1976年12月退休，并享受养老保险待遇。2008年4月1日，许炳辉死亡。黄福治因困难补助费、救济费向莆田市城厢区劳动争议仲裁委员会申请仲裁，莆田市城厢区劳动争议仲裁委员会于2008年6月28日作出莆城劳仲案字〔2008〕第30号裁定，农资公司应在本裁决生效之日起15日内向黄福治支付一次性困难补助费3250元（2007年度当地职工最低工资650元×5个月），自2008年4月份起，按月支付给黄福治救济费292.5元（650元×45%）。农资公司不服，向莆田市城厢区人民法院提起诉讼，请求判决其支付给黄福治一次性困难补助费600元，自2008年4月份起按月支付给黄福治救济费65元。

另查明，2000年12月20日，福建省劳动和社会保障厅、财政厅、总工会下发《关于调整企业职工因病或非因工死亡和遗属救济待遇标准的通知》，其中第1条规定国有企业职工（系指按照《劳动法》有关规定，与企业形成劳动关系的劳动者）因病或非因工死亡的，其死亡遗属救济待遇，以职工所在地最低工资标准（职工最低工资标准以省政府每年7月1日公布的为准）

为基数，按下列标准支付：（1）丧葬补助费：6个月；（2）一次性困难补助费：5个月；（3）供养直系亲属月救济费：农业人口每人每月按40%发给，非农业人口每人每月按45%发给……第2条规定非国有企业职工因病或非因工死亡的，其死亡和救济待遇，由企业根据经济效益情况和自身承受能力，参照上述标准执行。第4条规定参加养老保险统筹的退休（职）人员死亡后，其丧葬补助费由当地社会保险经办机构按省人大常委会颁发的《福建省城镇企业职工基本养老保险条例》规定的标准支付，其他待遇由企业按上述规定标准支付。第6条规定供养直系亲属系指主要生活来源依靠职工供给的下列对象：父、母（抚养人）、配偶，男年满60周岁，女年满50周岁，或丧失劳动能力者……2007年9月20日，莆田市城厢区供销合作社莆城供〔2007〕39号《关于集体企业职工因病或非因工死亡和遗属救济待遇标准的通知》规定，根据闽劳社〔2000〕477号文件精神，结合该社集体企业实际情况，制定职工因病或非因工死亡和遗属救济待遇标准，其中一次性困难补助费600元；供养直系亲属月救济费每人每月按职工所在地最低工资标准（以省政府每年7月1日公布的为准）的10%发给。

黄福治二审中提供莆田市社会劳动保险直属中心于2009年6月3日出具的证明，内容为："原莆田市城厢区农资生产公司退休人员许炳辉，身份证号码为×××××××××××××××××，1976年2月退休，原养老金由莆田市社会劳动保险直属中心统筹发放，2008年4月去世，已在我中心办理领取丧葬补助费手续。"2007年莆田市城厢区职工月最低工资标准为650元。

一审裁判结果

一审判决农资公司支付给黄福治一次性困难补助费650元及自2008年4月份起按月支付给黄福治月救济费65元（遇省政府调整职工最低工资标准的，按调整后的职工最低工资标准的10%支付）。

一审裁判理由

一审判决认为：黄福治丈夫许炳辉系农资公司职工，在退休之后死亡，黄福治可以享受由农资公司支付的一次性补助费及月救济费。由于农资公司的经济性质为集体企业，是非国有企业，黄福治的救济待遇标准应按闽劳社〔2000〕477号文第2条的规定执行。该第2条规定的是参照执行而不是依照执行，前提是由企业根据经济效益情况和自身承受能力，故农资公司根据其主管部门城厢区供销合作社《关于集体企业职工因病或非因工死亡和遗属救济待遇标准的通知》，请求支付给黄福治一次性困难补助费 600 元及自 2008 年 4 月份起按月支付救济费 65 元，与闽劳社〔2000〕477 号文并不冲突，对农资公司的请求予以支持。

二审裁判结果

二审法院依照《中华人民共和国劳动法》第 73 条第 2 款、第 79 条，《中华人民共和国民事诉讼法》第 153 条第 1 款第 2 项规定，判决：

一、撤销莆田市城厢区人民法院〔2008〕城民初字第 1808 号民事判决；

二、农资公司应在本判决生效之日起 10 日内向黄福治支付一次性困难补助费 3250 元及自 2008 年 4 月份起按月支付黄福治月救济费 292.5 元（遇省政府调整职工最低工资标准的，按调整后的职工最低工资标准的 45% 分段计付）。

二审裁判理由

二审法院认为：黄福治在二审诉讼期间提供了莆田市社会劳动保险直属中心出具的证明的原件、莆田市城厢区劳动争议仲裁委员会出具的社保工资发放存折的复印件、社保证的复印件，证实许炳辉系参加养老保险统筹的退休人员，农资公司认为上述证据与本案无关联，不予质证。二审法院认为由于黄福治提供的上述证据可以证明许炳辉属于参加养老保险统筹的退休人员，其死亡后相应的福利待遇只能适用闽劳社〔2000〕477 号文第 1 条、第 4 条的规定，黄福治的上诉理由成立。

再审诉辩情况

农资公司申请再审称：（1）农资公司属于集体企业，对一次性困难补助费和救济费的标准应当适用非国有企业的标准，生效判决适用国有企业的标准是错误的。福建省劳动和社会保障厅、财政厅、总工会《关于调整企业职工因病或非因工死亡和遗属救济待遇标准的通知》，第 1 条规定的标准是适用于国有企业，而对非国有企业并没有强制性的要求。根据第 2 条规定，非国有企业可以根据经济效益情况和自身承受能力决定是否参照执行。农资公司的上级主管部门莆田市城厢区供销合作社 2007 年 9 月 20 日《关于集体企业职工因病或非因工死亡和遗属救济待遇标准的通知》明确规定，一次性困难补助费 600 元、供养直系亲属月救济费按最低工资标准的 10% 发给，故农资公司主张按上述标准发放符合规定，且与闽劳社〔2000〕477 号文的规定也是相符的。（2）闽劳社〔2000〕477 号文第 4 条所指的"由企业按上述规定标准执行"，应当包括第 1 条规定的国有企业标准与第 2 条规定的非国有企业标准，生效判决避开企业的集体性质，片面套用国有企业标准，导致适用法律错误，也使得闽劳社〔2000〕477 号文第 2 条的规定失去意义。综上，生效判决错误，请求对本案再审。

被申请人黄福治未提交书面意见。

再审裁判结果

再审法院依照《中华人民共和国民事诉讼法》第 181 条第 1 款、第 185 条之规定，裁定如下：

一、本案由本院提审；

二、再审期间，中止原判决的执行。

再审裁判理由

法院认为：福建省劳动和社会保障厅、财政厅、总工会《关于调整企业职工因病或非因工死亡和遗属救济待遇标准的通知》，该通知第 1 条是针对国有企业的职工因病或非因工死亡，其死亡遗属救济待遇的支付标准所作的规定，而第 2 条是针对非国有企业的职工因病或非因工死亡的，其死亡和救济待遇，由企业根据经济效益和自身承受能力，参照第 1 条规定的标准执行，并没有作强制性的规定。第 4 条则针对有参加养老保险统筹的退休（职）人员死亡后，除丧葬补助费按规定的标准支付外，其他的待遇由企业按上述规定标准支付。故参加养老保险统筹的退休人员死亡后，在给付死亡和救济待遇时，仍应当区分企业的性质。由于农资公司系集体企业，应适用闽劳社〔2000〕477 号文的第 2 条规定。生效判决以许炳辉属于参加养老保险统筹的退休人员，其死亡后相应的福利待遇只能适用闽劳社〔2000〕477 号文第 1 条、第 4 条的规定为由予以改判，属于适用法律错误。综上，申请再审人的申请符合《中华人民共和国民事诉讼法》第 179 条第 1 款第 6 项规定的情形。

59. 企业能否以经济效益差作为理由拒绝缴纳职工的住房公积金？

不论企业是否赢利，缴纳职工的住房公积金是其法定义务，不能免除。即使在签订劳动合同中未约定或者约定可不缴纳，均不可作为义务免除之理由。

典型疑难案件参考

沈阳泰温机械有限公司与张园福利待遇纠纷上诉案（辽宁省沈阳市中级人民法院〔2011〕沈中民五终字第654号民事判决书）

基本案情

原告于2006年7月至2010年12月在被告单位从事秘书工作。双方签有书面劳动合同，约定月工资900元。2006年12月至2009年5月期间，被告每月为原告缴纳住房公积金。自2009年6月至2010年12月，被告每月从原告工资中扣除公积金88元，但未将该款项及单位应缴住房公积金部分上缴到住房公积金管理部门。原告多次要求被告缴纳住房公积金，被告表示公司资金紧张，无力缴纳。故原告诉至法院，请求判令被告给付住房公积金3344元。

一审裁判结果

一审法院依据《中华人民共和国劳动法》第3条之规定，判决如下：被告沈阳泰温机械有限公司于本判决生效之日起10日内给付原告张园住房公积金3344元（88元×2×19个月）；案件受理费10元，适用简易程序减半收取5元，由被告沈阳泰温机械有限公司负担。

一审裁判理由

一审法院认为：原、被告系劳动合同关系。双方对公积金问题虽没有明确的书面约定，但被告每月按时为原告缴纳公积金及从个人工资中扣除公积金部分，表明被告对其缴纳公积金一事予以认可，且被告同意缴纳，该院予以确认。

二审诉辩情况

一审宣判后，上诉人沈阳泰温机械有限公司不服一审法院判决，向沈阳市中级人民法院提起上诉称：上诉人公司目前处于半停产状态，无法在短期内核实是否欠缴被上诉人住房公积金及数额，请求二审法院撤销原审判决，诉讼费由被上诉人承担。

被上诉人张园答辩称：同意一审判决。

二审裁判结果

二审法院依照《中华人民共和国民事诉讼法》第153条第1款第1项之规

定，判决如下：

驳回上诉，维持原判。

二审案件受理费 10 元，由上诉人沈阳泰温机械有限公司负担。

本判决为终审判决。

二审裁判理由 ▶

二审法院认为：劳动者的合法权益应受法律保护。2010 年 8 月 27 日上诉人出具证明一份，该证明载明：沈阳泰温机械有限公司拖欠职工保险及住房公积金情况如下：（1）住房公积金从 2009 年 6 月份至 2010 年 8 月份一直没有缴纳。（2）养老保险从 2010 年 2 月份至 2010 年 8 月份一直没有缴纳。（3）医疗保险从 2010 年 4 月份至 2010 年 8 月份一直没有缴纳。以上所有款项已经在职工工资中扣除了职工个人应缴金额，但由于公司资金紧张一直无法正常缴纳以上保险及公积金。上述证明表明自 2009 年 6 月上诉人拖欠被上诉人住房公积金未予缴纳。另外，自 2009 年 6 月至 2010 年 12 月，上诉人每月从被上诉人工资中亦扣除个人应缴纳公积金 88 元，但未将该款项及单位应缴住房公积金部分上缴到住房公积金管理部门。综上，原审法院判决上诉人给付被上诉人自 2009 年 6 月至 2010 年 12 月的住房公积金 3344 元是恰当的。

60. 企业的规章制度可否作为解决职工福利待遇的法院审判依据？

用人单位根据《劳动法》第 4 条之规定，通过民主程序制定的规章制度，不违反国家法律、行政法规及政策规定，并已向劳动者公示的，可以作为人民法院审理劳动争议案件的依据。也就是说，符合前述条件的企业的规章制度可以作为解决职工福利待遇的法院审判依据。

典型疑难案件参考

陕西省地方电力（集团）有限公司子长县供电分公司与李红如福利待遇纠纷上诉案（延安市中级人民法院〔2011〕延中民终字第 00529 号民事判决书）

基本案情 ▶

被告李红如系电力系统职工，1999 年 6 月被任命为子长县发电公司工会主席，2008年10月子长电力系统进行企业整合，将电力总公司、发电公司、供电公司、供热公司四个单位合并为子长县供电分公司。李红如被任命为该公司物业部主任，工资待遇无变动。2009年度进行公司化改革中，免去李红如原发电公司工会主席的职务，自2010年起执行岗位工资新标准，李红如现任岗位即物业部主任按17级确认工资待遇。李红如不服，申请仲裁委仲裁，子长县劳动仲裁委员会根据陕西省地方电力（集团）有限公司陕地电发〔2009〕3号文件第62条第2项之规定，裁决应保留李红如原岗位工资并在2010年新的岗位工资标准调资中按其副科级调资。子长县电力分公司不服，提起诉讼，请求依法确认李红如按17级岗位调资。

一审裁判结果

陕西省子长县人民法院依照最高人民法院《关于审理劳动争议案件适用法律若干问题的解释》第19条规定并参照陕西省地方电力（集团）有限公司陕地电发〔2009〕3号文件第62条第2项之规定，判决：由陕西省地方电力（集团）有限公司子长县供电分公司于本判决生效后30日内对本公司职工李红如调资按保留原副科级岗位工资，执行省集团公司规定的岗位调资新标准。案件受理费10元，由原告陕西省地方电力（集团）有限公司子长县供电分公司负担。

一审裁判理由

陕西省子长县人民法院认为：子长县供电分公司属省集团公司的分公司，其职工调资应按集团公司规定的岗位调资标准执行。2009年公司化改革中，李红如被免去其原发电公司工会主席职务，连续任职10年，符合集团公司〔2009〕3号文件第62条规定的连续担任单位副职，5年以上的任职年限，按规定应保留原岗位工资，根据集团公司规定的岗位调整新标准执行。陕地电发〔2009〕3号文件系集团公司制定的规章制度，不违反国家法律、行政法规及政策规定，可以作为审理劳动争议案件的依据。

二审诉辩情况

一审宣判后，原告陕西省地方电力（集团）有限公司子长县供电分公司不服判决提起上诉称：（1）上诉人是严格按照"一岗一薪"、"易岗易薪"的岗位工资标准确定的基本原则，按照被上诉人现在的岗位给予其工资待遇；（2）一审判决对陕地电发〔2009〕3号文件理解有误。请求撤销原判并依法改判。

被上诉人李红如答辩称：上诉人将陕西省电力（集团）有限公司陕地电

〔2008〕109号《陕西省地方电力（集团）有限公司建立岗位工资新标准的实施意见》、〔2009〕9号《关于王银安等同志职务任免的通知》和陕地电发〔2009〕3号文件《陕西省地方电力（集团）有限公司领导人员选拔任用暂行办法》第九章第62条有意割裂开来单独适用错误；将53岁这一年龄界限认定为被上诉人的任职年限错误。一审法院认定事实清楚，原审判决应当予以维持。

291

二审裁判结果

延安市中级人民法院依据最高人民法院《关于审理劳动争议案件适用法律若干问题的解释》第19条、《中华人民共和国民事诉讼法》第153条第1款第3项之规定，判决如下：

一、撤销陕西省子长县人民法院〔2010〕子民初字第00424号民事判决；

二、由陕西省地方电力（集团）有限公司子长县供电分公司对李红如按17级岗级水平调资。

一审案件受理费10元，二审案件受理费10元，共计20元，由被上诉人李红如承担。

本判决为终审判决。

二审裁判理由

延安市中级人民法院认为：本案争议的焦点是对陕西省地方电力（集团）有限公司陕地电发〔2009〕3号《陕西省地方电力（集团）有限公司领导人员选拔任用暂行办法》第62条关于任职条件的理解。关于上诉人主张其严格按照"一岗一薪"、"易岗易薪"的岗位工资标准确定的基本原则，按照被上诉人现在的岗位给予被上诉人工资待遇，且一审判决对陕地电发〔2009〕3号文件理解有误的问题，经查，《陕西省地方电力（集团）有限公司领导人员选拔任用暂行办法》第61条、第62条关于任职条件包括两层含义，第一需年满53周岁，第二连续担任副职5年以上。被上诉人担任副职虽已年满5年以上，但年龄未到53周岁，不应适用该条。因陕地电发〔2009〕3号《陕西省地方电力（集团）有限公司领导人员选拔任用暂行办法》系陕西省地方电力（集团）有限公司制定的规章制度，不违反国家法律、行政法规及政策规定，可以作为审理本案依据。故本案应按被上诉人现在所任职务进行调资，被上诉人现在所任职务对应的为17级岗位，应按17级岗位调资。上诉人的上诉理由成立，本院依法予以采纳。

第三章　福利待遇纠纷

1. **《中华人民共和国妇女权益保障法》**（2005 年 8 月 28 日修正）（节录）

第二十四条 实行男女同工同酬。妇女在享受福利待遇方面享有与男子平等的权利。

2. **《中华人民共和国劳动合同法》** 中华人民共和国主席令第 65 号（2007年 6 月 29 日公布）（节录）

第十七条 劳动合同应当具备以下条款：

（一）用人单位的名称、住所和法定代表人或者主要负责人；

（二）劳动者的姓名、住址和居民身份证或者其他有效身份证件号码；

（三）劳动合同期限；

（四）工作内容和工作地点；

（五）工作时间和休息休假；

（六）劳动报酬；

（七）社会保险；

（八）劳动保护、劳动条件和职业危害防护；

（九）法律、法规规定应当纳入劳动合同的其他事项。

劳动合同除前款规定的必备条款外，用人单位与劳动者可以约定试用期、培训、保守秘密、补充保险和福利待遇等其他事项。

第五十一条 企业职工一方与用人单位通过平等协商，可以就劳动报酬、工作时间、休息休假、劳动安全卫生、保险福利等事项订立集体合同。集体合同草案应当提交职工代表大会或者全体职工讨论通过。

集体合同由工会代表企业职工一方与用人单位订立；尚未建立工会的用人单位，由上级工会指导劳动者推举的代表与用人单位订立。

第六十二条 用工单位应当履行下列义务：

（一）执行国家劳动标准，提供相应的劳动条件和劳动保护；

（二）告知被派遣劳动者的工作要求和劳动报酬；

（三）支付加班费、绩效奖金，提供与工作岗位相关的福利待遇；

（四）对在岗被派遣劳动者进行工作岗位所必需的培训；

（五）连续用工的，实行正常的工资调整机制。

用工单位不得将被派遣劳动者再派遣到其他用人单位。

3. 中华人民共和国劳动法（2009 年 8 月 27 日修正）（节录）

第七十六条第二款 用人单位应当创造条件，改善集体福利，提高劳动者的福利待遇。

**4. 最高人民法院《关于审理劳动争议案件适用法律若干问题的解释
(二)》**（2006 年 8 月 14 日 法释〔2006〕6 号）（节录）

第一条 （三）劳动关系解除或者终止后产生的支付工资、经济补偿金、福利待遇等
争议，劳动者能够证明用人单位承诺支付的时间为解除或者终止劳动关系后的具体日期的，
用人单位承诺支付之日为劳动争议发生之日。劳动者不能证明的，解除或者终止劳动关系
之日为劳动争议发生之日。

第三章 福利待遇纠纷

第二部分 人事争议

第四章 人事争议

第一节 辞职争议

---

61. 以辞职方式解除人事关系是否必须具有书面形式的辞职申请书?

解除人事关系的方式之一即为辞职。具体而言,包括但不限于聘任制公务员向实施公务员法的机关提出辞职、工作人员向所在的事业单位提出辞职、工作人员向所在的社会组织提出辞职、文职人员向军队聘用单位提出辞职,都可以引发人事关系的解除。辞职申请应具有书面形式,不过并不必须以"辞职申请书"作为书面文件的抬头,甚至其他包含辞职申请内容的书面文件等亦可以作为解除人事关系的书面证明文件。

典型疑难案件参考

蔡某诉上海市某局辞职争议纠纷案〔上海市卢湾区人民法院〔2009〕卢民一(民)初字第2448号民事判决书〕

基本案情

原告于1981年4月进入卢湾区某所(以下简称卢湾某所)工作,任工人。后成立街道某所,原告属卢湾区济南街道某所(以下简称济南街道某所)。1993年7月,原告停薪留职。同年9月,济南街道某所以原告"因身体状况及住家较远而提出辞职"为由,向卢湾区济南街道办事处申请批准原告辞职。该办事处对此盖章予以确认。9月15日,中共上海市卢湾区济南街道工作委员会将原告的人事档案转出，档案中"企业退工通知单"记载：原告"自 1981 年 5 月 25 日以固定工形式进我单位工作，现因身体有病，不适应工作辞职，于 1993 年 9 月 10 日退工"。嗣后，原告与某所就此发生争议。1993 年 11 月 11 日，原告自书承诺书，上载：原告"因家中特殊困难，在单位申请辞职。单位已经办妥手续，本人保证以后不在单位纠缠。以上是事实，我同意不到单位纠缠"。卢湾区济南街道某所就此批示：原告辞职后家中发生特殊困难，经街道集体讨论，同意一次性补助 250 元。

2008 年 5 月，原告向被告提出解决工作事宜，被告函复原告：……你反映的停薪留职至今，未提出辞职，要求解决工作的请求，事实依据不足，我局不予采纳……

此外，1990 年 7 月成立卢湾区某局，1992 年 4 月，成立街道某所。2001 年 11 月某局与市政管理委员会合并成立卢湾区市容管理局，2009 年 4 月卢湾区市容管理局与卢湾区绿化局合并成立被告。

原告（申请人）于 2009 年 11 月 10 日向上海市卢湾区人事争议仲裁委员会申请仲裁，以"当时迫于无奈签字，违背本人意愿"为由，要求上海市卢湾区市容管理局（被申请人）安排工作，并补缴社会保险费。该委以申请人的申请已经超过申请仲裁的法定期限为由，出具不予受理决定书。原告对此不服，遂诉至法院。

诉辩情况 ▶

原告蔡某诉称：其于 1981 年 4 月进入某站工作，任某工人。1993 年 7 月，与某站签订留职停薪协议。同年 8 月，某站告知不能按留职停薪处理，应按辞职处理，为此，其与某站几经交涉，但未果。11 月，某站告知按辞职处理，可补助人民币 200 元（以下币种均为人民币），其按被告要求书写承诺书。事实上，其从未申请辞职。2008 年其向被告提出要求上班，但遭拒。现要求与被告恢复劳动关系。

被告上海市某局辩称：原告于 1981 年 5 月进入某站，后某站划入济南街道。原告于 1993 年 9 月辞职；当月 10 日，单位将原告档案退到职介所；11 月，原告申请收回辞职，单位予以拒绝。但考虑原告家境，单位即给予原告补助 250 元，原告遂确认不再纠缠单位。原、被告双方早已于 1993 年解除劳动关系，且原告的请求早已超过时效。故不同意原告的诉讼请求。

裁判结果 ▶

上海市卢湾区人民法院依照《中华人民共和国劳动法》第 78 条之规定，

判决如下：

驳回蔡某的诉讼请求。

案件受理费人民币 10 元减半收取，人民币 5 元由蔡某负担。

如不服本判决，可在判决书送达之日起 15 日内，向本院递交上诉状，并按对方当事人的人数提出副本，上诉于上海市第一中级人民法院。

裁判理由

上海市卢湾区人民法院认为：原告蔡某在申请仲裁时称在承诺书上"迫于无奈签字"，对此，原告并未提供任何证据证实系受胁迫签署了承诺书；诉讼期间，原告称仅在承诺书中书写"以上是事实，我同意不到单位纠缠"的字样，承诺书中并无"申请辞职"等其他文字，对此，原告同样未提供证据予以证实，且原告此述与申请仲裁时所述不同。故本院对原告此述不予采信，承诺书所载的内容，本院予以确认。

原告的承诺书确认已在单位申请辞职、单位已办妥相关手续，为此可以认定，原告知晓双方已于 1993 年 11 月前解除劳动关系。原告若对解约有异，按当时的相关法律规定，原告应当在争议发生之日起 6 个月内向劳动争议仲裁委员会提出书面申请。然原告直至 2009 年 11 月才申请仲裁，原告的申请早已超过仲裁的法定时限。原告主张与被告恢复劳动关系之请求，法院不予支持。

辞职争议办案依据集成

1.《中华人民共和国公务员法》（2006 年 1 月 1 日）（节录）

第八十条 公务员辞去公职，应当向任免机关提出书面申请。任免机关应当自接到申请之日起三十日内予以审批，其中对领导成员辞去公职的申请，应当自接到申请之日起九十日内予以审批。

第八十一条 公务员有下列情形之一的，不得辞去公职：

（一）未满国家规定的最低服务年限的；

（二）在涉及国家秘密等特殊职位任职或者离开上述职位不满国家规定的脱密期限的；

（三）重要公务尚未处理完毕，且须由本人继续处理的；

（四）正在接受审计、纪律审查，或者涉嫌犯罪，司法程序尚未终结的；

（五）法律、行政法规规定的其他不得辞去公职的情形。

第八十二条 担任领导职务的公务员，因工作变动依照法律规定需要辞去现任职务的，应当履行辞职手续。

担任领导职务的公务员，因个人或者其他原因，可以自愿提出辞去领导职务。

领导成员因工作严重失误、失职造成重大损失或者恶劣社会影响的，或者对重大事故负有领导责任的，应当引咎辞去领导职务。

领导成员应当引咎辞职或者因其他原因不再适合担任现任领导职务，本人不提出辞职的，应当责令其辞去领导职务。

第八十六条 公务员辞职或者被辞退，离职前应当办理公务交接手续，必要时按照规定接受审计。

第一百零二条 公务员辞去公职或者退休的，原系领导成员的公务员在离职三年内，其他公务员在离职两年内，不得到与原工作业务直接相关的企业或者其他营利性组织任职，不得从事与原工作业务直接相关的营利性活动。

公务员辞去公职或者退休后有违反前款规定行为的，由其原所在机关的同级公务员主管部门责令限期改正；逾期不改正的，由县级以上工商行政管理部门没收该人员从业期间的违法所得，责令接收单位将该人员予以清退，并根据情节轻重，对接收单位处以被处罚人员违法所得一倍以上五倍以下的罚款。

2. 最高人民法院《地方各级人民法院及专门人民法院院长、副院长引咎辞职规定（试行）》（2001 年 11 月 6 日）（节录）

第三条 引咎辞职是指在其直接管辖的范围内，因不履行或者不正确履行职责，导致工作发生重大失误或者造成严重后果，负有直接领导责任的院长、副院长，主动辞去现任职务的行为。

第四条 院长、副院长在其直接管辖范围内，具有下列情形之一的，应当主动提出辞职：

（一）本院发生严重枉法裁判案件，致使国家利益、公共利益和人民群众生命财产遭受重大损失或造成恶劣影响的；

（二）本院发生其他重大违纪违法案件隐瞒不报或拒不查处，造成严重后果或恶劣影响的；

（三）本院在装备、行政管理工作中疏于监管，发生重大事故或造成重大经济损失的；

（四）不宜继续担任院长、副院长职务的其他情形。

第五条 院长、副院长引咎辞职应向有干部管理权限的党委和上级人民法院提交辞职申请书，经党委商上级人民法院同意后，依照法定程序办理。

第六条 符合本规定第四条情形之一的院长、副院长，本人不提出辞职的，按照干部管理权限，由党委商上级人民法院同意后建议人大或人大常委会依照法定程序罢免、撤换或免除其职务。

第七条 院长、副院长辞去职务后，可根据其辞职原由及其个人情况另行安排工作，并确定其职级待遇。

第八条 已决定撤职或已构成撤职以上处分的院长、副院长不适用本规定。

第九条 引咎辞职的院长、副院长，需要给予撤职以下（不含撤职）党纪政纪处分的，按照有关规定和干部管理权限办理。

第二节　辞退争议

62. 如果工作人员长期旷工，用人单位能否将该工作人员予以辞退？

人事关系与劳动关系一样，都以"劳动"为目的。当提供劳动为目的的特征被击穿后，人事关系将失其实质。由于人事关系中的报酬基本以财政拨款方式下发，当人事关系中的工作人员长期不上班，将会形成吃空饷的不良局面，浪费纳税人的钱财。因此，用人单位可以基于工作人员长期旷工的事实，将其辞退。

典型疑难案件参考

蒋黎明与江苏省煤矸石综合利用研究所辞退争议纠纷上诉案（江苏省徐州市中级人民法院〔2010〕徐民终字第871号民事判决书）

基本案情

江苏省煤矸石综合利用研究所系事业单位，蒋黎明原系江苏省煤矸石综合利用研究所职工，为干部身份。双方就蒋黎明承包经营期间的经济账目问题产生分歧，蒋黎明的党员资格曾被暂挂。

1993年起，蒋黎明不再到江苏省煤矸石综合利用研究所上班，1995年1月24日，江苏省煤矸石综合利用研究所作出煤矸研〔1995〕第05号《关于对蒋黎明给予党内除名的处理决定》，该决定的内容为："我支部党员蒋黎明同志没有正当理由，连续六个月以上不参加党的组织生活，六个月未缴纳党费，未做党所分配的工作，鉴于本人表现，根据十四大党章第九条有关规定，经支部大会通过，给予蒋黎明同志以党内除名的处理。"1995年6月，中共徐州市建筑材料工业公司委员会作出徐材委组〔1995〕字第24号《关于同意给予蒋黎明党内除名处理的决定》，该决定的内容为："经公司党委常委研究，同意你所党支部的意见，给予蒋黎明党内除名的处理。"

2008年6月26日，江苏省煤矸石综合利用研究所作出处理决定，以蒋黎明长期旷工为由将蒋黎明辞退，蒋黎明2008年7月11日签收辞退证明书。后蒋黎明诉至徐州市人事争议仲裁委员会，要求撤销该辞退决定。徐州市人事争议仲裁委员会于2008年12月4日作出徐人裁〔2008〕4号仲裁裁决书，裁决维持江苏省煤矸石综合利用研究所对蒋黎明的辞退决定、江苏省煤矸石综合利用研究所办理档案移交的同时为蒋黎明补办养老保险手续。蒋黎明不服该裁决，诉至法院。

一审诉辩情况

原告蒋黎明诉称：江苏省煤矸石综合利用研究所辞退我的理由不符合事实，要求依法撤销该辞退决定。

被告江苏省煤矸石综合利用研究所辩称：我单位作出辞退决定符合法律规定。

一审裁判结果

江苏省徐州市泉山区人民法院判决：驳回蒋黎明的诉讼请求。

一审裁判理由

江苏省徐州市泉山区人民法院认为：蒋黎明从1993年起未到江苏省煤矸石综合利用研究所上班，且未经单位同意或履行请假等手续，为长期旷工。蒋黎明主张系单位领导要求其继续要账、多次要求回单位上班，单位领导答复是继续等待，江苏省煤矸石综合利用研究所对蒋黎明该主张不予认可，蒋黎明也未提供证据证实其主张，故对蒋黎明该主张法院不予采信。江苏省煤矸石综合利用研究所根据蒋黎明的行为作出辞退的决定，符合有关规定及程序，故对蒋黎明要求撤销江苏省煤矸石综合利用研究所对蒋黎明辞退决定的诉讼请求，法院依法不予支持。蒋黎明被辞退后的其他相关事宜，双方可另行解决。

二审诉辩情况

蒋黎明不服一审判决，上诉称：（1）原审法院认为被上诉人从1993年起未上班，且未经单位同意或履行请假手续，为长期旷工。原审法院的上述认定严重违反最基本的常识，没有任何人可以不经单位同意而旷工达15年之久。（2）原审判决在证据的认定方面存在错误，旷工的认定不是以上班不上班认定的，而应当以要求上班而不上班来认定。（3）事业单位改制时，年满20年工龄的人员不得以任何理由轻易辞退，对于工龄满40年的上诉人更不应随便辞退。综上，请求二审法院撤销该判决，维护上诉人的合法权益。

江苏省煤矸石综合利用研究所答辩称：被上诉人对上诉人蒋黎明作出的辞退决定符合规定，而且有相关的证据材料予以支持，因此，原审判决认定事实清楚，适用法律正确，请求二审法院予以维持。

二审裁判结果

江苏省徐州市中级人民法院依照《中华人民共和国民事诉讼法》第153条第1款第1项之规定，判决如下：

驳回上诉，维持原判。

本判决为终审判决。

二审裁判理由

江苏省徐州市中级人民法院认为：辞退是事业单位因法定事由经法定程序主动解除其与专业技术人员或者管理人员之间关系的行为。本案中，首先，根据被上诉人江苏省煤矸石综合利用研究所提供的徐州市机关事业单位工作人员年度考核结果审核名册、党内除名决定、档案材料等证据，结合上诉人在原审期间的陈述，可以认定自1993年上诉人就没有到单位上班，在此期间江苏省煤矸石综合利用研究所未给上诉人发放工资，且上诉人后来已在其他单位工作；其次，上诉人在审理期间，未能提供证据证明其长期不到单位上班系经单位同意或是履行了请假手续，同时对于上诉人所陈述的其要求回单位上班但单位不同意的主张，上诉人对此亦未能提供证据予以证明；最后，对于上诉人提出的年满20年或40年工龄不应辞退的主张，上诉人对此并未提供法律依据予以支持，故对于上诉人该项主张，本院亦不予支持。综上，原审法院认定上诉人长期旷工并无不当；江苏省煤矸石综合利用研究所根据上诉人长期旷工的情况，依据相关的程序，作出辞退的决定，有事实和法律依据，依法应予支持。上诉人的上诉主张于法无据，本院不予支持。原审法院认定事实清楚，适用法律正确，依法应予维持。

63. 国家机关是否可以将犯罪的公务员予以辞退？

1997年10月1日施行的《中华人民共和国刑法》第13条的条旨即是"犯罪"的基本概念，内容为"一切危害国家主权、领土完整和安全，分裂国家、颠覆人民民主专政的政权和推翻社会主义制度，破坏社会秩序和经济秩序，侵犯国有财产或者劳动群众集体所有的财产，侵犯公民私人所有的财产，侵犯公民的人身权利、民主权利和其他权利，以及其他危害社会的行为，依照法律应当受刑罚处罚的，都是犯罪，但是情节显著轻微危害不大的，不认为是犯罪"。犯罪是具有社会危害性的行为，也说明罪犯具有相应的过错。同时，大多数的罪犯都会受到人身自由的限制或生命权的剥夺，其无法从事正常的工作。因此，当公务员具有犯罪的情形时，国家机关可以将犯罪的公务员予以辞退。

64. 是否所有的公务员与国家机关之间的争议都属于人民法院受案范围？

在我国，至少可以通过四种途径获得公务员的身份，即选任、调任、聘任和录用。然而，能够进行人事争议诉讼的情形，仅限于聘任制公务员与所在机关因履行聘任合同所发生的争议属人事争议，否则，将不属于人民法院受理范围。

典型疑难案件参考

郑某某与某某分局等辞退纠纷上诉案（辽宁省沈阳市中级人民法院〔2011〕沈民五终字第 1364 号民事裁定书）

基本案情

郑某某原任某某公安局某某分局某派出所副所长。1996 年 5 月 31 日，郑某某因犯徇私枉法罪，被东陵区人民法院判处有期徒刑一年，缓刑一年。1997 年 8 月 28 日，沈阳市东陵区人事局作出《辞退国家公务员通知书》，称依据《国家公务员辞职辞退暂行规定》的有关规定和《公安机关人民警察辞退办法》第 5 条第 11 款将郑某某辞退。该决定于 2007 年 3 月 9 日送达。

一审裁判结果

辽宁省沈阳市和平区人民法院裁定：驳回原告郑某某的起诉。案件受理费 10 元，免予收取。

一审裁判理由

辽宁省沈阳市和平区人民法院认为：根据相关法律规定，聘任制公务员与所在机关因履行聘任合同所发生的争议属人事争议，属于人民法院受理范围，而本案郑某某虽系公务员，但并非聘任制公务员，故其与某某分局之间的纠纷非人事争议，同时根据《中华人民共和国公务员法》的规定，公务员对涉及本人的有关人事处理不服的，应向有关部门复核或申诉，或依照《中华人民共和国行政监察法》的规定办理，双方之间的纠纷不属于人民法院受理的其他民事诉讼，故郑某某的起诉，应予驳回。

二审诉辩情况

郑某某向辽宁省沈阳市中级人民法院提出上诉称：《公务员法》第 90 条规定了可以复核申诉程序，但《公务员法》并未规定复核申诉是唯一的救济途径，同时也未强制性规定不允许上诉人进行人事争议仲裁。沈阳市人民政府令第 34 号《沈阳市人事争议仲裁办法》第三章受案范围，第 11 条第 3 款规定"国家行政机关、事业单位与公务员、职员、专业技术人员因工伤、工资、工龄、退（离）休费发生的争议"。我在一审中提出的诉讼请求有补发尚欠的工资，人民法院应予受理。

被上诉人某某分局辩称同意原审法院裁定。

二审裁判结果

辽宁省沈阳市中级人民法院依照《中华人民共和国民事诉讼法》第 108 条、第 154 条之规定，裁定如下：

驳回上诉，维持原裁定。

本裁定为终审裁定。

二审裁判理由

辽宁省沈阳市中级人民法院认为：郑某某原任某某公安局某某分局某派出所副所长，属于国家公务员。《中华人民共和国公务员法》第 90 条规定："公务员对涉及本人的下列人事处理不服的，可以自知道该人事处理之日起三十日内向原处理机关申请复核；对复核结果不服的，可以自接到复核决定之日起十五日内，按照规定向同级公务员主管部门或者作出该人事处理机关的上一级机关提出申诉；也可以不经复核，自知道该人事处理之日起三十日内直接提出申诉：（一）处分；（二）辞退或者取消录用；（三）降职；（四）定期考核定为不称职；（五）免职；（六）申请辞职、提前退休未予批准；（七）未按规定确定或者扣减工资、福利、保险待遇；（八）法律、法规规定的可以申诉的其他情形。"综上，郑某某被辞退后可以向原处理机关申请复核或者向上一级机关提出申诉。郑某某的该项上诉主张，本院不予支持。

65. 用人单位可否基于非工作人员个人过错的原因而将其辞退?

用人单位单方面解除其与工作人员之间的人事关系,一般需要满足:工作人员具有相应的过错或者工作人员不具有相应的能力。如果不具备这些解除前提条件,则不能单方面将工作人员辞退。

66. 用人单位可否基于相应的合同而规定单方面辞退合同关系之外特定第三人的情形?

合同具有相对性,只有合同的双方当事人之间才能享有合同规定的权利,并承担该合同规定的义务,当事人以外的任何第三人不能主张合同中的权利,更不负担合同中规定的义务。用人单位可否基于相应的合同规定单方面辞退合同之外特定第三人,相对于该第三人而言,属于用人单位单方面意思表示,对该特定第三人并无法律上的约束力。此外,如果允许用人单位基于相应的合同规定单方面辞退合同关系之外特定第三人的情形,则逃避了"工作人员具有相应的过错或者工作人员不具有相应的能力"才能被辞退的强制规定。因此,用人单位不能基于相应的合同来规定单方面辞退合同关系之外特定第三人的情形。

67. 人事争议案件可否适用劳动法的规定进行审理?

由于事业单位在工资待遇上采取由财政拨款的方式且无工资谈判机制以及对岗位设置了一定限额的编制,这种硬性"工资制度与编制制度"的行政化处理方式使得劳动法在处理事业单位人事关系的问题上寸步难行。也就是说,完全适用劳动法审理人事争议案件可能会出现审理上的极大困难。为此,最高人民法院提出,"'事业单位与其工作人员之间因辞职、辞退及履行聘用合同所发生的争议,适用《中华人民共和国劳动法》的规定处理。'这里'适用《中华人民共和国劳动法》的规定处理'是指人民法院审理事业单位人事争议案件的程序运用《中华人民共和国劳动法》的相关规定。人民法院对事业单位人事争议案件的实体处理应当适用人事方面的法律规定，但涉及事业单位工作人员劳动权利的内容在人事法律中没有规定的，适用《中华人民共和国劳动法》的有关规定。"于是，符合人民法院受理范围的人事争议案件主要在程序上适用劳动法的规定，至于劳动法实体法的适用要以事业单位工作人员劳动权利的内容在人事法律中没有规定为前提。

典型疑难案件参考

湖南工学院与高文婷辞退争议纠纷上诉案（湖南省衡阳市中级人民法院〔2010〕衡中法民三终字第8号民事判决书）

基本案情

2003年5月16日，被告工学院的前身湖南建材高等专科学校作为甲方与作为乙方的原告之弟高文宇签订了一份人才引进协议，双方就乙方在研究生毕业后到甲方工作的期限，以及甲方为乙方读博士提供的条件进行了约定，其中协议附件约定："乙方博士毕业前，甲方为乙方的姐姐高文婷提供合适的工作岗位，享受校内相同人员的待遇；乙方博士毕业后，甲方正式聘用高文婷；乙方离校由甲方安排的乙方的姐姐高文婷也应随同离校。"同年9月，原告来到被告单位。2005年9月9日，被告向原告原工作单位衡阳市橡胶厂发出干部商调函，拟商调原告到被告单位安排工作。随后，原告档案材料转入被告单位，但未经过政府人事部门和机构编制部门办理调入调出及入编手续。2004年至2007年，原告参加了被告单位年度考核，评定结果均为合格或优秀，原告还在被告单位参加了工资套改、医疗及养老保险等。2008年1月10日，原告被聘任为被告单位人事处资料副科长，聘期至2009年1月10日止。另查明，原告之弟高文宇虽在博士毕业后到被告单位工作了一段时间，但其事实上在2006年3月博士毕业后，已经由中南大学派遣至广东商学院工作，属广东商学院在编在职教师。2008年9月12日，高文宇向被告单位提交了辞职报告，并随后得到被告单位同意。同年11月14日，被告单位根据其与高文宇签订的协议，向原告发出通知，解除被告单位与原告的人事聘用关系。原告不服，向湖南省人事争议仲裁委员会申请仲裁。该委以原告调入被告单位未经机构编制部门同意并办理调入、调出及入编手续为由，认为原告与单位的人事关系未发生转移，原告与被告单位未建立人事关系，驳回了原告的仲裁请求。原告对该裁决不服，提起诉讼。

▶ 一审裁判结果

湖南省衡阳市珠晖人民法院依照最高人民法院《关于民事诉讼证据的若干规定》第2条、最高人民法院《关于审理劳动争议案件适用法律若干问题的解释》第20条第1款、最高人民法院《关于人民法院审理事业单位人事争议案件若干问题的规定》第1条的规定，判决：

一、确认原告高文婷与被告湖南工学院之间存在人事关系；

二、撤销被告湖南工学院于2008年11月14日对原告高文婷作出的解除人事聘用关系的决定。

案件受理费10元，邮政专递费100元，合计人民币110元，由被告湖南工学院负担。

▶ 一审裁判理由

湖南省衡阳市珠晖人民法院一审认为：原告自2003年进入被告单位，并在被告单位享受了相应的福利待遇。2008年1月10日，原告还被聘任为被告单位任期一年的人事处劳资科副科长，故原告关于其与被告之间存在人事关系的主张与事实相符，予以确认。至于被告关于双方间尚不存在"正式人事关系"，即编制内人事关系的意见，虽属事实，但并不影响本案纠纷的处理。原告弟弟高文宇与被告签订的人才引进协议，虽有涉及高文婷的内容，但就合同的相对性而言，只有合同当事人才能享有合同规定的权利，并承担该合同规定的义务，当事人以外的任何第三人不能主张合同上的权利，更不负担合同中规定的义务。而违约责任也只能在特定的合同关系当事人之间发生，合同关系以外的人不负违约责任。被告在协议中关于其为原告提供工作岗位，并在高文宇博士毕业后正式聘用原告，以及高文宇在协议中关于其在离校后，原告也应随同离校的承诺，只是高文宇及被告在协议中分别向对方就原告到被告单位工作的事情上单方面作出的意思表示，对原告本人并无法律上的约束力。原告进入被告单位工作，除被告因引进高文宇而同意之外，还取决于原告本人的意愿。被告单位在接纳原告后，原、被告间即发生独立的人事法律关系，应受法律保护，非依法律的规定或原、被告双方的约定，被告不能对原告作出解除聘任的决定。因此，被告现以原告弟弟高文宇与被告签订的协议中有高文宇离开被告单位，原告也应一同离开的约定为由，解除与原告的人事聘用关系理由不当，其解聘决定应予撤销。

二审诉辩情况

湖南工学院不服一审判决，向湖南省衡阳市中级人民法院提出上诉称：（1）被上诉人高文婷并未调入上诉人单位，双方之间只是聘用关系，而不是"编制内人事关系"，上诉人有权根据需要解除与被上诉人之间的聘用关系；（2）上诉人与被上诉人之弟高文宇签订的合同对被上诉人具有约束力；（3）原判适用最高人民法院《关于审理劳动争议案件适用法律若干问题的解释》不当。请求二审依法改判。

高文婷答辩称：被上诉人在上诉人单位工作期间，充分履行了自己的职责，得到了上诉人单位的肯定，上诉人与被上诉人之间存在人事关系；原审适用法律正确。请求二审依法维持原判。

二审裁判结果

湖南省衡阳市中级人民法院依照《中华人民共和国民事诉讼法》第153条第1款第1项之规定，判决如下：

驳回上诉，维持原判。

本案二审案件受理费及邮政专递费予以免收。

本判决为终审判决。

二审裁判理由

湖南省衡阳市中级人民法院认为：上诉人工学院于2005年9月9日向被上诉人高文婷原工作单位衡阳市橡胶厂发出干部商调函，告知衡阳市橡胶厂因工作需要拟商调高文婷到其单位安排工作，要求衡阳市橡胶厂移交高文婷的档案材料，该函的第三项内容为"经研究，同意该同志调入。如本人能服从分配，坚持正常工作，请办理调动手续"。其后，衡阳市橡胶厂向工学院移交了高文婷的档案材料，高文婷在此前即已到工学院报到上班，并享受了与其他在编职工同等待遇。故上诉人工学院与被上诉人高文婷之间存在人事关系，对此上诉人亦予认可。至于高文婷的调动手续未能完备，即上诉人主张的尚不构成"编制内人事关系"的问题，既非高文婷个人原因，也非政策原因，而是上诉人单位的原因。且调动手续的不完备并不能剥夺高文婷作为工学院职工依照政策法律而享有的权利。高文婷在工学院工作期间，无严重违反劳动纪律及违法犯罪情况，工作方面每年参加工学院的年度考核，考核结果均为合格或优秀，即亦无不胜任工作的情况，故工学院不具备单方面解除聘用的条件，工学院上诉提出高文婷未调入上诉人单位、其有权根据需要解除与被上诉人之间的聘用关系的上诉理由不能成立，本院不予支持；高文婷之弟高文宇与工学院签订的合同附件确有关于高文婷工作安排的内容，但最终高文婷能否到工学院工作，仍取决于高文婷与工学院双方的合意。高文婷愿意到工学院工作，工学院愿意接收，双方就高文婷到工学院工作一事达成合意。而双方对于高文婷在工学院工作的期限并未作约定，高文宇在与工学院签订关于"乙方（高文宇）离校由甲方（工学院）安排的乙方的姐姐高文婷也应随同离校"的协议时，并未得到高文婷的授权，亦无证据证明事后得到高文婷的追认。事实上工学院在安排高文婷的工作时，是按照干部调动手续办理的，而不是按短期聘用办理。工学院主张高文婷明知工学院与高文宇签订的合同的内容并予接受亦无事实依据，其提出高文婷应受该合同约束的上诉理由亦不能成立，本院不予采纳；最高人民法院《关于事业单位人事争议案件适用法律等问题的答复》规定，最高人民法院《关于人民法院审理事业单位人事争议案件若干问题的规定》第1条规定，"事业单位与其工作人员之间因辞职、辞退及履行聘用合同所发生的争议，适用《中华人民共和国劳动法》的规定处理"。这里"适用《中华人民共和国劳动法》的规定处理"是指人民法院审理事业单位人事争议案件的程序运用《中华人民共和国劳动法》的相关规定。人民法院对事业单位人事争议案件的实体处理应当适用人事方面的法律规定，但涉及事业单位工作人员劳动权利的内容在人事法律中没有规定的，适用《中华人民共和国劳动法》的有关规定。故原审适用最高人民法院《关于审理劳动争议案件适用法律若干问题的解释》并无不当。综上，原判认定事实清楚，适用法律正确，应予维持。

68. 发生人事争议的当事人超过仲裁申请时效，是否因此丧失胜诉权？

发生人事争议的当事人，需要从知道或应当知道其权利受到侵害之日起60日内，以书面形式向有管辖权的人事争议仲裁委员会申请仲裁。当事人因不可抗力或者有其他正当理由超过申请仲裁时效，经人事争议仲裁委员会调查确认的，人事争议仲裁委员会应当受理。一旦超过了仲裁申请时效，当事人将因此丧失胜诉权。

典型疑难案件参考

徐华民与重庆大学辞退纠纷上诉案（重庆市第一中级人民法院〔2009〕渝一中法民终字第 3938 号民事判决书）

基本案情

原告于 1971 年 11 月调至重庆建筑工程学院参加工作，之后重庆建筑工程学院历经改名及与重庆大学合并，原告的人事关系转至被告重庆大学。1997年 2 月，原告经重庆市人民政府、市委组织部及重庆建筑大学批准，赴美国参加学术会议，出访时间为 15 日。出国参加会议后，原告未返回国内，而是留美学习、工作。同年 5 月 16 日，重庆建筑大学对原告作出停薪处理。2006 年3 月 12 日，重庆大学在《重庆日报》公告通知："重庆大学下列长期滞留国外，逾期未归人员，请自登报之日起 15 天内与学校完清相关手续，逾期未办理者，按相关规定处理"，该通知中"下列人员"含原告。2006 年 4 月 3 日，被告作出重大校〔2006〕149 号《关于对殷蔼辉等 14 位出国逾期未归人员做辞退处理的决定》，决定对原告予以辞退。因原告此时尚在美国，被告未将该辞退决定送达至原告。2007 年 6 月 3 日，原告向被告人事处处长致函，其信件中载明原告已知道"在公告期满后学校亦正式行文解除了与你之间的劳动合同关系，因此，你已不存在退休问题"的事实。2008 年 12 月 11 日，原告回国后到被告处要求办理退休手续，被告向原告出示重大校〔2006〕149 号辞退决定，称其已被辞退，不能办理退休手续。2009 年 2 月 14 日，原告向重庆市人事争议仲裁委员会申请仲裁。2009 年 2 月 26 日，重庆市人事争议仲裁委员会以"超过仲裁申请时效"为由，作出渝人仲裁字〔2009〕第 1 号不受理案件通知书。徐华民遂起诉至法院。

一审裁判结果

重庆市沙坪坝区人民法院依照《重庆市人事争议仲裁条例》第 18 条之规定，判决驳回原告徐华民的诉讼请求。案件受理费 10 元，减半收取 5 元，由原告徐华民负担。

一审裁判理由

重庆市沙坪坝区人民法院认为：原、被告之间系因辞退所产生的人事争议纠纷，依照《重庆市人事争议仲裁条例》第 18 条的规定，原告应当在争议发生之日起 3 个月内，向重庆市人事争议仲裁委员会申请仲裁。对争议发生之日的确定，是本案判决的基础和前提，因被告在作出重大校〔2006〕149号辞退决定时并未将决定送达至原告，所以应将原告知道被辞退的最早时间确定为人事争议发生之日。从原告于2007年6月3日向被告人事处处长的致函中可以得知，原告在此时已知晓被辞退的事实，这是可以查明的原告知道被辞退的最早时间，故该起人事争议发生之日应为2007年6月3日。双方发生人事争议后，原告未在3个月内向重庆市人事争议仲裁委员会申请仲裁，即已超过仲裁申请时效，原告因此丧失了胜诉权。

二审诉辩情况

徐华民不服一审判决，向重庆市第一中级人民法院提起上诉。请求撤销原判；依法改判撤销被上诉人对上诉人作出的辞退处理决定；由被上诉人承担本案一、二审诉讼费。徐华民上诉称：（1）一审认定上诉人在2007年6月3日知晓被辞退的事实因而该日为争议发生之日是错误的。上诉人于当日向被上诉人人事处处长致函，针对人事处来信提到的"在公告期满后学校亦正式行文解除了与你之间的劳动合同关系，因此，你已不存在退休问题"，提出了不同看法。但并不能据此认定上诉人已"知道"被辞退的事实，因为"知道"应当是全面的知悉，而人事处来信称"解除劳动合同关系"的表述不恰当、不准确，也未将正式行文内容告知上诉人或附上处理决定的法律文件，上诉人无法据以行使诉权或仲裁权。（2）被上诉人作出辞退决定无事实依据、法律依据，且程序不合法。

重庆大学答辩称：原判正确，请求维持原判。

二审裁判结果

重庆市第一中级人民法院根据《中华人民共和国民事诉讼法》第153条第1款第1项之规定；判决如下：

驳回上诉，维持原判。

二审案件受理费10元，由上诉人徐华民负担。

本判决为终审判决。

二审裁判理由

重庆市第一中级人民法院认为：本案上诉人的诉请能否得到支持，需解决的前提事实在于其向重庆市人事争议仲裁委员会申请仲裁是否已超过仲裁申请时效。根据重庆大学人事处2007年4月12日发送给徐华民的E-mail邮件，其内容已清楚告知了重庆大学对徐华民作出相关处理决定的前后经过，虽然关于解除劳动关系的表述不准确，但已明确了辞退的实际后果即"已不存在退休问题"。2007 年 6 月 3 日徐华民回函中亦特别针对人事处来信称"在公告期满后学校亦正式行文解除了与你之间的劳动合同关系,因此,你已不存在退休问题"提出了质疑。至此,通过双方函件往来,徐华民对于重庆大学对其作出的人事处理决定以及该决定对其所产生的法律后果已然清楚,双方争议事实已然发生。至于上诉人认为被上诉人未将正式行文内容告知上诉人或附上处理决定的法律文件,参照重庆市人事争议仲裁委员会《关于人事争议仲裁有关问题的通知》之规定来看,"有关人事争议发生之日的时间计算问题,应从争议事项的事实发生的时间予以计算。其中,属于因人事处理决定引起的人事争议,应从引起争议的人事处理决定送达或在单位职工大会上宣布或依法公告的时间予以计算;作出人事处理决定的单位未按上述方式告知当事人的,以当事人知道人事处理决定的最早时间予以计算",可见,送达处理决定或相关文件并非起算时效的必然前提,关键在于当事人是否实际知晓相关处理决定内容。据此,一审法院认定"从原告于 2007 年 6 月 3 日向被告人事处处长的致函中可以得知,原告在此时已知晓被辞退的事实,这是可以查明的原告知道被辞退的最早时间,故该起人事争议发生之日应为 2007 年 6 月 3 日。双方发生人事争议后,原告未在三个月内向重庆市人事争议仲裁委员会申请仲裁,即已超过仲裁申请时效,原告因此丧失了胜诉权",该认定并无不当,本院予以维持。

上诉人关于时效问题的上诉理由不能成立,其他诉请亦失去相应基础。原判决认定事实清楚,适用法律正确。

1.《中华人民共和国公务员法》（2006 年 1 月 1 日）（节录）

第八十三条　公务员有下列情形之一的，予以辞退：

（一）在年度考核中，连续两年被确定为不称职的；

（二）不胜任现职工作，又不接受其他安排的；

（三）因所在机关调整、撤销、合并或者缩减编制员额需要调整工作，本人拒绝合理安排的；

（四）不履行公务员义务，不遵守公务员纪律，经教育仍无转变，不适合继续在机关工作，又不宜给予开除处分的；

（五）旷工或者因公外出、请假期满无正当理由逾期不归连续超过十五天，或者一年内累计超过三十天的。

第八十四条　对有下列情形之一的公务员，不得辞退：

（一）因公致残，被确认丧失或者部分丧失工作能力的；

（二）患病或者负伤，在规定的医疗期内的；

（三）女性公务员在孕期、产假、哺乳期内的；

（四）法律、行政法规规定的其他不得辞退的情形。

第八十五条　辞退公务员，按照管理权限决定。辞退决定应当以书面形式通知被辞退的公务员。

被辞退的公务员，可以领取辞退费或者根据国家有关规定享受失业保险。

第八十六条　公务员辞职或者被辞退，离职前应当办理公务交接手续，必要时按照规定接受审计。

第九十条　公务员对涉及本人的下列人事处理不服的，可以自知道该人事处理之日起三十日内向原处理机关申请复核；对复核结果不服的，可以自接到复核决定之日起十五日内，按照规定向同级公务员主管部门或者作出该人事处理的机关的上一级机关提出申诉；也可以不经复核，自知道该人事之日起三十日内直接提出申诉：

（一）处分；

（二）辞退或者取消录用；

（三）降职；

（四）定期考核定力不称职；

（五）免职；

（六）申请辞职、提前退休未予批准；

（七）未按规定确定或者扣减工资、福利、保险待遇；

（八）法律、法规规定可以申诉的其他情形。

对省级以下机关作出的申诉处理决定不服的，可以向作出处理决定的上一级机关提出再申诉。

行政机关公务员对处分不服向行政监察机关申诉的，按照《中华人民共和国行政监察法》的规定办理。

2. 中共中央组织部、人力资源和社会保障部《公务员辞退规定（试行）》
（2009 年 7 月 24 日）（节录）

第二条 本规定所称辞退，是指机关依照法律、法规规定，解除与公务员的任用关系。公务员被辞退后，不再具有公务员身份。

第三条 辞退公务员，应当依照法定的情形、权限和程序办理。

第四条 公务员有下列情形之一的，予以辞退：

（一）在年度考核中，连续两年被确定为不称职的；

（二）不胜任现职工作，又不接受其他安排的；

（三）因所在机关调整、撤销、合并或者缩减编制员额需要调整工作，本人拒绝合理安排的；

（四）不履行公务员义务，不遵守公务员纪律，经教育仍无转变，不适合继续在机关工作，又不宜给予开除处分的；

（五）旷工或者因公外出、请假期满无正当理由逾期不归连续超过十五天，或者一年内累计超过三十天的。

第五条 对有下列情形之一的公务员，不得辞退：

（一）因公致残，被确认丧失或者部分丧失工作能力的；

（二）患病或者负伤，在规定的医疗期内的；

（三）女性公务员在孕期、产期、哺乳期内的；

（四）法律、行政法规规定的其他不得辞退的情形。

第六条 辞退公务员，按照下列程序办理：

（一）所在单位在核准事实的基础上，提出建议并填写《辞退公务员审批表》报任免机关。

（二）任免机关组织人事部门审核。

（三）任免机关审批。作出辞退决定的，以书面形式通知呈报单位和被辞退的公务员，同时抄送同级公务员主管部门备案。

县级以下机关辞退公务员，由县级公务员主管部门审核并报县级党委或者人民政府批准后作出决定。

（四）《辞退公务员审批表》和辞退决定等存入本人档案。

任免机关根据有关规定可以直接作出辞退决定。

第七条 被辞退公务员离职前应办理公务交接手续，必要时按照规定接受审计。

对拒不办理公务交接手续的，按照有关规定给予处分，情节严重的，给予开除处分。

第八条 《辞退公务员通知书》应当直接送达被辞退公务员本人。直接送达本人有困难的，参照有关规定执行。

第九条 公务员对辞退决定不服的，可以按照规定申请复核或者提出申诉。复核、申诉期间不停止辞退决定的执行。

第十条 公务员被辞退后，自批准之日的次日起停发工资。

第十一条 公务员被辞退后，应当按照有关规定转递档案。在九十日内重新就业的，应当在就业单位报到后三十日内，按照干部人事档案转递的有关规定，将档案转至有关的组织人事部门保管；在九十日内未就业或者重新就业单位不具备保管条件的，按照流动人口人事档案管理的有关规定转递档案。

第十二条 被辞退的公务员，可以领取辞退费或者根据国家有关规定享受失业保险，其他社会保险按照有关规定执行。

第十三条 领取辞退费的，机关在其档案转出十五日内，将辞退费一次性向接收档案的人才服务机构拨付。

（一）公务员被辞退前连续工作满一年以上的，自被辞退的次月起，由有关的人才服务机构按月发放辞退费。

（二）辞退费发放标准为公务员被辞退前上月基本工资。

（三）辞退费发放期限根据被辞退公务员在机关的工作年限确定。工作年限不满两年的，按照三个月发放；满两年的，按照四个月发放；两年以上的，每增加一年增发一个月，但最长不得超过二十四个月。

第十四条 出现下列情形之一的，辞退费停发：

（一）领取期限已满；

（二）重新就业；

（三）应征服兵役；

（四）移居境外；

（五）被判刑或者被劳动教养；

（六）死亡。

未发放的辞退费，有关的人才服务机构应当返还被辞退公务员原所在机关。

第十五条 辞退公务员所需经费，应当列入财政预算，予以保障。

第十六条 公务员被辞退后重新就业的，其被辞退前在机关的工作年限合并计算。

第十七条 在辞退公务员时，有徇私舞弊、打击报复、弄虚作假等违法违纪行为的，按照有关规定予以处理。

第十八条 辞退参照公务员法管理的工作人员，参照本规定执行。

3.《人事争议处理规定》（2011年8月15日修正）（节录）

第一条 为公正及时地处理人事争议，保护当事人的合法权益，根据《中华人民共和国公务员法》、《中国人民解放军文职人员条例》等有关法律法规，制定本规定。

第二条 本规定适用于下列人事争议：

（一）实施公务员法的机关与聘任制公务员之间、参照《中华人民共和国公务员法》管理的机关（单位）与聘任工作人员之间因履行聘任合同发生的争议。

（二）事业单位与工作人员之间因解除人事关系、履行聘用合同发生的争议。

（三）社团组织与工作人员之间因解除人事关系、履行聘用合同发生的争议。

（四）军队聘用单位与文职人员之间因履行聘用合同发生的争议。

（五）依照法律、法规规定可以仲裁的其他人事争议。

第三条　人事争议发生后，当事人可以协商解决；不愿协商或者协商不成的，可以向主管部门申请调解，其中军队聘用单位与文职人员的人事争议，可以向聘用单位的上一级单位申请调解；不愿调解或调解不成的，可以向人事争议仲裁委员会申请仲裁。当事人也可以直接向人事争议仲裁委员会申请仲裁。当事人对仲裁裁决不服的，可以向人民法院提起诉讼。

第三十二条　当事人对仲裁裁决不服的，可以按照《中华人民共和国公务员法》、《中国人民解放军文职人员条例》以及最高人民法院相关司法解释的规定，自收到裁决书之日起15日内向人民法院提起诉讼；逾期不起诉的，裁决书即发生法律效力。

第三十三条　对发生法律效力的调解书或者裁决书，当事人必须履行。一方当事人逾期不履行的，另一方当事人可以依照国家有关法律法规和最高人民法院相关司法解释的规定申请人民法院执行。

第三十六条　因考核、职务任免、职称评审等发生的人事争议，按照有关规定处理。

4. 最高人民法院《关于人民法院审理事业单位人事争议案件若干问题的规定》（2003 年 8 月 27 日　法释〔2003〕13 号）（节录）

第一条　事业单位与其工作人员之间因辞职、辞退及履行聘用合同所发生的争议，适用《中华人民共和国劳动法》的规定处理。

第二条　当事人对依照国家有关规定设立的人事争议仲裁机构所作的人事争议仲裁裁决不服，自收到仲裁裁决之日起十五日内向人民法院提起诉讼的，人民法院应当依法受理。一方当事人在法定期间内不起诉又不履行仲裁裁决，另一方当事人向人民法院申请执行的，人民法院应当依法执行。

第三条　本规定所称人事争议是指事业单位与其工作人员之间因辞职、辞退及履行聘用合同所发生的争议。

5. 最高人民法院《关于事业单位人事争议案件适用法律等问题的答复》（2004 年 4 月 30 日 法函〔2004〕30 号）（节录）

一、《最高人民法院关于人民法院审理事业单位人事争议案件若干问题的规定》（法释〔2003〕13 号）第一条规定，"事业单位与其工作人员之间因辞职、辞退及履行聘用合同所发生的争议，适用《中华人民共和国劳动法》的规定处理。"这里"适用《中华人民共和国劳动法》的规定处理"是指人民法院审理事业单位人事争议案件的程序运用《中华人民共和国劳动法》的相关规定。人民法院对事业单位人事争议案件的实体处理应当适用人事方面的法律规定，但涉及事业单位工作人员劳动权利的内容在人事法律中没有规定的，适用《中华人民共和国劳动法》的有关规定。

二、事业单位人事争议案件由用人单位或者聘用合同履行地的基层人民法院管辖。

69. 聘用合同中的工资待遇条款是否可以基于国家或用人单位的规定予以调整？

聘用合同不同于劳动合同，如果要调整劳动合同中工资待遇的话，用人单位必须与劳动者进行协商，未经劳动者同意擅自调整劳动合同所规定的工资待遇，则属于违约行为。但是聘用合同比劳动合同更具有刚性，聘用合同制工作人员在聘用上岗期间的工资待遇可以按国家和单位的有关规定执行。

典型疑难案件参考

甲与上海航天局第 809 研究所聘用合同中工资待遇纠纷案［上海市第一中级人民法院〔2011〕沪一中民三（民）终字第 1204 号民事判决书］

基本案情

2007 年 10 月 24 日，中国航天科技集团公司第八研究院下达《关于八院电子专业实施调整重组的通知》，将其下属上海航天电子通讯设备研究所（代号 804）、乙（代号 809）和上海航天测控通信研究所（代号 813）3 所整合重组成立上海航天电子技术研究所，目前上海航天电子技术研究所尚未取得事业单位法人证书和组织机构代码证，对外仍使用原三所的名称和组织机构代码，但对内规章制度及文件均以上海航天电子技术研究所或 804 所的名义公布。甲原为 809 所职工，其人事关系及社保关系目前仍由原 809 所管理。

上海航天电子通讯设备研究所（代号 804）、乙（代号 809）和上海航天测控通信研究所（代号 813）3 所执行的薪酬模式并不统一，故 3 所整合重组后对工资项目进行了调整，将一部分职贴并入绩效工资，实行基本工资＋岗位绩效工资＋各类奖金的薪酬模式。

甲 2007 年 8 月份的工资由岗位工资 930 元、薪级工资 834 元、岗级工资 1250 元、浮动 81 元、职贴 1565 元、副贴 107 元、保留 6 元组成，应得收入为 4773 元，扣除社会保险费等项目后，实得工资为 4345.10 元。三所合并后，甲 2008 年 3 月的工资由岗位工资 930 元、薪级工资 869 元（薪级工资逐年递增）、市职贴 280 元、房贴 3 元、价贴 107 元、调整 652.90 元、交通贴 512

元、书报洗理费 100 元以及绩效工资 2400 元（根据考核结果确定）组成，扣除社会保险费等项目后，实得工资为 4646.83 元。

2010 年 8 月 23 日，甲向上海市劳动人事争议仲裁委员会申请仲裁，要求乙支付其 2008 年 3 月份起的工资差额 30000 元。该仲裁委员会于 2010 年 10 月 25 日作出沪劳仲〔2010〕办字第 470 号裁决，对甲的仲裁请求不予支持。甲不服该仲裁裁决结果，诉至上海市闵行区人民法院，请求判令：乙支付 2008 年 3 月至 2010 年 10 月期间的事业单位职贴差额 40000 元及 2008 年 4 月至 2010 年 10 月期间的绩效工资差额 30000 元。

乙每月 5 日发放甲当月基本工资及津贴，每月 20 日发放甲上月绩效工资，两次工资均以银行转账形式发放。甲 2008 年 4 月份至同年 12 月份期间的月实得工资分别为 5691.44 元、5479.39 元、5741.44 元、5736.54 元、7089.74 元、2574.60 元（未包括绩效工资）、5753.54 元、5396.54 元、5396.54 元。甲 2009 年 1 月份至同年 12 月份期间的月实得工资分别为 5753.54 元、5583.54 元、6103.29 元、5353.29 元、5024.75 元、5111.75 元、6419.05 元、5643.10 元、5562.10 元、5805.60 元、4919.10 元、5605.10 元。甲 2010 年 1 月份至同年 8 月份期间的月实得工资分别为 5842.26 元、6396.26 元、5687.56 元、5395.16 元、5038.26 元、5477.73 元、5162.03 元、1618.50 元（未包括绩效工资）。

1998 年 8 月 21 日，上诉人甲与上海航天局第 809 研究所签订了一份期限自 1998 年 7 月 1 日起至法定退休止的《聘用合同书》，上海航天局第 809 研究所聘用甲在 809 所工作。合同约定，上海航天局第 809 研究所应积极创造条件关心改善甲的福利待遇，甲的工作报酬和保险、福利待遇按国家和单位有关规定执行。（详见"实施办法"中第五章规定）。甲所在的部门称机电结构专业部。

《上海航天局事业单位聘用合同制实施办法》第五章工资、福利待遇中的第 33 条规定，聘用合同制职工在聘用上岗期间的工资、津贴、效益奖金、各种补贴等均按国家和单位的有关规定执行。

此外，根据 2008 年 5 月 5 日中国航天科技集团公司第八研究院第 804 所沪航天 804 人字〔2008〕72 号《关于下发的通知》，该所将《电子所薪酬方案》下发，通知各部门遵照执行。

以上事实，由《上海航天局第 809 研究所聘用合同书》、《上海航天局事业单位聘用合同制实施办法》、中国航天科技集团公司第八研究院第 804 所沪航天 804 人字〔2008〕72 号文、二审庭审笔录予以佐证。

一审裁判结果

上海市闵行区人民法院依照《中华人民共和国劳动合同法》第 2 条第 1

款之规定判决：驳回甲的诉讼请求。案件受理费 10 元，由甲负担。

一审裁判理由

上海市闵行区人民法院认为：《上海市事业单位工作人员收入分配制度改革实施意见》规定事业单位实行岗位绩效工资制度。岗位绩效工资由岗位工资、薪级工资、绩效工资和津贴补贴四部分组成，其中岗位工资和薪级工资为基本工资。本案中，乙在三所整合重组后，根据单位的实际情况，将部分职贴并入绩效工资，实行基本工资＋岗位绩效工资＋各类奖金的薪酬模式，其中，基本工资包括岗位工资和薪级工资，绩效工资则根据考核结果确定。乙实行的上述薪酬模式并未违反本市有关事业单位工作人员收入分配制度的相关规定，其做法亦无不妥。甲自 2008 年 3 月起的工资"职贴"一栏的数额虽由原来的 1565 元变更为 280 元，但此系因乙实行新的薪酬模式后，将甲的部分职贴并入绩效工资所致。现甲的月收入在三所整合重组后并未减少，而《上海市事业单位工作人员收入分配制度改革实施意见》中的津贴补贴是对在事业单位苦、脏、累、险及其他特殊岗位工作的人员给予的津贴补贴，而甲显然不属于上述特殊岗位工作人员。综上，甲要求乙支付其职贴差额之请求，无依据，不予支持。对于甲要求乙支付其 2008 年 4 月至 2010 年 10 月期间绩效工资差额之请求，因甲并无任何证据证明乙依据考核结果发放其上述期间的绩效工资存在差额，故甲该项诉讼请求，无依据，亦不予支持。

二审诉辩情况

甲不服原审判决，向上海市第一中级人民法院提起上诉称：根据上海市人事局、上海市财政局相关文件规定，事业单位实行岗位绩效工资制度，岗位绩效工资由岗位工资、薪级工资、绩效工资和津贴补贴 4 部分组成。上诉人原职称津贴为 1565 元，而自 2008 年 3 月起，乙擅自出台和变通工资政策，将上诉人的职贴改为 280 元，严重违规。乙应当提供上诉人工作期间的相关绩效工资数据，否则人民法院应当予以调查收集，以证明乙确实克扣了上诉人的绩效工资。乙自 2008 年 4 月起无故扣发上诉人绩效工资，理应按规定的绩效工资补足差额。上诉人收入并未减少，与克扣各类收入并无必然联系，故上诉请求撤销原审判决，改判支持其在一审中的全部诉讼请求。

上海航天局第 809 研究所（乙）不接受甲的上诉请求与理由，同意原审判决。

二审裁判结果

上海市第一中级人民法院依照《中华人民共和国民事诉讼法》第 153 条

第 1 款第 1 项之规定，判决如下：

　　驳回上诉，维持原判。

　　上诉案件受理费 10 元，由上诉人甲负担。

　　本判决为终审判决。

二审裁判理由

　　上海市第一中级人民法院认为：当事人对自己提出的诉讼请求所依据的事实或者反驳对方诉讼请求所依据的事实有责任提供证据加以证明。没有证据或者证据不足以证明当事人的事实主张的，由负有举证责任的当事人承担不利后果。《上海市事业单位工作人员收入分配制度改革实施意见》对事业单位岗位绩效工资制度及其构成作了明确规定。本案中，上海航天局第 809 研究所聘用上诉人甲在 809 所（即被上诉人乙）工作，根据甲与上海航天局第 809 研究所签订的《聘用合同书》约定，甲的工作报酬和保险、福利待遇按国家和单位有关规定执行。（详见"实施办法"中第五章规定）。根据"实施办法"（即《上海航天局事业单位聘用合同制实施办法》）第五章相关条款规定，聘用合同制职工在聘用上岗期间的工资、津贴、效益奖金、各种补贴等均按国家和单位的有关规定执行。乙在 3 所整合重组后，根据单位的实际情况，将部分职贴并入绩效工资，实行基本工资 + 岗位绩效工资 + 各类奖金的薪酬模式，其中，基本工资包括岗位工资和薪级工资，绩效工资则根据考核结果确定。乙实行的上述薪酬模式并未违反本市有关事业单位工作人员收入分配制度的相关规定。甲自 2008 年 3 月起的工资"职贴"一栏的数额虽由原来的 1565 元变更为 280 元，但此系因乙实行新的薪酬模式后，将甲的部分职贴并入绩效工资所致。现甲的月收入在 3 所整合重组后并未减少，而《上海市事业单位工作人员收入分配制度改革实施意见》中的津贴补贴是对在事业单位苦、脏、累、险及其他特殊岗位工作的人员给予的津贴补贴，而甲显然不属于上述特殊岗位工作人员。甲主张被上诉人乙擅自出台和变通工资政策，降低上诉人的职贴，严重违规，本院不予采纳，故甲要求乙支付其职贴差额的诉讼请求，缺乏依据，本院不予支持。甲还主张乙支付其 2008 年 4 月至 2010 年 10 月期间绩效工资差额，然甲未提供证据证明乙依据考核结果发放其上述期间的绩效工资存在差额，对甲的该项主张，本院不予采信，故甲要求乙支付其 2008 年 4 月至 2010 年 10 月期间绩效工资差额的诉讼请求，缺乏依据，本院亦不予支持。

　　综上所述，上诉人甲的上诉请求，理由不能成立，本院难以支持。原审法院依法所作的判决正确，本院予以维持。

70. 聘用合同约定的履约期限到期后，工作人员继续提供劳动的，用人单位是否应当支付劳动报酬？

聘用合同约定的履约期限到期后，双方当事人之间的聘用合同关系终止。但聘用合同关系终止后，工作人员继续提供劳动，而用人单位亦接受该劳动的，应视为双方之间存在事实聘用关系。事实聘用关系存在期间，工作人员继续提供劳动的，用人单位应当支付相应的劳动报酬。

典型疑难案件参考

陆某某人事争议纠纷案［上海市第一中级人民法院〔2011〕沪一中民三（民）终字第137号民事判决书］

基本案情

某大学系上海市徐汇区政府全额拨款的事业单位法人。1997年2月1日，陆某某至某大学工作，当时双方签订了聘用合同。1999年7月1日，双方又续签了期限为1999年7月1日至2001年7月31日的聘用合同。2004年5月28日，某大学通知陆某某，其将于2004年7月31日聘用合同期满，经研究不再续聘，原聘用合同自行终止。陆某某在某大学实际工作至2004年5月31日。

2004年9月12日，某大学向陆某某开具了1997年2月1日进入单位工作，2004年7月31日解除（终止）聘用关系的上海市事业单位解除（终止）聘用关系证明。2004年9月29日，陆某某至某大学领取了该证明。

2008年7月25日，双方签订了《调解协议书》，该协议书内容为：陆某某于2004年7月31日聘用期满，某大学与其终止合同。后双方发生争议，现经多方协调，双方经过沟通协商，达成以下协议：（1）某大学与陆某某自2004年7月31日终止聘用合同，终止聘用关系；（2）某大学一次性支付陆某某39万元人民币；（3）本协议签署后，陆某某不再就本人的聘用问题向某大学提出任何主张，双方不存在任何人事争议。一切相关矛盾到此结束，无异议。该协议备注部分载明：此协议一式五份，当事人双方各持一份，市人事局、区教育局、区人事局各执一份。

2008年7月25日，双方另签订有《调解协议备忘说明》，对以上《调解协议书》第二项中的39万元款项的组成作了说明，该款项分为三部分：一是陆某某在某大学工作至 2004 年 7 月 31 日终止聘用合同前的加班等费用 3 万元；二是陆某某在培训部工作期间的培训部提成费用 7 万元，书本发行费用 2 万元；三是在人事争议期间（2004 年 8 月 1 日至 2008 年 7 月 31 日期间）某大学补助陆某某 18 万元；补助陆某某个人交社保金、公积金等方面的费用 9 万元。2008 年 7 月 25 日，某大学向陆某某支付了调解协议书第二项约定的款项 39 万元。

2010 年 8 月 31 日，陆某某向上海市徐汇区人事争议仲裁委员会申请仲裁，提出包括本案诉讼请求在内的请求事项，该仲裁委员会于 2010 年 9 月 2 日作出沪徐人仲〔2010〕决字第 2 号不予受理决定书，以陆某某请求事项的申诉日期超过法定期限及陆某某与某大学于 2008 年 7 月 25 日已达成调解协议，并签订了调解协议书为由，决定对陆某某的请求事项不予受理。陆某某对此不服，起诉至上海市徐汇区人民法院，要求判令某大学：1. 自 2008 年 8 月 1 日起恢复双方人事聘用关系；2. 支付 2008 年 8 月 1 日起至判决之日止的工资，按月工资人民币（以下同）2500 元为标准；3. 为本人补缴 2008 年 8 月至判决之日的社会保险费，按月工资 2500 元为缴费基数。

一审裁判结果

上海市徐汇区人民法院依照《中华人民共和国劳动法》第 82 条的规定，判决如下：驳回陆某某的诉讼请求。案件受理费 10 元，减半计 5 元，免予收取。

一审裁判理由

上海市徐汇区人民法院认为：因某大学系上海市徐汇区政府全额拨款的事业单位法人，本案中陆某某与某大学的争议属于人事争议。2008 年 7 月 25 日，双方签订了《调解协议书》及《调解协议备忘说明》，陆某某主张其系迫于压力签订，对此，某大学不予以认可，陆某某未提供证据证明，原审法院对陆某某该主张不予采信。经审查，该协议合法有效，且系双方真实意思的表示，原审法院予以确认，以上协议对双方产生相应的法律效力。以上协议明确约定 2004 年 7 月 31 日双方终止聘用合同，终止聘用关系，协议签署后，陆某某不再就其聘用问题向某大学提出任何主张，双方不存在任何人事争议。一切相关矛盾到此结束，无异议。另，因 2001 年 7 月 31 日之后，双方未签订聘用合同，故双方存在事实聘用关系，某大学提前 2 个月通知陆某某终止聘用关系符合相关法律的规定，依相关法律规定事实聘用关系终结后不存在恢复的基础。综上，陆某某的诉讼请求，无相应的事实依据和法律依据，无法获得原审法院的支持。

当事人应当在法律规定的期限内积极主张自己的权利，否则其权利可能因怠于行使而得不到法律保护。因 2004 年 5 月 28 日，某大学通知陆某某双方聘用合同于 2004 年 7 月 31 日聘用合同期满后不再续聘，原聘用合同自行终止，故 2004 年 7 月 31 日为双方人事争议发生之日。依据中华人民共和国最高人民法院法释〔2003〕3 号最高人民法院《关于人民法院审理事业单位人事争议案件若干问题的规定》第 1 条的规定，事业单位与其工作人员之间因辞职、辞退及履行聘用合同所发生的争议，适用《中华人民共和国劳动法》的规定处理。依据《劳动法》第 82 条的规定，如陆某某认为其有应得未得之权利，应当自争议发生之日起 60 日内以书面形式向仲裁委员会申请仲裁。然，陆某某迟至 2010 年 8 月 31 日才向上海市徐汇区人事争议仲裁委员会申请仲裁，已远远超过当时法律规定的 60 日的申诉期间，陆某某应当承担怠于行使权利的法律后果，即便陆某某主张的权利正当，也不能通过仲裁或诉讼途径获得法律的保护，陆某某的诉讼请求因此亦无法得到法院的支持。

二审诉辩情况

陆某某向上海市第一中级人民法院提出上诉称：某大学没有提供任何解聘的事由和法律依据，克扣其 10 多万元工资，故其一直要求恢复，调解协议是迫于无奈才签订的，某大学的解聘是违法的。因此，要求撤销原判，依法改判支持其原审诉请。

某大学辩称：由于聘用合同到期，不再续聘，故某大学解聘陆某某是有法律依据的，并且提前两个月通知了陆某某，聘用关系结束后不存在恢复的基础，也不存在克扣工资的事实，双方已经达成协议，并且履行完毕，不存在胁迫，双方都应当遵守。陆某某的诉请亦已超过仲裁时效。因此，要求上海市第一中级人民法院驳回陆某某的上诉请求。

二审裁判结果

上海市第一中级人民法院依照《中华人民共和国民事诉讼法》第 153 条第 1 款第 1 项之规定，判决如下：

驳回上诉，维持原判。

上诉案件受理费 10 元，由上诉人陆某某负担。

本判决为终审判决。

二审裁判理由

上海市第一中级人民法院认为：根据本案查明的事实，双方于 2008 年 7

月 25 日签订了《调解协议书》，该协议书约定：某大学与陆某某自 2004 年 7 月 31 日终止聘用合同，终止聘用关系；某大学一次性支付陆某某 39 万元人民币；协议签署后，陆某某不再就本人的聘用问题向某大学提出任何主张，双方不存在任何人事争议。一切相关矛盾到此结束，无异议。当日，某大学向陆某某支付了 39 万元。陆某某于 2010 年 8 月 31 日才向上海市徐汇区人事争议仲裁委员会申请仲裁，既违反了协议书的约定，又显已超过仲裁时效。现陆某某主张该协议是迫于无奈才签订的，但未提供证据予以证明，本院不予采纳。陆某某以此为由认为某大学系违法解聘，要求恢复聘用关系，缺乏事实依据，本院不予支持。原审法院在查明事实的基础上已经充分阐述了判决理由与法律依据，本院经审核，并无不当。上诉人陆某某坚持原诉称意见，又无新的事实与依据，本院对其上诉请求不予支持。原审法院根据查明的事实所作判决正确，应予维持。

聘用合同争议
办案依据集成

1.《中华人民共和国劳动合同法》（2008年1月1日）（节录）

第九十六条 事业单位与实行聘用制的工作人员订立、履行、变更、解除或者终止劳动合同，法律、行政法规或者国务院另有规定的，依照其规定；未作规定的，依照本法有关规定执行。

2.《中华人民共和国劳动争议调解仲裁法》（2008年5月1日）（节录）

第五十二条 事业单位实行聘用制的工作人员与本单位发生劳动争议的，依照本法执行；法律、行政法规或者国务院另有规定的，依照其规定。

3. 最高人民法院《关于事业单位人事争议案件适用法律等问题的答复》（2004年4月30日）

北京市高级人民法院：

你院《关于审理事业单位人事争议案件如何适用法律及管辖的请示》（京高法〔2003〕353号）收悉。经研究，答复如下：

一、《最高人民法院关于人民法院审理事业单位人事争议案件若干问题的规定》（法释〔2003〕13号）第一条规定，"事业单位与其工作人员之间因辞职、辞退及履行聘用合同所发生的争议，适用《中华人民共和国劳动法》的规定处理。"这里"适用《中华人民共和国劳动法》的规定处理"是指人民法院审理事业单位人事争议案件的程序运用《中华人民共和国劳动法》的相关规定。人民法院对事业单位人事争议案件的实体处理应当适用人事方面的法律规定，但涉及事业单位工作人员劳动权利的内容在人事法律中没有规定的，适用《中华人民共和国劳动法》的有关规定。

二、事业单位人事争议案件由用人单位或者聘用合同履行地的基层人民法院管辖。

三、人民法院审理事业单位人事争议案件的案由为"人事争议"。

最高人民法院

二〇〇四年四月三十日

4. 最高人民法院《关于人民法院审理事业单位人事争议案件若干问题的规定》（2003年9月5日）

为了正确审理事业单位与其工作人员之间的人事争议案件，根据《中华人民共和国劳动法》的规定，现对有关问题规定如下：

第一条 事业单位与其工作人员之间因辞职、辞退及履行聘用合同所发生的争议，适用《中华人民共和国劳动法》的规定处理。

第二条 当事人对依照国家有关规定设立的人事争议仲裁机构所作的人事争议仲裁裁决不服，自收到仲裁裁决之日起十五日内向人民法院提起诉讼的，人民法院应当依法受理。

一方当事人在法定期间内不起诉又不履行仲裁裁决，另一方当事人向人民法院申请执行的，人民法院应当依法执行。

　　第三条　本规定所称人事争议是指事业单位与其工作人员之间因辞职、辞退及履行聘用合同所发生的争议。